THE STORY OF SCANDINAVIA

冰與血之歌

北歐千年史

FROM THE VIKINGS TO SOCIAL DEMOCRACY

史坦・林根——著

盧靜——譯

STEIN RINGEN

目次

出版緣起 7
臺灣版作者序 9
作者說明 15
歐洲斯堪地那維亞地圖 16
序言 21
名稱與用語說明 33
第一部 登陸歐洲
第一章 維京時代 41
第二章 第一波現代化 107

附章　斯堪地那維亞的東西方鄰居　137

第二部　進步、死亡與復興

第三章　脫胎換骨的大蛻變　149
第四章　死神來去，復甦難行　197
第五章　宗教改革　219
附章　城市　231

第三部　戰火無盡的時代

第六章　兩個新王國　241
第七章　帝國時代　265
第八章　殖民地的滋味　319

第四部　步入現代

第九章　社會的誕生　333
第十章　黃金時代與其陰影　369

第十一章　戰爭與進步　439
終章　今日的斯堪地那維亞　499
後記與謝辭　509
附圖目次　514
參考資料　526
註釋　534

出版緣起

◎衛城出版總編輯洪仕翰

說起北歐，讀者會想到什麼呢？維京海盜、神話英雄、童話王國、福利國度、民主典範、時尚工藝、居家設計，或者即將來臨的旅遊旺季？對我而言，北歐，或者更具體來說的「斯堪地那維亞」（Scandinavia），總是讓我想起「白」這個意象。那是由浪花、冰川與極地組成的地理景色，更是指自己對北歐歷史的認知，趨近於一片空白。

記得前陣子第一次要造訪北歐時，我幾乎翻遍市面上有關北歐的中文書籍，卻始終找不到一本令人滿意的作品，能夠好好交代北歐各國的前世今生。此地在地理與心理上的雙重距離，除了替北歐增添一絲神祕氣息，也時常讓我們無從去記憶。不是不願意，而是手邊長期缺乏指引工具。即便是網路與人工智慧發達的今天，線上資料或Chatgpt的答案依舊破碎不全，不是缺乏故事及脈絡，就是缺乏可問責的資料來源。我們多半會讀到一點北歐的神話起源，一點維京「蠻族」，然後就倏然跳躍，彷彿有人按下歷史頻道的快轉鍵，北歐搖身一變，成了現代政治經濟學家筆下，世界各國莫不欣羨學習的先進典範。

這讓我想起了俄烏戰爭爆發前，許多人對於東歐地區也有著類似的認知迷霧。我們隱約知道有東歐這塊地方，突然知道它們與俄羅斯爆發了大規模軍事衝突，卻對於雙方過去的背景脈絡不甚清楚。正是為了填補這份空白，衛城才出版了一系列東歐歷史的著作。「或許北歐史也能有同樣的嘗試。」抱持這樣的想法，我們推出了《冰與血之歌：北歐千年史》這本解答之書。

北歐，究竟是如何從維京劫掠海盜為生，轉變成民主世界與社會福利理想的模範生？撥開被雪白所覆蓋的黑暗往事，我們能獲得哪些啟示？這正是北國出身的社會學家史坦・林根（Stein Ringen）希望回答的事。

答案就在書裡，但我還是可以寫一點前情提要。北歐今天之所以能有如此獨特的傲人成就，之所以讓政治學家福山（Francis Fukuyama）認為全球都應該「向丹麥看齊」（Getting to Denmark），或是被諾貝爾經濟學獎新科得主艾塞莫魯及羅賓森兩人譽為《自由的窄廊》（*The Narrow Corridor*）的發展典範，其實跟北歐的文化基因或悠久歷史底蘊**都沒有**直接關係。

《冰與血之歌》會帶領讀者瞭解，北歐的過去並不是人類歷史上的例外，北歐人也沒有什麼「自古以來」就有別於其他群體的文化——就算有，也不是促成北歐今日榮景的主因。我們大概很難想像，北歐曾是一個君王專制暴斂、戰亂頻仍、自然條件嚴苛，人民飽受貧困、疾病、饑饉及死亡所苦的地方。一如北歐眾神，北歐諸王國彼此爭戰不休，燒殺擄掠、領土侵占、國家併吞、建立大一統帝國的野心、對內與對外殖民剝削等人性黑暗面，在北歐千年歷史中只可謂罄竹難書。

改變其實很晚近才發生。正如經濟學家皮凱提（Thomas Piketty）針對全球經濟與財富分配的歷史研究，繁榮、平等與和平是可能的，這樣的改變有時並不需要幾千或幾百年的累積，而是取決於百年內少少幾代人的政治抉擇。換句話說，北歐人原本並沒有比較高尚，也沒有特別愛好和平，他們從比別人更貧窮一點，成功走向比別人更富足一點、更和平一點，其實也不過是上個世紀中葉以後的事情。北歐人從自己千年的黑暗過去中學習到了哪些教訓，促使他們在歷史的轉捩點上做出關鍵抉擇？這些精彩篇章，相信讀者都能在《冰與血之歌》這本書中細細體會。

臺灣版作者序

今日的斯堪地那維亞是這個不受控制世界中的一片快樂飛地。人們享受著當中的繁榮與安全。他們的民主制度根深蒂固、運作良好，政府大體上也治理得相當得宜。他們的福利國家體制提供合理的保護，促進社會和諧。他們生活在充滿信任的文化中，因此人們大多能互相信賴，也信任國家與經濟的各種制度。在這片土地上，人們和平共處，彼此攜手合作。

然而，情況並非始終如此。本書追溯丹麥人、挪威人與瑞典人超過一千兩百年的歷史。在大部分的時期，他們生活在貧窮、悲慘又充斥著武力鎮壓的現實裡。維京時代的諾斯人（Norsemen）*是一群海盜，從不列顛群島到歐陸、地中海，一路深入至羅斯大地的眾河流域，他們被人稱為「暴力之徒」。他們逐漸發展成君主專制的政治體制，並將國王與人民帶入戰火無盡的時代（The Age of Perpetual War）——長達兩百五十年、幾乎從未停歇的戰亂，其中大部分是斯堪地那維亞人彼此交戰。丹麥和瑞典先後試圖成為歐洲的強權與帝國勢力，一位瑞典歷史學家認為，這最終導致「我們的同胞經歷了持續一百五十年的苦難」。在某些時期，為了應付連綿不絕的戰爭，士兵不斷被徵召入伍，使得他們的家鄉淪為「征夫寡婦之土」。而貧困問題始終未能緩解，以至於各有四分之一左右的瑞典與挪威人口約從

＊ 譯註：即在維京時代開始向海外擴張的斯堪地那維亞人（在本書中包含丹麥、挪威與瑞典人）。本書註腳若未特別註明，皆為原註。

一八五〇到一九二〇年選擇移民，大多前往北美，因為他們在家鄉無法獲得體面的生活。

今日的幸福與這片土地過去歷史中的殘酷暴力所形成的對比，使《冰與血之歌》充滿戲劇張力。這樣的轉變其實發生在不久之前的二十世紀，在二戰以後改變尤為劇烈。這是啟蒙運動影響的結果：它帶來教育、文學、藝術與音樂的文化覺醒；宗教覺醒則引發自由教會信仰的大規模群眾運動，最終導致工人階級的組織紛紛成立；自由、權利與平等等新思想，也為政治生活的民主化鋪平了道路。

這段漫長歷史中的最大災禍是戰爭，而近代短暫歷史中的最大幸事則是民主。國王們過去為了榮耀而發動戰爭，卻終將明白戰爭總會反噬那些妄想能加以掌控的人，更不用說他們的子民了。在民主制度限制下的執政者，則不具有對鄰國發動軍事侵略的自由，更不能對自己的人民施加沉重的壓迫。

在這本書裡，我僅是以一種希望能引起讀者興趣的方式講述這段歷史。好奇心激發了這樣的敘述。如今的斯堪地那維亞人由於其獨具一格、且在許多方面相當奇特的文化，在世界上顯得分外突出。這些人是從哪裡來的，他們的文化又是如何走向屬於自身的現代性？在我看來，這是一段驚心動魄的歷程，充滿持續的起伏、成敗、窮途末路與重新來過，直到非常晚近才取得成功。

然而對今日的世界而言，當中或許也有一些值得借鏡的教訓與啟示。其中之一依然跟戰爭有關。戰爭從來沒有好下場，不只對受害者來說是這樣，對侵略者也是如此。一個強權也許有能力摧毀較小的國家，自身卻必須承受相應的痛苦。戰爭永遠得不償失，因為它的代價實在太高。

另一項教訓則與鄰國彼此和睦相處所帶來的福祉有關。斯堪地那維亞各國曾長期互為仇敵，如今它們成為摯友，在文化、經濟、政治，乃至於日常生活中都密切合作著。那些曾自視為強權的國家現在意識到，它們所追求的一切，都能透過友善的合作來實現。

在今日的世界，我們在許多地方仍看到政權的領導人企圖主宰較弱的鄰國，包括我的臺灣讀者想必深有所感的中國，以及俄羅斯，甚至美國。我希望這些領導人閱讀我寫的歷史，並從數百年來的經驗中明白，想要支配他人的衝動將導致所有人的失敗，包括自認為可以支配他人的人。我希望他們能理解到，斯堪地那維亞各國正是從克服敵意、開始相互尊重之後，便在短時間內走向了繁榮。

還有一項啟示是關於民主所賜之福，這種幸福是雙重的。斯堪地那維亞人若沒有取得民主的突破，便無從發展成如今的現代社會。此一轉變源自工業化，它創造出工人階級這股新的社會力量，他們起初受壓迫、被剝削，後來透過組織展現自身的影響力，從而促成一種包容的政治，進一步催生了福利國家與難以企及的信任文化。

民主帶來的另一福祉是和平。戰火無盡時代的獨裁者因為在國內缺乏正當性而需要國外的敵人，民主國家的領袖則無需以侵略證明自己，且由於他們受到民意監督，他們也無法這麼做。民主是和平的政權，獨裁則蘊含戰爭的邏輯。

最後一項令人振奮的啟示是，正向的社會變遷能以迅速且出乎意料之外的方式發生。若說現在斯堪地那維亞的典範是由福利國家所定義，這其實是二戰後短短幾十年間的產物。戰爭結束時，人們預期將迎來經濟衰退與社會衝突，然而實際發生的卻是令人萬萬料想不到的經濟繁榮與嬰兒潮。這些嶄新經濟與人口資源的投入，造就了極度蓬勃的發展。一九四五年的人怎麼樣也無法預見，甚至沒有辦法想像，那即將出現的、令人驚嘆的生活方式。

我們今日的世界在經濟資源、科技與知識上可說一應俱全，但我們時常難以善用眼前的機會。斯堪地那維亞人很幸運最終能妥善規劃他們的各種事務。當今時代缺乏的不是可能性，而是籌畫。如果能理解並重視這一點，我們就能創造出更圓滿的生活與更美好的社群。

寫於倫敦，二〇二五年四月

史坦・林根

斯堪地那維亞人是傑出的歷史書寫者。他們的歷史學家組成了盡心盡力的頂尖學者社群。我從他們的著作中汲取養分，對其成就深感欽佩。謹將此綜述之作獻給這個群體的男男女女，以表感謝之情。

作者說明

在剛開始寫這本書的時候，我來到了丹麥的奧胡斯（Århus）。那是個美好的春日，我漫步在這座美麗的城鎮中——它的田園風光如同斯堪地那維亞，其歷史可追溯至維京時代。我想起一千年前，這裡曾是充滿無序戰爭的土地，人人相互爭鬥，死亡、毀滅與苦難無所不在。隨後我又想到，整個斯堪地那維亞後來都經歷了類似的遭遇：疾病、瘟疫、剝削，一波又一波的戰爭，接踵而至的摧殘。這些戰爭多半發生在斯堪地那維亞內部，北方的人民有時毀滅彼此，有時自我摧殘，過程充滿毫無意義的暴力。這是一段不堪的過去。

對照那樣殘忍的歷史背景，今日的奧胡斯實在令人驚嘆。歷史遺跡得到精心維護，古好的市區保存良好並經過精緻翻新，街道鋪著鵝卵石。這是一座現代城市，擁有一所頂尖大學和最優秀的畫廊與博物館，建築十分華美。它井然有序、整潔富裕，友善而文明。奧胡斯座落於一個富庶且治理良好的國家，人民過著舒適、安全而幸福的生活。它所在的地區民主運作得宜，人們和平共處，彼此合作。

於是我漫步走過這座典型的斯堪地那維亞城市，心裡自問道：它是怎麼變成如今的樣貌的？

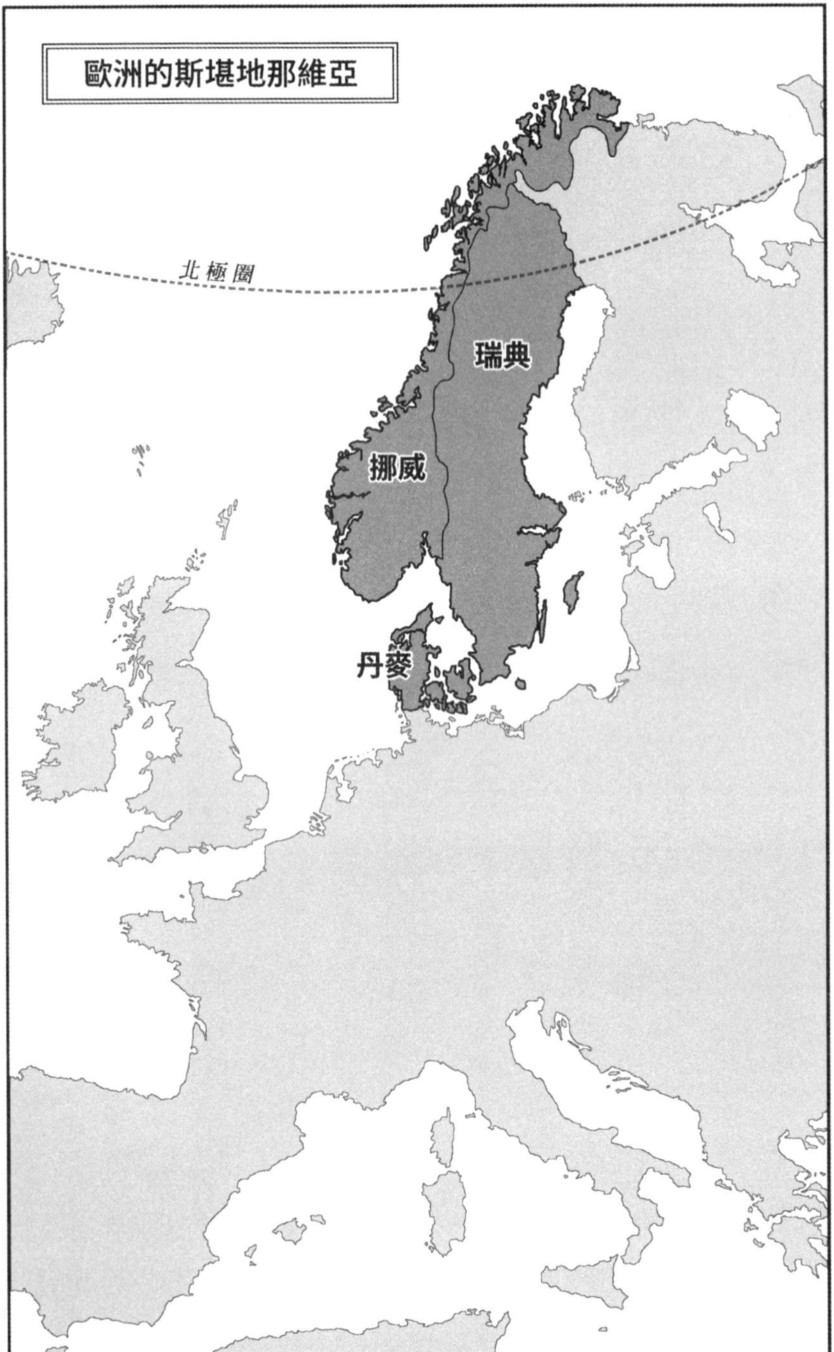
歐洲的斯堪地那維亞
北極圈
瑞典
挪威
丹麥

斯卡格拉克海峽
瑞典
凱特加特海峽
奧爾堡
維堡
日德蘭半島
奧胡斯
丹麥
耶靈
腓特烈西亞
腓德里克角
赫爾辛格
哥本哈根
松德海峽
羅斯基勒
萊爾
索勒
靈斯泰茲
西蘭島
歐登色
菲因島
尼堡
奧斯萊烏
洛蘭島
里伯
波恩霍姆島
波羅的海
什列斯威
赫德比
呂根島
基爾
史特拉頌
呂貝克
漢堡
斯德丁
不萊梅
德國

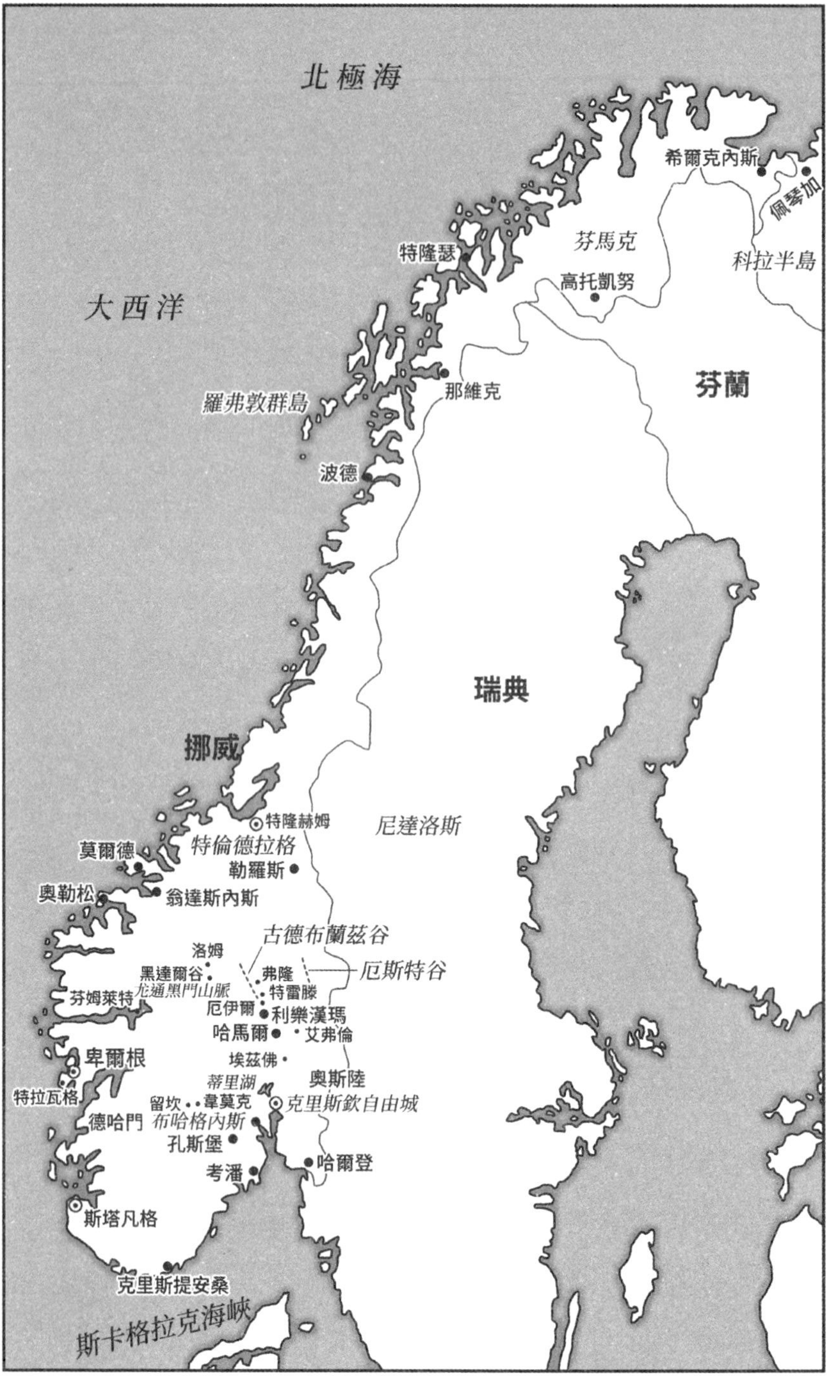
北極海
希爾克內斯
佩琴加
芬馬克
特隆瑟
科拉半島
高托凱努
大西洋
那維克
芬蘭
羅弗敦群島
波德
瑞典
挪威
特隆赫姆
尼達洛斯
特倫德拉格
莫爾德
勒羅斯
奧勒松
翁達斯內斯
古德布蘭茲谷
洛姆
黑達爾谷
弗隆
厄斯特谷
尤通黑門山脈
特雷滕
芬姆萊特
厄伊爾
利樂漢瑪
哈馬爾
艾弗倫
卑爾根
埃茲佛
奧斯陸
特拉瓦格
蒂里湖
留坎
韋莫克
克里斯欽自由城
德哈門
布哈格內斯
孔斯堡
哈爾登
考潘
斯塔凡格
克里斯提安桑
斯卡格拉克海峽

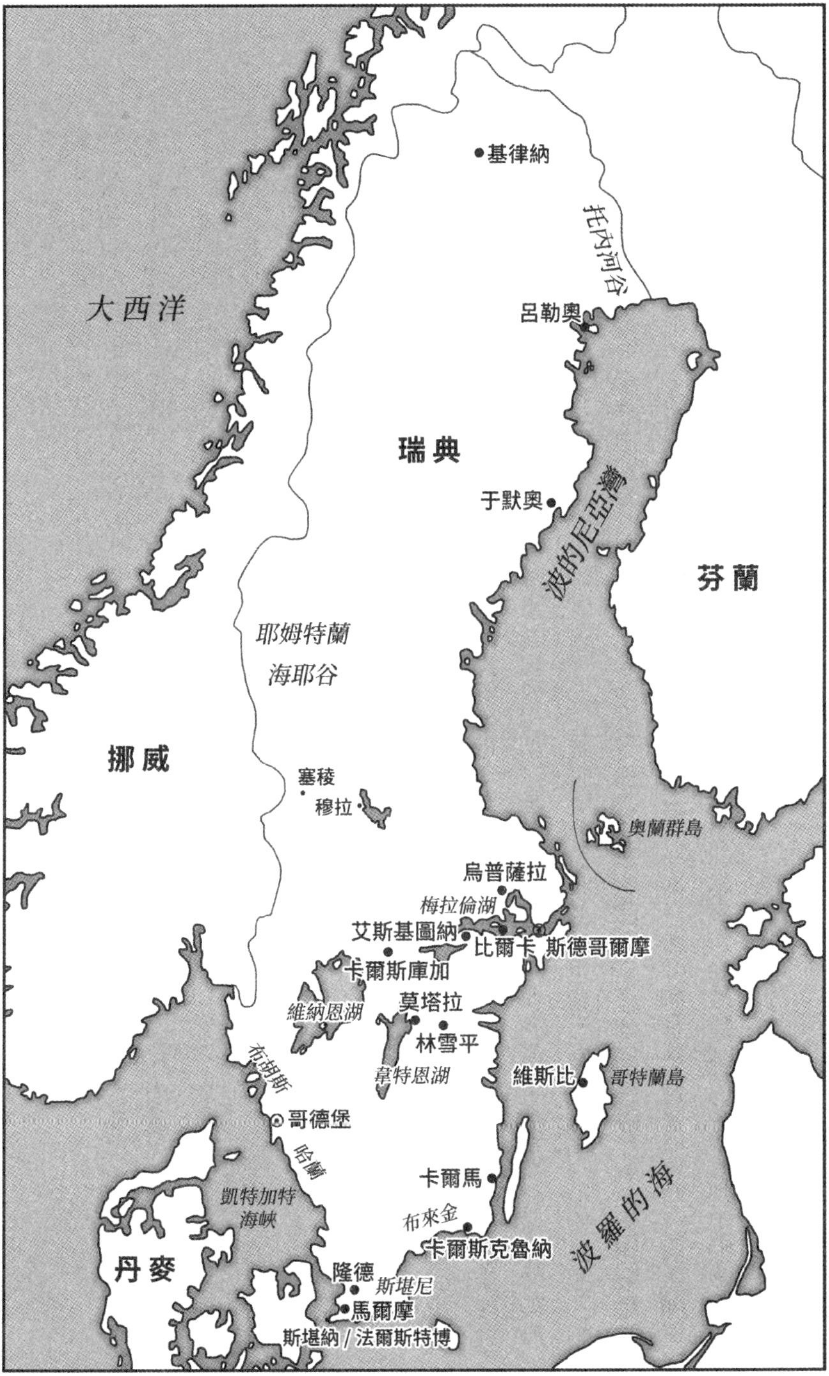

基律納
托內河谷
大西洋
呂勒奧
瑞典
于默奧
波的尼亞灣
芬蘭
耶姆特蘭
海耶谷
挪威
塞稜
穆拉
奧蘭群島
烏普薩拉
梅拉倫湖
艾斯基圖納
比爾卡
斯德哥爾摩
卡爾斯庫加
維納恩湖
莫塔拉
林雪平
布胡斯
韋特恩湖
維斯比
哥特蘭島
哥德堡
哈蘭
卡爾馬
凱特加特
海峽
布來金
卡爾斯克魯納
波羅的海
丹麥
隆德
斯堪尼
馬爾摩
斯堪納／法爾斯特博

序言

古德弗雷德（Gudfred）在西元八一〇年死於謀殺。犯人可能是他的手下，也許是一名士兵、僕人、奴隸，但也有可能是敵人派來的刺客。和他有關的紀錄都出於法蘭克人之手，而他們筆下的古德弗雷德是個專司破壞的暴發戶，因此歐洲人也許早就想除掉他了。但也有傳言說是他背叛了妻子，在這名妻子的煽動下，他的兒子提劍將父親砍成了碎片。古德弗雷德並非第一個自封為王的丹麥人，但他比所有先行者都更像真正的國王。

每個挪威學童都知道，挪威是由金髮哈拉爾（Harald Finehair）在八七二年（或之後十年左右）的哈夫斯峽灣之戰（Battle of Hafrsfjord）中統一的。他的外號在挪威語中讀作哈爾法格（*Hårfagre*），英語通常譯作「金髮」，但這意思並不到位。人們崇拜他的不是金髮，而是茂密的頭髮，因為頭髮在當時就跟現在一樣，是雄風的象徵，傳說他曾立誓在稱霸以前絕不剪髮。而他後來應該也如百年前丹麥的古德弗雷德那般，一路征戰取得挪威的控制權。據說哈拉爾在九三一年去世，享年約八十歲，這在當時非常罕見。

《西約塔蘭法典》（Westrogothic Law）是目前已知最早的瑞典地方法典（*landskapslag*），也是已知最早以拉丁文寫下的瑞典文本。《西約塔蘭法典》大約成書於一三二五年，附錄中包含一份信奉基督教的國王名單，名單上第一位是奧洛夫·舍特科農（Olof Skötkonung）。這位國王在一〇〇〇年前後稱霸，將一部分的瑞典納入治下，此時距離哈拉爾稱王過了一個世紀，距古德弗雷德稱霸兩個世紀。該國土大約只涵蓋了如今瑞典中部的一部分。他的名字可能是「徵稅王」（tax-king）或「鑄幣者」的意思。因為就像其他斯堪地那維亞早期的國王一樣，他確實鑄造了硬幣——硬幣上刻著他的肖像，以及拉丁文的「奧洛夫王」（*OLUF REX*）。這些硬幣並沒有普遍流通，鑄造量也不多，因為當時尚未進入貨幣經濟，鑄幣主要是為了替國王增添榮耀與地位。

這就是國家的誕生。只不過我們如今所認識的斯堪地那維亞，還要再經過一千年的動盪歷史才會真正定形，國家也才會從帝王的領土，變成民族的家園。

北境與歐洲接觸的開始

本書是關於丹麥、挪威和瑞典三國，超過一千兩百年的歷史，書中的「斯堪地那維亞」（Scandinavia）就是指這三個國家，而「北歐」（Nordic）則是指包含周邊的更大地區。

如果把歐洲文明想成是一系列起源於美索不達米亞、埃及和古希臘等東地中海地區，並持續往西北傳播的思想、發明與勢力，那麼斯堪地那維亞就是文明最後的邊境，人類的足跡很晚才落在此地，農業、貿易和其他現代化發展亦復如是。一直以來，思想和信仰都是從南向北傳播，神話、基督教、宗教改革、文藝復興、啟蒙運動都來自南方。北方人一直是在歐洲文明傳播的末端，經歷著殘酷的成敗興衰，不斷努力從中吸收，設法追上前方的文明勢力。在這場艱難的奮鬥中，有許多錯過的機會和落空的成就，無數的王國欲建鴻圖，最後都躲不過崩頹的結局。這場精彩的奮鬥，是由時而偉大複雜、時而低下卑劣的人所寫成。在斯堪地那維亞的歷史中，今日依舊存在、始終不變的要素是歐洲的影響力，以及如何成為歐洲人的困難問題。

大約在一萬三千年前，才開始有人從南方遷徙到這片土地；而北極薩米人的祖先，又要經過更久的歲月，才會從東方遷移至此。此時正是大冰河期（Great Ice Age）的末尾，大地正在遠離海面，森林向北蔓延，嚼食植物的動物隨之跟上，捕獵動物的人類則緊隨其後。在七千年內，冰層幾乎消融殆盡，只剩下山岳冰河；三、四千年之後，挪威沿岸直到極北之地都有人類定居。

最早來到此處的是獵人、漁夫和採集者。農業知識在兩千年前流傳至丹麥南部，接著傳到瑞典南部和挪威沿海，然後隨著氣候變動緩慢向北擴展。漸漸地，南方習慣了農業，而挪威和瑞典北部則持續維持著狩獵、漁業和採集的生活方式至今。從十六世紀開始，北方內陸不耕種的地區，漸漸轉向遊牧馴鹿的經濟模式，今日仍有部分薩米人這麼生活，但並非多數。

歐陸人對北方大地並非一無所知。西元前四五〇年左右，迦太基人曾經駛出地中海，到達比不列顛群島更遠的地方。出身殖民地馬薩里亞（Massalia，今馬賽）的希臘地理學家皮西亞斯（Pytheas）在西元前三二五年左右，組織了一場前往歐洲北部的探險，最後抵達不列顛、愛爾蘭和北極。他記錄了極地的浮冰和午夜的太陽，並有可能將挪威命名為「圖勒」（Thule），最後或許還有駛進波羅的海。而最早來到此處的羅馬人，可能是一支西元五年航至丹麥西海岸的探勘艦隊。到了六〇年左右的尼祿時期，又有一支艦隊進入波羅的海。老普林尼（Pliny the Elder）曾在七〇年寫成的《博物誌》（*Natural History*）中提到斯堪地那維亞；塔西佗（Tacitus）在一〇〇年左右寫的《日耳曼尼亞志》（*Germania*）

中，也有提到瑞恩尼人（*Suiones*）。當時瑞典有部分地區被稱作「斯堪尼亞」（*Scania*），因此後世便以斯堪地那維亞來稱呼整個地區。東哥德國王狄奧多里克（Theodoric）的顧問卡西奧多羅斯（Cassiodorus）在五〇〇年左右寫了一部哥德人史，他認為哥德人就是來自斯堪地那維亞——這個神話後來被瑞典民族主義者重新發揚光大。大約三十年後，拜占庭的約達尼斯（Jordanes）也在其著作《哥德史》（*Getica*）中提到一個叫「斯堪匝」（*Scandza*）的「大島」及上面居住的「丹人」（*Dani*）、瑞典人等族群。拜占庭歷史學家波寇披厄斯（Procopius）在六世紀中葉寫下了《戰爭史》（*Histories of the Wars*），書中也有提到丹人和圖勒島，後者指的可能也是挪威。他同樣提到午夜的太陽和一個可能是薩米人的族群，並稱其生活方式與禽獸相似。一名叫作奧塔（Ottar，英語文獻常作奧赫特黑爾〔Ohthere〕的挪威商人曾拜訪威塞克斯（Wessex）的阿佛烈大帝（Alfred the Great），說他來自「諾得維格」（Nordveg），意即北方之地，並提到了「丹納梅阿克」（Denamearc）。

因此我們似乎可以放心假設，在我們的故事開始之時，歐洲大陸已經知道北方土地形成的整體，並以「斯堪地那維亞」的某些變體稱呼它，而當地的主要組成部分——丹麥、挪威和瑞典——則以不同的名稱為人所知。因此，雖然當時的斯堪地那維亞，和我們如今所知道的樣子相去甚遠，但用這些標籤和名字來展開我們的故事，是不會有錯的。

土地

在三個主要地區裡，丹麥的土地最小，僅約四萬三千平方公里，人口約為五百八十萬，格陵蘭和法羅群島加起來大約另有十萬人。丹麥本土是一道突出的海角，名為日德蘭半島（Jylland/Jutland，意為突出地），半島從歐洲大陸向北突出，西臨北海，北邊隔著斯卡格拉克海峽（Skagerrak）遙望挪威，瑞典則在東邊的凱特加特海峽（Kattegat）對岸。南部是德意志的什列斯威（Schleswig）和霍爾斯坦（Holstein）*。這兩地一直是丹德之間的爭議領土，兩國之間的邊界過去一直不斷南南北北地變動。如今的霍爾斯坦無疑屬於德國，什列斯威則分屬兩國。†

丹麥的其餘領土包括一個位於日德蘭半島與瑞典之間的群島，其中最大的島嶼是西蘭島（Sjaelland，英語作Zealand），首都哥本哈根即坐落於此，該城和周邊地區的人口占全國四分之一。丹麥全境地勢平坦、不見山嶺，‡十分宜居，它的氣候良好，土壤肥沃，漁業資源豐富。從古至今，農業都是丹麥經濟的重心，貴族普遍據有廣闊的土地和豐厚的財富。

瑞典擁有三國之中最大的領土，面積約四十五萬平方公里，人口大約一千萬。其南部地勢平坦，宜於農耕，北部則崎嶇多山，森林茂密。瑞典曾有過大型的莊園與貴族階層，財富也相當集中，最終造就了繁榮的國家。瑞典南部的農業很發達，全境皆有豐富的礦產，是斯堪地那維亞地區工業化程度最高的經濟體。首都為斯德哥爾摩，人口約兩百萬。

挪威領土大約三十八萬五千平方公里，人口約五百三十萬，加上北極的斯瓦爾巴群島（Svalbard）

* 譯註：兩地在一九四六年被同盟國合併為什列斯威—霍爾斯坦邦。

† 譯註：北什列斯威在一九二〇年公投加入丹麥成為南日德蘭郡，並在二〇〇七年併入南丹麥大區。

‡ 譯註：丹麥「最高峰」莫來山（Møllehøj）僅一百七十公尺。

則會再多出六萬一千平方公里和三千人。挪威的國土狹長，遍布山地與峽灣，整個國家的南北距離，和最南邊城鎮曼達爾（Mandal）到義大利中部的距離相當。由於挪威的形狀正好沿著北極海環抱整個瑞典和芬蘭，因此北部最東邊的城市希爾克內斯（Kirkenes），和伊斯坦堡正好位在同一個經度。峽灣地形導致挪威的海岸線很長，漁業資源豐富，但多山地形也造成農地極少，全國僅三％是可耕地。也因此，挪威從未有過富裕的地主階級和強勢的貴族。首都是奧斯陸，人口接近一百萬。

這個地區的顯著地理特徵就是丹麥很小、挪威很狹長，瑞典則擁有廣大土地。有些人可能會覺得斯堪地那維亞很小，但實際上並非如此：此地的面積相當於德國與法國的加總，但人口還不到法國的三分之一。

丹麥與另外兩國沒有陸上邊界，南邊直接與歐洲大陸相鄰。因此，丹麥為何成為斯堪地那維亞而不是德意志（這個過程也多次出現變數），實在令人好奇。同樣耐人尋味的，還有多山、寒冷且不宜人居的挪威是如何維繫自身，而長久以來，它確實無法做到這點。瑞典被這兩國包圍，背後又有挪威山脈，長期以來只能向東擴張，這樣的國家如何走向世界，同樣也值得探索。

過去丹麥曾經控制過瑞典南部，也掌控了進出波羅的海的通道「松德海峽」（Øresund）。然而在地緣政治上，波羅的海卻是瑞典的勢力範圍。長期以來，波羅的海問題都是斯堪地那維亞國家的怨隙所在，丹麥與瑞典之間許多競爭、衝突、戰爭和仇恨，都是由此而來。挪威對這爭端始終置身事外，另外兩國也認為它與此無關。在本書提及的大部分歷史中，丹麥和瑞典都是勢不兩立的宿敵，兩國都認為自己是強權，並決意超越、有時甚至想摧毀對方，它們唯一的共識，就是對弱小挪威的輕蔑。這種敵意從未消失，即便如今的斯堪地那維亞看起來合作無間，檯面下仍舊流動著各種嫉妒、鄙視、憐憫甚至仇恨。斯堪地那維亞大同的理念出現得很早，但數百年來一直徹底失敗，到了二十世紀晚期才在一定程度上實現。即便如此，三國之間依然殘存著複雜的敵意。

族群

斯堪地那維亞人大多是日耳曼人，兩者的起源和文化有許多共同點。丹麥語、挪威語和瑞典語是同一種語言的方言。丹麥人和挪威人能夠輕易看懂對方的文字，但口語溝通可能有點勉強。挪威人和瑞典人很容易聽懂對方的口語，但要讀懂彼此的文句會有困難。瑞典人很難理解丹麥語，而丹麥人分不太出挪威語跟瑞典語。斯堪地那維亞字母表比標準拉丁字母多三個字母：æ（在瑞典語中為 ä）、ø（在瑞典語中為 ö）和 å（有時寫作 aa）。

語言永遠離不開政治。在丹麥，德語長期以來都跟丹麥語存在競爭關係，它曾是宮廷和菁英階層的主要語言，威脅到丹麥語的使用。瑞典王室和菁英則偏好法語。挪威語有兩種官方版本，分別是書面挪威語（*bokmål*）和新挪威語（*nynorsk*），以及各種方言。以一九九四年舉辦冬季奧運的內陸城市利樂漢瑪（Lillehammer）為例，在其北邊的古德布蘭茲谷（Gudbrandsdalen）中，愈往北部的方言就愈輕快悅耳，他們用「us」表示「我們」，如「us will be home」；而在往南不到幾英里的地方，人們說話卻會拖著沉重的尾音，並用「we」來表示「我們」。其他獨特的方言包括瑞典南部受丹麥影響的斯堪斯克語（*skansk*）、瑞典北部受芬蘭語影響的瑞典語、波羅的海波恩霍姆島（Bornholm）上受瑞典語影響的丹麥語，以及挪威和瑞典北部的各種方言。挪威的方言最為多樣，丹麥則最少。

除此之外，還有三支少數族裔世居斯堪地那維亞，分別是挪威和瑞典（以及芬蘭和俄羅斯）北部的薩米族、瑞典東北部的芬蘭族，以及丹麥南部的德意志族。這些少數族裔以各種方式和主要族裔融合，但仍然保有自己的文化、語言和身分認同，到了現在更是積極維護。一直以來，斯堪地那維亞人都給人「同質化民族」的印象，但其實內部還是相當多元，到了現在多樣性更是有增有減。比如猶太人的歷史就很悠久，只是人數不多；狀況類似的還有宗教改革後的天主教徒。三國都有大批來自其他國家的北歐人，而近年來自南歐、亞洲和非洲的移民，也讓北歐人口的血緣、文化和宗教更加豐富。

挪威薩米族的數量約在四萬到六萬之間，其中約有一半生活在北部的傳統薩米地區。其內部又有幾個分支，像是沿海薩米族和南薩米族，而南薩米語和主要的薩米語言和方言之間，有著明顯的差異。瑞典則有大約兩萬名薩米族，其中只有約兩千人是馴鹿牧民。剩下的人大部分都不會說薩米語，也不穿傳統服飾，他們主要集中在斯德哥爾摩。

瑞典芬蘭族是托內河谷（Torne Valley）人的後裔，沿著瑞芬北界的托內河而居，也有部分人居住在其他地區，目前總共有數萬人。早在一八〇九年瑞芬國界劃定以前，芬蘭族就已經住在該地區了。他們使用一種受芬蘭語影響的瑞典語方言，也有自己的芬蘭語方言。瑞典托內河谷人協會（National Association of Swedish Tornedalians）在文化、語言和公民社會等領域都非常活躍。

丹麥德意志族約有一萬五千人，主要分布在丹德邊境地區。他們有一個叫「北什列斯威德意志族聯盟」（Bund Deutscher Nordschleswiger）的組織，並自稱為「德意志族」，而不是「德語使用者」。德意志族有自己的幼稚園、學校、圖書館和文化機構，也有自己的政黨「什列斯威黨」（*Slesvigsk Parti/Schleswigsche Partei*），並發行德語報紙。他們住的地方被丹麥人稱為南日德蘭（Southern Jylland），但他們稱其為北什列斯威（*Nordschleswig*）。

在維京時代的薩迦（saga）*中，除了王者和氏族首領以外的人，都是以「小人物」（small-folks）稱之並草草帶過。這當然是一種偏見，但也反映了現實。小人物在詩歌裡無足輕重，正如在日常生活中一樣。在過去，斯堪地那維亞的階級區隔曾非常森嚴，如今的平等主義是非常晚近之物。不過，小人物也一直存在於歷史上。儘管王侯豪傑的故事當然比較精彩，但不起眼的人物也一直暗暗牽動著歷史的洪流。

十三世紀的農業革命讓斯堪地那維亞首次嘗到了繁榮的滋味。一般人會以為，經濟模式和政府組織的進步，會讓人民的生活變得更好，但事實並非如此。此時小人物的生活反而變得更差了。在維京時代，非奴隸的男性是自由的，儘管不平等也沒有權力，但畢竟擁有自由。如今的他們卻淪為沒有資產的農奴和普羅大眾；而到了戰火連天的十七世紀，他們更是成了炮灰。直到十八世紀，王權專制逐漸走向末路，小人物才有機會從陰影裡走出來，開始有了一點分量。從這時開始，歷史邁入了一個新世界，一個國家為人民服務，而非人民為國家服務的世界。

* 譯註：北歐史詩。

講述歷史

本書的目標很簡單：講述斯堪地那維亞人如何成為現在的樣子。我們的祖先曾對歐洲，甚至對更廣大的世界發揮過些許影響，但在大多數的時候，他們都只是掠取，沒有貢獻。這種情況直到最近才有所轉變。如今的斯堪地那維亞和歷史上的形象完全不同，從掠取者進化成了貢獻者。

在嘗試講述歷史的過程中，我汲取了斯堪地那維亞史學的豐厚遺產。維京時代的歷史是關於整個斯堪地那維亞，但在後來的時期，國別史就成了主流。我希望重新放眼整個斯堪地那維亞，因為我發現每一部國別史，其實都是一部斯堪地那維亞通史。

不過認真來說，撰寫民族國家的歷史並不容易，很多斯堪地那維亞的歷史著作都存在兩種傾向。一種是尋找能勾起民族自信的詮釋。拿十三世紀的丹麥人薩克索·格拉瑪提庫斯（Saxo Grammaticus）來說，這位歷史上第一個斯堪地那維亞史家，就是為了「歌頌吾等祖國」才動筆撰寫歷史。當然，現代史學家已經不這樣做了：他們寫作是為了討論已經完結的事。但這種歌頌的毛病在格拉瑪提庫斯之後，還是維持了很長一段時間。維京時代被評為了不起的時代。在瑞典的歷史書寫中，那段擠身歐洲列強的時期仍被稱為「壯世」（storhetstiden）。這類偏頗的筆法在當代史家的作品中較少出現，但可能多少還是有所影響。

另一種傾向是尋找傳承，彷彿現在與過去有著直接的連結。最明顯的例子，就是所謂斯堪地那維亞的自由傳統，把如今民主社會裡的自由公民，連結到維京時代的自由人。另一個例子是階級鬥爭的傳統，認為現代民族國家的形成，是一個受壓迫者不斷爭取平等的過程。

然而，偉大與傳承的真假都不易判斷。在中世紀的歐洲，維京人確實頗為不凡。但他們是否值得我們歌頌？我很懷疑。當然，斯堪地那維亞的歷史，就像其他地方的歷史一樣，是傳承與變化的結合，但傳承是足以定義這段歷史的特徵嗎？我也很懷疑。

為了確定講述這段歷史的原則，我借用了一些以前在社會科學領域常用的工具。我選擇用比較法來講述歷史。在探索斯堪地那維亞的面貌時，我總會問自己，斯堪地那維亞在整個歐洲歷史的位置。我要說的並不只是斯堪地那維亞的斯堪地那維亞歷史，而是歐洲的斯堪地那維亞歷史，因此它也會是歐洲歷史的一部分。我也以批判性的懷疑來看待歷史。我絕非全然公正，但只要碰到看似某種既定真理，特別是引人自豪的敘事，我就會試著退一步問：事實有可能如此嗎？在這方面，我主要是從數據和規模出發。因為我知道，維京人只是少數人中的小樣本，他們的成就不可能超過稀少人口數能達到的程度。

這些方法讓我對偉大和傳承這兩大問題，有了自己的成見。我們的歷史確實有一些偉大的時刻，但它們發生得很晚，而且是等到斯堪地那維亞人拋棄壯大的野心後，才得以實現的。而關於傳承與變化的平衡，變化才是顯而易見的。對斯堪地那維亞影響最大的兩個轉變，一個發生在十三世紀，另一個發生在十八、十九世紀之交。兩次轉變都很戲劇性：舊事物面臨失敗，新事物趁機崛起，成為重生的起點。而第二次轉變帶來了一件全新的事物，一件或許值得斯堪地那維亞人自豪的事物。在此之前，偉大野心的代價，是小人物受到更加殘酷的剝削。唯有當這種事歷經長久的歲月終於在晚近走入歷史，小人物開始受到認可，我們才進入了一個可以將斯堪地那維亞視為歐洲中的獨特存在的時代。

名稱與用語說明

我從薩迦中借用了「小人物」一詞，指涉社會底層的大量無名群眾，這些人在歷史的大多數時間裡，幾乎沒有任何影響力和重要性。另一個極端是少數的菁英階層，我通常會稱他們為「男爵」，儘管他們不一定有此頭銜。正式的貴族階層要到中世紀才會出現，但他們才是真正擁有財富和地位的人。

我主要會用現代的斯堪地那維亞名字，因此肯努特王是「Knud」而非「Cnut」或「Canute」。不過當榮譽名稱具有特定含義時，我會使用英語，比如肯努特大帝是「Knud the Great」而不是「Knud den Store」。不過「厲政王」哈拉爾寫成「Harald Hardrade」顯然會比「Harald the Hard Ruler」好。丹麥的最大半島用「Jylland」而不是「Jutland」，最大的島嶼稱為「Sjalland」而不是「Zealand」。不過為了方便，哥本哈根會是「Copenhagen」而不是「København」。

我大量使用大寫字母。「church」是禮拜場所，但「Church」是指教會；「state」通常是指國家，但「State」是指統治機構；「crown」是王冠，「Crown」是王權。王冠戴在國王的頭上，但王權是國王擁有的權威地位。「The Social Democrats」是社會民主黨，「social democrat」則是社會民主主義者。

冰與血之歌

北歐千年史

FROM THE VIKINGS
TO
SOCIAL DEMOCRACY

第一部　登陸歐洲

在奧斯陸的維京長船博物館（Viking Ship Museum），有一艘船的造型與比例是如此完美，讓駐足觀賞成為感官饗宴。這艘船每邊各有十二塊木板，層疊如瓦，以鐵鉚釘固定的船首與船尾向上高聳。龍骨貫穿整個船身，支撐著船首與船尾，兩端雕成盤旋的蛇身與蛇首；精細的雕刻一路延伸到吃水線下，和兩舷上的裝飾相若。船身向外鼓出，形成寬闊的甲板。船身的木材為是橡木，內甲板、桅杆和槳則是松木；兩邊各有十五名槳手，加上一面方帆提供動力，全船可能曾經色彩鮮豔。* 此船喚作奧塞貝格號（Oseberg Ship），以出土的挪威南部農場命名。一九〇三年，奧塞貝格號在一處古塚被發掘，並於次年挖掘出土，和其他文物一起離開原址，並在後來的二十年間重新組裝完成。此船大約竣工於八二〇年，可能是用於儀式，未曾真正下水。

博物館裡還有一艘重要的船，名叫郭克施塔（*Gokstad*），造型也一樣優美，只是沒有這麼精細的裝飾，因此在九〇〇年左右入土以前，它可能是艘真正的海船。

奧塞貝格號入土於西元八十三年，墓中有兩名女性的遺骸，一名年約七、八十歲，死於癌症，另一名年約五十歲，死因不明。其中至少有一位可能是長老，在部落中位高權重，也許是氏族領袖的妻子，

---

* 本文撰寫時，維京長船博物館正在整修，預計將於二〇二六年以維京時代博物館（Museum of the Viking Age）之名重新開放。

或是整個部落的宗教領袖。郭克施塔號則是一名男性的墓地，死者可能是一名戰死沙場的氏族領袖。

這些古墓的陪葬品都非常豪華，包括各式衣物——甚至有絲綢製品——還有鞋襪、梳篦、帆槳，鍋盆、鋤犁、鉤網，精工雪橇、馬車、雕刻畜首、床、帳、犬、馬、牛，以及各種奇禽。

維京長船是為航海而設計的，所以它們雖然不大也不深，卻非常堅韌、靈活、迅捷，能夠穿越波濤洶湧的海面。當然，維京人的北海航行絕不舒適。船上有裝載貨物的空間，有時會載牛和馬，或非戰士的人們，但沒有空間讓人生活。沿途的食物主要是魚乾、鹹肉，飲料則是酪乳和啤酒。靠著這樣的船隻，諾斯人（Norsemen）[*]抵達了法國南部、英格蘭、蘇格蘭和愛爾蘭，以及更遠的冰島、格陵蘭和北美。維京長船的底很淺，容易擱淺，但也因為吃水淺而方便在河道上航行。低矮修長的船身很難被陸地上的守衛發現，非常適合出其不意的突襲。薩迦詩歌中最偉大的船是歐拉夫·特里格夫森（Olav Tryggvason）的長蛇號（*Long Serpent*），此船在挪威詩歌喚作「*Ormen Lange*」，建造於一〇〇〇年左右，長約四十五公尺，有六十八名槳手，是標準船的兩倍長（不過丹麥羅斯基勒〔Roskilde〕也發現過一艘長船的殘骸，可以容納八十名槳手）。此船船首的龍頭是在戰鬥前才裝上去的。

這些在挪威、丹麥和瑞典發現的維京長船，代表著一個個關於社會階層、科技發展和資本累積的故事。打造這些船的人掌握著技術與資源，還可以指使他人為自己工作。而墓地中的主角都是氏族領袖，這些人有著深厚強烈的信仰。於是，掌權的男男女女和豪華的財富一同下葬，準備航向來世。這些墓地也具有重要的文化意義。奧塞貝格號的裝飾精美，其他像是雪橇等出土文物也同樣華麗，是美學與機能的完美結合，任何觀者都會讚嘆其結構與細節的和諧。歷史學家邁可·派伊（Michael Pye）說道：「長船不僅代表男人的財富與力量，更是代表他這個人。」[†]

維京長船由船身和船帆組成，使它不只是一艘小船（boat）。前者是斯堪地那維亞人的發明。他們長期利用河道水路運輸，造船技術也隨之進步，最後終於自行造出能在外海航行的大船。船帆則是歐洲大陸的發明，早在很久以前就盛行於地中海一帶。在與歐洲人的交流中，斯堪地那維亞人學會了使用船帆，最後憑借卓越的航海技術南下歐陸。但某種程度上來說，他們也是因為歐陸的影響才能掌握這些技術。如果要給維京時代一個確切的起始點，那就是他們張起第一面船帆的時候，也就是七五〇年左右。

這些船造型優雅，卻也是毀滅性的武器，因為它們將戰士與征服者運往異國的海岸。駕馭這些船的，是勇於冒險、忠於首領的男子，這些人在海上有多精明，在戰場上就有多殘忍。諾斯人肆虐、破壞、焚燒、殺戮、強暴與掠奪，讓平民不寒而慄，恐懼深入骨髓。

* 譯註：諾斯（Norse）一詞主要指維京時代以前的古代北歐。

† 引述來源請見註釋。

第一章　維京時代

中世紀早期，斯堪地那維亞的某些地區，近似於今日所謂「社會結構」的事物開始成形，當時的社會（另一個那時代人還未能理解的詞彙）開始區分出階層。少數男性一路成為人上人，身為凡人對財富與榮耀的欲望得到滿足，並開始壓迫卑微的大眾幫助他們更進一步。促成這項轉變的因素之一，可能是六世紀中，美洲火山爆發引發了一連串生態浩劫。這些災難影響了整個歐洲，而北部才剛開始發展的農業，更是受到了嚴重打擊。這使得人口急遽減少又重新增加，土地的所有權漸漸轉移到社會上層手中，社會階級也得以明確分化。最後，人們形成了掌權與依附的關係，維京人也在歐洲邊陲形成一支舉足輕重的勢力。一些勢力較大的酋長開始自封為王，斯堪地那維亞開始出現大型的政治實體。

登陸羅斯

這一切的起頭是瑞典人東征，他們首先侵入了羅斯大地，當時他們稱之為嘉擇瑞治（Gardariki，有「建居地」之意）*；隨後丹麥、挪威、芬蘭和波羅的海人也跟了過來。這些行為從八〇〇年開始，比

* 譯註：作者原文為Russia，但Gardariki主要是指今白羅斯與烏克蘭一帶，故譯作羅斯。

他們占領、定居西歐早了大約半世紀。

不過在當時，進軍羅斯很可能只是為了拓展以往波羅的海與歐陸北岸的貿易。因為西元六世紀時，瑞典皮草在君士坦丁堡是炙手可熱的奢侈品，中介商可以藉此賺到極大利益。於是，當瑞典人掌握足夠的科技，便決定踏足羅斯大地；此時他們的長船已經堅固到足以橫渡羅斯大河，又輕便得可以在遭遇急流時繞行陸地，或是在河與河之間搬移。他們主要的商路起點是如今聖彼得堡外的拉多加湖（Lake Ladoga），比較常走的一條是順著聶伯河（Dnieper）到達基輔，再沿河進入黑海駛向君士坦丁堡；另一條利益更豐的路線，則是沿窩瓦河（Volga）經保加爾（Bulghar）與阿的爾（Atil）*駛入裏海，最遠可至巴格達，銜接歐亞絲路。到了八世紀中葉，舊拉多加（Staraya Ladoga）已經成為諾斯人最重要的基地。而諾夫哥羅德（Novgorod，意為新堡）、保加爾、斯摩棱斯克、基輔等名城，某種程度上都是斯堪地那維亞人定居的成果。而一切的貿易與傭兵服務，都將航向斯堪地那維亞人口中的「大地方」（*Miklagard*）君士坦丁堡——那時的諾斯人還沒有「城鎮」、「城市」等詞彙。

某方面來說，這也比較符合西方熟知的模式：先掠奪和貿易，然後定居拓殖，接著與當地人融合。「羅斯人」（Rus）最早就是指這種混血群體，「由來可能是因為他們獨特的紅髮，但更有可能是因為他們善於划槳。俄羅斯人便是這些人的後代。」後來，基輔成了羅斯大地上最早的據點，成長為後來的基輔羅斯，後來又成為俄羅斯帝國之路上的踏腳石。

這些商路非常艱險，需長途拔涉穿越崎嶇、危險且充滿敵人的土地，但絕對有其價值。藉著這些路徑，諾斯人得以接觸已知世界的經濟中心，這些地方擁有豐富的財富資源，對毛皮等商品以及奴隸有很大的需求。彼時，全世界的財富都匯聚在拜占庭、阿拉伯與亞細亞，其中又以白銀最為人覬覦；諾斯人將「大量銀子從此地運回家鄉，數量遠勝於他們在西方所掠奪的財富。從波羅的海哥德蘭島，還有瑞典、丹麥各地，乃至英格蘭遺址中出土的阿拉伯銀幣（dirham）皆可為證——不是幾枚銀幣，而是真正的地下寶藏。從這些發現可以知道東方貿易的利益之大，以及財富如何從遠方流向北歐。歷史學家彼德・梵科潘（Peter Frankopan）就說，如果用現代語言來描述的話，諾斯人是在做一筆「價值數十億美元的生意」。

白銀之謎

斯堪地那維亞人為何這麼渴求白銀，以及如何賺來這麼多銀幣，都是難以解釋的謎團。

大多數來自東方的銀幣都留在哥德蘭島，並埋藏於地底。如果說是這些都是危急時刻的備用資金，未免也太過龐大，解釋不通。那麼是否因為銀幣太多導致通貨膨脹？但這些銀幣幾乎沒有流通，卻又不是集中在少數人手中，而是「民主」地分屬於眾人，這又該如何解釋？會不會是跟宗教信仰有關？比如被「付」給了眾神？根據冰島政治領袖、詩人兼史學家斯諾里・斯蒂特呂松（Snorri Sturluson，一一七九—一二四一）的說法，在基督教傳入之前，曾有些人相信將白銀埋在地底，便可供來世花用。那麼遙遠東方的銀幣在人們心中，是否跟來自熟悉土地的銀幣有所不同？也許是因為這些銀幣來自「體面」的生意，而非「不體面」的勒索，所以是「不一樣」的錢？或

＊ 譯註：分別為保加爾汗國與克薩汗國首都。

者是因為東方銀幣比西方銀幣更重，所以人們保管得更小心？無論如何，哥德蘭島和其他地區發現的東方銀幣，都無法從當時的商品、奴隸和傭兵生意來解釋。

相比之下，西方銀幣似乎有比較多流入經濟循環。這可能是瑞典在大量輸入東方銀幣時，還沒有成為瑞典王國，而丹麥和挪威已開始施行王政。在英格蘭，斯堪地那維亞人的主要目標則是土地，他們會用從當地居民那搶來的銀子，向同一批受害者強買土地。

甚至還有一些過剩的英國銀幣流向了哥德蘭。這是為什麼？哥德蘭和北海商路往來不多，而且在當地活動的主要是丹麥人跟挪威人。這會不會又是跟宗教信仰有關？還是哥德蘭人其實是某種專門管理白銀的「銀行人員」？

歷史學家大衛．阿布拉菲亞（David Abulafia）曾說，維京在西方是「兼職商人的海盜」；而在東方，他們卻是「兼職海盜的商人」。儘管做的生意很暴力，但畢竟還是生意。在當時，奴隸是很重要的商品，而維京沿河而上或順流而下時，就會擄掠人口，載去遠處販賣。根據十世紀的波斯地理學家伊本．魯斯塔（Ibn Rustah）記載，「他們會乘船來到岸邊擄掠人們，帶往哈薩克人和保加爾人的土地上販賣。」諾夫哥羅德的「奴街」（Kholop'ya ulitsa）與「大街」（Velikaya ulitsa）交會的路口，就是當年奴隸市場的所在。到了十世紀中葉，布拉格成為中歐奴隸貿易的樞紐，吸引到維京的羅斯商人和穆斯林商人。阿拉伯地理學家伊本．霍爾達德貝赫（Ibn Khordadbeh）曾在八七〇年左右寫道，北方的商品包括「閹人、男奴、女奴，以及水獺皮、貂皮和其他毛皮」。

這些貿易的前提都是有開放的商路可以深入東方世界，一旦南方的勢力封鎖這些商路，排擠來自北方的入侵者時，生意也就斷絕了。最早被封鎖的是最東邊經窩瓦河往裏海的路線，後來行經基輔的路線也在一〇七〇年左右斷絕。不過，斯堪地那維亞並沒有完全停止和東方貿易，只是止步於北羅斯的諾夫哥羅德一帶，商品也變得「正常」。此時主要的商品是皮草和穀物，這些商品日後將會成為德意志地區漢薩同盟（Hanseatic League）主導的波羅的海貿易的一部分。

登陸諾曼第

斯堪地那維亞人稱他為「Gange-Rolv」，徒行王羅夫，不過由於法國的編年史家，其他國家的人習慣叫他另一個比較滑稽的名字：羅洛（Rollo）。「徒行王」之號來自於他身形巨碩，無法乘馬。但所謂巨碩未必是肥胖。古北歐馬體型很小，如今體型矮小的冰島馬（Islandshest），還有挪威西部小身廣腹、金黃毛色的峽灣馬（fjording）都是其後裔，而且這兩個馬種還比千年前的祖先高大了一點。不過，諾斯人確實從法蘭克人那裡購買或俘虜到更好的馬匹。八六四年，禿頭查理（Charles the Bald）重申了查理曼在大約七十五年前頒布的禁令，禁止將馬匹和武器出售給北方，違者處死，但效果依然不佳。

羅洛是諾曼第家族的開創者，挪威人將他視作維京民族大歷史的一環，並在西海岸的奧勒松（Alesund）為他立了一尊雕像——雖然他很有可能其實是丹麥人。他在皈依基督教後取了一個歐洲名字，也被稱為諾曼第的羅伯特（Robert of Normandy）。

九世紀初，北方的劫掠者開始在歐陸肆虐。當然，劫掠並不新鮮，但這時的規模卻遠勝以往。八三四年，一群丹麥人襲擊了貿易中心多雷斯塔德（Dorestad），此地位於萊茵河上，距離荷蘭海岸約一百公里。這些人四處屠殺破壞，摧毀了周邊地區，最後帶著大量的戰利品和奴隸離開。八四五年，一支來自丹麥、據說有六百艘船的船隊洗劫了漢堡，將其夷為平地。他們摧毀了教堂、學校和圖書館，卻放大主教安斯加爾（Ansgar）*帶著少數聖物逃離。同時期，諾斯人在南歐也十分活躍。八四四年，他們從羅亞爾河口的基地出發，襲擊了伊比利亞半島，甚至遠達南部內陸的塞維利亞（Seville）†，沿途殺害了許多男性，並將女性與兒童俘虜為奴。

他們在八四一年來到塞納河谷的魯昂。四年後，他們從巴黎獲得第一筆贖金，是重達七千磅的白銀。「在八五六至八五九年間，諾斯人的軍隊相繼燒毀了巴黎、巴約（Bayeux）、夏特（Chartres）、土爾（Tours）、布盧瓦（Blois）、里昂和亞眠（Amiens）。」他們的行動模式是先掠奪，後定居，再同化。彼時查理曼帝國正在瓦解，到了八七〇年代，諾斯人已經牢牢控制了魯昂和周邊地區，接著又在八八五、八八六年之交，以及九九一年兩度圍困巴黎。在圍城戰中，羅洛綁架了巴約的法蘭克貴族之女波帕（Poppa of Bayeux），並納為妻室，成為全北法諾斯人的領袖。在巴黎嚐到甜頭後，他又率兵圍攻夏特，但此時他已經過度擴張，又遇到法蘭克貴族聯盟的抵抗。僵局過後，羅洛簽下了《埃普特河畔聖克萊爾條約》（Treaty of Saint-Clair-sur-Epte），宣示效忠直誠王查理（Charles the Simple）。這對羅洛來說並不壞，只要效忠國王、停止劫掠並下令諾斯人改信基督教，先前打下的地盤就會成為他的封地。

然而和平並不長久。羅洛違背了效忠的誓言，重操劫掠舊業，並殺死了下一任法國國王，強者羅貝爾（Robert the Strong）之子羅貝爾一世（Robert I）。此後，羅洛又與新王拉烏爾（Rudolph of France）重訂條約，得到更多領地。

諾曼第是維京征服中影響最深遠的一段，儘管當這些影響開始顯現時，諾曼人（Normans）已經斷離了諾斯文化。諾曼第並非維京擴張的起點，也不像羅斯大地那樣具有最重要的金融地位，但其他地方的維京人從不曾造成如此長遠的政治影響。

羅洛在九三〇年前後去世，為繼承者留下了一個根基穩固的公國，也是從這時開始，公國土地上的諾斯文化迅速稀釋。一〇六六年，羅洛的來孫率領諾曼人渡海征服英格蘭，斯諾等史家則稱其為私生子威廉（William the Bastard），後來的人則喚他征服者威廉。時至今日，英格蘭王的頭銜仍包含了諾曼第公爵，過去稱作諾曼第群島的澤西島（Jersey）等海峽群島（Channel Islands），如今也依然是英格蘭的王權屬地（Crown Dependencies）。在入侵英格蘭時，諾曼人已經成了法蘭西人，他們帶來的法語也深入英語的根基，使得如今的英語成為日耳曼語和拉丁語的混血。威廉本人從未說過一句英語，而且就像當時大多數的統治者一樣，他也是個文盲。

儘管諾曼第的諾斯文化已經嚴重稀釋，但或許沒有徹底消失。在紀念威廉征服的巴約掛毯（Bayeux Tapestry）上，諾曼人最大的特徵之一，就是他們將後腦勺剃短推高的獨特髮型，這在十一世紀的英格蘭叫作「丹麥人頭」（Danish cut）。威廉為遠征所建的七百艘船也頗有維京遺風，首尾都高高揚起。這次入侵是航海技術的極致展現，只損失了兩艘船。這場作戰的占卜師就在其中一艘船上，對此威廉表示：「此人連自己的命運都算不到，不算損失。」

一〇六〇年代開始，諾曼人又出海征服了南義大利，並從阿拉伯穆斯林手中討取許多地中海土地。

---

* 譯註：即致力於北方傳教的聖安斯加爾，死後成為斯堪地那維亞的主保聖人。

† 譯註：離直布羅陀附近的瓜達幾維河（Guadalquivir）河口七十四公里。

這是因為諾曼貴族往往子嗣眾多，無法讓每個人都享受到家中財產，只好派其他兒子去南方冒險，而不少人都在當地大有斬獲。比如奪下南義大利的，就是歐特維爾家族（Maison d'Hauteville）的狡詐者羅貝爾（Robert Guiscard）。其幼弟魯傑羅（Ruggero）則繼續揮兵阿拉伯人的西西里大公國（Emirate of Sicily），於一〇七一年受封西西里伯爵，並在一〇九一年拿下整座島。同年，他又入侵馬爾他島，被當地人視為解放者，姆迪納座堂（Cathedral of Mdina）至今仍每年舉行彌撒，紀念西西里脫離穆斯林統治。魯傑羅的後裔一直統治著西西里島，直到一一九四年絕嗣。魯傑羅在一一〇一年去世，將爵位傳給兒子魯傑羅二世（Ruggero II）；後者在一一二七年兼併了狡詐者羅貝爾留下的土地，於一一三〇年被教皇封為國王，建立西西里王國。他的宮廷輝煌而寬容，無數工匠、藝術家和學者慕名從希臘、拜占庭、阿拉伯國家和英格蘭而來，其中也有少數諾曼人，巴勒摩（Palermo）也因此成為歐洲的一大學術與文化中心。魯傑羅二世留下的偉蹟還有切法盧座堂（Cathedral of Cefalu）和巴勒摩王宮中的帕拉蒂納禮拜堂（Palatina Chapel），其孫古列爾莫二世（Guglielmo II）也在俯瞰王都的蒙雷阿萊（Monreale）山上興建了座堂和修道院，並以描繪聖經故事的精美馬賽克作為裝飾。蒙雷阿萊座堂至今仍保存完好，是建築、藝術與信仰的至高成就，也是基督教世界最輝煌的偉蹟之一。

在羅貝爾與魯傑羅以前，十一世紀初的諾曼人就開始擔任傭兵，為倫巴底和拜占庭等國家效力。不過此地也有一些直接從斯堪地那維亞前來的劫掠者。傳說中的瑞典維京領袖「鐵漢」比約恩（Björn Ironside）曾在八六〇年左右，率領過一次維京遠征，沿著非洲和歐陸海岸掠奪，穿越巴塞隆納外海的巴利亞利群島（Balearic Islands），沿著南法的隆河（Rhône）北上，甚至圍攻過比薩市。也有傳說提到他們曾抵達埃及。從北方沿著西歐海岸進入地中海，最後滿載戰利品揚長而去，絕對是一場偉大的航海與軍事成就。但這次遠征或許在當時極具威脅，卻沒能留下持久的影響。歷史上的維京人確實攻克了許多地方，但也因此而過度擴張。

登陸英格蘭等地

六三四年，凱爾特基督教會（Celtic Church）*在諾森布里亞（Northumbria）王國靠近蘇格蘭邊境的林迪斯法恩島（Lindisfarne）上蓋了一座修道院，主教卡斯伯特（St Cuthbert）備受尊崇，後被封為聖人。他於六八七年去世，葬於島上；後來修道院遭到維京入侵，倖存的僧侶帶著聖卡斯伯特的遺體逃離。經過七年的流亡後，他們得到一個徵象，認為聖人希望長眠於一處森林茂密的高地上，此地即是後來的達蘭（Durham）。僧侶在現址為達蘭座堂（Durham Cathedral）的地方蓋起一座石教堂，裡頭就是聖卡斯伯特的墓地，旁邊葬著英國歷史之父，可敬的比德（Venerable Bede）。

七九三年六月八日，一群諾斯人從海上襲擊林迪斯法恩島。這起駭人的事件曾留下許多疑問：來襲的人到底是誰？他們從何處前來，人數究竟有多少？他們原本是否知道林迪斯法恩修道院的存在，又是如何找到它的？一說認為他們是來自奧克尼（Orkneys）和昔德蘭（Shetlands）群島的挪威人，在探險

* 譯註：原文「凱爾特教會」暗示凱爾特地區的基督教是不同於羅馬天主教的分支，但學界目前普遍否定此一概念。不過，凱爾特地區基督教的宗教實踐，比如復活節的計算、剃髮風格、懺悔方式等，確實與歐陸有所差異。

過程中偶然發現了修道院，但這尚不確定。*

許多教會學者都有記載這次襲擊，達蘭的賽蒙（Simeon of Durham）在十二世紀初撰寫《盎格魯暨丹麥諸王史》（*Historia regum Anglorum et Dacorum*）時這麼記載：「他們兇殘地掠奪毀壞一切，褻瀆的腳步踐踏聖地，他們挖掘祭壇，奪走聖堂中所有寶藏。有些僧侶被他們殺害，有些被戴上腳鐐帶走，有些赤身露體、備受侮辱地遭到驅逐，有些則在海中溺斃。」這是場難以言喻的暴行。維京人搜刮了一切有價值的東西，包括人在內，並將帶不走的盡數毀壞。

這次襲擊的消息傳遍了歐洲，整個基督教世界見識到諾斯人的狂怒都為之駭然。有人認為諾斯人這麼做就是為了散播惡名，減少受害者的抵抗。這是很合理的猜測，但可能性不高。在後來劫掠成為商業手段時，這是很常見的做法；但早期的襲擊通常沒有這麼多戰略、算計和策畫，只是單純的匪類行徑。對他們來說，修道院是很好的目標，畢竟這些宗教社群一心只想研究學問和沉思修行，又地處偏遠、毫無防備。僧侶只是因為在場就遇害，其他人被俘則是因為能派上用場。諾斯人從海上來，拿走想要的東西，隨心所欲地殺戮和捕捉奴隸，在褻瀆取樂以後，又帶著財寶快意離去。即便在那恐怖的時代，這也是最恐怖的暴行——有群人驟然來襲，沒有被觸發的理由，亦無事先預警，肆意留下遍地瘡痍而去。

翌年，如果不是因為風暴失去領袖和一些船隻，他們原本打算再次血洗位於賈羅（Jarrow）的修道院。畢竟擁有貴重之物卻毫不設防的修道院一直是最好的目標。不過七九四年，諾森布里亞的唐河口（Donemuthan）†修道院還是遭到掠奪。次年，他們來到蘇格蘭西海岸的愛奧那島（Iona），洗劫了愛爾蘭凱爾特基督教在不列顛的第一個據點：聖高隆巴（St Columba）修道院，並殺死了修道院長和六十八名僧侶。八六〇年代，北約克郡海岸的惠特比（Whitby，當時叫作史垂恩肖爾〔Streoneshalch〕）

修道院遭到襲擊，財物被洗劫一空，建築也付之一炬。八七三年，「異教徒大軍」（Great Heathen Army）摧毀了男女僧侶共住的瑞普頓修道院（Repton Abbey），又在當地安營過冬，於隔年征服統治英格蘭中央的麥西亞王國（Mercia）。劫掠後來成為諾曼第地區的維京人也是從修道院和教堂下手，就和其他人在法蘭西、日耳曼、西班牙、英格蘭和愛爾蘭等地做的一樣。他們隨時準備劫掠教堂和修道院，這是他們在這樣的暴行中能占據優勢的原因之一。由於信奉基督教的國王和領主都認為這些聖所應當享有和平，因此它們變得非常容易得手。儘管後來北方領袖在改信基督後也奉行同樣的原則，但早期的維京人依然信奉異教，對於打劫教會沒有絲毫顧慮。當時的修道院是學術中心，最大的珍寶莫過於精美無比的手抄本。但對諾斯人來說，再怎麼精美的書本都毫無意義，唯一的價值是換取贖金。九世紀中一名叫作奧福雷（Ælfred）的薩里（Surrey）郡守（ealdorman）‡就曾「為了上帝的愛與我們靈魂的利益，不再讓這些聖典停留於異教徒手中」，而向一支維京戰團交付純金。後來這份抄本被帶到西班牙，又於一六九〇年被瑞典皇家圖書館買下，現稱為《斯德哥爾摩金冊》（*Stockholm Codex Aureus*）。

這就是西歐在維京時代的真實狀況，但後來斯堪地那維亞民族主義者和許多歷史學家，卻大幅美化了這個時代。對於維京擴張的受害者來說，這是一段充滿毀滅、破壞、殺戮、強暴、奴役和搶劫以及隨

---

* 最近有些學者，如考古學家凱特·賈曼（Cat Jarman）就在《河流之王》（*River Kings*）一書中主張，這批襲擊者可能知道修道院的存在和其位置，且早已在北海上建立起情報網。然而這件事發生得非常早，距離諾斯人學會運用船帆橫渡海洋，才不過幾十年而已。雖然在這之前他們就到過英格蘭南部，但那也許不需要橫渡海洋。

† 譯註：過去多認為即位於賈羅。

‡ 譯註：七國時代的地方官，非爵位。受王命指揮郡內軍隊，並同主教主持郡廷，為郡內貴族之統帥。後世英國伯爵 Earl 之詞源。

之而來的威脅的時代。他們所認識的維京人是群嗜血的兇手，無論女人、孩童或老人，都逃不過維京人的殘殺。

七八七年，諾斯人首次來到英格蘭南岸，比林迪斯法恩慘案早了六年，當時他們只有三條船。這些客人的舉止預示了未來的災難——他們收到國王的邀請，卻殺了傳信的使者。

幾次駭人的襲擊過後，丹麥人在八三〇年左右，開始規律地劫掠英格蘭東北部，人們逐漸意識到丹麥人有意殖民英格蘭。從八三四年起，幾乎每年都有劫掠的紀錄，並在八六六年達到高峰。那年丹麥人大軍在東盎格利亞（East Anglia）過冬，然後北進突襲約克，占領了這座城市，擁立一名英格蘭人作為傀儡。此時斯堪地那維亞人已經決定落腳英格蘭，不但向強大的威塞克斯王國（Wessex）宣戰，還差點打敗阿佛烈大帝。八七六年，丹麥人在諾森布里亞定居下來，逐年吞併麥西亞與東盎格利亞王國的領土，他們在倫敦與切斯特（Chester）連線的東邊和北邊，掌控著許多鬆散的小王國和關係模糊的政治集團，這片區域後來被稱為「丹麥律法區」（Danelaw）；在約克（當時他們稱其為約維克〔Jorvik〕）的統治則維持了大約一百年。在此期間，阿佛烈大帝開始與強悍的女兒愛塞弗萊德（Æthelflæd）、女婿愛塞烈德（Æthelred）重建英格蘭王國，儘管遭遇許多挫折，但等到他於八九九年去世時，英格蘭人已經準備好收復丹麥律法區了。

在阿佛烈大帝逐漸控制大半英格蘭南部時，丹麥人也粉碎了所有北方王國。這種局勢在約一百年後，當丹麥人失去丹麥律法區時，促成了英格蘭的統一。也就是說，維京對英格蘭最長遠的影響，正是催生了英格蘭。

那麼，「丹麥律法區」是怎樣的地方？這個名字聽起來不錯，似乎暗示著文明的斯堪地那維亞人將丹麥法律帶來英格蘭這刁蠻之地。但事實並非如此。丹麥人帶來的不是和平，而是掠奪，因為丹麥人並沒有真正的法律。丹麥當時由多個法律區拼湊而成，法律由地方制定，國王無權立法，也無權執法。「丹麥律法的統治」意味著丹麥人的暴政，以及向丹麥人領主納稅。在這場早期的族群清洗行動中，英格蘭人的土地皆被充公，交給了丹麥人，原本的地主與農民則遭到驅逐。

丹麥律法區既不是一個王國，也不是一個真正的政治實體，只是一個如前所述、沒有中央組織連繫、由關係模糊的集團拼湊而成的組合。正因如此，英格蘭才能穩紮穩打地收復失土，將落入丹麥人手中的領地一塊一塊奪回來。到了九二〇年，恆伯河（Humber）以南的大部分丹麥律法區，已經回到英格蘭控制之下；到了九五四年，遠至約克的其他地區也盡皆收復。英格蘭的第一段丹麥時期就此結束。

然而英格蘭並未擺脫諾斯人。此時東方的財源正逐漸枯竭，考古學家巴里．坎利夫（Barry Cunliffe）指出，「斯堪地那維亞人仍然渴望白銀，於是開始覬覦其他地方，特別是英格蘭與愛爾蘭——那裡只要一場劫掠，再流一點血，就有許多白銀可取用。」九八〇年左右，維京又再度劫掠英格蘭南部，一直到一〇一六年，《盎格魯薩克遜編年史》（*Anglo-Saxon Chronicle*）幾乎每年都記有維京軍隊造成的重大災難。

在這些劫掠者中，最重要的是「叉子鬍」斯文（Svend Forkbeard）和不久後被稱為「大帝」的肯努特（Knud the Great）這對父子。斯文在一〇一三年夏天發動了一次全面入侵，然後自封英格蘭之王。此時的肯努特才十幾歲，就已經在父親麾下擔任指揮官。一〇一三年，斯文為了鞏固地位，將肯努特留在英格蘭自己返回丹麥，但上岸後不久就去世了。

留在英格蘭的肯努特也兵敗逃回丹麥。擊敗他的是「乏臣王」愛塞烈德（Æthelred the

Unready）*——這位敗於丹麥人之手並逃離自己國家的英格蘭國王得到挪威的歐拉夫・哈拉爾松（Olav Haraldsson，日後的聖歐拉夫〔St Olav〕）襄助，帶著一批挪威人重返戰場。（當時丹麥人和挪威人相互爭鬥，只要報酬豐厚，這種情況並不少見。）他們沿著泰晤士河上溯倫敦，發現丹麥人堅守堡壘，從橫跨河面的橋上進行防禦。據說歐拉夫設法破壞了橋梁，使其在士兵的重壓下倒塌，英格蘭人便趁機奪取堡壘，逼得丹麥人放棄倫敦。有一說認為，這起事件就是英國童謠「倫敦鐵橋垮下來」（London Bridge Is Falling Down）的出處。無論是否如此，倫敦橋都沒有其他曾經倒塌的紀錄。

回到丹麥後，肯努特與兄長哈拉爾二世（Harald II Svendsen）達成協議，由哈拉爾在國內掌握王權，而肯努特則率軍再次入侵英格蘭。一〇一五年夏天，他們籌集了一支大軍，在英格蘭南岸登陸；五十一年後，諾曼人也在不遠處登陸。無情的戰爭在接下來一年籠罩著英格蘭。維京人首先擊潰威塞克斯王國，接著向北推進，殘酷地摧毀麥西亞、征服諾森布里亞，然後掉頭轉向南方，蹂躪格羅斯特郡（Gloucestershire）等領地，兵臨倫敦城下。一〇一六年，「剛勇王」愛德蒙（Edmund Ironside）與肯努特簽訂了一項條約，協議將泰晤士河以北的英格蘭再次歸於丹麥統治；待愛德蒙死後，其餘國土也將歸屬丹麥。愛德蒙於同年十一月駕崩，死因可能是謀殺。二十五歲的肯努特於是在倫敦由坎特伯雷大主教加冕為英格蘭國王。

維京人還有另一種常用的掠奪手段是大規模的敲詐保護費，也就是：要錢還是要命？他們這麼做的歷史就跟暴力劫掠一樣古老。根據紀錄，從諾斯人在八四五年首次向法國勒索七千磅白銀起算，法蘭克王國歷年來一共向其輸納了七百磅黃金、四萬磅白銀。在英格蘭，這筆錢稱作「丹麥錢」（Danegeld）。根據大英博物館館長大衛・威爾遜（David Wilson）所言，「九九一年，歐拉夫・特里格夫森（這位霸主來自野蠻的挪威，靠著搶劫英格蘭致富）從英格蘭索得一萬磅白銀，†這是英格蘭往後規律繳納款項的第一筆。」一九九四年，叉子鬍斯文與他結盟，雙方瓜分了一萬六千磅白銀後，歐拉夫就在當年回到挪威。這些丹麥人在英格蘭造成的悲慘故事，都記載於《盎格魯撒克遜編年史》中。在斯文統治下，丹麥錢的金額從一〇〇二年的兩萬四千磅，增加到一〇〇七年的三萬六千磅，一〇一一年又增加到四萬八千磅。

肯努特大帝是胃口最大的勒索者。他在加冕為英格蘭國王後，就向臣民索要了八萬兩千磅白銀，僅倫敦一地就上繳了一萬零五百磅，其中大部分都賞給了隨他征討的諾斯領主。

肯努特統治了英格蘭將近二十年。當人在丹麥的兄長哈拉爾二世驟逝後，他接過了王位，接著又回頭擊退挪威和瑞典的競爭者，宣稱自己不僅是英格蘭與丹麥國王，還是挪威和「部分瑞典人」的國王。這是維京勢力的巔峰時期，並得到了歐陸的承認。肯努特是第一位被「文明的基督教國王聯盟接納」的諾斯君主。一〇二七年，他受邀前往羅馬，以教皇貴賓的身分，參加神聖羅馬帝國皇帝康拉德二世（Conrad II）的加冕禮。

這一切並沒有持續很久。肯努特去世於一〇三五年，葬在溫徹斯特大教堂（Winchester Minster）‡，其骨骸——或是部分骨骸——據說仍息止於此。他一去世，英格蘭丹麥王朝（House of

---

* 譯註：該王的外號源自古英語 unræd，意為缺乏好建議、內無良臣，也是他的名字的雙關，因為 Æthelred 的本意為得到許多好建議、內多良臣。

† 譯註：九九一年於馬爾登擊敗英格蘭的求和金。

‡ 譯註：一〇九三年拆除，改建為今日的溫徹斯特主教座堂（Winchester Cathedral），肯努特亦遷柩於新堂，但並未重新入土。

Denmark）立刻分崩離析，人在斯堪地那維亞的肯努特之子們也陷入激烈爭鬥，在十年間相繼隨父而去。由此可以看出，所謂「北海帝國」（North Sea Empire）其實並非真正的帝國，一旦大帝去世，整個帝國也跟著煙消雲散。

然而，建立一個偉大北方王國的野望並未就此消失。被尊為丹麥歷史之父的格拉瑪提庫斯宣稱，丹麥和英格蘭王室均出自丹一世（Dan I of Denmark）這個共同祖先。斯堪地那維亞諸王都認為自己有權繼承英格蘭王。一〇六六年，挪威的「厲政王」哈拉爾（Harald Hardrade）入侵英格蘭，在幾個月裡改變了英格蘭的歷史。

哈拉爾於八月航向英格蘭，在昔德蘭、奧克尼和蘇格蘭集結兵力，從英格蘭東北岸登陸，一路朝內陸燒殺擄掠，丹麥歷史學家奧勒・芬格（Ole Fenger）認為這是一次「愚蠢」的冒險。這年年初，哈洛德・葛文森（Harold Godwinson）才僭取王位——他雖然是英格蘭最富有的人，卻非王室成員。

圖一：十三世紀畫作《宣信王愛德華傳》（*Life of King Edward the Confessor*）中的富津之戰。

其弟托斯提格（Tostig）一度想爭奪王位，卻被逐出英格蘭，流放到法蘭德斯（Flanders），又在五月返回，從英格蘭南部的桑威治（Sandwich）登陸，向北進軍，與挪威來的厲政王哈拉爾會師，為當年的三場大戰拉開序幕。九月二十日，第一場大戰在富津（Fulford）展開。他們贏得勝利後，大軍接著朝向史丹佛橋（Stamford Bridge）進發，於九月二十五日迎戰英王哈洛德本人，並於此地兵敗。厲政王哈拉爾喉嚨中箭，死於五十歲之年，托斯提格也喪命於此，殘部潰逃。英格蘭在此抵擋住了第一波入侵，不僅終結了肯努特帝國復辟的企圖，也終結了英格蘭的維京時代。事實上，這也是維京時代的終結。

然而哈洛德．葛文森的勝利也代價慘重，麾下軍隊大量傷亡，但此時諾曼第的威廉正準備再次入侵南英格蘭，逼得哈洛德要在三週之內沿途徵兵南下，抵達時幾乎全軍都換了新面孔。十月十四日，兩軍交戰於哈斯汀（Hastings）。最後英格蘭兵敗，諾曼人占領了英格蘭。這次占領不同於維京征服。維京的做法是定居和同化，但諾曼人不打算同化。他們統治並重塑了英格蘭。

這場仗的結果原本可能不是這樣。威廉原本打算在六個星期前入侵英格蘭，奈何風勢不利，無法渡海。他若是如期進發，哈洛德．葛文森多半能以全盛之師大破諾曼人。哈洛德的軍隊雖然折損慘重，十月的敗仗依然打得充滿懸念。但如果他在九月初擊敗威廉，同樣也只能率領殘師北上，以弱得多的兵力迎戰厲政王哈拉爾。如此，史丹佛橋一戰必定凶險萬分；萬一軍勢更衰，哈洛德大概就只是換成在北方戰敗了。這樣一來，哈拉爾多半會建立一個挪威─英格蘭王國，並在日後將丹麥納入手中，重建北海帝國。英格蘭、將來的大不列顛與斯堪地那維亞的歷史都將完全不同。

Minister 主要指諾曼征服前建立，附有學校或修道院的大教堂。

據說，都柏林是由維京人建立的，但其實在他們抵達時，當地早有居民，八三六年，維京人在圖爾蓋斯（Turgeis）領導下占領了這個聚落，此人出身不明，但名字不像諾斯人。*

從挪威前往愛爾蘭海，最方便的航道是經法羅群島駛向昔德蘭、奧克尼群島，再沿蘇格蘭北部與西部海岸南下。八世紀末開始，維京人沿著這條航道襲擊愛爾蘭，並在八三〇年代中期成為常態，大約在同一時間，他們在歐陸西岸開始大規模劫掠。修道院一如既往成為目標，比如由阿馬（Armagh）總主教主持的修道院，就因其財富在八三二年遭到洗劫。基督教大約在四〇〇年傳入愛爾蘭，沿著愛爾蘭海周圍建立起許多各自為政的修道院，保留並發展出許多拉丁語學問。作家狄來爾・伯恩斯（Delisle Burns）表示，對這種文化來說，維京人代表著破壞，他們「毀壞了愛爾蘭過去幾百年來照亮西歐的偉大學問與信仰傳承」。

雖然都是強盜，但挪威和丹麥維京人有個不同之處：挪威人更渴望土地。他們的家鄉幾乎沒有可耕地，儘管人口稀少，還是很難填飽肚子。就算是現在，只要你走過一趟挪威西部，就不難理解為什麼即使遠遠算不上擁擠，當時的人還是要離鄉背井尋找更好的土地。留在家鄉，他們只能靠小塊田地勉強獲得微薄的收成，而海外到處都是容易耕作的土地，每年還有兩次收穫。

維京人為愛爾蘭帶來了一段時間的國際貿易。他們有船也有貿易網，而愛爾蘭島上本來就有奴隸貿易的傳統，隨著國際市場開拓，這門生意也更為活絡。都柏林成為了地區奴隸貿易中心，甚至是西歐最大的奴隸市場。維京人常在劫掠英格蘭和蘇格蘭之後，將奴隸帶往都柏林，賣到更遠的地方。

除此之外，維京擴張在此並沒有太多斬獲，不曾建立類似丹麥律法區的勢力範圍。雖然圖爾蓋斯算是占領了都柏林，但很快就在八四五年被一名愛爾蘭人篡殺，溺斃在附近的湖中。大規模定居同樣不順利。九世紀的愛爾蘭可謂是干戈不止、烽火連天，除了愛爾蘭人對抗入侵者，維京派系之間也戰端無數。直到九〇二年，一支蓋爾人（Gaels）的領主聯盟攻打都柏林，驅逐了最後一個稱王的諾斯人伊瓦爾二世（Ivar II），這一切才宣告結束。伊瓦爾戰敗後逃往蘇格蘭，諾斯人在愛爾蘭從此只剩下幾個零星聚落。

不過，和平並未因此降臨。維京艦隊在九一四年重返，帶來下一個戰事頻仍的一百年，史稱愛爾蘭第二維京時代。但這個說法並不精準，此時的入侵者主要來自愛爾蘭海對岸，雖然有些人是諾斯人後裔，但都已經不列顛化了。這批某種程度上可以叫作諾斯人的入侵者四處作戰，有時也互相攻伐，沒有形成任何統一的組織或明確的派系。到了約十世紀末，這些人已經失去維京本色，諾斯人的威脅也不復存在。

登陸冰島，航向遠方

和世界上大多數國家不同，冰島擁有完整的信史。因此我們知道，英格夫·阿納松（Ingólfr Arnarson）是第一個定居冰島的人。他為了躲避血仇逃離挪威，和妻子、兄弟帶著一些愛爾蘭奴隸，順從命運指引，航向從過往冒險家口中聽聞的這座島嶼。八七四年，他在一處海灣登陸，這裡就是日後的

* 譯註：作者是在回應威爾斯的傑拉德等史家，多數史冊記載圖爾蓋斯是早期的維京征服者。

雷克雅維克。[*]

不久，其他人也跟隨而來，形成一個諾斯社群。但英格夫的義兄奚攸雷夫（Hjorleifr）沒能見到這一切，苛虐奴隸的他在島上第一場奴隸叛變中被害。在他們之前，冰島除了幾名愛爾蘭修士以外無人居住，而據說他們到來後，修士們就因為不願與異教徒比鄰而離開了，但也可能是被驅逐或殺害。

隨後前來的定居者主要來自挪威，也有來自愛爾蘭和蘇格蘭的奴隸與自由人，後者可能占了一半，而婦女主要是蓋爾人。定居者一開始維持自治，但後來逐漸臣服於挪威，接著又成為丹麥屬國。

移民以冰島為基地，在紅鬍子埃里克（Eirik the Red）的領導下繼續向西前進格陵蘭，最後跟隨其子萊夫·埃里克森（Leif Eirikson）抵達後來被命名為美洲的土地。萊夫有可能在格陵蘭長大，年少時可能做過維京勾當——四處劫掠或遊歷四方，並可能在回格陵蘭的途中被風吹離航線，第一次看到了他日後稱為文蘭（Vinland）的土地。他也許不是第一個到達美洲大陸的諾斯人，但很可能是第一個嘗試在那定居的人，因為據說他在那看到了野生的小麥和葡萄。這件事發生在十一世紀初。

至少有兩批定居者從格陵蘭出發，主要是男性，但也有一些女性，他們帶著牲畜，計劃長期居住。這批定居者生了一個男孩，取名為史諾里（Snorri），是第一個歐裔美洲人。二十世紀的考古學家找到了聚落建築物，[†]證明諾斯人確實來過。定居大約持續了十年左右，但沒有成功。他們跟原住民處得不好，內部也有許多麻煩，最後不得不放棄。回到格陵蘭的定居者在這段時期一直從美洲海岸採伐原木。其中一個地方被命名為馬克蘭（Markland），意為「森林地」。

歷史資料來源

維京時代的文獻不算詳盡。目前已知最古老的斯堪地那維亞文書是封一〇八五年的拉丁文信件，由「聖徒」肯努特（Knud the Holy）致隆德主教區（bishopric of Lund），將各種特權和財產遺贈給該地。最重要的書面資料是冰島薩迦和其他冰島手抄本，這些都是後來編纂的。筆墨技術隨著基督教一同傳入，而最積極使用這些工具的就是冰島人。現存的薩迦大大小小約有七百多部，最早的作於一一〇〇年代，但可信度存疑，原因有很多，其中之一是許多文字都在講述兩、三百年前異教世界發生的事情，撰寫者卻是基督徒。但它們描繪的是真實的事件和人物，而且是我們最全面的資料來源。

在書面歷史之前，北歐還有一種口傳詩歌叫作《埃達》（*Edda*）。這些詩講述了宇宙的故事、萬物的源頭與當時的事件。詩人的社會地位很高，既是神話的傳述者、記憶與習俗的承載者，也是智慧的掌握者，也同時是巫者與醫者。有個神話是這樣說的：奧丁雖然在所有神祇中擁有最強的力量，但這還是不夠。祂說：「我也許強大，但成為詩人才是最好的職任。」‡因為詩體能幫助記憶，傳頌古老的信仰和事件。這些內容有部分被寫成文字，一樣是在冰島寫成。《詩體埃達》（*Poetic Edda*，或稱《老埃達》〔*Elder Edda*〕）蒐集了早期的詩歌，內容主要是神話。被稱為「斯卡德體」（skaldic）的詩歌作

---

* 最近的考古發現顯示，斯堪地那維亞人可能早在八〇〇年左右，就開始季節性地在冰島停留，但最早決意在此定居的，很可能還是英格夫一行人。

† 譯註：發掘的地點在今日的紐芬蘭（Newfoundland）。

‡ 譯註：這段出自奧丁智取詩歌蜜酒的故事，當時祂化名博維克（B lverkr），意為「行惡事之人」。

品以慷慨口吻歌頌英雄的偉業，有些以輓歌格律悼念英雄或悲劇性的死亡，也會重述古老的神話。《散文埃達》（*Prose Edda*，或稱《新埃達》〔*Younger Edda*〕）是十三世紀一本關於斯卡德體詩歌的創作手冊，書中重述了許多來自《老埃達》的神話，但有更多當時的詩歌。

這些歷史和神話資料能保留下來，斯蒂特呂松厥功甚偉。他在一二四一年去世前完成了《寰宇之圓》（*Kringla Heimsins*）一書，從神話起源寫到他的時代，概述斯堪地那維亞的歷史，特別聚焦於挪威諸王。他也是《散文埃達》的作者，該書有「北歐版《詩學》」之稱。

諾斯詩歌講述了宇宙的歷史，從世界誕生到毀滅於諸神黃昏（*Ragnarök*），有神祇的生活、其他神話和信仰，也有現實生活中的事件。薩迦（*Saga*）則是傳奇故事，現存的薩迦可分為兩大類，一種是冰島人的家族故事，一種是挪威列王的傳記。典型的家族薩迦是以出身好人家的冰島年輕人為主角，以理想化的口吻講述其作為與冒險，內容通常是他們努力在異國他鄉贏得名譽和財富。其中最精彩的一首是《尼亞爾薩迦》（*Njál's Saga*），故事以英雄尼亞爾（Njál）和他的兒子們在悶燃的房子裡被燒死作為最後的高潮。而在《埃吉爾薩迦》（*Egill's Saga*）中，埃吉爾・斯卡拉葛林森（Egill Skalla-Grímsson）展開掠奪的征途，他與一名英格蘭的國王作戰，並憑著自己的勇氣和高尚情操在約克逃離追捕。

流傳最廣的薩迦作品，莫過於《寰宇之圓》，通常以作者之名代稱為《斯諾里》，本書也將如此稱呼它。藉著這本書，我們知道了金髮哈拉爾與哈夫斯峽灣之戰、基督教傳入挪威，以及和一〇六六年斯坦福橋之戰有關的諸多事件。斯諾里說，他是根據北歐列王與霸主的言談書寫歷史，「正如知識淵博的人所教導的一樣」。他有時甚至會中斷記述，因為儘管還有更多偉大的事蹟值得書寫，但「我們從來不願將沒有確鑿證據的故事寫進書裡」。他引用了霸主與豪族的家史，以及代代相傳的詩歌。儘管他把神話當作事實，後來的校訂者也發現了不少事實錯誤，但整本著作還是準確得驚人。比如他在講述歐拉夫．哈拉爾松年輕時穿越挪威，傳播基督教信仰的旅程時，基本上都是正確的，甚至連地理細節也不例外。這位霸主曾來到挪威中部的古德布蘭茲谷，而他途中經過的村莊和聚落，根據現今保留的地名來看，順序都完全正確——這裡恰好是我祖先的故鄉，而我們在這段歷史中也會多次重遊此地。他提到了當地領主的農場，這些農場的名稱至今依然相同。比如弗隆村（Fron）的斯泰格（Steig）農場就是這樣，它曾「屬於北方谷地最強而有力的人」，這座農場也跟我的家族史有間接的關係，這部分之後將會提到。

當時斯堪地那維亞人的文字多是簡短的石刻銘文，這些石碑稱作盧恩石（rune-stone）。目前挪威還有一百多座盧恩石，丹麥有四百多座，瑞典則尚存兩千多座。盧恩文字是異教時代斯堪地那維亞人所使用的字母，發展到最後總共有十六

圖二：丹麥耶靈的盧恩石。Ajepbah / Wikimedia Commons / CC BY-SA 3.0。

個符號。儘管這種字母不適合大量書寫，但從不列顛群島到格陵蘭島、冰島、俄羅斯和拜占庭，一直到雅典的比雷埃夫斯（Piraeus）港，只要是維京人的地盤，都可以找到盧恩石和盧恩塗鴉，其中多數是關於無名之輩的簡短資訊，另外一些則是有歷史意義的資料。比如丹麥耶靈（Jelling）有的兩塊石碑，較老的一塊立於九五〇年左右，上面刻著這樣的銘文：「戈姆王（Gorm the Old）為紀念他的妻子，丹麥的修復者提拉（Thyra）而立了這座紀念碑。」「修復者」是這位國王給妻子的尊稱嗎？另一種翻譯是「丹麥的裝飾品」。但至少這讓我們知道，當時的女性並不是完全寂寂無名。另一塊較大石碑的銘文則寫道：「哈拉爾王（Harald Bluetooth）為其父戈姆、其母提拉立此紀念碑，那位贏取丹麥全境與挪威，並使丹麥人皈依基督的哈拉爾。」至於已知最長的銘文，則是在瑞典洛克（Rök）的一塊石碑上。轉寫後約有八百個字母、一百七十個詞，相當於書頁的四分之一左右。

許多盧恩石是記載英雄在戰爭中死亡，因為戰死是光榮的事，可以得到進入英靈殿瓦爾哈拉（Valhǫll）的資格。有些石碑是由女性所立，以紀念丈夫和兒子的功績。有些石刻著雕刻匠的名字，表示雕刻盧恩石是一項可以留名的技藝。最精美的盧恩石也離北歐最遠，位於比雷埃夫斯。盧恩文字於十一世紀下半葉被刻在該港口的地標比雷埃夫斯獅像（Piraeus Lion）上頭，推測多半是由君士坦丁堡皇帝手下的瑞典傭兵所為。碑文內容仍有疑義，只能推測是紀念他們成功征服和洗劫這座港口，以及靠侍奉皇帝發財的經過。一六八七年，這座雕像在大土耳其戰爭（Great Turkish War）期間被從比雷埃夫斯劫走，現在安放在威尼斯軍械庫（Arsenale di Venezia）大門前，這間古老的造船廠現在是威尼斯藝術與建築雙年展的主要場地。

雖然斯堪地那維亞人留下的文字不多，但他們卻留了許多東西在地底下，成為日後出土的考古證據，從房屋和家庭用品、硬幣和珠寶，到墳墓中的骨骼和埋葬的動物及馬具，還有武器、裝有各種物品的長船以及整個聚落、堡壘和城鎮。近年來，維京考古學在斯堪地那維亞和其他諾斯人活動的土地上，都有很大的進展，我們對當時的知識也比一、二十年前紮實很多。英籍瑞典學者尼爾・普萊斯（Neil Price）的《灰燼與榆樹的孩子》（*The Children of Ash and Elm*）和挪威籍英國學者凱特・賈曼（Cat Jarman）的《河流之王》等近期傑作，就是這些考古分析成果的體現。

另一個常被引用的作者，是文筆奇佳但不太可靠的編年史作家不萊梅的亞當（Adam of Bremen）。他對斯堪地那維亞人的描寫包括只有一隻眼睛、頭顱長在胸口、用單腳跳著走、捕獵海怪維生（如果他不知道鯨魚和海象，這倒有可能是對的），還有女人長著鬍子，以及許多人會施展黑魔法。他是德意志地區的神職學者，活躍於十一世紀下半葉，比冰島薩迦更接近事件發生的時間，當然他肯定不如斯諾里瞭解北方的地理環境。當時他應漢堡總主教之託，撰寫主教區的歷史，而當時漢堡總教區轄下也包含斯堪地那維亞，因此他的《漢堡大主教事蹟錄》（*Gesta Hammaburgensis ecclesiae pontificum*）有四分之一在寫北方地區。他的資料來源非常豐富，還曾親自拜訪丹麥王斯文二世（Svend Estridsen）的宮廷，並蒐集整理了關於地理、信仰、宗教習俗等各方面的資訊。

關於諾曼第的斯堪地那維亞人，主要的著作是《第一代諾曼第公爵的風俗與事蹟》（*De moribus et actis primorum Normanniae Ducum*），約成書於一〇二〇年，作者是神職學者杜鐸（Dudo）。愛爾蘭諸事來自成書於十二世紀的《蓋爾攘外志》（*Cogadh Gaedhel re Gallaibh*），不過丹麥著名的維京史學者愛瑟・羅斯達爾（Else Roesdahl）評論這只是一部素樸的政治宣傳作品；另一本則是十五世紀的《愛爾蘭書紀》（*Irish Annals*）。維京人在俄羅斯和今日的烏克蘭等地的冒險，來自涅斯托爾（Nestor）寫於十二世紀基輔的《古史紀年》（*Primary Chronicle*）所述，阿拉伯和波斯的編年史書也有一些記載。東方的維京人資料比西方少，因此儘管東方對諾斯人的財富累積更為重要，文獻裡卻通常較少著墨。

《盎格魯撒克遜編年史》（*Anglo-Saxon Chronicle*）這本書主要在阿佛烈大帝的統治期間編纂，記載了許多維京人在英格蘭的事蹟。從中我們知道諾斯人最早在何時到達英格蘭，以及隨之而來的劫掠，還有丹麥錢帶來的負擔。書中也談到了挪威人奧塔在大約八九〇年來到阿佛烈大帝的宮廷，向英格蘭人介紹斯堪地那維亞。由於除了少量盧恩文字，這些斯堪地那維亞人沒有留下關於自己世界的書面資料，奧塔在《編年史》中的言談，就是我們能找到最接近斯堪地那維亞當代人的書面紀錄。儘管他是挪威北部最強大的領主，但他並不是什麼大人物，也不算戰士，主要以經商為業。但他談到了自己航向俄羅斯北部的白海（White Sea）捕獵鯨魚、海象，蒐集歐陸需求極大的海象牙、皮革和油脂，以及每年南下的貿易航行。他多是前往丹麥南方的赫德比（Hedeby）買賣皮草、羽毛、海象牙、繩索等貨物。他說自己的整趟航程都緊貼海岸航行，因此不會從挪威南部直接航向丹麥北端，而是沿著挪威海岸長途蜿行至考潘（Kaupang，今奧斯陸峽灣入口），然後沿瑞典海岸向南到達丹麥。從考潘到赫德比的行程需要五天，從他在北方的家鄉出發則需要一個月。他只能在夏季出航，因為此時的天氣、陽光和氣溫才適合出海。

《法蘭克皇家年代記》（*Royal Frankish Annals*）是關於查理曼統治時期的記事編年史。最詳細描述的是他的軍事活動。舉例來說，本書讓我們可以從法蘭克人的視角，理解丹麥的古德弗雷德這個人。約克的阿爾昆（Alcuin of York）是一位英格蘭神學家，成年後大部分的日子都在查理曼的宮廷度過，是查理曼邀集到身邊的學者裡他「最中意的一位」。當時約克是歐洲的學術重鎮，阿爾昆帶著普及基礎教育的理念，來到從善如流的查理曼身邊。他一直和其他學者保持頻繁的書信往返，因此為後世留下了其中一份關於林迪斯法恩慘案的紀錄（當時他正好短暫返回諾森布里亞）：「英格蘭從未有過如此恐怖的景象。看那聖卡斯伯特教堂，灑滿神父的血，裝飾盡數遭劫。」他的一大成就，是用對讀者友善的方式，編了一本單冊聖經——新的句子以大寫開頭，單字中間留下空格以免混淆，並用問號表示疑問。另一份法蘭克人的資料來源是《聖安斯加爾傳》（*Life of St Ansgar*），主角是那位曾在丹麥人襲擊漢堡時成功逃亡的漢堡暨不萊梅大主教，此書由他的學生撰寫，講述北方聖徒的一生，包括他的傳教旅程，以及瑞典比爾卡鎮（Birka）的生活細節。《巴約掛毯》上也留下了豐富的資訊，像是諾曼人的武器和其他戰鬥裝備，也記錄了英格蘭戰士在哈斯汀戰役扛著兇殘的維京斧上陣，想來是先前在史丹佛橋之戰擊敗諾斯人後繳獲的。

「博學者」薩克索．格拉瑪提庫斯（Saxo Grammaticus the Learned）則是丹麥歷史學家，他的《丹麥人事蹟》（*Gesta Danorum*），共有十六卷，成書於一二一五年前後，約比斯諾里完成《寰宇之圓》早了二十年。大約自同一個時期，原本口耳相傳的早期地方法律，開始出現書面的版本。

考慮到我們至少是在追尋一千三百年以前的歷史，這些資料已經很豐富了。然而，這些資料都存在不同程度的偏見。只有身有餘物的人才會留下考古材料，而書面材料又是基督徒或外國人回溯編纂的，這些人有不少都認為諾斯人是野蠻的敵人。多年來，歷史學家和大眾讀者對兇惡維京人的好奇心，催生了源源不絕的文獻，針對從前述這類來源汲取的訊息，進行過無數評估與論辯。講述維京人的故事不可避免會有所推測，但這些都是有憑有據的推測。

追尋資本的征途

隨著階級分化讓部分男人的地位提升到足以追求偉業，維京人充滿戲劇的歷史就此揭開序幕。他們有許多踏上征途的動力：貪婪、榮耀、冒險、移居。名譽、成就和榮譽是維京文化中珍視的價值，其宗教認為戰鬥、暴力和死亡是光榮的，也沒有對他們提出任何道德約束，只教導世人應當分為主僕，而僕人應對主人忠誠。斯堪地那維亞的人口遠超過本土的人力需求，特別是年輕人，領主還多有好幾名妻子，使得普通男子找不到配偶。財產繼承則施行長子繼承制，由長男獲得所有財產。那麼，其他兒子該怎麼辦？豐衣足食、生活精緻的歐陸和東方世界便向他們招手。

斯堪地那維亞本土缺乏實現偉業所需的資源。渴望權力的人需要資本，但他們的土地莊稼難生，地底同樣缺金欠銀，沒有能夠開採的資源。雖然勉強可以攢出一點餘糧剩財，但數量終究有限。就算領主想要徵稅，貧窮的農民也沒多少東西可以上繳。正在成形的王權只能依靠以各種方式從其他地方帶回來的財富。

擔任領主需要大量資本，日後的國王更不在話下。「在中世紀，權力是可以從外表看出來的。位高權重的人就該看起來位高權重。」如果你想當上國王，就必須把自己周圍弄得「光榮輝煌」。如果不展示出來，你就得不到尊重。成為領主需要船和武器，慷慨地款待手下，提供酬謝與獎賞。為了舉辦奢華的宴會，領主需要建造廣闊的宴飲廳——已知最大的宴飲廳長達八十公尺。他和他的女人也必須佩戴珠寶，穿著精美服飾和各種奢侈品。領主需要盡可能將這些東西據為己有，而國王又需要更多。

國王要有軍隊，軍隊的忠誠度則視其獎賞而定。若是軍隊規模不如他人，就只能當個領主；只要給不出比別人更好的獎勵，麾下軍隊就會離去。瑞典歷史學家安德斯．溫羅斯（Anders Winroth）曾說，他們的文化是送禮文化，誰最慷慨，誰就能得人效忠。軍隊需要長船，且必須不斷補充，因為長船一經使用便會迅速耗損和丟失。但造船並非等閒小事，需要砍伐樹木，削成側板、龍骨、桅杆、船槳和內部配件，還要燒木頭取焦油。標準長船的船身需要兩百到三百公斤的鐵鉚釘，可能還需要五百公升的焦油。船帆需要人力編織、繫上繩索，且跟船身一樣需要裝飾。一面帆需要至少五十隻羊的毛，對更大船隻上的大型船帆來說則需要更多；織出一張帆的工作量，可能和打造長船差不多。此外，船員必須擁有牢靠的衣服、盾牌和武器。這是一個持續追求更多、更大、更好的產業，而所有這些都需要錢。

如果野心無法靠自己地盤上的經濟活動滿足，解決方案就是去其他地方拿取。但如果三個國王之間互相掠奪，他們據下的財寶總數也不會增加。要解決這個問題，就只能去搶別人了。

史書中的維京人是商人，這點不假。但是能籌措資本的生意有限。一個北方人帶著毛皮南下，遇到一個帶著絲綢的南方人，雙方都放棄對自己價值較低的東西，交換對自己價值較高的東西。這種交換雖能提升雙方的生活水準，卻增加不了多少資本。

他也可以把毛皮賣成銀子帶回家，許多人也是這麼做的。但這麼做很難有大量盈餘。以羅斯這路的貿易為例。北方商人首先要蒐集交易用的貨物。羅斯大地陸運困難，幾無道路。沿海運輸較為便利，但速度緩慢。若要沿河進入羅斯，就只能在夏季進行，而且必須逆流而上，並使用可在陸上拖行的輕便小船載運，承載的貨物量有限。前往南方市場的距離遙遠，旅途艱辛，即便是利潤豐厚的生意，盈餘也有大半要用來支付旅費。這是門危險的生意。帶著白銀的商人在返回北方的途中可能會遭遇船難或搶劫。有些人可以安然回返，但多數人無可避免地會遭遇損失。

沿途蒐集貨物也是降低成本的方法之一。與其從斯堪地那維亞攜帶皮草遠航，不如在羅斯的森林狩獵。但這麼做很花時間，而時間就是金錢。另一種做法則是沿途交易，賣掉手頭貨物，買入其他商品，如此重複；只要技巧高明，回家時就會比出發前富有許多。

前述的貿易方式都很常見，涉及的商品也很豐富，除了毛皮，還有海象牙、獸皮、繩索、羽毛、琥珀等。這些必定都是有利可圖的商品，否則也不值得付出那麼多的努力和風險。這些交易固然能產生一些資本，但並不多，獲利主要來自舶來品與奢侈品。

為了獲取更多資本，維京人只有轉而從事另一種貿易形式：利用他人的財物。用自己的商品進行貿易，只能賺取部分利潤。但銷售從別人手中搶來的商品，就完全是無本生意，每一分收入都是利潤。維京的無本生意共有三、四種：掠奪、勒索、販奴和當傭兵。這比「常規」的貿易更有賺頭。為了籌集他們在家鄉所需的資本，諾斯人必須揚帆出海，從事非常規的生意；這些生意在今天看來並不光彩，卻著實有利可圖。也就是說，諾斯人為了自己在家鄉的需求而出海劫掠。因此在史書中，維京人除了是商人也是強盜。他們兩者皆是，然而是當了強盜才讓他們得以實現雄心壯志。

男人、女人、奴隸

關於古斯堪地那維亞的人口，最可靠的說法來自人口史學家鄔勒．約爾根．班尼迪托（Ole Jørgen Benedictow）的估計，他主張維京時代末期的挪威約有十八萬五千人，兩萬五千至三萬戶，平均每戶六、七人，包括一到兩個奴隸。這些人大多是貧窮的農民，種植燕麥、大麥、黑麥和豌豆，有些地方可以種植小麥；飼養牛、豬和家禽以獲得肉、奶、蛋，飼養綿羊以剪取羊毛。若有不足，則靠捕魚、打獵和採集補充。維京飲食的復原研究指出，富人所吃的食物可能很多樣且頗為誘人。歷史學家普萊斯寫道，諾斯人「在廚房裡很有創意」。但一般平民多以穀物煮成粥餬果腹。人畜並未分住。阿拉伯的編年史家在提到維京人時，就極其嫌惡這種骯髒的生活。不過非農業人口還是很少，北方的薩米人此時還以採集與漁獵為生，尚未開始遊牧馴鹿——儘管奧塔曾告訴阿佛烈大帝他養了一群馴鹿。

丹麥和瑞典的人口規模缺少類似的估計，但由於這些土地比較富庶，可以假設有更多居民。如果瑞典約有超過二十萬人，丹麥人口則在四十萬之譜，那整個斯堪地那維亞就差不多有八十到九十萬人，十五、十六萬戶。維京時代是人口成長期，在維京人最活躍的早期，人口數量會再少一截。

當時的預期壽命也很短。即使僥倖活到成年，也無法指望活到四十歲以後。由於衛生條件極差，每個人都不太健康。活到五十歲就堪稱高齡，六十歲以上更實屬異聞。超過四分之一的幼童在嬰兒期便夭折，還有四分之一會在十五歲以前去世。女性通常在十四到十六歲之間結婚，少有人會在十幾歲之後結婚。成年來得很早。金髮哈拉爾的愛子血斧埃里克（Eirik Bloodaxe）在十二歲時就從父親那得到五條長船，開始出海劫掠。

維京人就是出自這樣一群人。他們的人數有多少？編年史中提到過大規模的維京軍隊，並將他們描寫得聲勢浩大，無論在陸地還是水上，都是駭人聽聞的戰士。英格蘭等地的考古挖掘也證實了這些說法。但大規模部隊有多大？又是否是常態？人口結構是無法忽略的限制。維京時代的斯堪地那維亞人口持續成長，這代表出海當維京人的人數不可能多於少量人口所能承受的數量，否則人口就會減少。

因此我們有理由認為，後世書面資料中的維京人數經過誇大。薩迦的寫作目的是歌頌維京顯貴的事蹟，往往傾向放大描寫他們的榮耀。而另一些資料來自維京人的手下敗將，誇大敵人的數目多少可以遮掩一些恥辱。比如，漢堡遭到六百艘戰船襲擊，就完全不可能發生，因為那代表維京方有超過兩萬兵力。這件事發生在維京時代早期，不可能糾集如此龐大的艦隊；況且，彼時的漢堡並非都市，僅是一處聚落或小城鎮，拿下它無需出動這麼多兵力，就算得手，也搶不到足夠多的戰利品犒賞大規模部隊。同樣地，解讀考古證據時也必須謹慎以對。雖然維京遺址很多，近年來又有更多出土，但學過抽樣理論的人都知道，增加樣本數並不能提高代表性。愈大的群體愈有可能留下遺跡，比如在英格蘭托克西（Torksey）和瑞普頓的挖掘現場，就發現了「異教徒大軍」（Great Heathen Army）在八七二至八七四年間過冬的遺址，表示這群人確實有點規模。但這些發現無法告訴我們部隊有多大，也無法告訴我們這等規模的部隊在其他地方有多常見。在此過冬的異教徒大軍人數是多過或少於一千名戰士？考古證據無法給出答案，甚至無法確認他們是不是單一軍隊。綜合前述考量，比較謹慎合理的推測是大規模部隊是例外而非常態。畢竟，連斯諾里都把四艘船描寫成「大軍」了。

當時的維京軍隊是戰團聯盟，每個戰團都有各自的首領，靠著戰士對首領和對彼此的忠誠維繫。戰團來來去去，有時一同作戰，有時各自行動。今天還是一支軍隊，明天也許就會風流雲散。在瑞普頓過冬的軍隊隔年就分散了，其中一支往北移動，其他則往西邊和南邊繼續征服麥西亞。戰團既然可以跟其他戰團結盟，也可以跟昨天的敵人結盟。維京人在英格蘭有時就會加入當地領主，或是跟其他斯堪地那維亞人交戰。戰團可能由來自不同地方的戰士組成，可能會僱用外族傭兵，或是強迫擄獲的敵人一起上陣。戰團成員也不見得全是戰士，可能也有戰士的家屬，並帶著「平民」商人和歐洲大陸來的工匠一起遷徙。比如前述在瑞普頓與托克西過冬的軍隊就不只有戰士，還有家屬與隨從，其中也包括孩子，或許也有不作戰的外族隨行人員。

如果每戶家庭平均有六到七個人，那麼每代人能夠不做家務的人不會超過一個。這並不多，考慮到維京時代前後跨越了十五代人左右。奴隸大多要留在家裡幫忙農事，以及從事其他辛苦勞務，不適合參加劫掠。大多數女性和女孩會留在家裡，成年女性則始終是農場管理的核心。兒子們長大成人時仍然在世的一家之主，年輕時可能有參加過劫掠，但通常沒做幾年就年紀太大無法繼續了，搶劫終究是年輕人的事情。如果有兩個兒子，其中一個必須留下來照顧土地和財產，男人的工作之一就是控制奴隸，並確保他們有在做事。許多家庭貧窮且人丁稀少，沒有多餘人手可以派出去，自然也跟維京冒險無關。不貧窮的農戶可能會有幾個奴隸，能派出一兩個兒子。富裕家庭則有較多的家人，男人通常有好幾個妻子、妾侍和奴隸情婦，並跟她們生下許多子女。多數維京人都是從這個（人數不多的）階層中招募。

從事非家務勞動的人也不輕鬆，地方上常有爭鬥，國家裡內戰不斷，整個斯堪地那維亞更是連日交伐。他們要擔任當地領主的民兵，如果有人稱霸，更要充任國王的護衛。在軍事之外，貿易也是他們的工作，畢竟總要有人搬運貨物。貿易用的船是專門設計的，不適合用來搶劫，操作這些船的人也無法參加戰爭。有些人會沿羅斯河川去東方冒險，有些會向南沿著波羅的海的海岸進入歐陸，有些前往諾曼第和遠方，有些向西前往英格蘭，有些前往蘇格蘭再到愛爾蘭，還有些前往大西洋上的島嶼，到達冰島和其他更遠的地方。假設每一代斯堪地那維亞人中，有十五萬人可以成為維京人，或甚至高估到二十萬人，每年的人數還是不多；如此一來，除非情況特殊，否則在任何時間點的任何戰場上，活躍的士兵數量都很難組成一支軍隊。他們有時會招募外鄉人幫忙打仗，但有時斯堪地那維亞人自己也會叛逃，或是加入外邦陣營。一些人會放棄戰鬥定居國外，成為農民融入其他族群。很多人離開家鄉沒多久就不見了。淹死是航海常事，維京船再怎麼牢固，也抵抗不住北海或其他海洋上的風暴。溫羅斯談到一次襲擊時說：「三艘出海的船裡只有一艘回來，他們的首領也不在船上，死在菲士蘭人（Frisians）*出乎意料的反擊中。」斯諾里的《寰宇之圓》中提到金髮哈拉爾之子「閃耀的」古卓德（Gudrød the Radiant）不聽養父警告，堅持要在風暴時出海，結果座船沉沒，全員溺亡。紅鬍子埃里克從冰島出發前往格陵蘭時，一共帶了二十四艘船，最後只有十四艘抵達。歐拉夫・哈拉爾松派往法羅群島徵稅的船從未抵達。沒有死在航行中的人，也有許多在戰場喪生，或是被俘成為奴隸。薩迦中充滿維京人互相殺戮的情節，教人不禁覺得，斯堪地那維亞竟然還有活人，簡直就是奇蹟。追隨國王這件事正如斯諾里所說，完全是「冒著生命危險」。

因此，從人口學看來，維京時代背後的真相是——成就這段歷史的人，其實寥寥無幾。

他們也不會自稱維京人。雖然薩迦中用了「維京」一詞，但這已經是後來的說法。他們沒有特別的自稱，他們不關心身分，只在乎實幹，而他們做的事情，和祖先所做的事情也差不多：遠行、貿易、作戰、搶劫、掠奴。除了技術更為精進，並沒有什麼特別之處。其他人也不會叫他們維京人。無論他們來自丹麥、挪威還是瑞典，英格蘭人都稱他們為丹麥人或「異教徒」，有時也稱為「北方人」（North-Men）。歐洲其他地方對他們也有各種不同的稱呼，唯獨沒有「維京人」。這個詞一直到十九世紀，才被斯堪地那維亞和其他地方普遍使用，因為維京冒險很適合用於民族主義宣傳。

「維京時代」一詞無法避免，卻容易使人誤解。當時大多數人都跟維京人無關。農民和漁民不是維京人，因為他們只管種地捕魚。商人也不是維京人，因為他們只管經商。奧塔雖然遠行經商，但他會遠離戰鬥，所以不是維京人。「相對來說，當時大多數的斯堪地那維亞人，都跟那些戲劇性大事沒什麼關係。他們只關心自己和家人的生計，偶爾才會聽到一些在外征服的驚險故事。但不少人都擁有一些船來品，比如磨麵粉的石磨，或是一些珠子。」

維京人分成兩種：一種是追求財富、名望與征服的霸王和首領，另一種是尋找土地、冒險和戰利品的自由武力，或者是離鄉背井逃離迫害的人。「他們的面貌千變萬化：海盜、商人、勒索貢品者、傭兵、征服者、統治者、軍閥、移民農夫、探險家和尋找未開發地方的殖民者。」他們四海為家，今年也許在英格蘭，明年又跑去羅斯。

漸漸地，他們變得擅於侵擾他人、竊占財貨，還有強搶受害者的土地。後來的民族主義者把這些作為都描寫成勳業，成為深入人心的故事，以至於我們現在稱作維京人的這群人，逐漸被正面描寫成整合文化的移民。但他們當初的目標並非追求榮耀，我們也沒有必要將之浪漫化：正如諾斯神話的權威凱文·克羅斯利—霍蘭德（Kevin Crossley-Holland）所說，他們只是「匪類」。其他人也是匪類，但諾斯人是匪類中的霸主。

他們有優秀的船隻、精良的武器和組織能力。維京人的航海技術在當時傲視全歐，但只要有辦法，他們就會避免海戰，因為維京人的專長並非海上作戰，而是駕船的技藝。他們擅長的戰術是突襲後迅速撤退，這只有在登陸以後才能施展。

劫掠帶來了回報。黃金和白銀在中世紀前期一點一滴流入北方，維京人們得到可以利用的資本。對

* 譯註：北海的菲士蘭群島和荷蘭菲士蘭省的主要族群。

有能力的維京人來說，最合理的投資就是打造更大更完善的船、蒐集更多更精良的兵器。

航海技術在八世紀有了重大突破，船隻變得更可靠、更適合航行。維京人學會了如何打造更堅固的船體和更高的船舷，以及製造可以承受桅杆和船帆重量的強韌龍骨。這讓他們有辦法離開近岸，駛入遠海；同時，他們也熟知前往目的地的最佳航路。從丹麥或挪威南部到英格蘭東部，大約需要一週的航行時間，順風的話更快；從挪威西部到昔德蘭群島，可能只需要二十四小時。歷史學家彼得・索耶（Peter Sawyer）估計，奧塔從挪威考潘航行到丹麥赫德比，平均航速可達五節；另一名叫作伍夫斯坦（Wulfstan）的英格蘭商人從丹麥赫德比經波羅的海，航行到特魯索（Truso，位於今日的波蘭）一共要花七天，平均航速為二・五節（現代公海客船的航速為二十至二十五節）。

維京人很重視武器，佩帶武器是自由人的特權。在所有武器中，地位最高的是劍，只有地位高的男人才會擁有，普通戰士則使用矛和戰斧。每個人都有隨身小刀，除了當作備用武器，平時工作也能派上用場。他們喜歡作工精美的武器，法蘭克鐵匠打造的舶來品是上上之選；刀劍往往有雕花裝飾，並取有專屬的名字，通常是為了紀念父親或戰死的兄弟。雷神之錘名為妙爾尼爾（Mjölnir），意為「粉碎者」。牛角頭盔是後世編出來的童話。實際在戰鬥中使用的頭盔並不華麗，不過領主的頭盔可能會鍍上青銅或黃金以突顯地位。

諾斯社會有明確的上下層級：貴族、農民、奴隸。名望是其文化的基礎：個人若非貴族，就應當遵從與服侍。所有經濟剩餘都集中於社會頂端。階級制度與個人效忠促成集體行動。

為了彌補人口劣勢，維京人還發展出另一種不可或缺的能力：殘忍。查理曼也不是什麼藹然仁者，作家邁可・派（Michael Pye）對他的評價是「強橫專制、帝王野心，是奴隸貿易的巨頭，對鄰國極其殘暴」，但他之所以戰無不勝，是因為他掌握的軍隊比敵人更多。維京人沒有這種餘裕，只能依靠不留餘地的殘忍，而他們也靠著殘忍成為了傳奇。那是一個殘酷的時代，但即便如此，維京還是因冷血殘暴而凶名遠播、受人畏懼。不萊梅的亞當如此描述丹麥人：「對彼此毫無信任，抓到同族也能毫不留情地賣為奴隸，賣給同類或野蠻人。倘若僅只於此，倒也不值一提，但他們總迫不及待賣掉剛侵犯完的女人；男人背叛了主君，或是犯下其他罪行，都樂於接受斬首，無人願受鞭笞。除了斧鉞和為奴，他們沒有其他刑罰，於是男人欣然受刑成了一種光榮。淚水、悲嘆與其他我們認為有益的悔恨，皆為丹麥人所惡，他們不會為自己的罪過流淚，也不會為親人流淚。」

此外，雖然記錄者顯然有激起傳教狂熱的目的，但諾斯人在文獻中確實被形容成「極其兇殘的種族」和「海盜民族」，生活在「恐怖的土地」，是「殘忍的野蠻人」。肯努特（當時還未成為「大帝」）在一〇一四年撤出英格蘭時，依約釋放了英格蘭人質，只是先砍了他們的雙手，割掉耳朵和鼻子。這些暴力成為他再次進攻並重新征服英格蘭的關鍵，所有人都知道他的威脅確有其事。照理說，英格蘭人的經濟富裕、技術先進，理應能夠擊退侵略者，卻擋不住諾斯人的攻勢。諾斯人憑藉他們的主要優勢——恐懼，征服了英格蘭和其他地方。要確實令人害怕，他們就必須比其他人都更可怕。如果他們沒有這種創造極度恐懼的能力，今天就不會有人記得維京人，也不會有我們所知的維京時代。

維京是否把強暴當作戰爭武器？確實如此，他們的惡名一點不假。詩人讚頌厲政王哈拉爾備齊戰船朝丹麥進發時，就提到他「帶給丹麥女子的恐懼」。男人被殺，「美麗的女人被抓被綁，鐵鏈咬入美麗的身軀」。丹麥少女輕視掠奪維生的挪威人，但當她們看到船隻接近，「沒有幾人笑得出來」。不萊梅的亞當等基督教歐洲編年史家，皆多次提到斯堪地那維亞的男人侵犯婦女，被俘的女子在出售為奴之前無一倖免。阿拉伯編年史家艾哈邁德．伊本．法德蘭（Ahmad ibn Fadlan）在保加爾遇過來販奴的瑞典人，他提到斯堪地那維亞人會在潛在買家的眼前，肆無忌憚侵犯與輪暴女奴。女奴在跟主人殉葬以前，也會先被一群男人強暴。北歐神話裡也可見到這些生活習慣的投射，就連眾神之神奧丁也讚頌暴力。索爾問：「你怎麼贏得這些，贏得你的女人？」奧丁回答：「她們好心歡迎我們。而她們這麼做是明智的，因為她們無法逃脫我們，就像沙子不能絞成繩索。我與七個姊妹同床，每個都給了我極樂。」在另一個故事裡，奧丁又說：「我讓一個白如亞麻的少女回過頭。我挑逗了那女士，然後享用了她。我原本可能需要你幫忙來壓住那白皙的少女。」索爾回答：「真希望我在你身邊。我再樂意也不過了。」

他們活在殘暴的時代，本身也相當殘暴。研究維京人的歷史學家便以此作結：他們的作為和其他人沒有區別。但即使在殘暴的時代，殘暴也是有差別的。同樣的言行在今天也不稀罕，俄羅斯總統普丁的軍事策略，就造成了駭人聽聞的死亡與毀滅。而歷史上，即使是在野蠻人之中，有些人也比其他人更加野蠻。《羅馬史》（*Ab Urbe Condita*）的作者蒂托．李維（Titus Livius）生活在同樣暴力的一世紀，他在書中提到，羅馬帝國邊境有個部落靠「激起恐懼的天賦」謀生。四世紀到六世紀蹂躪高加索和歐洲的匈人（Huns）也和維京人一樣，擁有超越時代的科技優勢，只不過維京是非凡的航海家，草原民族則是無與倫比的騎手。後者的發明是將騎兵戰「民主化」，使得鞍上馳騁不再只是富人的特權，人人皆可上馬殺敵。他們像維京人一樣來自已知世界的邊陲，使用暴力的本事無人能擋。十三世紀初，當維京時代在北方逐漸落幕之際，蒙古的成吉思汗開始征討四方，建立起的版圖遠勝一千五百年前的亞歷山大大帝。他的統治方式很簡單，就是毫無限制的武力，「順之者昌，逆之者亡」。花剌子模的內沙布兒（Neeshapoor，今伊朗內沙普爾）城破之日，「每一個活著的生物都被屠殺，連貓狗都不留活口。屍體堆成一座座巨大的金字塔，警告反抗蒙古人的可怕後果。」成吉思汗西征的規模比維京擴張更大，但手段大同小異。維京人作風殘忍，並威脅做出更加殘忍的行為以迫使人們屈服。即使在殘暴的中世紀，整個歐洲都不約而同稱呼他們為「殘暴者」。因此儘管他們人數不多，卻能征服四方。這些暴行都有戰略考量，是在殘暴時代中取勝的必要之舉。但即使他們並非單純在享受殘暴，也是非常慷慨地發送這些殘暴的「禮物」。

這種殘忍從何而來？當然不是因為諾斯人天性比較兇殘，而是出於必要。如果他們想要帶著戰利品歸鄉，就必須用暴力奪取。如果他們打算強占他人土地，就必須用暴力擊敗原主。偏偏他們的人數往往處於劣勢，因此就算我們同意維京人不是出於邪惡施暴的原始野人，他們也確實很依賴製造恐懼。

然而能夠這麼兇殘，也是因為他們崇尚暴力、缺乏同情的文化。諾斯法律不禁止殺戮，只有不正當或懦弱的謀殺會受到懲罰。殺嬰很常見，體魄欠佳或無力扶養的孩子都會直接被殺掉。生命毫無價值。斯諾里常給男子的讚美之一是偉大的「殺人者」。有個挪威王在對付不肯屈服的地方時，會「殺死他們的領袖和其他更多人，打斷另一些人的骨頭，教他們終身癱瘓」。肯努特大帝之子哈德肯努特（Hardeknud）曾因姑丈烏爾夫領主（Ulf Jarl）對他不敬，即命家臣白之伊瓦爾（Ivar Kvite）：「殺之。」於是伊瓦爾在教堂裡殺了他，王聞而讚道：「甚好。」克羅斯利－霍蘭德說：「維京人生來勇於冒險、侵略成性、蔑視死亡，這必然增強了他們劫掠、征服和殖民的衝動。」他們的經驗和信仰告訴他們力量就是正道。千年後的毛澤東說「槍桿子裡出政權」，維京的征服則是出自劍與斧，以及在狂怒中揮舞兵器的喜悅。這些手段在當時稀鬆平常，維京人只不過是比別人更勝一籌。但他們也並非無敵，維京人的敗戰一樣很多，只是在相當長的一段歲月裡，維京人都能靠著暴力在殘暴的世界殺出一條路。

女性在薩迦中有不少分量。有些人得此榮譽，是因為他們身為豪雄的妻子或母親，比如血斧埃里克之妻昆希德（Gunnhild）就被稱為「諸王之母」（Mother of Kings）。另一些則是憑自己的力量被寫入薩迦。像是冰島司社（goði）*昆納爾．哈蒙達森（Gunnar）曾在爭吵時打了妻子一巴掌。她回了一句：「你會後悔的。」後來，昆納爾在家中抵禦敵人時弓弦斷了，他懇求妻子用頭髮替他做一條新的。她拒絕了，並提醒他打的那一巴掌，讓他自生自滅。根據斯諾里（Snorri）的說法，瑞典的阿格尼王（King Agne）侵略芬蘭後，擄走了領主佛恩約特（Fornjót）之女絲巧芙（Skjalv），欲娶為妻。某天晚上，阿格尼設宴歡慶，喝得酩酊大醉。絲巧芙勸他將一條金項圈戴上好看管它（當時的人會以金銀項圈展示財富）。待阿格尼入睡，絲巧芙便以金項圈將他絞死，攜「手下」乘船逃去。又有一名瑞典王阿爾福（Alv）性好和平或生性懦弱，不嗜劫掠，他的妻子名叫貝拉（Bera），姿冠群姝。阿爾福有一兄弟，名喚英格維（Yngve），此君酷愛冒險，頗有威名，貝拉頗愛與他相伴。阿爾福習慣早睡，常催貝拉上床，她回答女人喜歡像英格維這樣徹夜狂歡的男人。一夜，兩兄弟在酒後拔劍相殺，只有貝拉倖存下來。他們的後人「惡謀王」英格姚（Ingjald illråde）據說曾單靠欺詐，就殺死了十二名君主。他將女兒歐薩（Åsa）嫁給斯堪尼的古卓德（Guðrøðr of Skåne）。有其父必有其女，歐薩慫恿古卓德殺死他的兄弟，隨後讓古卓德也被殺。《伏爾松格薩迦》（*Völsunga saga*）†中的西古德（Sigurd）之妻古德倫（Gudrun）出身高貴。她的第二任丈夫阿特利（Atli）為了黃金殺死了她的兄弟。為了報復，古德倫殺了他的兩個兒子，將他們的血混在酒中，將他們的肉切成肉排，全都餵給她的丈夫再殺了他，最後燒毀他的廳堂。金髮哈拉爾發跡以前，曾派人向美麗的吉妲（Gyda Eiriksdatter）求婚，但她讓他們帶話回去，說她不會把貞潔浪費在一個連國家都還沒統治的男人身上，只有當他征服全挪威，她才願意嫁給他。這時吉妲才只有十五、十六歲！哈拉爾的手下認為應該強行綁走這麼傲慢的女人，但哈拉爾決定尊重她，認為吉妲讓他看見以前未曾想過的目標。最後他確實征服了挪威全境，也娶到了吉妲，儘管他前前後後也娶了其他女人，據說共有九個。其中一位人稱「偉大的」朗希德（Ragnhild），是他的愛子血斧埃里克之母，並為他的長征出謀劃策。

儘管女人無法自立為王，但女性在諾斯社會確實**能夠**得到舉足輕重的地位。‡挪威王歐拉夫・哈拉爾森曾因瑞典的計策而改變心意。因為使者在他與瑞典領主拉根伐（Ragnvald），以及妻子英格畢倣（Ingebjörg）之間穿針引線。最後「在她的勸說下」，拉根伐與歐拉夫結為好友，達成和平協議。但其他瑞典領主並不認同，紛紛指責拉根伐受女子所誤。歐拉夫之子特里格夫（Tryggve Olavsson）取了一名叫作阿斯特麗（Astrid）的妻子，她在丈夫戰死後隱藏自己的身孕，在「她忠誠的男人們」的幫助下帶著財寶逃走，最後生下了一個兒子。追捕她的是另一名女子昆希德（Gunnhild）。她率領一幫男兒「腰佩兵器，胯乘健馬」，但機智的阿斯特麗還是成功逃到瑞典，生下歐拉夫・特里格夫森（Olav Tryggvason）。此君在波羅的海沿岸打劫時遇到了惡劣的天候，只得尋找避風港。最後他登陸的地方，由國王之女蓋拉（Geira）「統治並掌權」，男性領袖迪克辛（Diksin）則「頗具影響力」。歐拉夫在那

---

* 譯註：冰島的社區領袖，兼具領主和祭司功能，社議會（goðorð）的管理者，在十世紀末迅速世俗化。

† 譯註：《尼伯龍根之歌》（*Nibelungenlied*）的前身，西古德即齊格飛（Siegfried）的原形。

‡ 但在後來的傳說中，血斧埃里克之妻昆希德曾短暫以女王身分統治挪威。肯努特大帝在一〇二八年征服挪威時，也曾安排妻子北安普頓的埃芙姬芙（*Ælfgifu of Northampton*）與其子斯文（Svend）共同攝政。

過冬，兩人「非常喜歡」彼此並結婚相伴。歐拉夫和蓋拉一起管理這些土地，在這待了三年，直到蓋拉去世，他才揚帆離去，前往英格蘭，抵達夕利群島（Scilly Isles）。他在那待了三年，期間有一名算命師預言他將成為偉大的霸主，達成偉大的功業。於是他回到英格蘭，遇見一名當地領主的遺孀姬達（Gyda），她說：「自從他去世以來，我一直統治此地，很多人向我求婚，但我沒有一個中意。」她跟歐拉夫討論此事並達成共識，最後結為夫妻。

瑞典史上第一位霸主「勝利王」埃里克（Erik the Victorious）的遺孀，「傲慢的」西格麗（Sigrid Storråda，羅斯達爾認為應譯作「野心家」）擁有許多莊園。她曾在一次宴會中燒死兩名求婚者，以警告其他人不要打擾她。歐拉夫．特里格夫森也曾想娶她為妻，並要求她受洗，但她拒絕放棄古老信仰。他一度打算強逼，但西格麗再次拒絕，並直言他若是堅持如此，將會小命不保。最後，這名霸主只好空手而返。

女人想在社會中占有一席之地，最佳策略是有良好的出身和配偶，最好是兩者兼得，然後要有堅強的意志。貴族男子追求女性，為的是她們的地位和美貌，也就是她們帶來的名聲與財產。由於男人很少在家，管理家務和財產就成了女人的工作，這讓她們得以在家中掌權。女當家負責所有家中事務，並保管家中的鑰匙。女性也是口傳文化的守護者，記述親族掌故與神話故事，悼亡儀式也由她們主持，因為哀悼有傷男子氣概。女性喪偶相當尋常，許多人都經歷過多次婚姻，並繼承亡夫的土地。女性有權受到尊重。附庸藍牙哈拉爾的挪威統治者哈康．席格森（Hakon Sigurdsson）大王會輕易垮臺，有一部分就是因為他生性貪色，經常姦淫他人妻子又隨意拋棄，從而積累不少敵人。

至於女戰士呢？目前確實找到了一些以戰士裝備陪葬的女性，歷史上也有流傳女人統帥男子的故事。雷夫．埃里克森之妹弗蕾迪絲．埃里克多緹（Freydis Eiriksdottir）據說就曾在格陵蘭揮劍對付敵對的當地人。傳說故事裡雖然常有稱為「盾女」（Shield-maiden）的女戰士，但她們只出現在傳說裡。不過，婦女和兒童確實會隨男性一起劫掠和殖民，所以不能排除有些女性曾加入戰鬥，但沒有確切紀錄顯示她們與男性並肩作戰。格拉瑪提庫斯曾寫到，有些女性會穿得像男人一樣投身戰場，但他這樣寫的目的，是要貶低不符合傳統角色的女性。普萊斯喜歡將維京人描繪得很進步，即使還沒有確鑿證據，還是認為女戰士很有可能存在。

然而，強勢的女性在薩迦裡並不多，女性整體而言是被公領域排除的。除了極少數情況，她們沒有財產，即使有財產也要經過男性監護人同意才能交易。女兒結婚時會有一筆嫁妝，而在富人之間，丈夫通常要贈予妻子像是土地這樣的財產，婚姻才算成立；這筆財產在名義上屬於妻子，即使實際上仍然由丈夫控制。婚姻通常是兩個家庭間的安排，不會徵求新娘同意，某種程度上是種經濟交易。男性與人通姦相當尋常，但女性出軌有可能遭到懲罰。照顧和撫養孩子是母親的工作，但父親對子女擁有絕對權威，甚至能決定新生兒的生死。女性沒有政治權利，除了有時能在男性監護人陪同的情況下在庭會（*thing*）中發言；女性也無權提出控訴，必須由男性監護人代她們這麼做。男人可以擁有很多女人，不萊梅的亞當如此形容：「貴冑姬妾無數」，恣意尋歡取樂，「與女子交，不受約束」。當時有一個詞叫「*frille*」，指的是供家中男性取樂的奴隸女子。在薩迦裡，強暴出身低微的女子也相當尋常。

女人負責家務。而對男人來說，飲酒與喝醉是社交生活的一部分。在北歐神話裡，豪飲是男子漢的光榮，於神於人皆是如此。富人以鑲有精美銀飾的角杯或珍貴的進口玻璃杯飲酒，最大的杯子與最烈的酒都屬於宴會上的貴客。節慶時飲用蜂蜜與藥草釀造的蜜酒。葡萄酒很少，都從南方進口而且品質低劣，但好處是酒精濃度夠高。平日的飲品則是啤酒。不過啤酒無法久存，釀造過程又繁重費時，數百年來都是農家婦女的工作。

女性的另一項苦工是用羊毛替船織帆。一艘標準船的主帆至少需要兩三個人花一年編織裁縫，其中大部分作業都在黑夜漫長的寒冬裡進行。對於從事維京活動的家庭來說，帆是永遠織不完的，經年累月下來還會讓人腰背受損、視力衰退、肺部感染，所以可想而知，只要有可能，這些工作都是由奴隸婦女完成的。

綜前所述，我們可以得出結論：當時斯堪地那維亞的女性，多數人的一生都極其艱難、枯燥、悲慘且無關緊要。「有性生活且具生育力的女性，在青春期到更年期的這段生命裡，大部分日子都在懷孕、流產、從分娩中康復還有哺乳中度過。」中世紀學者約翰娜·費德里絲多蒂（Jóhanna Katrín Friðriksdóttir）在她的傑作《女武神：維京世界的女性》（*Valkyrie: The Women of the Viking World*）中說，根據薩迦故事，「男人的友伴通常是其他戰士，女性除了仰慕男性以外少有戲分。」

曾有一個關於教宗聖大額我略（Gregory the Great）的故事，講述者正是可敬的比德。比德是本篤會的修士和歷史學家，他的《英吉利教會史》（*Ecclesiastical History of the English People*）完成於七三〇年左右。聖大額我略在五九〇到他去世的六〇四年間出任聖座，因派遣坎特伯里的奧斯定（St. Augustine of Canterbury）傳福音而受英國人崇敬。奧斯定設立了坎特伯里修道院，並成為英格蘭首任大主教。

額我略曾在羅馬的奴隸市場上，看見金髮碧眼的盎格魯撒克遜男孩正在出售，便問：「此等何人？」左右答：「盎格魯人（Angles）。」額我略嘆曰：「非盎格魯，天使也（Angels）。」英國孩子都知道這個聖大額我略的詼諧故事，但這故事背後有個刺人的前提：羅馬有奴隸市場，那裡會販賣英格蘭的兒童。但即便德如教宗，這仍然只是日常生活的一隅。出售的孩子們來自遠方。沒有人知道他們怎麼來到羅馬，也沒人知道誰是最初的賣家，我們只知道他們被捲入整個已知世界的奴隸貿易之中。而在維京時代，蓄奴和奴隸貿易都是正常、合宜的。約克的阿爾昆在寫到林迪斯法恩慘案時，也提到了少年被異教徒劫為「人質」。

奴隸在維京故事中有兩種用途：勞動力或是商品。當時斯堪地那維亞經濟非常依賴奴隸，「對人類的強制剝削始終是其文化的核心支柱」。維京人無論到哪裡活動都會擄掠奴隸，既供自身使用，也販售給其他人。劫掠的戰利品通常就是人。「戰爭、海盜和貿易是奴隸的主要來源。他們或在維京劫掠和入侵中被俘，或直接成為商品。他們有一大部分來自不列顛群島，但維京勢力所及的每個地方都有受害者。」歷史學家梵科潘認為從中獲益最大的是東部的維京人：「沒有一個地方的需求和消費能力勝過阿的爾，而這裡的奴隸將供應巴格達與其他亞細亞城市，乃至北非與西班牙等穆斯林世界。美女特別有價值，可薩人（Khazaria）與伏爾加保加爾人（Volga Bulghar）的商人會買下他們，把她們賣到更南邊。」英文的「奴隸」（slave）一詞就是來自斯拉夫人（Slav），這詞在摩爾人統治的西班牙用來表示歐洲出身的奴隸，以與非洲人做出區別。貿易中有女性，也有兒童和男性。「無論身為商人還是劫匪，維京人最常賣的商品大概就是人。搶劫不見得能找到貴金屬和珠寶，而食物、工具、器皿的價值又不高，但人卻一定會有，而且價值不菲，既能用來向親屬勒贖，也能賣給奴隸商人兌現。」《盎爾攘外志》中記載，利麥立克（Limerick）於九六七年遭劫後，「能戰者盡殺之，能奴者盡奴之。」維京人也會彼此掠奪奴隸。維京時代的波羅的海劫掠遍布，有「奴隸海」之名。斯諾里曾說，只要有市場，就會有奴隸販售。是以無舟船則無維京，無暴行則無維京，無奴隸則無維京。

隨著海外劫掠增加，奴隸人口也隨之增加。此時的奴隸人數可能占了斯堪地那維亞人口的五分之一到三分之一。一個中型農場的奴工可能多達五個，而領主地產上的奴隸則會多達三十個以上。歷史學家迪克·哈里森（Dick Harrison）指出，當時瑞典每戶人家平均有三到八個奴隸。家室內外皆有奴隸處理繁重工作，代表這戶人家地位不凡，「用汗水換取本可用鮮血贏得之物，是可恥且懦弱的行為。」由於廉價奴工源源不絕，維京時代的人口雖然有所成長，整體生活水準卻不降反升。他們組成了國內的勞動力，讓人力得以釋放，前往海外劫掠。

身為財產，奴隸可以隨意買賣，沒有權利可言。奴隸間的婚姻不具法律效力，奴隸間的子女也是奴隸。但在瑞典的法律裡，奴隸母親和自由人父親的孩子就不是奴隸。性虐待奴隸女子非常普遍，在家鄉找不到妻子的男人會從其他地方俘虜女人當成性奴隸。如果奴隸被人弄傷，主人會得到賠償。如果年老、殘疾、生病，或是殉葬需要，主人也可以隨意殺死奴隸。斯諾里就曾提到，歐拉夫·特里格夫森的養父索洛夫·路沙凱（Thorolf Lusarskeg）因為年老無法為奴，而被一個叫克勒孔（Klerkon）的人殺死。

奴隸貿易十分惡劣，無論何時皆然，成為奴隸的行為使受害者失去人性，奴隸貿易則讓買賣雙方失去人性。不過就算在維京時代，人們也不是對奴隸制毫無怨言。引發怨懟的原因之一是基督徒被異教徒奴役，不過早期的譴責主要是針對奴隸貿易，而非奴隸制度。約克的伍夫斯坦（Wulfstan of York）在十一世紀寫過一篇布道詞，叫做《狼講道於英格蘭人》（*Sermo Lupi ad Anglos*），文中寫道：「我們不幸得知，許多人時常做出可惡的舉止，合資買下一名女子，接連對她施以淫行，如同狗一樣不在意污穢，然後將這上帝的造物賣給敵人。」

他的外甥也叫伍夫斯坦，在十一世紀成為伍斯特主教，史上記載他終止了布里斯托的奴隸貿易；在此之前，當地因為直航愛爾蘭，成為了英格蘭奴隸貿易的最後一個據點。（有意思的是，布里斯托後來又成為非洲到美洲奴隸貿易的重要轉運站。）在他去世後約五十年，歷史學家馬姆斯伯里的威廉（William of Malmesbury）為他寫了《伍夫斯坦傳》（*Vita Wulfstani*），書中提到他的感嘆：「渠輩自英格蘭各處買取男子，至愛爾蘭兜售以謀厚利，至於侍婢則戲於床第，待其懷孕便即賣出。見彼男男女女，年少端莊，卻遭綁縛為列，日日待價而沽，蠻夷亦生憐憫之情。賣血親骨肉為奴之事，無情冷血，罪孽深重，可恥可惡，禽獸亦不忍為。」

丹麥和挪威的奴隸制大約維持到一二〇〇年，在瑞典又再多延續了一個世紀。在整個維京時代，人們對奴隸制的態度漸漸轉變，特別是因為基督教的影響，奴隸生活的條件與待遇也漸漸不那麼苛刻。但當奴隸制真的結束時，還是因為它已經變得不切實際。「基督教會的反感、供給的減少、向內拓墾和漁業成長帶來新的謀生手段、愈發強盛的君主政體以及外國影響，這一切都使得奴隸制走向了終結。」禁絕奴隸制的法律也隨之而來。

歷史學家談奴隸制

長期以來，研究斯堪地那維亞歷史的學者最頭痛的問題之一，就是奴隸制和奴隸貿易。哈里森是奴隸制領域的權威作者，他在自己的瑞典史中詳盡討論了早期斯堪地那維亞對奴隸的依賴程度，普萊斯在《灰燼與榆樹的孩子》中也做了相同的探討。然而哈里森也指出，斯堪地那維亞歷史學界甚少研究奴隸制，奴隸貿易又更不受關注。在比較久以前的經典文本中，更只有在無可避免時才會提到奴隸制。斯堪地那維亞語言的著作通常會避用「奴隸」（slave）一詞，以「僕從」（*trell*）代之，強調他們的工作勞苦，而非其地位不自由。在近年出版的一套挪威史中，負責八〇〇到一一三〇年的克勞斯．克拉格（Claus Krag）就只花了一頁討論奴隸和僕從，還有一點點奴隸貿易，除此之外就只有散落全書的四個小段落。不過到了肯努特．赫勒（Knut Helle）負責的一一三〇至一三五〇年，就有注意到早期史學家認為奴隸制度在當時社會裡並不重要，直到近年才認為奴隸制有更重大的經濟和社會意義，這有部分也是受到現代對奴隸制度的比較研究影響。索耶在他涵蓋西七〇〇至一〇五〇年的丹麥史著作中，也流露出想要刻意避談的尷尬筆調。他同樣只花了短短一頁處理這個議題：「沒有充分證據指出維京時代的丹麥是奴隸社會。」接著繼續將丹麥本土與英格蘭丹麥律法區描述為奴隸社會，並談到其中的奴隸貿易。

法律

維京人的文化崇尚暴力，但矛盾的是，他們也同樣重視法律。早期的斯堪地那維亞人立了很多法，而且過程頗為民主。表決法律的機構稱為「庭會」，是由自由人或富裕自由人組成的集會。地方庭會通常較為頻繁，高級庭會則一年一次，由國王或領主召開，為期數天，會議內容包括討論法律、簽訂契約、判罪斷刑，有時也會舉行宗教儀式。當然，只有自由人能出席庭會，奴隸不行、貧民不行，婦女通常也不行，但庭會原則上依然是人民的集會。

有一說認為庭會是諾斯人特有的傳統，但這是錯誤的。早在羅馬時代，塔西佗就記錄過日耳曼人的自由民集會。正如維京船有部分受到歐陸影響，庭會也非諾斯人獨創。

在早期斯堪地那維亞這樣階級嚴明的社會裡，庭會上也絕不可能人人平等。只有最地方性的庭會，才是人人皆可出席，其他庭會則由代表組成，稱為庭中人（*thingman*）。根據丹麥地區的律法，至少要有十二人才能組成庭會。有一回，歐拉夫．哈拉爾松計劃巡視全國，以重振其父金髮哈拉爾的霸權，據斯諾里記載，他先是找來男爵們共商此事，取得他們同意，「在這之後」才召集庭會確認已經達成的共識。

法律的用處是讓人們的生活變得比較安全、可預測，並以有序的方式解決糾紛。然而早期的斯堪地那維亞的奇特之處在於，儘管他們有相當複雜的法律，社會卻還是無法無天，依舊靠血親復仇來了斷恩怨。當時的「法律」並不成文，而是在共識下形成，並由「律法人」（lawspeaker）記住，待下次庭會重新公布。之所以不明文記錄，一方面是因為早期的斯堪地那維亞人還沒有大量書寫的習慣，另一方面則是因為，不識字的多數人並不相信識字能書的人會誠實記錄。儘管沒有成文，法律畢竟是法律，只不過用起來常有模稜兩可之處。

早期的法律是地方性的，所以瑞典最早的成文法才叫作《西約塔蘭法典》。庭會是地方性的集會，會中商定的規則僅適用於當地；一去到其他地方，法律通常也會跟著不同。而如果法律會根據人在哪裡而天差地別，法律到底規定了什麼，也會變得不清不楚。即使你覺得有義務遵守自己家鄉的法律，也可能不會覺得有義務遵守另一個地方的法律，因為那不是「你的法律」。

而且，儘管早期斯堪地那維亞人有制定法律，卻還沒有發展出維護法律的機構。國王沒有高於法律的權柄，也沒有警察來執法。在繼承之類的問題上，庭會也能充當法庭；但如果你的鄰居侵犯你的地界，聲稱這是他的土地，等待來年庭會召開才提出申訴，通常幫不了你什麼忙。

維京時代結束後，法律的制定和執行才漸有演進，以應對這些不足。斯堪地那維亞人學會書寫後，就開始將法律寫成文字，便有了前面提到的《西約塔蘭法典》。接著，立法過程也開始集中。第一步是將立法權威從地方庭會，集中到涵蓋疆域更大的超級庭會。在丹麥，主要的法律區分成隆德（Lund，現今瑞典南部的丹麥語地區）、靈斯泰茲（Ringsted，涵蓋西蘭島及其附屬島嶼）和維堡（Viborg，日德蘭半島）。挪威全境則在十一世紀初被分成四個超級庭會。

接著，立法權進一步集中到某種姑且可稱為國家的組織手中。國家統治者開始宣稱有權制定通行全國的法律，並將法律寫成文字。這麼做的代價是庭會喪失了立法權，從人民權利變成王室特權。一二五七年至一二八〇年間統治挪威的「明法王」馬格努斯（Magnus Lawmender）編纂了一部成文法，命名為《土地法》（*landslov*）。這部法律以既有的地方法為基礎，並調和了其間差異，成為一套統一的法律系統，是歐洲最早的中央集權法典之一。瑞典的全國法律大約比這晚了一個世紀才首次編成，而丹麥嚴格來說更晚一點。只有冰島、法羅群島和馬恩島等偏遠地區的全國庭會仍是立法集會。這也讓冰島沒有成為君主制國家；而在其他地方，國家立法的開始，意味著民主立法的終結。

稅收

早期的國王可能不太懂治理國家，但都很懂收稅。當時所謂統治一個地方，就代表向當地居民徵稅。國家之間爭奪領土正是為了徵稅的權利。挪威和瑞典王國的國界之爭，也是為了爭奪稅基。

稅收的形態很多，比如現金——如果有的話，還有總是十分吸引人的白銀，更常見的是羊毛、木材、皮草等農產品。但最重要的還是勞役。領主之所以是領主，就是因為他可以命令眾人效忠，因此享有他們的勞動力。當一個地區效忠國家統治者，就有義務為國王的衛隊和艦隊提供人員與裝備。每七名男子就有一人需服勞役，並準備身為陸上軍人或海上槳手需要的裝備。土地也是如此：國王或領主可以沒收你的土地，賞給對他更有用的侍臣，或是納入自己的財產。除非你有本事拔劍揮向國王，否則你無法阻止他這麼做，但你做不到這點，因為他的權與力都遠勝於你，這也是他成為國王而你不是的原因。王室的另外一項重要收入是罰款，最常見的形式也是沒收土地，其分量之沉重，往往整個大家族都會賠進去。丹麥南部與德意志邊界現在還留有稱作「丹麥壘」（*Danevirke*）的防禦工事遺跡，這些牆垣最早興建於八世紀，甚至有可能更早，證明當時的領主就有能力動員大量資源和勞動力。整個丹麥壘大約花了三萬棵橡樹和八萬立方公尺的砂土礫石才蓋好。其中有些工作無疑是由奴隸完成的，但他們依然是從家鄉的農事中抽調出來的勞力。國王常會巡視自己的治地，而王跡所至的男爵都必須為他和他的隨從提供食宿。當地人有義務在國王的地產上幫他建造和維護莊園。漁民有魚稅，商人亦有關稅，城鎮裡則有財產稅和營業稅。對外貿易的船隻必須為國王預留使用空間。基督教傳入後，建造和維護大小教堂，又多了什一稅，以榮耀上帝和國王。各地男爵有義務為教區蓋教堂並提供牧師。稅賦層層收取：國王向男爵徵稅，男爵又向農民徵稅。金髮哈拉爾在奧克尼和昔德蘭群島任命領主時，便是對他們徵稅，再由他們向島民徵稅。

稅賦的剝削固然無情，效率卻也是出了名地低。因為多數人都非常貧困，沒有多少財務可以徵收，國王麾下也沒有機構負責徵收這些微薄的稅賦。男爵對下屬的實際權力有限，而且只會上繳必須上繳的稅收，把其他財物留在自己的口袋。早期的國王完全沒有稅務會計的概念。

當時的稅賦有多沉重？藍牙哈拉爾統治丹麥時大興土木，造橋鋪路，遍置堡壘，為此不得不徵收重稅，埋下了未來叛亂與內戰的遠因。其子叉子鬍斯文就謹慎許多，但代價就是其父的建設紛紛衰敗。他在一〇〇〇年取得挪威王位時，也帶來斯諾里口中比丹麥更嚴苛的新法律。新法規定一個人若未得到國王許可，不得離開國家，否則財產即歸國王所有。謀殺的懲罰是沒收土地和財產。每年年底，每位農民須向國王繳納一定數量的啤酒、肉和奶油，以及最長的手指所能握住的亞麻布匹量。

在現在的福利國家，每個斯堪地那維亞人都有沉重的納稅義務，但這在斯堪地那維亞並不新鮮，一千年前也是如此。最貼切的說法或許是，當時的國王能榨取多少就徵收多少稅。

在後來的數百年裡，國王皆是如此橫徵暴斂。如今我們抱怨稅收繁重，但大致上還負擔得起，這其實是二十世紀的新發明。在這之前，小人物多半身無長物、家徒四壁，但政府國家仍毫不留情地持續榨取他們微薄的資產。富人和貴族因為理論上有擔任作戰指揮官的義務，可以免除多數稅賦，國家財政由窮人負擔，主要以物資和人力的方式繳納，但也會用現金和貴重物品支付。隨著歷史發展，從窮人身上榨取大量稅收的能力，也將發展到令人咋舌的地步。

維京的面貌

他們的生活猶如戲劇，充斥著打鬥、戰爭、盜竊、掠奪。他們受僱參與他人的戰爭，捉拿俘虜作為人質或賣為奴隸。他們摧毀聖地，褻瀆聖典。他們強奪土地，驅逐原來的主人。他們折磨囚犯，致其目盲和傷殘。無論他們在哪裡活動，他們總是劫走財物，從不帶來或給予任何東西。而在家鄉，則是夫叛妻，妻殺夫，父弒子，子戮父，兄弟手足骨肉相殘。國王恐嚇臣民、謀殺敵人，以賄賂換取忠誠。男爵背離領主，倒戈外國的入侵者。

我們知道他們**做了什麼**，但他們自己如何看待這些作為？他們到底是**怎樣的人**？薩迦中幾乎沒有提到冒險如何影響他們。有些人獲勝，他們是否謙卑？有些人失敗了，他們是否絕望？他們可曾產生懷疑？他們曾不曾經歷良心折磨？自己的作為和欲望有沒有讓他們感到困擾？他們將女奴帶去保加爾販售，在等待客戶之餘強暴她們，他們有沒有因此覺得心煩？他們會不會感到良心不安？他們能否同情別人，特別是跟他們不同的人？他們內心有沒有是非善惡的掙扎？夫妻之間有沒有愛？

同性戀存不存在？當然，因為同性戀一直都存在，而且陽剛的社群裡向來都有緊密的男性情誼，而男性情誼總是跟性分不開。同性戀在當時並不光彩，薩迦中除非是為了侮辱，否則不會提及；我們知道這些是因為在早期法律中，同性性行為會被判處放逐。戰士無聊時也常在軍營裡用相關的字眼辱罵彼此。

賣淫呢？自古以來，歐洲的「妓院裡充滿被父母遺棄的嬰兒」。而在北歐神話的一個故事裡，有個巨人與眾神打賭，要在前無古人的時間內建好一道牆，以換取女神弗蕾雅（Freyja）成為他的妻子。他完成了那堵牆，但超過了時限被拒絕獎賞。「被耍了，」巨人憤而罵道，「一群匪窩裡的男神和妓院裡的女神。」在另一個故事裡，索爾的神錘被巨人偷了。除非把弗蕾雅送給巨人的國王，與他同床，他們才願意歸還錘子。女神拒絕了：「每個人都會說我是妓女！只是個妓女！」（於是其他神明把索爾打扮成女人，欺騙巨人取回了錘子；索爾一拿回錘子，就砸碎巨人國王的頭殼，又打倒了其他男女巨人。）

如果人類的心性自古皆然，我們就必須假設維京人和其他人一樣，也會思考自己的所作所為。他們的行為極似希臘悲劇，他們的生活中也一定不乏悲劇。古希臘悲劇中充滿夫妻相害、手足互戕的故事，而這些使用與濫用權力、忠誠與背叛、榮譽和恥辱的故事，都是關於他們與內心惡靈的爭鬥。我們知道這些，是因為希臘人不只留下了歷史，也留下了文學，特別是雅典的戲劇，正如古典大家沃特林（E. F. Watling）在索福克勒斯（Sophocles）的《底比斯三部曲》（*Theban Plays*）的引言中所說，戲劇「充實了歷史學家所陳述的事實」。而關於維京人，我們除了斯諾里等人留下的史書，也有其他遺產能充實這些陳述。眾多歷史被講述著。除了史家之言，其他著作又可以補充哪些古代北歐世界的生活景況呢？

首先是神話和古老的信仰。（此處採用克羅斯利－霍蘭德在《企鵝版北歐神話》〔*The Penguin Book of Norse Myths*〕重述的版本。）早期斯堪地那維亞人講述了創世和宇宙的故事。宇宙誕生於冰與火相遇並孕育出生命之時。最早的生物是一個巨人和一頭母牛。母牛從冰裡舔出一個生物，這個生物生下諸神。巨人被殺，從他的身體中誕生了九個世界，有神境阿斯嘉德（*Asgard*）、有人境米德加德（*Midgard*）、有巨人、矮人和精靈各自的居所，以及屬於死者的地下世界黑爾（*Hel*）。宇宙隨時間推移，從世界創生到諸神黃昏，最後一切事物在衰敗中結束，在諸神、凡人與怪物之間的大戰裡終結，其時連奧丁也要死去，死者之中有的上升、有的沉淪，最後新的生命誕生。

在對諸神黃昏的預感中，凡間男女在神祇與諸靈的影響下盡其所能地生活，那些高居天上的存在掌控著人類，人們必須滿足祂們。在發展成熟的神話裡，諸神共有十二位，主要的神祇包括眾奧丁，眾神之父；奧丁之子索爾，力量與戰爭之神，祂的憤怒可比火山爆發；豐饒之神弗雷（Freyr）；神境守護者海姆達爾（Heimdall）；戰場之神提爾（Tyr）；惡神洛基；以及奧丁的另一個兒子巴爾德（Balder），他的死亡引發了諸神黃昏。女神也有許多，但只有以性作為施展權力的手段的女性之神弗蕾雅有許多戲分。有推測認為祂是奧丁的鏡像，因為祂在死後世界也有自己的座室塞斯倫尼爾（Sessrúmnir），與奧丁的瓦爾哈拉平分從戰場上揀選的戰士。弗麗格（Frigg）是奧丁的妻子，可能是地母神或母性之神。女武神是決定戰場生死的女性神靈，連帶決定了誰有幸得到奧丁和弗蕾雅照顧，在諸神等待最後清算的時候與祂們一同宴飲。但這是男人的命運，神話中沒有提到女人死後的去處。

阿斯嘉德不是和諧的地方，諸神在此過著充滿陰謀、貪婪、打鬥、飲酒、激情的精彩生活。末日將臨之時，祂們彼此展開了凶惡的爭鬥，邪惡的洛基開始放縱橫暴。祂對青春之神伊登（Idun）說：「我知道沒有女人像你這麼放蕩。妳甚至把妳的白臂環繞在謀殺妳兄弟的人身上。」祂對貞潔之神葛菲昂（Gefion）說：「我知道誰勾引了妳——那男孩給了你一條閃耀的項鍊，然後妳，妳就騎在他的身上。」祂對弗麗格說：「妳天生就是個妓女。妳也許是奧丁的妻子，但妳跟祂的兄弟分享床鋪。」祂對弗蕾雅說：「妳和廳裡每一個神和精靈睡過，諸神還抓到妳與自己的兄弟同床。」瓦爾哈拉是祂們的天堂，死去的英雄居住在裡頭，白天彼此對戰殺害，夜裡復活宴飲，以便隔日再戰。巨人是諸神最兇惡的敵人，祂們居住在約頓海姆（Jotunheim，挪威最偏僻的山脈就是以此命名）。神話曾隨著時間演變。比如最一開始，洛基只是喜歡惡作劇的騙子，後來卻成了奸邪的惡神，也就是祂自維京時代初期流傳下來的形象。

這些神話是諾斯人原創的嗎？有些或許是，比如從融化的冰中創造生命，確實是從當地生活經驗發展出來的，但大部分都承襲了其他神話的元素。立陶宛文化歷史學家瑪莉亞・金布塔斯（Marija

Gimbutas）稱這些為「日耳曼的」元素。而在日耳曼部落改宗基督教，將舊信仰留給北方兄弟後，它們才成了世人所知的「北歐神話」，也是在北方的冰島，這些神話才從口頭傳承轉為書寫下來的記憶。和後來的基督教信仰一樣，神話信仰也是從歐陸向北地傳播。目前我們看到的神話，很明顯承襲了早期日耳曼、印歐、伊朗和希臘的神話，和基督教傳說以及凱爾特神話也有相通之處。比如前面提到洛基辱罵伊登將她的「白臂」環繞在兇手身上，這種用詞就可以追溯到希臘神話，特別是荷馬史詩。荷馬最常用在女性身上的一個形容詞就是「白臂的」，意指美麗、純真和富有，過著免於烈陽曝曬的生活。我們更前面也提到奧丁自豪自己讓一個「白如亞麻的」女子回過頭。也就是說祂強暴的不是普通女子，而是一名地位很高的年輕處女，他在占有她的同時也摧毀她的身體和社會地位。但這些古代北歐故事的講述者，是否清楚自己用的語言和形象來自遙遠的年代與地方？也許不然。

當時也有藝術創作。早期斯堪地那維亞人創作了木雕、珠寶和盧恩雕刻。這些藝術作品確實獨特，但也帶有明顯的日耳曼與歐陸許多地方的影響。最重要的一個特徵就是纏繞交錯的蛇與龍，因為蛇在他們的神話世界中隨處可見。比如先前提到的比雷埃夫斯港獅像，上面複雜的銘刻就是與盤繞的蛇身融為一體。蛇在斯堪地那維亞並不常見，當地的危險動物種類也不多，但當地人卻從早期歐洲神話中吸收了恐懼的元素。如果我們要解讀其意涵，這些作品幾乎都透露著驚駭。它們探索著一個「力量」四竄的未知世界，其中的「生物」纏繞並受困於不可知與宿命之中，透露出藝術家被他們能感受到卻不理解的恐怖所困擾的心境。

除此之外，還有以冰島為主的大量文學作品，這些主要是歷史紀事和詩性敘事。薩迦講述王者和冰島大人物的事蹟。詩作傳遞神話遺緒，並為薩迦中的故事增添英雄事蹟，同時也為我們留下一批內容殊異的《埃達》哀歌，其內文更強調情感而非行動。

北歐神話十分引人入勝，但從信仰體系來看卻很空洞。芬格認為「無論『罪惡』（sin）還是『負罪』（guilt），都是隨基督教傳入丹麥的概念」。他們的珠寶等藝術很有特色，但藝術形式卻不怎麼多元。雖然有大量文學作品，卻著重於英雄事蹟，少有內在反思。「中世紀斯堪地那維亞經典文學的主軸是以冷峻的形式講述『毀滅與陰鬱』的故事。」在尋找可以充實事實敘述的元素時，讓我們震驚的是竟然**缺少**這麼多內容。秘魯作家瑪麗．阿拉娜（Marie Arana）曾讚美希臘神話：「你可以在裡面找到幾乎一切你需要知道的事物，不管是關於愛、戰爭、權力、榮譽、懦弱、勇氣還是脆弱。」同樣的讚賞卻很難用在北歐神話上：裡面有戰爭、權力與懦弱，但愛、榮譽、勇氣或脆弱就少見得多。〈至高者言〉（*Hávamál*）一詩是少有的例外，詩中奧丁傳授了有關生命與智慧的箴言（也包含如何誘惑女人），說珍視友誼和款待很好，但最重要的是靠勇氣贏得名聲。生有所命，死有所期，毋須畏懼。人當為自己創造聲名，因為離去後唯一能留下的就只有美名。

他們的神是放大的凡人，擁有世間種種虛榮與缺陷，吝嗇又報復心重，若不是畏懼失敬會遭到神祇阻礙，實在沒有什麼理由信仰祂們。祂們既不為人樹立榜樣，也不傳授道德戒律。這讓人不禁好奇，諾斯人為什麼沒有更多的神，以及為什麼他們的神不更有魅力一點？比方說，他們為什麼不像許多早期宗教一樣，信奉跟太陽相關的神祇？冬季的斯堪地那維亞鎮日烏暗，而隨著季節輪迴，永恆的光明又會復歸；如今的斯堪地那維亞人會在春天第一個溫暖的日子來到田野，脫下大部分的衣服，用宗教儀式般的狂熱，擁抱溫暖的陽光。他們生活在歐洲的邊緣，文明的邊緣，其文化很難應對外來影響。

古北歐的藝術形式只有珠寶和雕刻；就算有其他形式的圖像藝術，也沒有人知道。諾斯人完全不懂希臘人的雕塑形式，而此時距離後者的時代已有一千五百年，他們發明的技術至今仍是古典主義的標準。歌舞在神話中不常出現，但確實有提到，而樂器則幾乎不曾出現，儘管他們的確有樂器，包括木頭、青銅和羊角製成的號角，以及長笛與豎琴。不萊梅的亞當提到異教祭儀會伴以「可恥」的歌曲，但在古早的盎格魯撒克遜長詩《貝奧武夫》（*Beowulf*）中，歌唱和彈奏豎琴都倍受尊崇。當時富人們的廳堂裡會不會有娛樂表演？或許會有人講述神話和朗誦詩歌，也可能有合唱，但大概沒有多少真正的表演。所謂的廳堂，實際上是用木頭和泥土搭成的飲酒室，沒有窗戶，所以室內陰暗又煙霧瀰漫，與宴者同坐在長椅上，跟我們印象中那種家具齊全的建築完全不一樣。這時的歐洲，查理曼已經在亞琛建立起宏偉的行宮教堂，也就是如今亞琛座堂（Aachen Cathedral）的前身，而整個斯堪地那維亞，仍沒有一座具有藝術價值的建築物。凱爾特人在他們四千年前，就在愛爾蘭的東北部蓋出紐格萊奇墓（Newgrange）這樣巨大的墓塚，並在冬至那天讓陽光照入墓門，直達中心墓室；埃及人在他們三千年前建造了金字塔。在他們五百年前的哥德人，也為國王狄奧多里克在拉溫納（Ravenna）建造陵寢，其屋頂是一塊重達三百公噸的石板，至今仍不知道他們是怎麼搬上去的——而諾斯人的墳墓就只是一堆土丘，用鐵鍬就能輕易完工，「極為簡單、原始且廉價」。英格蘭的巨石陣是一座四、五千年前落成的紀念碑，由重達三、四十公噸的石板組成，這些石板是先在產地雕鑿成形，再沿河運輸，經草原搬運到現址。而諾斯人就只是將岩石豎起來，並用他們的小字母在上面刻下簡短幾句自誇。他們倒是有神殿，最重要的一座位在瑞典的烏普薩拉（Uppsala），亞當大師提到它「非常有名」，並「以黃金裝飾」。但為神的榮耀而蓋，也是跟基督教一起傳入的觀念，當斯堪地那維亞的人們有了足夠的財富實踐，便體現在教堂和座堂中。

雖然說古北歐文學缺乏情感，但並非盡付闕如。薩迦是乏味的事實陳述，講述王者事蹟的更是如此，但也會透露情感。讀這些作品可以感受到憤怒、驕傲、挫折、成就、友誼和背叛。憤怒似乎有特別的地位，這在神話中也是一樣。故事最多的索爾就以狂暴的脾氣著稱，並因此受到崇敬，但祂的憤怒消散得快，還常展現古北歐風格的憐憫。在一趟旅途中，有個農夫小小欺騙了祂一回：「祂的眼睛燃燒得像是橙色的火焰，這家人覺得他們的日子就要到頭了。」但當祂看到這家人恐慌的樣子時，他的血液便停止奔湧，並向農夫保證他只會帶走他的兒子當作僕人，「事情就這麼結束了。」

北歐神話世界中也有愛之女神，比如修芬（Sjofn）和洛芬（Lofn），卻從來沒有說清楚愛的意義。「愛」可以是情慾，也可以是婚姻，但其中很少有什麼柔情蜜意。薩迦充滿關於性與婚姻的橋段，但大多僅止於性與婚姻，然而就連斯諾里也無法完全忽略愛的存在。歐拉夫．特里格夫森失去蓋拉時，就悲傷到無法繼續住在兩人的家中，只能重操劫匪舊業，試著振作起來。金髮哈拉爾想要吉妲是「因為她美麗」，但是她拒絕後，哈拉爾又娶了其他妻子；而當他終於得到她後，兩人之間也沒什麼特別的，只是生了五個孩子。後來他娶了芬蘭的斯諾菲莉德（Snofrid），「他愛得如痴如狂」，忽略了「一切其他的事情」。斯諾菲莉德死後，哈拉爾坐在她的屍體旁，相信她會復活，並為她哀悼了三年，其他人都擔心他已經瘋了。然而，這個故事並不是為了讚美愛的力量，而是告誡失去自治的危險。但斯諾里堅硬的筆調在極少數的情況下也會動搖。比如瑞典的英格雅．歐洛夫絲多蒂（Ingegjerd Olofsdotter）聽到有人提議她嫁給挪威王歐拉夫．哈拉爾松，登時便「臉紅了」。在這不經意的美麗小插曲中，出現了青春、純真和幸福的愛情，這在斯堪地那維亞嚴酷的歷史書寫中顯得格外獨特而奇妙。

這類文學典籍中描寫的情感不但受限，而且毫無濫情，盡是憤怒、驕傲、羞愧、恥辱與仇恨。不過，如果我們更深入整個古北歐文學的世界，翻開英雄薩迦、詩歌，並細聽女性的聲音，就會發現古北歐文學中仍有細膩的情感，只是較為隱晦。冰島學者希芙．里卡德多緹（Sif Rikhardsdottir）在其著作《古北歐文學中的情感》（*Emotion in Old Norse Literature*）中，就細緻地分析過這段充滿情感的旅程。她提到《埃吉爾．斯卡拉格裡姆森薩迦》（*Saga of Egill Skalla-Grimsson*）是「客觀敘事風格的典範」，故事中的「情感內容有限」。主角埃吉爾對兄長被殺的反應只是「不快」，而他兄嫂對丈夫死亡的反應也不過是「難過」；但他在兒子波德瓦（Bodvar）死亡時，雖然也保持一貫的冷靜，敘事者卻向讀者呈現了更深一層的情感。身為父親，埃吉爾的悲痛無法言表，卻浮現在他的一舉一動之中，「就像身體在極力克制因失去而引發的情感」。讀者從這窺見了堅強外表隱藏的柔軟靈魂。波德瓦下葬後，埃吉爾之女索爾格德（Thorgerd）在家中遠離眾人的耳目，提議父親作詩一首，懷念死去的波德瓦，試圖以此阻止埃吉爾隨他的愛子而去。埃吉爾照做了，在女性的勸說與詩歌的含蓄之下，他才得以宣洩心中壓抑的痛苦，展示出「散體文本極力避免的哀輓情態」，儘管如此，他還是相當自持，一再提醒自己「儘管懷著這麼深的悲傷，我也只能留給自己」。

在一二一七到一二六三年間統治挪威的老哈康（Hakon Hakonsson）頗富雄心，他與王后瑪格麗特．斯庫勒斯多塔（Margaret Skulesdatter）都亟欲讓挪威和其王室融入歐洲文化圈。為此，他們將法國和英國的重要文學作品翻譯成古北歐語，比如十二世紀的宮廷浪漫故事《崔斯坦與伊索德》（*Tristan and Iseult*）和《獅騎士伊文》（*Yvain, the Knight of the Lion*）。不過要將這些情感豐沛的作品引入情感壓抑的古北歐文化，實在是項艱鉅的挑戰。「許多法國作品在翻譯成古北歐語時，都在角色行為上顯現出文化改編。」這些改編的幅度極大，有些情節被刪減，有些則被修改，作品中的「情感活動」近乎喪失。

比如《崔斯坦與伊索德》中激情愛戀的言語就遭到「顯著縮減」，重點變成「不節制激情的負面影響」與其他「負面情緒」。在古北歐語譯本中「關於愛的喜悅，以及實現欲望所帶來的身體快感」付之闕如，而這些在原本的版本中卻隨處可見。或許是因為譯者無法領會歐陸文學中的情感，或許是他們認為這超出了諾斯讀者的理解能力，也或許是因為出資的王室如此期望。

在有女性發聲的段落，文學作品的情感就會更加柔和。《詩體埃達》中有一系列詩歌以古德倫為主角，並特意與英雄詩區別開來，歸類為哀歌。第一首詩主要描述古德倫在丈夫死後情緒受到的影響。儘管古德倫「不會哀嘆，不會捶打自己的手，不會像其他女人那樣號泣」，但這首詩充滿深沉的悲痛。女性的聲音在詩歌中通常以吟唱呈現——「古德倫仍不能泣，她如此哀痛，就要爆發」，這股情感張力持續堆疊，最後讓古德倫展現出宣洩感情的姿態：「看著你愛的人，把嘴放在他唇上，如你過去擁抱他，在他健康之時。」

也就是說，古代北歐並不缺乏情感意象。剛硬的情感容易處理，因此相當常見，例如對計畫成功的滿足、對冒險失敗的氣憤；柔和的情感則不易表達，作者在勾勒時就比較克制、壓抑、猶豫。為了方便呈現，對於愛的描寫往往平淡，欠缺柔情。至於悲傷，則是應該避免的危險情感。但這是想避免什麼呢？諾斯人應該是天不怕地不怕的冒險勇者。《伏爾松格薩迦》中的霍格尼（Högni）被阿特利抓住、心臟被他剜出時，仍能笑著死去。《拉克斯戴拉薩迦》（*Laxdœla saga*）的主角古德倫．歐斯威佛多緹（Guðrún Ósvífrsdóttir）微笑著看兇手拿起她的披肩，從兇器上擦去她丈夫的血。而那深邃的微笑背後，復仇的火焰已經熊熊燃燒。等到兒子們分別滿十六歲和十二歲，她就派他們去為父報仇。這些描寫背後，都有著必然存在卻無法公然展現的情感。因此我們可以推測，作者其實也在暗示我們，表面上無所畏懼的男女，內心同樣會被恐懼所困。古北歐藝術的共同基調，來自於作者是從危險的位置，而非生命與喜悅之中看見美。透過壓抑的情感，他們為我們呈現了一群情感想像既狹隘又淺薄，無法處理生命複雜之處的男人和（稍微好一點點的）女人。或許，這是因為他們的生活太過殘酷，無暇打開心扉，深入思索正直、意義與價值。不萊梅的亞當說諾斯人厭惡「淚水、悲嘆與其他我們認為有益的悔恨」，這麼說或許沒錯，但只說對了一半。他們也會哀悼與悲嘆，只是表達方式極度節制；他們也會悔恨，只是古北歐容不下眼淚。

讓我們以更早之前的希臘神話作為對照，並以歐里庇德斯（Euripides）所寫的俄瑞斯忒斯（Orestes）復仇記為例。主角殺了母親克萊婷涅斯卓（Clytemnestra），好為父親阿迦曼儂（Agamemnon）報仇。這是因為阿迦曼儂遠征特洛伊時，克萊婷涅斯卓背叛丈夫，找了一個情人，玷污了婚姻與家庭。而當阿迦曼儂突然歸來，她又讓情人殺了丈夫，玷污家族的榮譽。因此，俄瑞斯忒斯的作為不但正當，也得到了眾神認可；但在事成之後，他的靈魂卻被憤怒所撕扯而步向瘋狂。他為了正義與榮譽，做了身為兒子該做的事，但這件不得不為之事，卻帶來粉碎他的痛苦。換句話說，他做了該做的事，也成功完成任務，卻因降臨在身上的悲劇自我毀滅。

然而這樣的故事會出現在古代北歐嗎？這似乎和諾斯人的性情不合，也超出了他們的情感能力。還記得序章提到的古德弗雷德嗎？據說他兒子受到被拋棄的母親唆使而殺了他，這和俄瑞斯忒斯的故事有些相似。假設這個故事是真的，那我們有機會看到這兩位兇手陷入撕心裂肺的痛苦與折磨嗎？按照薩迦來看肯定不會。然而，這裡又有個矛盾之處。從諾斯人優美的船隻來看，這群人在藝術和文學方面或許成就有限，但他們顯然渴望創作，也能把握機會實現這份渴望。他們將大部分的才智投注在造船上，因為這是他們生活中最重要的領域。他們確實有一些長處，只是能量有限，不能虛擲，需要合理運用在最需要的地方，而船是他們生活的根本。他們必須不停造船，並且得造得很好。於是，他們把大部分的心力都投入了造船，船也成為了維京人寄寓「自我」的地方。在其他富庶的地方，國王有很多東西可以享受，但斯堪地那維亞的大人物沒有這種餘裕。這或許是一種悲哀，他們為了追求影響力，注定要將情感能力投入在賴以生存的恐怖工具上。

維京時代的遺產？

維京人是商人。藉著貿易，他們蒐羅了如珠寶與絲綢等無數珍品，當作稱王稱霸的資本。

他們也是強盜，因此他們手中的財物多半不是買來，而是搶來的。這讓他們每次返航都能帶回許多利潤，得以建造更多戰船，招募更多士兵。只是這種成功也有代價。維京人的生計非常依賴暴力，而且在自認更文明的人眼中，他們必然會成為無惡不作的野蠻人。

他們也不斷拓殖和移居，在這方面，他們展現更多的是影響力，而非實質的力量。他們影響了羅斯的形成。他們改變了自身所融入的文化。這些影響在今日的英格蘭依然可見，例如當地源自古北歐的詞彙與地名。但多數情況是他們很快就被移居地的族群吸納。只有冰島和法羅群島創造出了持久的諾斯文化。

他們也是征服者。征服和拓殖並沒有明確的分別，但如果我們將征服定義為占領別人的土地，成為那個地方的主人，那麼維京人只征服過三次：一次是對諾曼第的征服，兩次是對英格蘭的入侵（雖然第一次所建立的丹麥律法區，充其量只能算類似於征服）。* 這些征服最大的意義，是在不經意間促進英格蘭統一，以及建立諾曼第這個征服義大利與英格蘭的基地。

這些就是維京人的成就（至於它們是大是小，每個人看法不同），同時存在的還有他們的失敗。古德弗雷德打算挑戰查理曼，但想當然是以卵擊石。羅洛也曾想拿下更多法蘭西土地，卻根本沒有那份能耐。吞併愛爾蘭和羅斯大地的野心全都功敗垂成，在英格蘭的統治也不長久。這些失敗無可避免，因為古代北歐的文化落後太多了。他們過於信奉力量，不斷攻打自己統治不了的地方，過度擴張，虛耗能量與資源。就連肯努特大帝的霸業，都只是海市蜃樓。他以為自己能擁有一個帝國，卻沒有能力讓它保持穩固。

某種程度來說，維京時代沒有留下任何遺產。特別是在貿易方面，斯堪地那維亞人滿足於以物易物，未能發展出合作組織、財務、紀錄、帳目等貿易管理手段。這也解釋了為什麼他們會這麼快失去羅斯大地的貿易版圖，來自南方的競爭對手遠比他們有組織、有條理，他們連模仿對方的技術都做不到。曾經，維京人憑藉高超的航海技術橫行北海，但是在維京船過時後，他們卻無法與時俱進，也沒能適應新科技，最後只能將航運霸權拱手讓人。這些失敗的影響都很長遠。十三世紀開始，波羅的海與北海的貿易量飛快成長，但此時的斯堪地那維亞無論是科技還是組織，都已經追不上德意志的漢薩同盟，更遑論後來的荷蘭人與英國人。因為在這三百多年間，他們的經濟剩餘遠遠不及德意志，只能忍受漢薩同盟在他們的地盤上成長茁壯，成為一股堪與國家匹敵的勢力。

這方面的失敗同樣也跟文化落後有關。維京人不只在歐陸上互相爭鬥，在斯堪地那維亞本土也沒有放下刀斧，每個人都是每個人的敵人，社會能量隨之虛耗。豪雄只須懂得打造與駕駛長船，完全沒有理由改變作風。在羅斯和其他地方以物易物的商人，也沒能從交易對象身上學習更細緻、更複雜的商業技術。會這麼落後，追根究底是因為書寫沒有真正普及，而書寫是一切文明發展的源頭，也是通信和簿記等基本商業技術的基礎。普萊斯在《灰燼與榆樹的孩子》中指出，斯堪地那維亞人滿足於他們的盧恩文字，「排斥書籍和其帶來的獨特文學文化……因為它們沒有提供他們想要的東西。」但真正的問題是他們沒有辦法想要他們需要之物。「要從所有發明中選出最決定性的一個，」芬格說，「那就是寫作技術了。從沒有寫作能力的社會，演變到使用書面語的社會，影響不可謂不深遠。當寫作在一個社會中扎根，整個社會都將脫胎換骨。」而斯堪地那維亞要脫胎換骨，只能等維京時代結束了。

斯堪地那維亞人屬於起步較晚的一群。維京時代就像一場試圖追上歐陸的賽跑，他們堅持不懈，耗盡所有氣力，卻未竟其功。

* 譯註：第二次是叉子翿斯文的入侵。

第二章 第一波現代化

儘管維京冒險有許多不足之處，但也是因為他們，斯堪地那維亞才得以進入新的時代。這群海上好漢在歐洲四處掠奪，帶回現代化的種子。他們找到更新、更完善的信仰帶回家鄉，發展出教會組織。最成功的戰士們成為國王，對政治有了新的理解，並建立起統治一國的初步架構。這些發展需要時間，但他們都成功鞏固了新的秩序，傳給各自的繼任者。斯堪地那維亞也從戰士的國度，變成教會與王權的國度。

基督教傳入

基督教征服歐洲一直遵循同一個模式：首先皈依的是皇帝、國王和貴族，此舉多半是出於政治考量；接著，他們會設法讓臣民也跟著皈依，但這些人通常會抗拒新的信仰。這時，有些掌權的信徒會變得極端狂熱，以暴力強迫人民接受新信仰。迫於主君淫威，人們只好改宗基督教，但仍然保留一些舊時的信仰，比如維京時代晚期的硬幣通常一面是代表耶穌基督的十字架，另一面則是代表索爾的神鍾。但到了後來，愈往北走，原本被迫皈依的平民百姓變得愈發虔誠；基督教信仰透過「在所有男人、女人和孩子中建立一個情感與經驗的共同體」，產生了一股對我們這些世世代代生活在理性時代的人來說難以理解的強大力量。

基督教傳入斯堪地那維亞的速度相當緩慢，此地連同維京人在波羅的海與羅斯大地的活動場域，是異教（paganism）在歐洲的最後據點。至少從九世紀中葉起，丹麥和瑞典就已存在新信仰，容許神父傳教與施洗。十世紀末的丹麥人已經不再舉行異教葬禮，但瑞典的烏普薩拉又撐了一個世紀才被征服，是堅守最久的異教信仰中心。挪威的第一位基督教國王是「好人」哈康（Hakon the Good），大約在九三五年改信基督教。英格蘭長大的他帶著神父回到出生的土地，卻遇到頑強的抵抗，未能領其臣民歸附天主，並在離世前看著教堂一座座被拆毀。真正的舉國歸主還要等六、七十年，才會在暴力之中實現。「在丹麥和瑞典，基督教的滲透相當和平，而在挪威，才剛改宗的國王卻是以刀劍強迫人民接受新宗教。」

在一〇〇〇年左右，北方人終於不情不願地皈依；換句話說，基督教成為王室認可的宗教，積極抵抗也逐漸平息。教會迅速形成嚴密的組織，但一般平民的生活中仍同時維持新舊兩種信仰，這樣的過渡期持續了兩百多年，薩米人居住的北方和哥德蘭島這些邊陲地方又持續了更久。

八世紀的聖威利布洛德（St Willibrord）是公認第一位向斯堪地那維亞人傳道的傳教士，他後來成為法蘭克人的主教。他關心的是菲士蘭人（Frisians），而丹麥人對他來說只是菲士蘭人的延伸。根據約克的阿爾昆記載，威利布洛德在七一〇年左右前往「野蠻的丹麥部落」，想要讓一名丹麥國王皈依。此行沒有成功，唯一的成果是將三十名少年帶回烏特勒支（Utrecht），讓他們在基督信仰中長大，或許是想派他們回北方當使者，但最後應該不太順利。一百年後的蘭斯大主教埃博（Ebbo）可能有順利在丹麥為一些丹麥人施洗。前一章提到的聖安斯加爾就曾是埃博的助手，他在八二七年前往丹麥赫德比，又在八五〇年左右前往瑞典的比爾卡，並建立了丹麥與瑞典的第一座教堂。不過羅斯達爾認為，安斯加爾的「北方使徒」之名十分誤導。基督教主要是由斯堪地那維亞人自己引進的，外來傳教活動對此影響甚微。

引進基督教是一種政治策略，目的是強化王權，畢竟「非常在乎信仰的人並不多」。諾斯人在海外接觸到基督教時，第一印象是教會的財富和輝煌，接著是基督信仰所受的崇敬。這讓斯堪地那維亞的國王們理解到，他們必須皈依基督教，才能和盟友、對手平起平坐，也才能跟歐陸諸王平等來往，並且得到文明世界的接納。國王若非基督徒，就不會被當作歐洲國家的統治者，而當國王歸信基督，治下貴冑又豈能不效法？

一旦新信仰得到王室支持，成為官方信仰，教會組織就會出現，並以主教區、主教座堂、堂區以及受任命的神職人員為中心茁壯起來。接著，教會逐漸獨立於世俗權力，開始要求種種特權，比如不受世俗的司法管轄，以及不必納稅。此外，主教還得到為王賜福的權力。伯恩斯在他的中世紀基督教研究中說，基督教是「將道德權威注入政治與經濟制度的力量」。此時的教會在歐洲各國都已生根，教皇制度也逐日壯大，基督教能夠傳進北方，也是理所當然。

更重要的是，基督教取代了缺乏道德教訓的舊信仰。在古時的信仰中，虔誠就是滿足神明；諾斯人並不敬奉眾神，只是有求於祂們。他們向其獻上金銀、食物與牲禮。牲禮有犢牛、牡牛、牝牛、馬匹，有時亦用人牲。古北歐異教徒對血有種特殊偏好。他們在祭禮中會蒐集畜血或人血，灑在參加者身上和屋裡；戰場被「血雨」浸透；女武神則以滴血的內臟紡織布疋，區分生者與死者。古北歐祭祀的牲禮包括人類，男女、長幼皆有，這點沒有爭議，只不過人祭的規模和頻率如何，尚且不清。不萊梅的亞當提到，烏普薩拉每九年舉行一次牲祭，一連九天，並有人祭——只是他強調這些儀式令人不忍卒睹，所以他不願細寫，只提到人與牲口都被吊在聖樹上任其腐爛。隨奧塞貝格號出土的一幅掛毯上也繡著一棵樹，樹上掛滿了人，場景像是祭禮。斯諾里則說，烏普薩拉的居民曾在某個歉收年將國王獻祭給諸神，接著收成就好了。人牲通常是奴隸，但並非總是如此。斯諾里說瑞典的「老王」奧恩（Aun the Old）為了延壽，將自己的九個兒子獻祭給奧丁。真相也許不是字面上寫的這樣，但斯諾里的寫法亦不似道聽塗說。還有一次，聖歐拉夫在會見領主時被要求恢復信奉舊神，並舉行牲祭表明心跡；國王聽了回答，若要如此，那必定要舉行人祭，祭品也不能只用「奴隸和其他無用的人」，當以各地的領主為犧牲。大約在一〇〇〇年時，德意志梅澤堡（Merseburg）的采邑主教（prince-bishop）蒂特瑪（Thietmar）也提到，丹麥萊爾（Lejre）每九年會在新年那天舉行大祭。祭祀中會獻祭九十九個人、九十九匹馬、九十九條狗與九十九隻雞。相較於此，基督教傳教士不僅帶來信仰，也帶來憐憫、和平、釋奴與扶貧的福音，這一切對原本信奉異教的斯堪地那維亞人來說，簡直可以說是奇異恩典，遠古的信仰自然無法相爭。

九六五年，基督教在藍牙哈拉爾詔下，成為丹麥的官方信仰。此後，丹麥各地在大約兩百年間，建造了將近三千座堂區教堂，且多由各地出資。迄一〇七〇年為止，設有教堂的地區就達到如今的一半。此時丹麥共有八個主教區，這些主教區很快就擁有了土地所有權，最後每十英畝就有四英畝的地是它們的。到了一二〇〇年，丹麥約有六十間修道院，共享著這些土地。一一〇四年，斯堪尼的隆德升格為總教區，不再歸漢堡—不萊梅總教區管轄。在一一〇〇年代初期，什一稅也確定成為丹麥第一種正規的國稅，從此國內一切產物在原則上有十分之一屬於教會。而到了十三世紀，教士階級的人口已占全國三百分之一。

挪威改信基督教則是因為兩位歐拉夫。首先是九九五年稱王的歐拉夫．特里格夫松，他和好人哈康一樣在英格蘭受洗，帶著神父回到挪威，召集各地領主，布告他將不計代價讓挪威皈依基督。接著他旋即巡行全國，親令所有不情願者接受他的信仰。據斯諾里所述，他的做法非常簡單：他告訴人們，若不受洗，就準備迎戰國王。反對他的人統統受到懲罰，有些被殺害，有些被判肉刑，有些則被驅逐出境。

第二個歐拉夫則是歐拉夫．哈拉爾松，他的傳教過程也大同小異。他先在諾曼第的盧昂（Rouen）受洗，並於一〇一五年繼承王位。當他得知挪威中部的特倫德拉格（Trondelag）依然堅持異教習俗，他便率領三百人，乘著五艘船駛入峽灣，殺了當地首領與許多追隨者，剩下的人則被俘為人質；根據斯諾里的說法，國王「讓所有人皈依正確的信仰」。後來他在巡至古德布蘭茲谷時，會見了當地首領，人稱谷地的古德布蘭（Dale-Gudbrand）。這位古德布蘭並不怎麼中意歐拉夫的神，因為「我們甚至看不到祂」。但他看得見原本的神，因為神廟裡的塑像高大威武，手裡還有一把鐵鎚，而且人們每天都會以金銀和食物供奉祂。歐拉夫聽了，就命人將這尊神像抬出神廟，放在手下的面前。接著，國王派了一個人砸碎神像。神像應聲而碎，殘骸中竄出「碩大如貓」的老鼠。歐拉夫要他們拋棄愚蠢的迷信，接受基督教信仰，或者立刻拔劍和國王戰鬥。「我們的神受了很大的傷，」古德布蘭，「但既然祂還是幫不了我們，我們現在將信仰你所信仰的神。」挪威各地大多都是這樣，因為看見舊神無力對暴力入侵降下懲罰，才決定改信基督教。

歐拉夫．哈拉爾松因為死後的奇蹟而被封為聖歐拉夫。他的面容沒有腐壞，宛如熟睡一般。他遺體流出的血治癒了洗屍者的傷口。一名盲人重見光明。他停靈之處在夜間閃耀光芒。後來，他的遺體祕密下葬，一年過後才被掘出，重新安葬於教堂。此時他的面容依然和下葬時一樣，頭髮與指甲如同在世一般繼續生長，剪下的頭髮遇火不焚。而他最初下葬的地方湧出了一股有療效的泉水。正式的封聖詔令上共有二十五項奇蹟。他最初的下葬地點先是蓋了一座小禮拜堂，後來擴建成教堂，最後成為壯麗的尼達洛斯座堂（Nidaros Cathedral）。

尼達洛斯座堂

斯堪地那維亞最宏偉的教堂矗立於早期總教區中最偏遠的尼達洛斯（意為尼達河口），也就是今天的特隆赫姆（Trondheim）。雖然瑞典隆德、烏普薩拉以及丹麥羅斯基勒的主教座堂也非常壯觀，烏普薩拉更是最大的一座，但唯有尼達洛斯座堂的壯麗，能夠比美歐陸那些知名大教堂。如今的尼達洛斯座堂仍保持著天主教風格，但已經改由福音派信義宗主持。

此座堂開工於一〇七〇年，大約是聖歐拉夫歸主的四十年後，而初步完工則在一三〇〇前後。聖歐拉夫的遺體最初安放於主祭臺後方的白銀聖物箱中，但該聖物箱後來被丹麥國王克里斯蒂安二世（Christian II）奪走，鎔鑄為銀幣，而聖徒遺體則被埋在座堂地下，確切位置至今無人知曉。

隨著挪威王國衰落，這座最早的大教堂也逐漸破敗。丹麥統治挪威期間，尼達洛斯座堂長年受到忽視，並在一三二七、一五三一、一七〇八、一七一九年屢次失火受損。七年戰爭（一五六三—一五七〇）期間，又被瑞典軍隊當成馬廄。一六八九年，座堂塔樓倒塌，壓毀了大部分結構，直到十九世紀，中央政府才規劃全面修復。

尼達洛斯座堂地基成十字形，兼具羅馬式與哥德式風格，西立面精雕細琢，壯麗無比。但西立面歷經多次火災，已經毀損殆盡，使得一九〇五至一九八三年的修復工程異常困難，而且充滿爭議。門口正上方有幅耶穌受難圖，兩側排列著三排雕像，共五十六尊，有舊約中的先知、列王，也有新約中的場景與神學美德。最下層則是使徒與其他聖徒，分別以聖彼得和聖保羅為首，列於受難圖左右。然而，最初的立面雕像只保留了五尊，全部收藏於博物館中；現存所有雕像均來自修復工程。立面中央還有一面巨大的玫瑰窗，以彩色玻璃描繪聖經故事的主題，兩邊還有高聳的鐘樓。

修復工程最大的爭議，是中央塔樓該不該有尖頂？初期工程雖然蓋了一個尖頂，卻一直飽受建築師和歷史學家批評。這場辯論激烈且持續多年，直到一九七一年，挪威大議會（*Stortinget*）決定移除尖頂，但因為經費被支持的派系把持，尖頂最後又倖存了下來，儘管這樣不太符合歷史，但多數特隆赫姆居民都對此很滿意。

一一〇〇年左右，挪威已經有了三個主教區：尼達洛斯、奧斯陸和卑爾根，五十年後又增設了斯塔凡格和哈馬爾兩個主教區。修道院也紛紛成立，並廣邀外國修士，其中大部分是來自英格蘭。什一稅也在一一〇〇年代早期開徵。尼達洛斯在一一五二年（或是一一五三、一一五四年）脫離漢堡—不萊梅總教區管轄，升格為總教區，昔德蘭群島、奧克尼群島、赫布里底群島、曼島、法羅群島、冰島和格陵蘭也在其轄下。直到黑死病肆虐歐洲，挪威已有一千三百座教堂、三千名教士。跟丹麥一樣，挪威教會掌握了全國四十%的土地，地租收入約與什一稅收入相當，教士階級非常富有，成員生活舒適優渥。

瑞典的奧洛夫・舍特科農約在九九〇年受洗，為他施洗的或許是一名英格蘭使者。一個世紀過後，瑞典已經大致成為基督教國家，但還是至少有兩名傳教士遇害殉道，一名國王因拒絕主持獻祭儀式而被罷黜驅逐，然而這名史稱老英格（Inge the Elder）的國王復仇心切，復辟後立刻拆毀烏普薩拉的舊神神廟，在原址上蓋了一座教堂。十二世紀，教會終於有了完善的組織，而當烏普薩拉在一一六四年成為總教區時，全國已經有了四個主教區。就像丹麥和挪威一樣，教會組織建立後，教堂、修道院和堂區也會接連成立，座堂與修道院成為地主，什一稅也成為例行稅收。

圖三：尼達洛斯座堂，西立面。Erik A. Drabløs / Wikimedia Commons / CC BY-SA 3.0。

早期教堂都是木造的，現在多已消失，只有一些「木板教堂」（stave church）殘存，多數都在挪威，只有兩座例外。*這種教堂光在挪威一地，就至少蓋了兩千座，而現在僅剩二十八座。之所以叫作「木板教堂」，是因為這些建築都以木材打造，沒有用石柱支撐結構。因此，早期的木板教堂梁柱都已朽盡，不存半點形跡。少數木板教堂能屹立至今，是因為建造時用了珀化木材（ore-pine）這種新技術，能夠抵禦腐朽和蛀蟲。具體做法是先挑選適合的樹木，砍除樹冠枝葉，留在原地保留五至十年。如此一來，樹木雖然持續從地底吸取水分，轉化為樹汁，但因為沒有枝葉使其蒸散，樹汁就會在樹幹裡凝固。教堂建造者也學會了將柱子立在乾砌石基座上，而非直接插入地底。

早期的教堂往往建在古老異教神廟的遺址上，儘管一些歷史學家認為古代異教的神廟不多，或是沒有那麼重大的意義，但教堂建築確實承襲了許多異教神廟的特徵，有些依然能在現存的教堂上看到。最早的教堂非常昏暗，只有少量光線從小窗縫照進來，窗戶和長凳都是後來才加上去的。教堂的裝飾也保留著基督教傳入前的古北歐風格，比如龍頭、帶有葉形裝飾的纏繞蛇紋，以及各種怪獸。有些建築師會在陰暗的角落裡刻上異教符號和形象，也許是因為擔心新神祇不夠強而加上的信仰保險。

教會組織建立後，各種新技能與思想也接連到來。其中一項就是前面提到的書寫，還有歐陸各地通用的拉丁語。在後來的幾百年間，書寫的權力全都掌握在教士手中，即便以國王名義布告的文書也不例外。

有了書寫，自然也會出現教育和研究，這兩者起初亦由教會壟斷。但正是因為國家與教會合作，歐

* 譯註：一座在瑞典，一座在波蘭。

洲學術才得以復興。七八九年，查理曼頒布法令，要求各座堂與修道院設立學校。斯堪地那維亞的第一所座堂學校則是在一〇八五年開設於瑞典隆德。座堂開設學校的目的是培養教士，其學員大多出身富裕家庭，但也有少數深懷潛力的年輕人被教會選中。他們在入學後會先學習基礎學科，接著接受聖職，以初階神職人員的身分經歷數年訓練，然後正式就任教區職位。還有極少數人會前往國外進修，研究神學或數學、天文等科學，有些人也會研究哲學或法律。波隆那、巴黎和牛津在一二〇〇年左右成立大學，但在此之前就有許多學院。這些教士便是最早的文士（educated men）階級。

另一項新事物則是濟貧。早期的法律曾出現一些照顧孤兒的規定，但不受待見的孩子依舊有可能被遺棄等死。但基督教的傳入帶來了「幫助窮人的義務」這種觀念，貧窮甚至得到美化，畢竟耶穌本人也很貧窮。不過，我們現在理解的貧困在當時並不存在，因為那時候幾乎每個人都很窮，所謂窮人其實是指那些沒有家庭可以依靠，只能四處漂泊尋求憐憫的乞丐，而教堂和修道院可以提供這些人最基本的幫助。

何為國王？何為王國？

隨著丹麥的古德弗雷德的出現，我們來到本書開頭提到的那段歷史的起點，斯堪地那維亞的王國即將誕生，最終成為國家。但最一開始，這裡只有一個個地方酋長。到了維京時代，酋長中的強者開始宣稱擁有統治國家的權威。而當維京時代走向尾聲，斯堪地那維亞已經有了大大小小的王國，只是尚未穩固。

古德弗雷德的勢力範圍包括現今的丹麥、瑞典沿海與南部部分地區，以及挪威的東南部。在整個維京時代，丹麥都一直主張瑞典和挪威歸其所有，並在整個斯堪地那維亞不斷引發衝突。他可能也控制了波羅的海沿岸的歐陸地區，摧毀斯拉夫人在那裡的貿易中心，將經濟活動轉移到在他控制之下的丹麥南部港口海德比。他還打劫了西邊的菲士蘭海岸，奠定後來的維京作風。

不過古德弗雷德並沒有進行現代意義的治理，只是掌握了比其他貴冑更高的地位。此時國王的統治權威，是以壓制其他豪雄為基礎，而各地領主只要接受國王的權威，繳納名為稅捐的貢品，並在劫掠與戰爭時為國王提供士兵和船員，就能保有原本的權力。正如普萊斯所言，任何人都可以稱王，王者就是最早也最有能力的企業家。只是成功的王者必須靠武力維持優勢，擊退接連不斷的挑戰。戰爭是他們日常生活的一部分，外有敵人覬覦領土，內有貴冑試圖謀反，後者時常是受妻子和母親煽動的叔伯、兄弟或兒子。古德弗雷德的霸權在他死後就立刻瓦解。國王一死，王子們便拔劍相爭，這樣的劇碼在日後反覆上演。過了數百年後，稱王的意義才不再只是武力控制，而是治理國家；而治理使戰爭變得不再必要，又是好幾百年後的事情了。

身為國王，古德弗雷德雄心勃勃、自視甚高，南方的法蘭克人都認為他是瘋子。這是因為此時南方最強大的勢力，正是在八〇〇年加冕為帝，君臨神聖羅馬帝國十八年的查理曼，古德弗雷德或許認為自己跟查理曼旗鼓相當，但直到他遇刺以前，都沒有真正打下法蘭克人多少土地。他的地盤之所以沒被法蘭克人攻占，很可能只是查理曼認為丹麥不值得操心。唯一的例外是八〇八年的入侵，當時古德弗雷德率領軍隊踏上法蘭克人的領土，同時「大肆吹噓自己會進軍亞琛，推翻查理曼，將法蘭克人趕回萊茵河西岸，並消滅基督教」，這才讓皇帝震怒而對丹麥人出兵。擺脫古德弗雷德後，查理曼立刻在八一一年與其侄子和談，雙方各派出十二名要人（*primores*），在會議上簽訂條約，順利解決了北方問題。

為了抵禦南方敵人，古德弗雷德強化了丹麥壘的防禦工事，以控制連通日德蘭與德意志的陸路通道，也就是後來丹麥人說的「行軍道」（*Hærvejen*）。這些防禦工事在他的時代以前就已經存在，後來一直是兩地之間的重要防線，直到一八六四年丹普戰爭（Second Schleswig War）都曾派上用場，為丹麥阻擋俾斯麥的冷酷怒火。

古德弗雷德和查理曼的對抗，奠定了斯堪地那維亞一直以來追求權力和影響力，以及追求注目、理睬和尊重的執著。追求榮耀是維京擴張最初的動機之一，也是日後丹麥與瑞典國王加入歐洲列強爭霸的其中一個目的。一八六〇年代的丹麥人選擇與俾斯麥正面衝突，正是出於和古德弗雷德對抗查理曼相同的虛榮心。在過去數百年間，戰爭都是爭取關注的主要手段；但時至現代，這份追求卓越的夙願卻讓斯堪地那維亞人跨出軍事領域，成為世人印象中良好治理、和平建構、福利國家的典範。* 一九七〇、一九八〇年代的瑞典首相歐洛夫．帕梅（Olof Palme），就非常以自己的國家和整個斯堪地那維亞為傲，儘管面對冷戰時期的大國爭霸，也展現出不遜於昔日北方雄獅的自信。

在古德弗雷德死後的兩百年裡，丹麥前前後後經歷了三十個國王，其中大多數人除了名字，並沒有在歷史上留下什麼事蹟。老戈姆（Gorm the Old）† 大約在九三六至九五八年稱霸，並成功控制了丹麥大部分的土地。他的兒子是大名鼎鼎的「藍牙」哈拉爾，他在耶靈豎立的盧恩石上聲稱自己「贏取丹麥全境與挪威，並使丹麥人皈依基督」。

如果說古德弗雷德稱霸了丹麥，後來又被哈拉爾「贏取」，那是不是代表丹麥在這中間曾經「淪亡」？一〇四七年繼位的斯文二世告訴不萊梅的亞當，丹麥王政確實一度潰敗。據推測，有支來自德意志的軍隊在九七四年占領了一大部分的丹麥，但「藍牙」哈拉爾又在九八三年奪回了失地，因此他確實可以理直氣壯地誇耀自己贏回了「丹麥全境」。

哈拉爾死於其子「叉子鬍」斯文發動的叛亂。斯文在瑞典南部的斯沃德海戰（Battle of Svolder）中擊敗歐拉夫·特里格夫松，贏得挪威南部。據說此戰大勢底定之際，歐拉夫選擇跳下座船，消失在海裡。後來斯文自封為英格蘭王，雖然時間僅有短短五週。

斯文的繼承者是肯努特大帝，再來是哈德肯努特，後者因酗酒在一〇四二年死於中風，老戈姆的血脈就此斷絕。丹麥於是陷入混亂與內戰，王位落於挪威的「仁心王」馬格努斯，他的統治持續五年，直到斯文二世重奪王位。斯文二世權勢甚穩，至一〇七六年駕崩，留下二十餘個異母子女。隨後五十八年，斯文二世的五個兒子相繼登上王位，其中最著名的是「聖徒」肯努特，一〇八〇至一〇八六年在位，後成為丹麥的主保聖人。聖徒肯努特頗具雄心，有意加強王權，卻因徵稅手段強硬，百姓諸侯無不怨憤。而當他計劃再征英格蘭時，臣民終於忍無可忍，揭竿而起。國王不敵，逃往教堂避難，最後和其兄弟與十七名隨從死於暴民之手。肯努特死後，丹麥連年歉收，人們視此為殺害虔誠國王的報應，其墓地周圍亦屢見奇蹟。其弟「賢王」埃里克（*Erik Ejegod*）多次派遣使者勸說教宗，使肯努特得以在一一〇一年封聖。斯文二世的最後一個繼承人名叫尼爾斯，他在一一〇四年繼位，統治長達三十年；但隨著

* 不才在下我正好與 Robert Erikson、Erik Jorgen Hansen、Hannu Uusitalo 合編過一本討論北歐社會政策的書《斯堪地那維亞模式》（*The Scandinavian Model*）。

† 譯註：即前文耶靈石上的戈姆王。

維京時代的重要國王，以及推估的統治期間

年代	丹麥	挪威	瑞典
800	古德弗雷德 （804-810）		
850		「金髮」哈拉爾 （872-931）	
900	老戈姆 （936-958）	「血斧」埃里克 （931-934） 「好人」哈康 （935-961）	
950	「藍牙」哈拉爾 （958-986） 「叉子鬍」斯文 （986-1014）	「藍牙」哈拉爾 （961-980） 歐拉夫・特里格夫松 （995-1000）	奧洛夫・舍特科農 （995-1022）
1000	肯努特大帝 （1028-1035） 哈德肯努特 （1035-1042） 「仁心王」馬格努斯（Magnus the Good，1042-1047）	「叉子鬍」斯文 （1000-1013） 聖歐拉夫 （1015-1028） 肯努特大帝 （1019-1035） 「仁心王」馬格努斯 （1035-1047）	阿農德・雅各 （Anund Jacob，1022-1050）
1050	斯文二世 （1047-1076） 「聖徒」肯努特 （1080-1086）	「厲政王」哈拉爾 （1046-1066）	「老人」埃蒙德 （Emund the Old，1050-1060）
1100	尼爾斯 （Niels，1104-1134）		

尼爾斯的統治結束，丹麥又再度陷入王位繼承內戰。

哈夫斯峽灣位於挪威西南，地近現在的石油之都斯塔凡格（Stavanger）。在這個知名的古戰場遺址上，有座頗富民族自信的紀念碑，形狀是三把插在石中的青銅巨劍，意義有些耐人尋味。彼時挪威仍布滿大大小小的酋邦，但有一部分已向「金髮」哈拉爾伏首稱臣。哈拉爾年少之時便放言稱霸挪威，四處征討，所到之處當地酋長無不降附。拒絕降附者同結盟約，舉兵與哈拉爾戰於哈夫斯峽灣。據斯諾里所載，兩軍戰況「漫長艱苦」，最後由哈拉爾獲勝。許多挑戰他的酋長與旗下戰士被殺，倖存者丟盔棄甲，四散逃亡。此一戰後，儘管並未控制挪威北部，也沒有真正拿下丹麥一直以來主張的東南部，哈拉爾仍宣布自己已是全挪威之王，並主張有權對治下的廣袤土地徵稅。他的霸權持續至九三一年左右，死後整個王國立刻在兒子的爭鬥下解體。據說他大約有二十個兒子，並試圖讓每個兒子都得到尊嚴與地位。挪威這時已經初具國家的雛型，但距離真正誕生還有很長一段路。

哈拉爾的兒子中，有一位名叫埃里克，他在九三一年奪位稱王，過程中殺了不少異母兄弟，因此得名「血斧」。由於相交的盟友太少，樹敵過多，血斧埃里克最後在九三四年被弟弟「好人」哈康廢黜。埃里克被廢後逃往英格蘭，奪得諾森布里亞王位，繼續四處征戰，最後於九五四年戰死，可能是被手下所害。哈康的統治並不穩固，常與血斧埃里克諸子交戰，最後在九六一年的菲恰爾之戰（Battle of Fitjar）中箭而死。埃里克之子「灰袍」哈拉爾（Harald Greycloak）曾於九六一至九七〇年之間稱王，但控制範圍始終限於挪威西部。而丹麥的「藍牙」哈拉爾同樣在九六一年聲索挪威王位，並稱「灰袍」為其附庸；最後，「灰袍」在九七〇年被騙往丹麥，死於好人哈康之子——西古德・哈康松（Sigurd

Hakonsson）所策劃的陰謀；哈康・西古德松（Hakon Sigurdsson）則被指派為「藍牙」在挪威的代理人國王。他的統治不盡如人意，最後在九九五年發生叛亂，逃至一處農莊的豬圈中，被奴隸所殺。

見天下大亂，原本橫行東、西維京地區，在英格蘭劫掠致富的歐拉夫・特里格夫松，此時也回到挪威，自稱「金髮」哈拉爾曾孫，靠搶來的白銀賄賂一幫貴胄，得到眾人擁立為王。首先，他煽動反抗哈康的叛亂，又言殺哈康者，重重有賞。於是哈康的奴隸便在豬圈中殺死主人，割其首級，呈於歐拉夫以換賞金，沒想到卻反被斬首，蓋其以賤奴之身犯上弒主。歐拉夫是第一個鑄造硬幣的挪威國王，硬幣上一面是他身為國王的形象，另一面則是基督教的標誌。他還打造了一支龐大的艦隊，以及傳說中的「長蛇號」，繼續揚帆征服更多丹麥及波羅的海沿岸的領土，最終於斯沃德海戰受困落敗。

歐拉夫・特里格夫松亡後，丹麥王統治了挪威一段時間，直到下一位歐拉夫出世，也就是日後的聖歐拉夫：歐拉夫・哈拉德松。他出生於九九五年，十二歲便循維京之道，在波羅的海沿岸展開劫掠事業，接著又前往英格蘭，時而為丹麥對抗英格蘭，時而為英格蘭對抗丹麥人。一〇一五年，二十歲的他率著僅僅兩艘船登陸挪威西岸，一路靠著作戰和賄賂，在隔年掌控挪威中部的特倫德拉格一帶。如今的他因公正、嚴明又引入基督教被尊為聖君，但當時他的處境並不輕鬆。或許由於他強硬沒收土地，挪威的貴胄都反對他，而他也失去了平民的支持——「如果他曾經擁有過的話。」歷史學家克拉格說道。丹麥的肯努特大帝為了報復，率領了一支大艦隊討乏聖歐拉夫。一〇二八年，肯努特登陸挪威，同樣藉著賄賂，博得貴胄效忠，宣布成為挪威之王。歐拉夫則逃往瑞典，最後落腳諾夫哥羅德，投靠了「智者」雅羅斯拉夫（Yaroslav the Wise）王公。

雅羅斯拉夫曾想勸他放棄重回挪威，並建議他像其他有志為王的人一樣，改去當時仍信奉異教的保加利亞，在那隨心所欲地掠取財富。然而，聖歐拉夫卻毅然決然在一〇三〇年初重返四分五裂的挪威。雖然這時他尚有一些盟友，卻有更多敵人。他穿越瑞典，沿途招募了「一大票來歷不明的烏合之眾（斯諾里的原文是『山賊河匪』）」，而且大半都是異教徒」。他的敵人糾集了一萬四千之眾——儘管有可能是後人誇大，但也足見其軍容空前——而聖歐拉夫麾下只有三、四千人之譜。七月二十九日，兩軍戰於斯蒂克萊斯塔（Stiklestad），聖歐拉夫戰死，他的同母弟「厲政王」哈拉爾則因此役崛起，並在一〇六六年成為史丹佛橋一戰的主角。時至今日，挪威仍會在每年七月二十九日慶祝「聖歐拉夫節」（*Olsok*），當天斯蒂克萊斯塔會重現這場盛大的歷史戰役。

儘管聖歐拉夫敗亡，他卻成功達成了他的目標。挪威成為了基督教國家，他自己也在幾年後封聖，墓地成為斯堪地那維亞最重要的基督教朝聖地，至今亦然。（最主要的朝聖路線會穿越古德布蘭茲谷，經過我們家族在特雷勝村的農場。每年夏天，朝聖者會成群北行，並像過去一樣借宿沿途的農場和旅社。）斯蒂克萊斯塔之戰勝後，肯努特與兩名兒子、一名妃子共治挪威，但隨著他在一〇三五年去世，局勢又發生驟變，年僅十一歲的聖歐拉夫私生子「仁心王」馬格努斯重返挪威奪權，並在一〇四二年成為丹麥國王。一〇二八年戰敗後，馬格努斯隨父逃亡，並在雅羅斯拉夫的宮廷裡長大。等到反感丹麥統治的挪威貴胄積攢了足夠實力後，便將他迎回挪威。馬格努斯雖然外號「仁心王」，卻十分驍勇善戰，不僅重獲挪威、丹麥兩地王位，還計劃追隨肯努特大地，將英格蘭也納入治下；然而他卻在一〇四七年自船上落海溺亡，得年二十三。挪威從此無力謀求丹麥王位。

「厲政王」哈拉爾，出生於一〇一五年，是一個小領主的兒子，也是聖歐拉夫的同母弟弟。一〇三〇年，年僅十五歲的他在斯蒂克萊斯塔與聖歐拉夫並肩作戰，最後戰敗負傷。戰後他先是藏身挪威療傷，康復後又逃往基輔，在已成為基輔大公*的雅羅斯拉夫朝中擔任衛兵，學習了行軍作戰與調兵遣將的訣竅。幾年後，他率領五十名士兵前往君士坦丁堡，加入皇帝米海爾四世（Michael IV）的親兵瓦良格衛隊（Varangian Guard）。他的足跡遍及地中海各個戰線，曾在非洲抗擊身披藍袍的圖阿雷柏柏人（Tuareg），也深入過小亞細亞，進攻耶路撒冷，甚至遠及美索不達米亞，最後獲得「執杖」（*Manglabites*）、「佩劍」（*Spatharokandidatos*）等指揮官銜。米海爾四世駕崩後，他捲入了宮廷內鬥，遭人構陷下獄，但又英勇逃脫。

侍衛皇帝期間，哈拉爾攢積了大筆金銀，部分是戰利品，部分是自皇宮掠奪而來。據聞他是將這些財富寄存在雅羅斯拉夫的宮廷，最後又帶回挪威，著實不可思議。當他滿載返航挪威時，金銀的重量幾乎要壓沉他的長船。此時挪威王位已經回到仁心王馬格努斯之手，而哈拉爾選擇用服役於拜占庭時得到的戰利品，向缺錢的馬格努斯買下共同攝政（co-regent）的權位，成為另一名挪威國王。隔年，馬格努斯於一〇四七年崩殂，哈拉爾成為唯一的挪威之王。

然而，哈拉爾始終沒有實現一統斯堪地那維亞的野心。他的計畫是先重奪丹麥王位，再恢復肯努特大帝的北海帝國。這導致他從一〇五〇年開始就幾乎無間斷地與丹麥交戰，在這場毫不留情的恐怖戰事中持續了十五年的劫掠。丹麥的貿易中心赫德比經歷劫掠火焚，摧絕殆盡，斯堪地那維亞最大的城市再也無法恢復繁榮。然而儘管暴厲如斯，哈拉爾終究未能將丹麥納入掌中。接著在一〇六六年，他又轉而進攻英格蘭，最後敗亡戰場。

此後，哈拉爾的兒孫又統治了挪威七十年，直到「盲眼」馬格努斯（Magnus the Blind）為止。馬格努斯為與其共同執政的叔叔哈拉爾・吉勒（Harald Gille）所敗，而吉勒又於隔年在睡夢中被另一位王位競爭者「為惡者」西古德・斯倫比（Sigurd Slembe）刺殺。不過西古德的刺殺沒有達到他預期的效果。他不但沒有登上王位，反而被捕並死於酷刑。†「盲眼」馬格努斯落敗後遭到廢黜又被迫閹割、失去一條腿，還被弄瞎雙眼，「盲眼」外號即是由此而來。此後一百年，挪威的內戰不曾止歇。

奧洛夫・舍特科農約自九九五年起統治瑞典，直至一〇二二年，但他的實際統治範圍多有爭議。他很可能是自然死亡，這在當時的有權勢者中很罕見，另一說則是他因為拒絕敬奉異教神靈而在如今的斯德哥爾摩一帶被害。

當時所謂的「瑞典」地區，可能遠小於後世瑞典王國統治的疆土。因為北邊若非不毛之地，就是由挪威人統治，或者是由挪威人統治的不毛之地。而南邊的斯堪尼一帶，以及西通卡特加特海峽（Kattegat）的沿海走廊則受丹麥人把持。當時丹麥人占領的瑞典地區，大致相當於現在的斯堪尼、哈蘭（Halland）與布來金（Blekinge）三郡，不過為了方便起見，我會一律以「斯堪尼」來概括。一直要到十三世紀，瑞典才會控制通往卡特加特海峽的走廊；此地的關鍵在於約塔河口（River Göta），也就

---

* 譯註：全羅斯統治者過往慣譯為「大公」（Grand Knyaz），但 Knyaz 並非爵位，而是小王國的統治者。本書將 Knyaz 譯為「王公」，相對於統領王公的大公。

† 譯註：吉勒於一一二七年左右宣稱自己是先王「赤足」馬格努斯（Magnus Barefoot）的私生子，並通過神明裁判而獲得當時國王、赤足馬格努斯的兒子「十字軍戰士」西古德一世（Sigurd I Jorsalfare）的承認，在西古德一世於一一三〇年去世後與「盲眼」馬格努斯（由於西古德一世沒有婚生兒子而繼承王位的私生子）維持了四年的共治，直到盲眼馬格努斯對吉勒開戰。殺死吉勒的西古德・斯倫比同樣也自稱是赤足馬格努斯的私生子。

是如今哥德堡市（Gothenburg）的所在地。不過儘管地盤尚小，奧洛夫仍仿效古德弗雷德，將「王政」引進了瑞典。

早期瑞典的核心組成包括斯德哥爾摩內陸梅拉倫湖（Lake Mälaren）周圍的瑞爾人（*Svear*），以及住在他們南邊的約塔人（*Gotar*）。約塔人的土地又可分為東、西約塔蘭，但切勿與哥德蘭島混淆。奧洛夫是首位同時統治兩地的君王，其威可及波羅的海對岸，使今愛沙尼亞、拉托維亞等地稱臣納貢。

不萊梅的亞當將奧洛夫描寫成一位愛好和平的國王，但這以當時的狀況來說不大可能，多半只是為了強調基督教讓這段野蠻的歷史有所不同。奧洛夫的統治期間不可避免地和其他瑞典貴冑發生過許多戰事，也因為信奉基督教、大量拆除異教神廟，與信奉異教的主流人民發生過衝突，更多次攻打丹麥人、挪威人，以及波羅的海沿岸的領主，以爭奪他所覬覦的、對方名下的土地。

要在早期的斯堪地那維亞稱王並不容易。第一步當然是掌握充足的兵力，以壓制其他同樣覬覦王位，或是意圖爭奪領土的勢力。但除了武力，稱王還要經過正當的程序。國王必須在庭會中當選或是得到眾人推舉。身為前任國王的繼承人，血脈無論親疏都有幫助，卻不是必要條件。斯文二世雖然透過繼承取得了丹麥王位，但仍需得到全境庭會的認可才能確立王權。而在挪威，有意角逐王位者都藉著自稱「金髮」哈拉爾的血脈來樹立正當性，直到兩百餘年後才有所改變。世襲制度在瑞典較不盛行，國王主要是透過選舉產生，且逐漸形成一種慣例，要求國王遍歷各郡獲得認可，最後在烏普薩拉座堂受膏加冕。

奧洛夫的王位由不同妻子所生的兩個兒子繼承，阿農德．雅各在一〇二二年即位，崩於一〇五〇年，接著由「老人」埃蒙德繼任，統治到一〇六〇年。奧洛夫的王國（如果算得上是王國的話）並不興旺，王室血脈也隨著埃蒙德去世而斷絕。之後數人自稱為王，卻沒人具備足夠的條件，瑞典的維京時代就此結束。建立王國的大業已經進行了一百多年，但並沒有太多進展。瑞典王國尚未出現，即使是奧洛夫征服的地區也處於內戰與外患的混亂之中。

這些早期的國王只不過是暴徒中的霸主。他們大部分會一直掌權，直到被殺，接著就是暴力的無政府狀態。嚴格來說，維京時代所有建立王政的嘗試都失敗了，這些霸主不斷追求權力，試圖鞏固權力並傳承下去，但幾乎沒有人能夠做到。

即便是維京列王中最傑出的肯努特大帝，也沒有建立任何長遠的功業。他不知道如何做到這點。然而早在西元四十三年，羅馬人就在克勞狄烏斯（Claudius）的令下，第二度登上不列顛，占領英格蘭，將帝國的政府架構施於當地。羅馬人在此制定法律、鑄造貨幣、建設首府、鋪設道路、成立郵政以和歐陸維持聯繫、成立紀錄與會計系統，並擁有一支組織嚴明、指揮有序的軍隊，而這些比肯努特的統治早了一千年有餘。羅馬的統治並非仰賴國王的個人魅力，因此得以延續四百多年；而肯努特的帝國失敗，是因為他毫無建設國家政府的知識。其他斯堪地那維亞霸主也多半如此，他們的統治完全取決於能否控制各地領主，而控制力又取決於國王的個人威望。肯努特身為領袖的氣魄非凡，相貌英俊，身姿雄偉，令人望而生敬。他手下有批忠誠的貴冑，後來又擄獲了其他人的忠誠。但他沒有制定法律，也沒有建立統治機構。因此當他去世時，完全沒有任何架構可以維繫統治，橫跨北海的帝國也自然在轉眼間坍塌了。

唯一的例外應該是「厲政王」哈拉爾，在他之後，斯堪地那維亞才終於出現統治機構的徵兆。從個人的角度來看，他大概是最糟糕的類型：陰險狡詐、兩面三刀、出爾反爾、背信棄義，是恐怖分子、大屠殺者和強暴犯。但他或許在君士坦丁堡侍衛皇帝時，學到了治理的知識。他每次只會任命一名副手、頒布了通行全境的法律、設立了繼承規則，並用從拜占庭帶回來的財富鑄造錢幣。這些錢幣最初以含銀量定價，但隨著白銀逐漸用罄，硬幣價值也逐漸稀釋，讓挪威人早早嘗到了通貨膨脹的滋味。但他最重要的一著，無疑是剝奪地方領主的權力，集中在自己手裡，如此一來貴族便必須依賴他，而不是他要依賴貴族。這種安排在挪威可行，是因為當地貴冑的口袋不深，兵力也少。少數較有實力與自立之志的，都集中在挪威中部的特倫德拉格，這些人裡頭實力最大、最有本事與暴君抗衡者，是傳奇的「強弓」或「大肚腩」艾納（Einar Tambarskjelve）。但哈拉爾以典型的強人手段解決了這個問題——他殺了艾納，為了保險起見也一起殺了他兒子。

儘管這些還算不上真正的統治機構，但在哈拉爾以前，沒有任何一個想要稱王的人明白，統治長久不能只靠個人能力，還必須有某些脫離統治者仍然能夠自行維持的體制與架構。

我的祖先在這方面的困境，也和前面提到的貿易困境類似。明明其他地方有組織化的貿易，但斯堪地那維亞人無法模仿；明明其他地方有成熟的王政架構，斯堪地那維亞卻無力學習。這是為什麼？為什麼他們無法跨越匪幫賊黨的階段，建立有效的統治機構？我認為原因還是他們落後太多，雖然他們努力追趕，卻從未真正趕上。他們有此意願，也願意嘗試，但更好的做法還是超出他們的掌握能力。我們只能說，他們一定有努力學習。因為後來斯堪地那維亞的王政確實饒有進步。或許維京人是在為未來鋪路，使他們自己無法達成的事在日後成為可能。

何為斯堪地那維亞？

西羅馬帝國崩潰後，歐洲出現一大片權力真空，四方外族紛紛進犯掠奪，就連東方的馬扎爾人（Magyars）、南方的穆斯林阿拉伯人也遠來分一杯羹。北方的諾斯人也是如此，這些維京人往東侵略羅斯大地，往西攻取西歐與英倫群島，建立了後來的諾曼第與丹麥律法區。

與此同時東方的拜占庭帝國蓬勃發展，將君士坦丁堡建立成新的羅馬，吸引了來自斯堪地那維亞的商人、冒險家與傭兵。現在伊斯坦堡的聖索菲亞大教堂畫廊中，還留著一段九世紀的盧恩塗鴉（其中有些是維京船的形狀）——「哈夫丹刻此盧恩」，是諾斯人來到這遙遠都會的早期證據。

約莫在四〇〇年，羅馬人撤離不列顛後，就有許多日耳曼部落從西北歐和南斯堪地那維亞穿越北海而來。三六七年，撒克遜人攻陷了當時尚屬於羅馬的倫蒂尼恩（Londinium），改建為他們的城市倫敦威治（Lundenwic）——意為「港口」或「市場」——並定居於英格蘭東、南部。他們的文化與同屬日耳曼人的盎格魯文化融合，最後成為英格蘭的主流文化，將英格蘭沿海和以菲士蘭（Frisia）為中心的歐陸北岸連結起來，並與北海對岸有許多交流。盎格魯—薩克遜文化的起源和斯堪地那維亞相同，無論語言、信仰還是習俗，都有不少相似處。古北歐語和古英語同樣屬於日耳曼語系。因此當維京人從斯堪地那維亞來到英格蘭時，多少有機會聽懂當地的語言。在文獻中，奧塔和阿佛烈大帝或他的書記官交談，並講述自己的生活與旅程時，並沒有提到翻譯官。學界對於古英語和古北歐語有多相近，看法各有不同，何況兩種語言都存在各種方言。而當英格蘭語言受到北歐移居者和統治者影響後，英格蘭和古北歐的語言可能又變得更為接近。斯諾里曾提到有人活著逃離了史丹佛橋戰役，詢問農夫是否願意將皮草大衣賣給他，農夫拒絕了，因為「你是諾斯人，我從你的言語聽出來了」。

在同時期的歐陸，法蘭克人的王國開始占據主導地位，並在查理曼的統帥下得到鞏固。他不僅建立了一個帝國，更建立起有效的統治機構，擁有還稱得上完善的中央和地方行政機構，並吸納了基督教會，使教育和書寫得以復興。（查理曼本人亦渴望識字，卻從未掌握拉丁語的閱讀和書寫，直到晚年才勉強學會基礎。）

廣大的歐陸上聚集了許多民族，他們不斷遷徙貿易，建立起彼此相連互通的文化。斯堪地那維亞的考古挖掘出土了許多來自歐陸，甚至來自亞洲、非洲的錢幣、珠寶、玻璃飲器和各種奢侈品，最早可追溯至羅馬時代。或許在各國正式皈依前，基督教信仰可能就已經傳入了斯堪地那維亞。早在維京時代之前，斯堪地那維亞人和東歐、南歐和西歐人都已經有過互動。早期的諾斯人已經懂得使用鐵器。雖然只是用純度不高的沼澤鐵（bog ore）*，在農場裡的小作坊冶煉而成，但他們已經學會如何開採足夠的鐵核，並在七、八世紀就能出口。當時另一個主要資源則是海象，因為其獠牙可充作象牙，皮革也能製作堅韌的繩索。奧塔就曾聲稱他的團隊曾在兩天之內捕獲六十頭海象。挪威的魚乾貿易則興起於維京時代，其規模在融入基督教歐洲後逐漸擴大，並促使卑爾根成為挪威最大、也最富裕的城市。

他們會與其他地方交流鐵工技術以改進工具和武器，並利用金、銀、銅製作珠寶。英格蘭南部的薩頓胡（Sutton Hoo）就出土過這些文物，時代約可追溯到七世紀初，早於維京時代，但應當晚於英格蘭與古北歐展開貿易之時。遺跡中是一個斯堪地那維亞風格的墳墓，墓中陪葬品甚豐，還有一條長船，或許是為了陪伴一名東盎格利亞的國王踏上通往另一世界的旅途。在最古老的英語史詩《貝奧武夫》中，該主角是一位涯特人（Geat）——也就是丹麥人，而溫羅斯也指出，這個故事「完全是斯堪地那維亞的風格」。

這些以維京人的身分踏上歐洲舞臺的斯堪地那維亞人被他們的居住地所形塑。斯堪地那維亞人的聚落相當分散，座落於鄉野之間。繁重勞動由奴隸承擔。自由民大多是農民，但有些也兼職工匠，比如船匠、鐵匠以及金匠、銀匠。貴族們不是在打仗，就是在準備打仗。普通人只有一個名字，比如「斯文」或「阿斯特麗」。他們沒有姓氏，而是用「古德布蘭多蒂」這樣的父名來表示血緣關係。有些人（基本上是身分高貴的男人）會有一個外號，這代表他們的榮譽和聲望，比如「好人」或「金髮」；但也不是每個外號都那麼體面，比如瑞典有個國王叫作「拙言跛足王」埃里克（Erik the Lisp and Lame），或者在《尼亞爾薩迦》中的戰士「不沐者」烏爾夫（Ulf the Unwashed）。姓氏一直要到十五世紀才開始普及，丹麥則於一五二六年通過皇家法令強制貴族冠上姓氏。

斯堪地那維亞人的血緣相近，外貌相仿，擁有共同的祖先、相同的詩歌、藝術、服裝和建築傳統。各國語言不僅同屬日耳曼語系，起源也都相同。三地之間互動頻繁，既有和平交往，也有相互交戰，貴族之間的跨國婚姻十分普遍。各國諸王的血脈都遍及整個斯堪地那維亞與更遠之處。無論船員和船隻來自丹麥、瑞典還是挪威，都能迅速組成一支大軍和艦隊。他們擅長以金、銀、銅製作風格相通的首飾，也都擅長木雕。他們信仰同一群神祇與精靈。克羅斯利－霍蘭德認為：「文化會找到自己需要的神靈，而北歐世界需要的，是能夠支持暴力的神靈，因為暴力是他們文化的一大特徵。」當早期的維京人展開

* 譯註：亦稱褐鐵礦，是溼地沉積的鐵質。多由含鐵水流經缺氧酸性環境，或經植物、細菌作用沉積而成，不結晶，雜質多，每數十年可開採一次。

對西歐的劫掠時，他們是攻擊基督徒的異教徒，這多少有宗教戰爭的意義在。

有些斯堪地那維亞城鎮是因貿易而興起，最著名的就是號稱「異教徒之城」的丹麥海德比。這裡在九到十一世紀之間，是歐洲、斯堪地那維亞以及波羅的海沿岸之間的貿易中心，長住人口或達一千人之譜。而丹麥西海岸的里伯（Ribe）在海德比發展起來的一百年前，就已經聚集了許多工匠和商人。

瑞典最早的名城，是位於梅拉倫湖一座島嶼上的比爾卡。在此之前，附近的「聖島」赫爾戈（Helgö）上就已經有一處貿易站，其他地方或許也曾有過貿易聚落，只是已經沒有人記得了。當時梅拉倫湖的湖面與波羅的海一樣高，船隻很容易就能駛入。比爾卡成立於七五〇年左右，可能在王室特許下成立，並成為王室的貿易收入來源，並運作了大約兩百年，才因不明原因荒廢。當時的人口可能落在五百到一千人之間。

哥德蘭島是波羅的海的貿易中心，島上的維斯比（Visby）在九〇〇年左右已經成長到城鎮的規模。且跟赫德比、比爾卡不同，維斯比至今仍非常繁榮。

挪威在維京時代，規模較大的貿易市鎮就只有奧斯陸峽灣入口處的考潘。這座城市崛起於七八〇年左右，人口可能多達五百。「考潘」與「哥本哈根」（Copenhagen）一樣，都是「貿易市鎮」的意思；然而考潘在十世紀初，就因為大船無法進入海灣而廢棄。卑爾根則在十一世紀末逐漸發展成貿易市鎮。

然而，斯堪地那維亞三地的發展也存在差異。丹麥的現代化開始較早，瑞典最晚，不萊梅的亞當和斯諾里都點名指出，挪威是三地之中最貧窮的。我們可以假設，古德弗雷德稱霸時，就已經有了「丹麥」的概念，「金髮」哈拉爾也會把自己統治的國度稱作「挪威」。丹麥與德意志之間的防禦工事何時被人稱作「丹麥壘」已不可考，或許在古德弗雷德的時代就有此稱呼。老戈姆在他的耶靈石碑用了「丹麥」這個名字，奧塔也向阿佛烈大帝自稱來自挪威，但奧洛夫・舍特科農的領地是否叫作「瑞典」就不太確定，瑞爾人（*Svear*）只是他統治的一部分居民而已。

當時的國家和國境，跟我們現在的理解完全不同，所謂領土就是國王的勢力所及之處。於是，挪威和瑞典有時處在丹麥的國王控制下，有時又變成丹麥的土地受挪威或瑞典的國王統治，並無一定。至於大多數的尋常人物，由於文獻中幾乎不見相關記載，我們無從得知他們的國家認同。他們會自稱是丹麥人、挪威人或瑞典人嗎？或者他們都自認為是斯堪地那維亞人？也許不會。早期的維京人到了海外，往往都是報上自己的出身地，比如霍達蘭（Hordaland），而非挪威。當時人們主要的歸屬是家庭和氏族，幾乎一輩子都留在自己出生的聚落，對聚落以外知之甚少。「他們沒有忠於國家或祖國的觀念。」當時也不存在邦、國和民族的概念。

如果「國家」指的是一群某種意義上具有共同認同的人，生活在相對明確的疆界，以及相對穩定的統治制度下，那這個時期的斯堪地那維亞，距離「國家」還很遙遠。三地之中最早走上這條路的是丹麥，然而起步早並沒有帶來什麼優勢。丹麥一度成為北方最強大、繁榮的勢力，甚至有了建立帝國的野心，但最後還是陷入混亂。很快地在一三〇〇年左右，丹麥王室就因為爭強之心太過而破產，一度消亡。挪威緊隨其後，在十三世紀建立起相對強大的王室統治，但並不長久，很快就被重振旗鼓的丹麥併吞，失去王國的地位。最晚崛起的瑞典反而成果最佳，建立了強大、穩固的統治架構，並克服了更多挑戰與動盪。儘管其政府也花了很長一段時間，才確定統治的幅員與人民，但也因此奠定了穩固的基石，超越丹麥、挪威等先行者後來居上。

斯堪地那維亞與歐洲

法國史學泰斗費爾南・布勞岱爾（Fernand Braudel）主張，歷史需要從「長時段」（*longue durée*）來理解，但斯堪地那維亞地區並沒有那麼豐富的長期歷史結構可以借鑑。想要瞭解維京時代，我們必須先接受一個令人不快的事實，那就是這片土地一直位在歐洲邊陲，始終艱難地追趕著其他地區。比如丹麥就如芬格所言，要到一〇五〇年後，才終於進入一段有辦法參與歐洲事務的穩定時期。

斯堪地那維亞人懂得耕種，但農業技術很落後。他們也有輪子，但由於缺乏道路，無法發揮輪子的功用，也沒辦法將其善用於戰爭。他們擁有馬匹，但優良的品種還是要從法蘭克人手上取得。他們旅行主要是靠水路，從挪威到英格蘭的時間，「比走三、四十英里的陸路還快」，諾斯人會建築防禦工事，但遠不到堡壘或宮殿的水準，只是以木材和泥土圍起來的營寨。羅馬人在西元前兩百年左右就發明了混凝土，而在一千年後的斯堪地那維亞，建築材料依然只有木材和泥土，直到中世紀晚期才開始用石頭蓋教堂。最早的石教堂位於丹麥的羅斯基勒和丹屬斯堪尼（Danish Skåne），分別落成於一〇三五和一〇六〇年，且到十一世紀末才普及起來。他們從事貿易，但不會經營事業。他們沒有貨幣，無論自行鑄造的硬幣還是鑄錠，都直接以銀子的重量計價。商人階級不存在，也沒有類似銀行或保險機構。早在一千年前，羅馬人已經建立許多大城市和行政首府，文教興盛，羅馬法更是影響深遠，研習法律者能夠擔任政府或要人的法律顧問，或是出庭為人辯護。就算相比於英格蘭，斯堪地那維亞人也遠遠不及：阿佛烈大帝以《盎格魯撒克遜編年史》留下自己的事蹟，肯努特大帝卻沒有類似的建樹，只捐過了一本善書（confraternity book）給溫徹斯特大教堂，在書中留下他與妻子諾曼第的艾瑪（Emma of Normandy）

的畫像，後者是他為了征服英格蘭而與之交戰的「乏臣王」愛塞烈德的遺孀。丹麥從十二世紀末才開始留下一些歷史紀錄。八一四年榮返天鄉的查理曼留下了一百六十四份領土特許狀（charter），而斯堪地那維亞最早的王室特許狀，則由「聖徒」肯努特在一〇八五年簽發。查理曼靠著無數的文件、帳目、名錄、信件、統計數據和書面命令來治理龐大的帝國，而等到斯堪地那維亞學會這套治理模式，已經是四百年後了。他們有法律，但沒有多少執法手段，且直到維京時代的「厲政王」哈拉爾才出現全國性的法律，而且成效不彰，未能久施。這段時間出現過一些貿易市鎮，但稱不上城市，各種需要依靠分工化、產業化和城市化刺激才能誕生的創新，自然也付之闕如。他們對貧困救濟的認識也很淺薄，部分原因是只有遲遲傳入的教會，才有組織能從事慈善。而查理曼在面對七七八、七七九年的饑荒時，就有能力號召教會，下旨施粥賑災，並行其他救濟給「飢餓的窮人」，這些舉措也確實有點成效。維京人對歐洲造成深遠影響不是因為他們物產豐饒，而是出於資源貧瘠。斯堪地那維亞人的確是因為環境艱難，不得不形成好勇鬥狠的文化，頻頻入侵其他地方，但這也說明了他們老家實在是貧瘠到沒有人想入侵。丹麥人在英格蘭掠奪到大量的財貨資源，挪威人在蘇格蘭與愛爾蘭也收穫甚豐，但斯堪地那維亞卻完全沒有東西能吸引這些國度的人反過來劫掠他們。

回顧一千年前的斯堪地那維亞，只能說是可哀可憫，令人心酸。他們來自已知世界的盡頭，那裡無論經濟還是文化，都遠遠落後船首指向的歐洲。他們的文明位於道路的盡頭，因此在與拜占庭人、法蘭克人、英格蘭人接觸時，總顯得不夠精緻，但這並不是他們的錯。為了追趕領先的大國，他們只能靠窮凶極惡來彌補人丁稀寡、資源不足的劣勢，這也不是他們的錯。但發展落後確實導致他們被當成野蠻人。在海外，他們捨棄了惻隱之心，所以兇猛過人；但在家鄉，他們也放棄了和平與合作，放棄了一起強大的機會。古北歐世界由許多非常相近的小部落組成，但這些小部落卻沉迷於缺乏遠見、適得其反、連綿不斷的內戰，浪費了發展的潛力。而這些愚蠢戰爭唯一的成果，就是大量消耗他們僅有的少量資源。

在我之前的歷史學家，無不以宏大的敘事講述維京人的歷史，將之稱為征服、財富、霸業與文明的史詩，將他們描述成偉大的北地商人。他們將肯努特大地奉若神明，和奠定英格蘭富強基礎的阿佛烈大帝、征服並**統治**大半個歐陸的查理曼相提並論。他們說維京人「征服了世界」。這種說法自然言過其實，但他們也不是毫無建樹。如果說他們的目標是在本土建立王政，那麼維京時代的確是個開始；隨著基督教傳入，斯堪地那維亞也逐漸融入歐洲文明。但如果我們想像自身來到一一〇〇年左右的斯堪地那維亞，望向該地和其他維京踏足過的遠方國度，納入眼簾的將只有寸草不留、滿目瘡痍的地景。維京人的家鄉陷入長達一百年的混亂與內戰。冰島和法羅群島的諾斯殖民地無法維持獨立；格陵蘭和美洲殖民地則鞭長莫及；昔德蘭群島和奧克尼群島最後落入蘇格蘭之手；留在愛爾蘭的諾斯人成了愛爾蘭人，留在英格蘭的成了英格蘭人，留在羅斯大地的成了羅斯人，留在諾曼第的則成了法蘭西人，只剩「諾曼第」之名提醒著他們的過去。維京人半商半匪的行徑是他們祖傳的生存之道，並讓他們順利發財致富；但當他們有了帝國野心，卻依然堅持維京之道，就是不自量力了。在掠奪來的財寶上建立的王權與文明，注定是無法延續的。

附章　斯堪地那維亞的東西方鄰居

一九七一年四月二十一日，一艘丹麥海軍艦船抵達冰島雷克雅維克的港口。雷市的大部分居民，以及冰島全國各地的民眾都聚集在港邊迎接這艘船。船上載著無數古籍珍本，包括《王書》（*Codex Regius, or Konungsbók*）的羊皮紙原本，以及《弗拉泰島之書》（*Book of Flatey, or Flateyjarbók*）。《王書》由四十五頁抄錄古北歐語詩歌的羊皮紙組成；《弗拉泰島之書》則有兩百二十五頁羊皮紙，插圖豐富，是現存冰島中世紀手抄本中最大的一部。這些手稿的內容包括多名古北歐國王的薩迦、格陵蘭、奧克尼和法羅群島人的歷史、美洲文蘭殖民地的定居紀錄，以及埃達詩篇。

冰島移居者的一大成就，是他們寫下了自己的歷史，並保存許多古北歐的口傳詩歌。大多數冰島的中世紀手抄本流離在外，有些是被變賣，有些則是根據丹麥王室頒布的法令，保存在丹麥。出身冰島的十七世紀史學家奧爾尼．馬格努松（Árni Magnússon）曾在哥本哈根大學擔任古物學教授，以及王室檔案秘書。他收集了大量書籍和抄本，並盡可能蒐羅冰島文獻。他於一七三〇年去世，將藏書贈予哥本哈根大學，該校因此設立了阿爾尼．馬格努松藏書（Árni Magnússon Collection），用以保存和研究古代手稿。

冰島在爭取獨立的過程中，一直積極要求丹麥歸還這批藏書中的古抄本。一九六一年，丹麥國會終於通過法令，將大部分抄本轉移給冰島，然而由於各方抵制，這項決議不得不延遲執行，直到一九七一年最高法院才解決這個爭議。《王書》和《弗拉泰島之書》是最早歸還的兩份抄本，國家認同的有形象徵被帶回了它們的家鄉。

第一批移居者在九世紀末到來後，冰島人口就在百年之間成長到了一、兩萬人之間，十一世紀成長到了四萬人，一百年後或許又增加到了六萬人。

當時冰島的經濟十分脆弱，各式資源和其他大西洋島嶼一樣都仰賴進口，特別是穀物。為了進口，冰島就需要有出口商品。很快地，羊毛就成了當地的主要商品。斯堪地那維亞有一種厚重的羊毛布料叫做「維子毛」（*vadmål*），質地粗硬但是防水又保暖，而冰島羊毛正適合製作這種布料，市場需求很大，至今仍是重要的出口商品。一二六二年，挪威王室開始向冰島徵稅，當時每一名納稅人每年都要繳納二十肘（ell）的維子毛。

十五世紀，冰島經歷了一連串瘟疫，半數人口死亡，隨後又經歷多次饑荒。在一七〇三年開始的官方統計上，島上的人口只有五萬，但後來又成長到三十五萬人。能夠成長得這麼快，是因為冰島的地質讓島上環境比相同緯度的其他地方更適宜人居。天然溫泉水過去可以幫忙禦寒，如今被引進溫室，用來種植蔬菜水果。

當年的冰島移居者建立了沒有君主的社會，以及獨特的政治組織，時人稱為「自由邦」（free state），也稱作「共和國」（commonwealth）。大庭會，也就是冰島議會（*Althing*）自九三〇年就在辛格維利爾（Thingvellir）舉行——這是一塊雷克雅維克附近的濕草原，位在大西洋裂谷底部，也就是歐亞地塊與北美地塊的交界處；這道裂谷由南向北貫穿全國，並使整座島每年向東西向擴大一到兩英寸。此外，共和國還有四個區庭會，以及許多地方庭會，和一個由「司祉」（goði）們組成的民選領袖網路。這套憲政秩序和古雅典的一樣，被認為是原創的直接民主體制。

可惜的是，冰島並沒有輝煌太久。由於經濟衰退和內部衝突，冰島人最後還是擋不住挪威的壓力。一二六二年，挪威以《舊盟》（Old Covenant）將這個共和國變成屬地，不久後丹麥又將之納為領土。直到一九四四年，冰島才重新獨立，並揚棄斯堪地那維亞的君主傳統，再次成為一個共和國。二戰讓冰島得以脫離丹麥，並以九十七%贊成的公投結果正式獨立。戰後，冰島加入北約，並與美國簽訂條約，讓美國在島上駐軍負責國防，直到二〇〇六年才結束。目前的冰島僅依靠海岸警衛隊自衛，且沒有常備軍。該國最近一次可稱為戰爭的事件，是一九七六年為了跟英國爭奪漁權的「鱈魚戰爭」（Cod Wars），此戰最後以英國讓步告終。

自開拓以來，冰島人口大多出身本地，幾乎沒有「外來」移民。因此許多傳統文化都得以延續。其中最重要的一項是冰島語，這是古北歐語的一個分支，和如今的斯堪地那維亞語言已有明顯不同。語言的保存也讓名字結構得以保存。當代冰島人以名相稱，並以父名加上「松」（-son）或「多蒂」（-dottir）當作「姓氏」。比如世上第一位民選女總統的名字，就叫做維格迪絲・芬博阿多蒂（Vigdís Finnbogadóttir）有些冰島人因為歷史因素，擁有世襲的家族姓氏，比如一九五五年的諾貝爾文學獎得主赫爾多爾・拉克斯內斯（Halldór Laxness）。冰島還有一個官方的命名委員會，新名字需要經過批准才能使用。

由於人口同質性高，冰島人也是一個絕無僅有的基因研究寶庫。目前已經有家名叫 deCODE 的私人研究機構利用其潛力，建構了一個涵蓋全國約三分之一人口的基因資料庫，且比例仍持續上升。這些資料用於它自身的研究，也會商業授權給其他單位使用。由於涉及商業，這種做法在冰島頗具爭議，但確實有助於我們更瞭解冰島的人口資料，比如他們具有斯堪地那維亞人和愛爾蘭、蘇格蘭的混合血統。

諾斯人移居冰島後進一步往西拓展。九八二年，三十歲左右的「紅鬍子」埃里克因謀殺被逐出冰島，就如他父親因謀殺被逐出挪威。事情起因是他派了一些奴隸去鄰近農場，結果被農場主殺死，於是他殺了農場主報復。這件事過後，他往西航行來到格陵蘭，並在放逐期間四處探索。回到冰島後，他將該地命名為「綠地」（Greenland），藉此勸誘了一批邊緣無產者隨他西行。

這裡的人口後來成長到五千人左右。一二六二年，這裡成為挪威王室的屬地，並在挪威落入丹麥之手後，成為丹麥的屬地。不過島上榮景並未持續，諾斯人的聚落在十五世紀前就徹底衰落。當地另一群移民是來自西北邊的因紐特人，他們可能比諾斯人更早到來。雙方可能有過接觸，甚至發生過衝突，最後導致諾斯人放棄在當地的聚落。

到了十七世紀，丹麥再次注意到格陵蘭，派遣遠征隊尋找諾斯人的聚落遺址。雖然沒有成功，但還是申明了對該島的主權，並在西南部建立了一個新的北歐人聚落，命名為哥特哈布（Godthåb），意為「好希望」，也就是如今因努特語說的努克（Nuuk）。

這裡發生過北歐歷史中最怪誕的一起事件。一九三一年，挪威曾試著從丹麥手中搶占格陵蘭東部的一塊土地，命名為「紅鬍子埃里克之土」（Eirik the Red's Land）——儘管埃里克和他的追隨者根本不曾來過這一帶。挪威任命了一名叫赫爾格・英斯塔（Helge Ingstad）的探險家擔任總督（*sysselmann*，古北歐頭銜，意為「郡守」）；此人後來在一九六〇年代與妻子安妮・斯汀・英斯塔（Anne Stine Ingstad）一起在紐芬蘭的朗索梅多斯（L'Anse aux Meadows）主持考古挖掘，證明諾斯人曾在一〇〇〇年左右到過美洲大陸。這次笨拙的微帝國主義行動在一九三三年被提交到國際法院，法院三兩下就判決挪威敗訴，挪威隨即撤回領土主張。同時根據這份裁決，格陵蘭全境主權從此歸屬丹麥。

二戰期間，丹麥駐美大使亨里克・考夫曼（Henrik Kauffmann）與美國簽訂保護協議，讓美國搶先納粹德國占領格陵蘭，並在當地建立海、空基地和氣象站。戰後，杜魯門向丹麥提出購買格陵蘭的意願，此事雖然不了了之，但島上至今仍有美國的軍事基地。二〇一九年，格陵蘭又遇到了一樁荒誕的微帝國主義事件：美國總統川普再次提出購買格陵蘭的想法，弄得格陵蘭、丹麥和其他國家深感不解，斥之為謬論。不過，這場鬧劇的結局比較悲慘，因為遭到拒絕後，川普就取消了前往丹麥進行國是訪問的計畫。《紐約時報》的一篇社論如此描述這起事件：「川普說：『我想買格陵蘭。』而共同管理這座永凍大島與其豐富礦藏的丹麥人與格陵蘭人回答：『不行。』這位自稱房地產大師的總統無法接受拒絕，於是他回覆：『那我就不去找你們女王了。』」前丹麥首相海勒・托寧施密特（Helle Thorning-Schmidt）的推文說出了所有人的心聲：「這是什麼玩笑嗎？」想來確實可笑。不過，格陵蘭是世界第一大島，面積僅次於澳洲大陸，又緊鄰美洲，島上居民幾乎全是來自美洲的因紐特人，這麼一座島嶼卻屬於遠在歐洲的小小丹麥。這麼一想，川普與杜魯門之舉，或許也不完全是茶餘飯後的笑話了。

一九五三年，格陵蘭的殖民地地位終止，升格為郡，並在一九七九年獲得自治，又在二〇〇八年進一步深化自治，近於半獨立。丹麥加入歐盟之初，格陵蘭也包含在成員資格內，但後來於一九八五年脫離歐盟。

近年來，中國對格陵蘭事務頗為關注。中國企業目前已經在當地投資了鈾礦、稀土和鐵礦開採，並積極加入機場等基礎設施投資。二〇一六年，一家中國公司曾試圖買下一座前美軍基地，直到哥本哈根政府干預才中止。中國將爪子伸進寒冷的北方，並沒有乍看之下那麼奇怪。冰島同樣很受中國關注，並成為第一個和中國簽署自由貿易協定的國家。二〇一一年，前中共中央宣傳部官員黃怒波試圖收購冰島東北部一處三百平方公里的荒野地帶，宣稱要蓋生態旅遊渡假村、高爾夫球場和自然保護區。這筆交易落空後，他又在二〇一三年再度嘗試，依然未果。他也曾用相同的理由，打算在挪威的斯瓦爾巴群島買地，但同樣遭到拒絕。

中國對北極感興趣，主要是覬覦未來可能因全球暖化開通，經俄羅斯北部連通太平洋與大西洋的「東北航道」（North-East Passage），因為有了這條航線，海運航程就能縮短四十%。目前中國和北歐國家的「北極走廊」（Arctic Corridor）計畫，就打算在挪威北部的希爾克內斯（Kirkenes）建造一座大型港口，並利用芬蘭與瑞典的高容量鐵路連結歐洲東西部。隨著「東北航道」開放，斯堪地那維亞的地緣政治角色也將改變。

昔德蘭群島和奧克尼群島被「金髮」哈拉爾併吞後，就成為了挪威的一部分，而隨著丹麥征服挪威，這些島嶼也成了丹麥領土。一四六九年，丹麥國王克里斯蒂安一世（Christian I）將十二歲的女兒瑪格麗特（Margaret of Denmark）嫁至蘇格蘭，由於付不出嫁妝，他只好將這些島嶼抵押給蘇格蘭國王詹姆斯三世（James III）。而當克里斯蒂安想贖回這些島嶼時，卻被詹姆斯拒絕了，從此這些島嶼就成為蘇格蘭的領土，最後變成大不列顛聯合王國的一部分。

然而當地的語言、地名和音樂中，仍處處看得到古代北歐文化的影響，島上居民也認為自己和蘇格蘭，乃至整個英國都有所分別。在二〇一四年的蘇格蘭獨立公投中，奧克尼和昔德蘭的反對率都是最高的，因為他們寧可接受遠在倫敦的統治者，也不想接受鄰近的愛丁堡的統治。

二戰期間，過去那條從挪威行經昔德蘭的維京快速航線，在一場運輸計畫中再度啟用，負責策劃的是英國特別行動執行處（British Special Operations Executive）。此計畫主要利用漁船在昔德蘭群島和挪威西部之間往來，執行者有昔德蘭人也有挪威人，他們運送游擊隊員和裝備給挪威抵抗組織，並協助逃亡者撤離。英方負責人之一的大衛・霍華斯（David Howarth）後來在他一九五一年的著作《昔德蘭巴士》（*The Shetland Bus*）中紀念了這段歷史。

法羅群島由大約十八個島嶼和無數島礁組成，最初與昔德蘭、奧克尼群島一樣由挪威占領，後來轉歸丹麥；不同的是法羅群島至今仍保留著北歐風貌，當地居民從古至今都是諾斯人，語言也是古北歐語的延續。法羅群島現在的議會叫做「洛格庭會」（Logting），意為「法律集會」，首府則是索爾港（Thorshavn）。當地的經濟很脆弱，主要依賴漁業和出口優質羊毛及紡織品。

二戰期間，這些島嶼由英國控制，但整場戰爭中從未遭遇戰鬥。後來丹麥在一九七三年加入歐盟時，法羅人決定不跟進，因此它雖然屬於丹麥王國的一部分，卻不是歐盟成員。早在十九世紀，當地就有獨立運動，並在一九四六年舉行過獨立公投，只是民意分散，獨立宣言無法打動人心，最後由續留丹麥的一方勝出。一九四八年，法羅群島獲得自治，且權限極大，但獨立的聲音始終此起彼落。

芬蘭就像北歐地區的其他地方一樣，直到上次冰河期後才有人居住。芬蘭語約在四千年前傳入，紮根於如今芬蘭灣周圍的東波羅的海地區。芬蘭語和斯堪地那維亞語言完全不同，屬於烏拉爾（Uralic）語系，跟愛沙尼亞語較為接近，與匈牙利語也有親緣關係，或許也和薩米語有關。到了維京時代，芬蘭成為北歐戰場的一部分，夾在西邊的斯堪地那維亞和東邊的羅斯大地之間飽受蹂躪。

維京時代結束後，芬蘭就愈來愈受瑞典的支配。一開始是瑞典商人在芬蘭海邊建立聚落，接著是將基督教傳給信奉異教的芬蘭人，最後就是軍事行動。一三二三年，瑞典和諾夫哥羅德共和國（Novgorod Republic）簽訂《內特堡和約》（Treaty of Nöteborg），將芬蘭南部分給瑞典，東部和北部則歸給諾夫哥羅德，但這模糊的分界很快就被瑞典逐步推往東邊和北邊，最後整個芬蘭都被納入瑞典王國之中。直到六個世紀以後，芬蘭才獨立出來，成為如今的芬蘭。歷史學家哈里森指出，對於瑞典人來說，芬蘭的離開不僅是失去一塊土地，而是王國（*rike*）「裂成了兩半」（至於他說的是只限於當時的瑞典人，還是這種情感一直延續到當代，那就任人解讀了）。

直到二十世紀末，芬蘭都是最飽受摧殘的歐洲國家之一。瑞典的統治充滿無情的殖民壓迫和經濟剝削，以及隨之而來的貧困、饑荒和一次又一次的人口衰退。在十六、十七世紀，瑞典是靠著從芬蘭徵兵補充兵力，才得以爭霸歐洲。到了十八世紀，瑞典又與俄羅斯爆發了大北方戰爭（Great Northern War，一七〇〇—一七二一），夾在中間的芬蘭倍受荼毒。戰爭中期，俄羅斯取道芬蘭進攻瑞典，雙方纏鬥數載，互以焦土戰術牽制，芬蘭因而赤地千里，生靈塗炭。一七一四年，俄國於甘古特會戰（Battle of Gangut）大破瑞典，占領芬蘭，大肆掠奪破壞，直到一七二一年簽訂《尼斯塔德和約》（Treaty of Nystad），才將這片廢墟留給瑞典，自己留下東南部的一小片領土。一八〇九年芬蘭戰爭（Finnish War）結束後，芬蘭徹底脫離瑞典，成為俄羅斯帝國內的半自治大公國。

一九一七年，芬蘭捲入俄羅斯革命，並陷入蘇俄支持的紅軍與德國支持的白軍之間的內戰，其血腥野蠻就算放在改朝換代的戰爭史中，都罕有與之相若者。最後，芬蘭在一九一九年通過共和憲法，宣告獨立，隨後又與蘇俄簽訂邊境條約，取得北極地區的港口佩察莫（Petsamo），將挪威和蘇俄兩國分隔開來。

位於波的尼亞灣（Bay of Bothnia）的奧蘭群島（Åland）形成一座由三百多個有人島嶼組成的橋梁，連接著芬蘭大陸（Mainland Finland）和瑞典東部，通往斯德哥爾摩。如今的奧蘭群島是芬蘭的一個行政區（maakunta），歸為「自治區」，全區人口約有三萬，瑞典語是其主要語言，也是官方語言。一八〇九年，此地被俄羅斯併吞，島上建了許多要塞，後來又因此在一八五四年受克里米亞戰爭（Crimean War）牽連，遭到英法聯軍炮擊，要塞盡毀。一九一八年，瑞典軍隊趁著芬蘭內戰，試圖收復奧蘭群島，但卻碰上德軍應芬蘭要求出兵，只得拱手相讓。一戰過後，島上出現了加入瑞典的運動，此事後來由國際聯盟審議，並於一九二一年的《奧蘭公約》（Convention of Åland）中決議，群島主權仍屬於芬蘭，條件是保障瑞典族的語言文化，且禁止在島上駐軍。二戰期間的奧蘭群島始終是中立地帶。

二戰初期，芬蘭和蘇俄在一九三九年爆發了慘烈的冬季戰爭（Winter War），直到隔年才簽訂停戰協議。隨後，芬蘭與德國結盟，直到大戰將止，又轉而追擊撤離的德軍。芬蘭與蘇俄於一九四七和一九四八年簽訂條約，被迫接受賠款、割地、自治受限等條件。佩察莫港一帶重回蘇俄之手，改名佩琴加（Pechenga），重新劃定了蘇俄和挪威的國界。另外，芬蘭也失去了芬蘭灣南方，靠近聖彼得堡（當時稱列寧格勒）西北部的領土，以及更北邊的部分領土。雖然這些條件看似屈辱，但芬蘭卻巧妙地躲過被蘇聯併吞的後果。正如芬蘭歷史學家馬提·可林哥（Matti Klinge）所說，芬蘭在二十世紀的命運，就是阻止了布爾什維克革命和俄羅斯帝國向西擴張。冷戰期間的芬蘭一直保持中立，並與其他北歐國家密切合作，建立了北歐著名的福利國家民主制度。一九九五年，芬蘭加入歐盟，並且不同於丹麥、瑞典，他們選擇採用歐元。二〇二二年，俄羅斯入侵烏克蘭，芬蘭這回選擇了放棄中立，於次年加入北約。

世人常說芬蘭人是個憂鬱的民族。或許如此，但他們也有許多事情值得憂鬱。

第二部　進步、死亡與復興

斯韋雷（Sverre）是一一八四到一二〇二年的挪威國王。他的一生極具浪漫色彩，因其身為戰士立下的勇猛戰績，吸引許多歷史學家的關注與讚賞。他也聘請了一名書吏寫下他希望後人銘記的形象，這部《斯韋雷薩迦》（*Saga of Sverre*）可說是政治宣傳上的傑作。他在這部作品以及《反對主教之演說》（*A Speech Against the Bishops*，他將他們驅逐到國外）中留下了紀錄，吸引後世對他的興趣並形塑他們的詮釋。

斯韋雷成長於法羅群島，由一名主教撫養成人，受過良好教育，並被授職為神父。但他不適應神父生活，於是在二十四歲來到挪威，自稱擁有王室血統，他或許是靠偽造的文件取信於人，這在當時並不稀罕。他召集了一群四處遊蕩的土匪，將他們塑造成一支強大的戰鬥部隊。* 斯韋雷深諳調兵遣將之道，又擁有精良的進口武器，還是挪威第一個（從英格蘭）僱用外國傭兵的人。他一生曾與七名雄主爭霸，經歷六十餘戰少有敗績，並稱此為上帝眷顧的證據。他最後一名對手是馬格努斯．厄林松（Magnus Erlingsson），兩人相鬥五年，戰場遍布全國各地，最後決戰於松恩峽灣（Sogne Fjord）內的芬姆萊特

* 譯註：他領導的這群反抗勢力被敵對陣營嘲笑為「白樺腿軍」（birkebeinere），譏諷他們窮得只能穿樺樹皮做的鞋子，後為他們所沿用。

（Fimreite）。斯韋雷手下僅有十四艘船艦，馬格努斯則有二十六艘，但他運用一套獨創的遊擊戰術，將船艦分散部署，襲擊敵軍船隊的側邊與船尾，從而出奇制勝，馬格努斯與麾下至少兩千名士兵喪命。斯韋雷就此從一介匹夫登基為王，然而他從未控制挪威全境、從未締造和平，也從未得到教會支持。

維京時代早已結束，進步即將展開，但北方人民還是經歷了一個世紀的混亂與內戰，才終於見到新生。在盜賊橫行的荒蕪之地，一群撼動世局的人物崛起。斯韋雷試圖建國，於是殺盡國內賊首——按照挪威歷史學家卡雷．倫登（Kare Lunden）的說法，斯韋雷是在「屠殺」各地領袖，以削弱貴族階級，打造集權統治。百年前的「厲政王」哈拉爾也是這麼做的，哈拉爾沒能成功，斯韋雷亦然。《斯韋雷薩迦》末尾寫道：「他的朋友也說，從未有像斯韋雷這樣的瑞典豪傑來到挪威。」這話不假，但還不夠。暴力的舊時代已經結束，而新時代的王權，需要有新的社會。

第三章　脫胎換骨的大蛻變

在丹麥率先起步的半個世紀後，一二〇〇年代成為斯堪地那維亞經濟、信仰和政治生活的分水嶺。國內經濟開始有所剩餘，教會累積了巨額財富，地主成為貴族，佃農則落入被奴役的境地。貿易的蓬勃發展，使得漢薩同盟在往後的兩、三百年間，成為北歐三國以外的第四大勢力。這些德意志商人將貿易所積聚的利潤，當作貸款給王室的金融資本。在瑞典，雙方以資金換取特權。對丹麥，漢薩同盟則以資金換取在其領下的安全，而這最後也導致該國政府破產。雄才大略的皇后建立了同盟，使三國歸於同一個王冠，[*]但後來無能的男人們又將之拆散。同盟末年，昏邪殘暴的丹麥國王[†]對瑞典發動戰爭，大行屠戮、肆意強暴。後來又發生了宗教改革，教會與國家脫胎換骨。挪威不再是獨立王國，而瑞典和丹麥則磨利刀鋒，準備征戰世界，建立帝國。

* 譯註：指瑪格麗特一世（Margrete I）建立的卡爾馬同盟（Kalmar Union）。

† 譯註：指克里斯蒂安二世（Christian II）。

財產與階級

攪動這場變化的，是從歐洲傳來的重型耕犁，這種來自南方的發明很快就取代北方只能刮破表土的鉤犁，丹麥歷史學家凱·霍比（Kai Horby）更將其稱為「中世紀最重要的農業發明」。犁不但提升了既有農地的生產力，也開闢了更多可耕地。

其他進步技術亦在此時期傳入。產量更大、種類更多的穀物落在北方大地上，能夠結出更多糧食，而不是空有滿地乾草，農業的重心也從畜牧，轉向更集約也更有市場的穀物栽培。土地利用改為一年兩作，減少了歉收的風險。馬匹取代牛隻成為主要挽畜。鏟子、斧頭、大小鐮刀也都有所改進。重型鐵鏟可以用腳踩進土中，開溝挖渠變得更有效率。風車水車大量建造，讓麵粉研磨普及起來，煮食由粗而細，從粥糜變成麵包。蘋果和梨子也從南方傳入。在氣候變遷的幫助下，冬季縮短，夏季也更溫暖了。

簡單來說，土地價值提升了。現在的土地能養活人丁、徵收租稅，以及生產商品。因此教會、貴族和王室都積極確保土地所有權，而農民則不得不在掌權者擁有的土地上耕作，而且還必須為耕作的權利繳稅。一種精心設計的制度於焉產生：土地使用權讓使用者有足夠的產出維持生活，而租金、什一稅和國家稅賦確保了所有剩餘資源都會流往上層。國王得以統治，男爵得以成為顯貴，教會可以建設與行善。社會的創造力也飛速成長。城堡與要塞一座座蓋了起來，人們聚集興建城市，社會菁英同心協力建造教堂。歐洲工匠逐利而至，傳授石工、鉛工、鑄鐘、造磚和教堂藝術等眾多技藝。

必須補充說明的是，挪威因為缺乏良田，無法實現像丹麥那樣的現代化。農業產量低落加上人口成長緩慢，導致挪威遠比丹麥和（南）瑞典更為貧窮。挪威王室和教會一度興起過現代化的浪潮，但由於農產剩餘不足，無法獲得與其他地區同樣力道的支持。這某種程度上也解釋了挪威王室為何會那麼快垮臺。

新的財產關係出現以後，新的階級分化隨之而來。所有權向上流動造成貧富差距擴大。地主依靠租金而非勞作生活，土地變成可以輕易買賣或贈送的流通財產。

靠著說服人們捐贈財產以履行上帝的旨意，教會成了最大的地主。在教宗的影響下，歐洲財產法放寬了對土地捐獻的限制，所有權人不必經由繼承人同意，或是只需要滿足某些條件，就能捐出名下土地。於是，大量土地隨著遺囑落入教會之手。遺贈者通常會在遺囑中向教會「購買」恩典，比如定期為其靈魂舉行彌撒。此外，農民如果欠教會債務，比如欠繳什一稅，也可以放棄土地以清償債務。還有些人則是自願放棄土地所有權，轉為佃戶，利用教會大力推廣的終身租佃制，以佃農身分獲得更多保障。

教會土地的另一個來源，是想要與其打好關係的君王。比如「聖徒」肯努特就在一〇八五年的特許狀中，將若干土地贈與隆德總教區。狀中規定這些土地上的收入歸總教區所有，但國王保有對佃戶科處罰款的權利。多數教會土地各自分屬於主教區和修道院，產權的規模和形式五花八門。主教像君主一樣統治大部分領地，小部分則由教區神父治理。每個教區都有一個教區農場，通常是一大片附有佃戶的地產。因此，整個教會從上到下都擁有土地，不過有個前提，即最底層的神父往往都是在地人。他們雖然是整個社群的第一人，但階級仍屬於農民，而非地主。

王室的土地則是諸位先王在過往內戰期間搶來的土地，這些原本都是國王的個人財產，如今歸屬王室名下。除此之外，王室也有一些取得新土地的手段。比如當地主積欠稅金，王室就會說服地主放棄地權，接手土地。有時罰款也會以土地來支付。當犯人罪行重大時，教會和王室有權放逐罪犯，但其家人可以改繳罰款，以救犯人免於流放，而這時的罰款也可以用土地來抵償。罰款逐漸成為王室更重要的收入來源。

教會與王室以外的土地屬於「民間」地主，通常約占全國土地一半，與教會和王室持有的總量相當。這些土地的所有權同樣五花八門。有的莊園由夫妻的財產組成，而妻子的財產是其嫁妝，萬一她先於丈夫去世，土地可能要歸還其家族。地主也可以租賃更多土地，擴大自己的莊園，只是他雖然能支配這些土地，土地卻非他所有。相反地，有些地主會將一部分莊園分租給包商，包商只要繳交地租，就能像自己的封地一樣經營土地。隨著時間流逝，莊園可能會拆分、出售或贈予他人，也有些直接分崩離析，最後消失。還有些小地主只不過是家業較大的農夫，有些還會親自下田耕作，並向為數不多的佃農收取租金。

佃戶的樣貌也十分多元。在丹麥和南瑞典，農民大多住在村莊裡，耕種周圍的土地；挪威和北瑞典的農民則是散居在各自租的田裡。租賃合約有的長，有的短，情況複雜且千變萬化，不勝枚舉。話雖如此，還是有一個基本結構：擁有土地的人不耕種。教會和王室以外的地主有大有小，大者可稱為「貴族」（the aristocracy），而小者可稱為「鄉紳」（squires）。

儘管形式和負擔隨時代而異，但佃農的基本條件，都是支付地租和承擔勞役。地租通常是預期產量的一部分，多為五%到十%。歉收風險則由佃農承擔，因為無論產量如何，該繳的地租就是要繳。但物價上漲時，佃農卻無法從中受益，因為只有地主能交易剩餘的商品。地租通常以穀物、奶油等最有價值的農產品來支付。至於勞役，主要是為了維持土地的資本價值，通常也都是直接為地主工作。以丹麥為例，畜產是重要的出口商品，因此佃農可能要幫地主飼養牲畜。隨著時代變遷，人口增長，土地需求也隨之增加，推動了地租上漲；到了一三〇〇年左右，挪威的地租已經漲至十%到二十%之間。大型莊園可能會由總管代為經營，這些人會到處視察田地，丹麥人稱他們叫「騎馬總管」（ridefoged），因為他們總是騎馬巡視田地。佃戶有義務在總管來訪時提供食宿，而且原則上是最舒適的房間和最好的餐點，也要以燕麥餵養他們的馬匹。

相較於教會提供的終身租佃，其他地主則偏好時間有限的契約。這些契約可能很短，比如一約三年，甚至更短。隨著時代發展，租佃期逐漸延長，到了中世紀晚期，已經延長為十到二十年，但各地差異還是很大。根據一五二二年的《丹麥土地法》（Danish Landlaw），田租至少要長達八年。隨著租佃期延長，佃農的勞役也增加了。租佃權有時可以繼承，但這通常取決於地主。

到了一三〇〇年左右，農業革命已經改變了斯堪地那維亞社會。由於經濟有了剩餘，王室也發明出新的稅目，比如向地方官員、法院徵收的費用、市稅、貿易關稅及各式勞役，比如維護新興的原始道路網等。教會制定的各種齋戒、彌撒和各種宗教行為等義務，也讓王室和教會有更多理由判處罰款。這一切都使得社會頂端的財富增加，並讓社會底層成為無產階級。

說到這裡，就不得不向已故的倫登致敬，因為他對此後的政治經濟發展，做出了縝密清晰的解釋。他除了進行嚴謹細緻的剖析，還用絕妙的數據呈現它。他的研究對象是挪威，斯堪地那維亞地區中最窮的一員。

他估計一三〇〇年的挪威人口約為四十六萬人，而這還是過去三百年間，人口成長一百四十五%的成果。也就是說相較於富裕的丹麥，挪威的成長速度緩慢得多，但既便如此，挪威的經濟相對於其天然資源，依然「過度擁擠」。

以現代的語言來說，當時的國民生產總值主要來自農漁業，城市的重要性很低。不過倫登估計以後發現，當時的一般人平均能攝取到的熱量，大約是每人每天兩千大卡，和一九六〇年的印度相仿。

就土地所有權來說，教會大約掌握了四十％的土地，平均每個教會裡的人擁有十五、十六處地產，近似於我們先前看到的丹麥；王室則掌握了大約七％。因此在地租這一塊，教會的收入遠遠超過王室。此外，什一稅帶給教會的收入，也是王室從其他稅目獲得收入的兩倍以上。王室主要的收入是罰款，約為教會的五倍，對王室的重要性就如同地租之於教會。如此結算下來，全國的總稅收大約是教會獲得八成，王室得到兩成。

不過前述都只是估算。因為政府會計的雛型，一直要到十六世紀才會出現。人口數量也只是猜測，但從倫登教授計算出的數據，已經可以相當清晰的地勾勒出當時的經濟型態。

他將這些數據相加後得出結論，當時從一般民眾手中向上轉移給王室、教會和其他地主的財富，也就是如今所謂的「租稅負擔」，大約占了淨生產價值的二十五％，如果加上各式租金，大約占了三十三％。也就是說，窮人負擔的稅收其實和今天差不多，或許更為沉重。因為現在大多數的稅收，都會以公共服務的形式返還給民眾，而當時幾乎沒有這種服務。

除了平民的沉重負擔，這些數字顯示出的王室的弱勢地位也令人難以忽視。比起富裕的教會，王室只是土地、收入都少很多的小地主。不僅挪威是這樣，丹麥、瑞典也是如此，而且這種狀態維持了很長一段時間。丹麥和瑞典的貴族十分富裕。而在雄心漸增的國王眼中來說，無論是內政治理還是實行對外政策（也就是發動戰爭），這點收入從來就不夠。這代表他們必須向人借錢，有時候是向外人商借，有時則得向國內的貴族低頭。借貸代表依賴，因此渴望權勢的國王不得不屈從於財主的意志。財政問題始終難解。

在這段轉向新經濟的過程中，小人物的社會地位急劇下降。原本他們在維京時代雖然貧窮，至少還擁有自由，現在卻逐漸沉降到底層，淪為租賃土地的佃農，或是無地可依的流氓無產階級（lumpenproletariat）。與此同時，也有些人向上攀升，一部分自耕自種，成為社會中堅（*Mittelstand*），另一部分則置田買地成為大地主，最後成為新的貴族階級。此外，新城市裡的都市商人與工匠，也逐漸匯聚成一小批中產階級。

相較於丹麥和瑞典的主要農業地區，挪威的階級關係發展又是另一番風貌。雖然挪威的小農也同樣淪為佃戶，但上層階級主要是擁有土地的富農鄉紳。這是因為挪威的土地力薄寡收，撐不起幾個大地主，是以挪威的貴族階級從不曾像丹麥、瑞典一樣人多勢眾。

按照直覺，相比丹麥、挪威那種由大地主支配的階級體系，挪威這樣階級差距較小的體系應該會比較仁厚，但實情並非如此。當上下距離較遠時，上層與下層的人就能各自生活。儘管剝削依舊無情，社會整體倒也溫然有序。反之，當上下距離較為接近，上層階級就得在日常互動中頻頻捍衛自身地位。高高在上的貴族可以順理成章統治領內，但一般的鄉紳就必須日復一日強調「我們」乃是權貴，「你們」須服從與尊敬我們，方可確認自身的優越性。在這種環境裡，光靠社會地位、財富與土地還不足以區別貴賤，必須依靠各種生活規範來確認上下關係，比如「你們」必須在「我們」路過時脫帽敬禮。貴族可以泰然享有崇高地位，不夠顯貴的人則寢食不得安寧，時刻都要申明自己的權威，設法讓其他人卑躬屈膝。一旦剝削者太靠近被剝削者，階級關係就不只是社會制度，也是人際關係。

挪威這套鄉村階級體系形成於十三世紀，並一直延續到十八世紀才有所改變。在挪威語中，有一個專門形容鄉紳階級的詞彙，叫作「襲地農民」（*odelsbonde*），意思是擁有「襲地」（*odel*-land）的農民（*bonde*），而「襲地」則是某個家系（*ætt*）世代共有的土地。觀念上，襲地所有人只是暫時監管這塊土地，並負責傳承給家族後代。「襲地」通常有一定規模，並由佃農租種。雖然從地主的標準來看，襲地農民並不算富裕，但他們都非常清楚自己屬於上層階級，且其他人也這麼看待他們。

牢不可破的階級

一九五一年一月十四日凌晨五點〇五分，一名男子在奧斯陸的病床上去世。三天前，他服用了過量的巴比妥鎮靜劑，昏迷不醒。他的兩個朋友發現此事，破門而入將他送醫。他床邊放著一張紙，紙上寫著一首詩。這首詩應該是男子在生命中最後幾天寫的，因為他朋友之前從沒看過，詩的開頭寫道：「我從未擁有愛。」

男子名叫托爾．榮松（Tor Jonsson），是一位同時獲得評論家與大眾歡迎的詩人，被譽為挪威最重要的詩人之一。去世這年，榮松三十四歲，著作甚豐，還有大量詩作尚未付梓。

榮松的內心充滿折磨，無法自處，也讓他難以和他人和平相處，無法體會親密關係與愛，也無法免於自我憎恨。他在辭世詩中寫道，自己的人生背叛了一切。儘管愛情的失敗是他走上死路的催化劑，卻並非根本原因。

榮松出生於古德布蘭茲谷的洛姆村（Lom），那裡至今依然維持著古老的襲地農民制度。肥沃的大農莊座落於平坦的河谷和陽光充足的東北山坡，佃戶的住處則位在陰暗、陡峭的山坡上。高速公路沿著河流東側延伸，方便這些良田的對外交通。時至今日，指向河西岸的路標，仍以「後岸」（*Baksida*）稱呼當地。

他的父親出身貧困，但後來發跡，在四十歲左右懷抱做出一番事業的志氣，帶著存款回到村子裡。他在托爾出生這年，向教區牧師租下一塊田地，期望能買下土地加入地主階級，就算不能擠身襲地農民，至少也能擁有自己的土地。然而他失敗了。經過八年的艱辛努力，他把這塊地打理得很不錯，這時卻冒出一個人，主張擁有這塊土地，將榮松一家逐出這塊田。父親原本眼看就要成為備受敬重的人物，最終卻淪落為領日薪的散工，不久便去世了。他曾公開暗示自己即將成功，冒犯了村中「我們」與「你們」之間的社會秩序。

然而托爾年幼時一直被灌輸這塊土地將會由他繼承。在他的心裡，這一切之所以未能實現，都是因為老地主家族和教區牧師，以及其他村中的當權者策劃了一場陰謀。他將這場陰謀命名為「鄉中妖」（*bygdedyret*）。正是這頭怪物在這個延續了六、七百年的無情階級壓迫實例中，將渴望財產的社會底層擋在門外，拒絕他的家族加入村里社群。

在中世紀，只有少數特權階級能進入教會經營的學校接受教育，因此教育並非「公共」事務。學校裡的學生通常只有幾名出身上層的男孩，他們在此學習閱讀、書寫、基礎的拉丁文和算數，以及《聖經》、教會年曆和禮拜歌曲。這些教育放在今天，大約相當於小學或國中教育。只有選擇成為神職人員或書吏修士的學生，才會在職涯中得到更進一步的教育。

儘管教會壟斷了教育，但也不是完全沒有受到挑戰。新興城市裡的中產階級一方面渴望獲得尊重，一方面也需要兒子掌握技能，於是成立了行會（guild）或類似的合作組織，以便博採眾議、籌集資金，成立共同的教育機構。斯德哥爾摩的第一所城市學校創立於一三一五年，馬爾摩（Malmö）的成立於一四〇六年，而曾經加入漢薩同盟的維斯比，早在一二二〇年就有了學校。這些學校的課程和教會學校並無不同，卻讓有財力而無身分的暴發戶子女得到受教機會。這並非斯堪地那維亞特有的情況，英國那些門檻甚高的老牌菁英學校，同樣也叫「公學」（public school）。

中產階級以外的大多數人沒有受過正式教育，也不識字，但不懂拉丁文並不代表愚昧無知。他們無法往上爬是因為受到壓迫，而不是因為沒有能力。就算沒有上學，他們也有其他學習知識的管道，並繼承了各種從經驗習得的智慧。他們自小開始工作，學會了養育土壤、從河海中捕魚，懂得打獵和採集，並與牲口和野畜打交道。他們也瞭解清潔、紡紗、織布、縫紉、烹調等技藝，熟知天候與四季，懂得工藝與買賣。他們從家庭學習到自己是誰，學習到身分認同，學習到歷史以及家族裡的種種。即使是在當代，鄉村居民也比住在「現代」都市的人更瞭解親戚關係，很多人無需細想就知道誰是誰的堂兄表妹，祖上是誰，又隔了幾等親。他們擁有各種民間知識，像是照顧病患以及利用天然草藥。他們對人這一生從出生到死亡的種種細節瞭如指掌，而我們現代人幾乎一無所知。

佃農的知識來自與地主的來往。他們以農產品支付田租，親自交給地主。他們為地主工作，有些是定期的勞務，有些則是長期在農場耕作或操持地主家務。他們其實很瞭解「上位者」的生活，後者在小人物面前毫無祕密可言。

他們的知識也來自往來的陌生人。當時的旅人並不在少數，這點從黑死病的迅速傳播就看得出來。貨物貿易需要靠馬車或海船，各地居民都需要幫忙搬運、裝載貨物，此時就能從商人口中聽說其他地方發生了什麼事。

當時有地位較高的人參加的區域庭會，以及村落層級的地方大會。這些聚會定期舉行，最低層級的通常每週都有。聚會上除了交流情報，也會討論政治與經濟議題，來自上層的壓力和來自下層的意見都會在聚會上互相傳遞。逐漸制度化的地方官吏和國王代表，也會在此向民眾傳達法律和上位者的期望。宮廷、主教區和修道院裡新興的文學，也多少會在這時流傳到民間。

教會的角色也很重要。孩子出生就要受洗，學習過教理的少年要受堅振禮（confirmation），後來的婚禮和葬禮也都由教會主持。參加教會活動是強制性的，或者至少是種義務，因此人們每週都會到教堂，聆聽神父莊嚴認真地宣講基督教的真理、認知與世界觀；而在各種教會節日期間，宣講的氣氛更是肅穆凜然。禮拜讓人們不分上下地聚集在一起，並得到受教育的機會，畢竟，向信徒傳授福音正是神父的職責。當時的人需要能夠背誦《信經》（Creed）和常用禱文，並學會幫有生命之虞的新生兒施行臨時洗禮，以免他趕不到教堂。

然而關於具體的社會景況和風俗人情，我們所知就很有限了。從文獻中的描述看來，當時的社會井然有序，人們日出而作，日落而息，並由地位更高的人統治、管理。但實際上，那個時代絕非如此秩序井然。中世紀的人口快速成長，沒有多久就超越了糧食產量的成長速度。上層階級內部充滿矛盾，血仇世代相傳；底層生活貧困且備受剝削，王室與教會的稅制、地主徵收的田租與勞役，都使得中世紀充斥著農民起義。按照現在的說法，當時各個經濟體都近乎開發中國家，眾多人口長期陷於貧困，過著朝不保夕的生活。

一戶典型的佃農之家能夠養活一個男人、一個妻子和他們的孩子。如果這戶人家有四到五個孩子活下來，待他們成年以後，就只有兩人可以靠這塊租佃地維生。如此一來，這一代就有兩、三個人必須去別的地方謀生。少數人會選擇搬到規模尚小的城市，有的人會學習打鐵、烘焙、織布或製鞋等手藝，但大多數人只能成為傭農或幫傭。運氣好的人可以找到長期工作，但不少人必須四處漂泊尋找雇主，或者從事按日計酬的散工勉強謀生。

對大多數女性來說，中世紀的日常生活幾乎沒什麼變化，依然是苦工、家務、懷孕和生育。不過，教會對家庭生活的規範，還是讓她們的日子有所改善。根據教理，婚姻是神聖的儀式，必須基於男女雙方同意。女性不再那麼容易被強嫁他人。禁止離婚的規範，以及嚴格區分合法與非婚生子女，都讓女性在婚姻和家庭中的地位有所提升。丈夫無法休妻，且子女歸屬於**母親**。儘管家產仍掌握在丈夫手裡，但妻子的發言變得更有力量。家產依然由兒子優先繼承，但女兒也得到了一些新的繼承權和財產權。

此時的婚姻還是非常實際，完全聽由家庭安排。富人的婚姻建立在財富和政治聯盟上，少數上層階級的女兒如果不想結婚，或是找不到好的結婚對象，就有可能選擇進入修道院事奉上帝——修道院最初就是為了貴族而設立的。至於平民百姓的婚姻，男人找妻子是為了一起經營租田，女人需要丈夫則是因為他們可以提供生活保障。年輕男女幾乎沒有機會自由戀愛或尋覓伴侶，這有部分是他們沒有學校、社團、派對或舞會，沒什麼機會聚在一起。上教堂時或許會有一些眼神交流，但也只是點到為止。由此看來，無論布道有多冗長乏味，人們應該還是相當熱衷於參與教會活動。禮拜天是休息日（但女性可能仍然要從事家務），也是擺脫日常辛勞，與鄰居朋友團聚的機會。

社會生活受到教會法規範。家庭的核心是一對已婚夫妻，而一對正式的夫妻應當在教堂正式結婚。除非能證明這段婚姻違反教會法，否則禁止離婚，且婚生與非婚生子女的界線非常嚴格，只有婚生子女擁有繼承權。斯堪地那維亞語言對這些身分的措辭非常激烈。在英語中，婚生子女是「合法」（legitimate）子女；而在斯堪地那維亞語言裡，則稱為「真正」（real）或「正品」（genuine）子女，而非婚生子女則是「贗品」（ungenuine）*。

教會始終想對性行為施以戒律，但幾乎是屢戰屢敗。宣導禁慾的主要是主教以上的高層領袖，他們與教區的實際生活幾乎無涉。基層的神父普遍都尊重常民生活，有時自己也無視官方的道德戒律，與「女管家」同居甚至結婚。

從事服務業者的生活更沒有保障。農場女傭睡在牛棚馬廄，農場工人居於穀倉棚戶，而城市勞工更是東飄西蕩、起居無定。留在家中的女兒能得到父母照顧，無依的女子卻得不到任何援助。她們常常受到年輕男子追求，有時可能會樂意接受，但時常並非如此。

至於「失足」女性，以及她們的孩子會怎麼樣？有些會得到家人或主人照拂，有些也許能在修道院找到庇蔭，但更多受到賤斥，只能自生自滅。教會宣揚救濟貧人，卻對罪人毫不寬容。無父子女的出生常會被母親保密，因此只有少數有幸受洗，多數都沒有機會，正好當時的預期壽命很短，死亡可以「解

* 譯註：如瑞典語的婚生子女為 *äkta barn*（直譯為真正的孩子），非婚生子女為 *oäkta barn*（直譯為偽造的孩子）。

決」很多問題。棄養兒童雖然犯法，卻從未斷絕。挪威作家肯努特．漢姆生（Knut Hamsun）的名作《大地碩果》（*The Growth of the Soil*）雖然設定在二十世紀初，但開篇就是描寫一位母親選擇了行之有年的「解方」，任由畸形的新生女兒死去。

性交易在城市、市集等地方非常盛行。這是因為城市吸引的大量移民中，也包括許多來自鄉村的棄婦孤兒。許多人難以找到體面的生計，有些人甚至淪為乞丐，賣淫自然也很普遍。在十三世紀的挪威內戰期間，一名主教縱火燒毀了六座卑爾根的教堂，辯解這些教堂已遭褻瀆，與「娼婦的茅屋」一樣不再神聖。一三〇〇年左右的卑爾根大約有兩百名性工作者，以一座當時至多五千人口的城市來說，算是相當主流的職業。究其緣由，是漢薩同盟在此成立商站（*Kontor*），並形成一處飛地，許多學徒遠從德意志來此居住，形成只有男性的社群。他們不能與外人成家，但年輕男子的性慾需要滿足，自然就會尋求這些在商站圍籬外「倚門賣笑的女人」（gate woman）提供的服務。

平民的日常生活中有沒有娛樂和享受？當然，找樂子是人的本性，古時的人也跟現在的人一樣，喜歡聚在一塊。丹麥沃斯雷夫（Ørslev）教堂有幅繪於一三二五年的壁畫，畫中就描繪了男女成群歡快共舞的場景。丹麥奧爾堡（Aalborg）也有幅中世紀畫作描繪了一場熱鬧的盛宴，宴會中有人奏樂、有人舞蹈、有人暢飲，而畫面中央是一名把玩碩大陽具的裸男。手頭有餘的人會在節慶時舉辦盛大的宴會。城鎮中的人生活距離更近，日日彼此相伴，上酒館喝幾杯是男性最主要的聚會方式。不過也有些地方的人住得很遠，比如挪威的大部分鄉村，這些地方的社交機會就必然受限，大部分都是跟家人待在家裡。直到今天，這些社區裡依然普遍缺乏旅店、酒館等設施。不過相鄰的人還是會聚在一起，互相幫助、慶祝喜事、維繫連結、分享歡樂與交流八卦。當然有時也會發生衝突，全世界的鄉村生活都一樣磨人，但這同樣是社群形成的一環。

奴隸制的終結是因為供給和需求同時減少。維京人不再劫掠海外後，斯堪地那維亞失去了國外奴隸的來源。而且在新的農業模式下，奴隸的生產力也不如過往。再加上人口成長，光靠佃戶就夠維持生產力了。

一旦不再補充新的奴隸，現有的奴隸遲早會消亡殆盡。然而除此之外，很多奴隸也設法擺脫枷鎖，恢復自由之身，其中大部分是以分期付款的方式跟主人贖身。有些人靠著開墾新的土地，恢復真正的自由，但不少人仍然離不開以前的主人。他們和子女都不能自由交易，不能留下或繼承遺產，結婚也需要經過前主人允許，且還是要替前主人工作。前主人可能會分配一塊土地給他們耕作，讓他們用地上長出來的農作慢慢買回自由，而這過程可能要經歷好幾個世代。

他們是所謂的「農奴」嗎？在挪威和瑞典的許多地方，農民的法律地位是自由人，雖然他們非常依賴地主，但他們在法律上依然擁有自由。丹麥就不是這樣了。芬蘭歷史學家埃利亞・歐爾曼（Eljas Orrman）指出：「長期的政治動盪一直持續到十四世紀上半葉，導致農民愈來愈難捍衛自己的權利與財產。」一碰到法律問題時，佃戶幾乎只能向地主求助，而地主自古以來都有保護依附者的權利和義務。他們利用佃戶與日俱增的依賴性，加強對這些人的控制。丹麥的土地所有權架構又進一步促成了這種現象，因為地主名下的土地通常都很大。一三〇〇年起，佃戶無法再上法庭為自己辯護，必須由土地所有人或是其代表出面替其申辯。地主的權力逐漸擴大，甚至有權審判佃戶、科處罰款。雖然這並不總是對佃戶不利，因為他們得以避免捲入高層級、冗長又混亂的訴訟程序，但仍然意味著更深一層的臣服。

到了十四世紀末，佃戶還必須先賠償地主的損失，才能搬遷到他處，且賠償金可多達半年田租。不久後，某些地方索性廢除了佃戶遷移的權利。一四九〇年代，索勒（Sorø）一間修道院就在和主教爭辯時提出：「自古以來，修道院的農民即隸屬其出身地，在特定情況下，逃亡者會被強制遣返，甚至修道院可以出售所屬農民，這種事情並不罕見。」歐洲的農奴制跨度甚廣，有如俄羅斯、東歐、西班牙等「苛烈」近乎奴役者，也有像其他地方的「柔和」形式。在丹麥的某些地區，底層農民的待遇確實已經惡化到「柔和」、甚至是「苛烈」農奴制的程度。到了十五世紀，農民在法律上的處境才有所改善，但佃農的負擔依然沉重，勞役量更是只增不減，直到十八世紀末的土地改革後，農民所受的剝削才有所減輕。

窮困的人只能靠家人照顧，這是傳統，後來也成了教會的教誨。但家庭往往難以承受這樣的重擔，於是教會的職責便是讓貧民、寡婦與孤兒等不能自存者享有安寧。什一稅中有四分之一是專門用於濟貧。教堂與修道院都會施以救濟，並提供庇護的處所。他們也在朝聖地和城市中設立「行濟舍」（hospitia）收容朝聖者，以及安置病人與無依者，隨著時間演進，這些機構變成了貧民收容所或醫院。

在丹麥，除了家庭照顧之外，只有教堂和修道院會負起濟貧紓困的責任，但後來行會也慢慢分擔了一部分責任。一二四一年頒布的《日德蘭法典》（Code of Jutland）雖然被譽為最先進的早期成文法，但其中並未有「公共」救濟相關的規定。在挪威和瑞典，則出現了一些獨立於教會的早期「公共救助」。這種救助體系採取輪班制，每一個農村或城市社區都負責照顧一個貧民，受助者會在各戶人家中居住一晚或是一週，若有必要，還會有人協助交通。參與輪班是義務，未履行的話會遭受罰款。「明法王」馬格努斯曾在一二七四到一二七六年間施行一部法律，規定赤貧者有權受到保護，比如當有赤貧者橫死，本有能力避免悲劇的人就要負責。若有人不是因為自己的錯而失去生計，那他就有權要求延後償還債務。乞討杖（beggar's stave）代表一個人窮到需要救濟，拿著它會更容易要到飯食，但如果他被抓到有工作能力，或是有家人可以求助，就會被剝奪持杖的權利。*從如今的角度來看，這些制度設計都相當粗糙，但它至少承認了貧困的存在，並明言扶助貧病者是一種「公共」義務。

當時的日常生活和我們現在相比，無論視覺景觀、感受還是氣味，都有很大的不同。污物無處不在，毫無衛生可言。現代的清潔習慣和標準，是二十世紀才逐漸普及的，多虧了有人發明廉價的肥皂和衛生紙。在這之前，人的一生都極其骯髒，疾病和傳染病到處肆虐，死亡率奇高，出生與童年之時尤其凶險。

中世紀的人與牲口住得很近，而且不分田野和城市，距離都是這麼緊密，無分場合——或者說白一點，到處都是屎。人們把屎踩得到處都是，不分室內室外。大小便需要隱私是現代人的觀念。當時擦屁股的標準方法是用手，而把手弄乾淨唯一的辦法，是再擦到別的東西上，比如褲子或袍子後面。有時也會用木頭之類的工具，但如果家境不怎麼樣的話，這些工具通常要重複使用，甚至眾人共享。苔蘚之類的天然材料頗受歡迎，但採集苔蘚的成本很高。到了吃飯的時候，則是直接用手從大盤子裡抓。刀、

---

* 「乞討杖」是持杖者值得救助的象徵。當時似乎認為「拿杖乞討」是一種個人選擇，而在瑞典，乞丐也稱為「拿杖人」（*stavkarlar*）。馬格努斯在法律裡寫下這些規定，是為了避免有人濫用同情的紐帶。在歷史上，有乞討杖是頗為體面的事情。在索福克勒斯的《伊底帕斯王》（*Oedipus Rex*）中，主角就從萬金之軀淪為「手裡拿杖的」乞丐。如今，朝聖者在前往尼達洛斯座堂瞻仰聖歐拉夫時，依然會攜帶長手杖以示其身分。

叉、匙這種現代歐洲常見的組合，其實也是十八世紀的發明。

維京時代就已經有公共茅坑了，但獨立封閉的解手空間並不常見，或許只有富人家裡才看得到，至少在挪威，這種廁所要到十九世紀才會普及。就算到了一九六〇年代，在我度過童年夏天的叔叔農場裡，院子對面的廁所還是用舊報紙的碎片充當衛生紙。

到了城裡，髒污更是隨處可見。垃圾不是隨手丟棄，就是扔到能處理掉的地方，最後多半進了水裡。河流底下都是厚厚的污泥。斯德哥爾摩很幸運，有大量河川經過，能將垃圾沖入海中；而在地勢低平的哥本哈根，垃圾只會堆在原地，愈堆愈多。隨著公共廁所誕生，出現了一種叫「晚伕」（nightmen）的職業。他們的工作是蒐集人類排泄物，混合其他垃圾給農民作肥料，而且這不是城市服務，而是一門生意。大城市到一八五〇年代才開始建造下水道，奧斯陸的第一座污水處理場啟用於一九一一年，沖水馬桶則到二十世紀中葉才慢慢普及。

當時的人也不常洗澡或是洗衣服。水是稀缺資源，熱水更是昂貴的奢侈品，而且市鎮的水源往往都污染嚴重。再舉我叔叔的農場為例——他那邊其實環境不錯，也有自來水，卻沒有沖水馬桶，也沒有浴缸。在田裡忙了一天後（或許在某個工時較短的禮拜六），我叔叔常會帶我這位讓他自豪的助手去附近的小瀑布沖澡，但那邊的水很冷，一年當中鮮少能夠這樣。

除了洗澡，人們也不常換衣服，換洗床單同樣稀罕。據說十九世紀的有錢船東想洗床單的時候，會直接送到倫敦去。人們通常擠在毛毯或獸皮裡同床而眠，老鼠、蝨子、跳蚤、蠕蟲和蒼蠅都在此時紛紛探頭，趁著人類入睡在骯髒的環境中覓食。說到床第之間，當時的性交方式也充滿污穢和危險，令人不忍細思。肛交是常用的避孕手段，墮胎的方式極其危險。雖然也有公共三溫暖或澡堂，但若非消費奢侈，就是妓院的偽裝。到了十六世紀，梅毒傳入歐洲，公共澡堂也逐漸從城市風景中消失了。

貿易

新型犁耕對農業的影響，就像廉價食鹽對貿易的影響一樣深遠。從這時開始，丹麥的出口商品就和今天一樣是以奶油、肉類、牲口為主。挪威則主要出口魚乾、獸皮，後來木材也漸漸成為主要商品。瑞典則是出口銅與鐵，從一開始的少量產品，逐漸增加到一三七〇年左右的三百公噸許，一百年後又增加到超過一千公噸。主要進口商品包括麥芽、麵粉、蜂蜜、織品，以及葡萄酒等奢侈品，當然對挪威來說，糧食也是重要進口商品。直到今日，挪威的糧食依然無法自給自足。在維京時代，人口外流多少解決了部分問題，後來又靠人口外移潮紓緩了一次，現在則是靠進口糧食來解決。曾經相當重要的奴隸貿易於此時中止，但沒有就此結束，後來大西洋奴隸貿易再次興起，斯堪地那維亞又再度投入其中，對於把人類當成貨物買賣，並未比維京時代更感愧疚。

早期的貿易規模並不大，但從十三世紀開始，經濟剩餘逐漸增加，貿易量也就隨之成長。第一波成長是因為王室和教會稅收增加。地租、什一稅和各種稅賦多以實物形式繳交，而其中一部分就成了對外出口的商品。

成長最大的是漁產貿易。這不是新興的交易項目，但規模卻空前成長。供應方從波羅的海及丹麥與挪威之間的海岸捕撈鯡魚，最大的需求方則是教會。為了鞏固權力，遠在羅馬的教會頒布了一系列清規，要求歐洲各地的信眾遵從。齋戒開始實施，不僅重大節日要守大齋，每週三、週五也應守小齋，總共算起來，齋日約占了一年的三分之一。對北歐貿易來說，整件事的神蹟在於齋期可以食用魚類，因此整個歐洲瞬間成了巨大的市場。

恰逢此時，鯡魚的產量暴增，瑞典和丹麥水域的鯡魚之多，只消從船上甚至岸邊下網，就能撈起大量漁獲。鹽漬保存由於成本太高，本非傳統做法，但新發現的鹽礦使得鹽價大跌，改變了一切。最大的鹽礦位於呂內堡（Lüneburg），經由呂貝克（Lübeck）出口。斯堪地那維亞的魚碰上德意志的鹽，一門名垂千秋的生意就此展開。

問題在於，是誰掌握了這門生意？答案是德意志人。他們不僅有鹽，還有船隻、資金、技術和組織能力。

德意志是個鬆散的封建領主聯盟，各領地名義上效忠神聖羅馬皇帝，實際上卻各行其是。其中一些封地不屬於貴族，而是因貿易發展而成的自治城市。其中一些圍繞波羅的海沿岸，掌握南方和西方商路的城市彼此合作，組成了漢薩同盟。儘管各城市的關係並非一直都很和諧，但仍聚集了足以捍衛自身利益的力量，甚至有陸軍與海軍以備不時之需，在鼎盛時期有超過兩百個城市加入。漢薩同盟並非國家，但它的組織夠完善，能與列國平起平坐，締結條約和談判貿易法令。漢薩同盟形成於一二〇〇年左右，以呂貝克為起點廣結盟友，首先登上哥德蘭島的維斯比，並在哥本哈根、斯德哥爾摩、卑爾根、諾夫哥羅德、布魯日和倫敦等城市設立了大小商站，依循漢薩同盟的法律和管理方針經營。一三五〇年代後，卑爾根因黑死病元氣大傷，德意志人趁機將當地商站改為永久機構，最後該城有大約五分之一人口都住在漢薩商站裡頭。兩百多年後，漢薩同盟勢力漸衰，諾夫哥羅德商站於一四九一年關門，倫敦商站於一五九八年歇業。最後，盛極一時的漢薩同盟僅剩呂貝克、漢堡和不萊梅三大城，並在一六六九年舉行最後一次大會。卑爾根商站在漢薩同盟消亡後仍持續運作到一七六〇年左右，商站大部分的建築都在一七〇二年的城市大火中焚毀，但後來依舊有的風格重建為保存至今的「布呂根」（*brygge*，原意為港口）。

斯堪地那維亞人雖然不滿德意志人利用他們的資源致富，卻也無能為力。他們依賴德意志人管理貿易，且無論如何都贏不過德意志人。在此後的兩個多世紀，漢薩同盟幾乎壟斷了斯堪地那維亞和歐洲對波羅的海的進出口貿易。儘管付出了不少代價，但斯堪地那維亞人終究還是一面參與貿易，一面掌握了管理的技術。

德意志商人和早期的挪威維京人很像，只不過他們不是靠掠奪，而是靠著依循貿易季節往來，接著建立

圖四：維斯比城的中世紀樣貌，這座貿易市鎮位於哥德蘭島，歷經維京、漢薩與丹麥三個時代，該島從十七世紀開始屬於瑞典。Wolfgang Sauber / Wikimedia Commons / CC BY-SA 3.0。

越冬的半定居社區，最後發展為永久定居點。很早以前，斯德哥爾摩的市議會就有保留給德意志人的席位，而到了十四世紀，該城的市民階級（burgher）裡已經有三分之一是德意志商人。漁產貿易的興起，讓北方大地成為膏腴之土，甚至成為「征服」的對象。

王室關注的是收取國際貿易的稅款。貿易在指定的城市和商站進行，並在該處徵收酬金與通行費。丹麥則控制著波羅的海出入口，藉此向過境船隻抽取通行費用。十五世紀末的丹麥海域每年有三千船次通行，為王室帶來豐厚的收入。至於丹麥本國的出口產品，則是牲口和馬匹，主要循陸路從日德蘭半島南下德意志。兩地之間的交通路線稱為「行軍道」（*Hærvejen*），亦稱「趕牛道」（*Ochsenweg*）。原則上，貨物會在邊境商站交易，以便王室徵收通行費。

丹麥王室對鯡魚貿易的監控尤其嚴格，幾乎所有貿易都集中在斯堪尼東南邊，位於松德海峽入口的斯堪納（Skanör）與法爾斯特博（Falsterbo）兩處市場。瑞典人、丹麥人以及部分挪威人運來鯡魚，德意志人提供鹽，男人負責交易，女人則負責醃製和裝桶。下半年的這裡熱鬧非凡，不僅有買賣鯡魚的斯堪地那維亞人與德意志人，還有各式各樣的斯堪地那維亞商販，以及帶著紡織品等物，從歐洲各地前來收購珍貴鯡魚的商人。

這些人住在擁擠的棚屋或帳篷。人們擠在一塊，將大量的鯡魚開膛剖肚、沖洗乾淨，期間還有牲口買賣，不難想像現場有多麼黏膩、腥臭。當地人會提供食物和飲品。德意志人還會帶來娼妓以滿足當地需求。丹麥官員除了收取通行費，也多少會試圖維持秩序，但成效有限。這不難想像，那麼多的男男女女離鄉背井，來到這裡組成臨時社區，無數金銀財富在此流動，宵小騙徒蜂擁而至，除了生意，人們也需要生活，而生活總會包含飲酒、鬥毆與嫖妓。儘管場面再怎麼不堪，鯡魚市場仍是在基督教統治下經營，而教會也從中獲得大筆利益，在斯堪納和法爾斯特博留下了一座座聳立至今的美麗教堂。

教會

湯姆．霍蘭（Tom Holland）在他研究基督教信仰的作品中提到，中世紀歐洲的羅馬教廷「完全壟斷」了對神性的解釋，只有零星的猶太社群不受影響，因此他們徹底決定了生活的節奏，無論男女「都將其世界觀內化到骨子裡」。不分貴賤，人人都相信上帝之手無處不在，控制著世間一切動靜。想活在教會的體制之外，不但實務上辦不到，人們也無法想像，因為生活中的一切，從出生到死亡、從早到晚，都離不開教會的規範。

自君士坦丁大帝終結連年內戰，成為羅馬唯一的統治者，基督教就在三一二年成為帝國內的合法宗教。據說他曾在天上看見十字架，又於夢中得到救主訊息，言其必勝，後來果然得勝，君士坦丁遂將其勝利歸功於基督祝佑。會眾於是建立了羅馬教會。教會結合虔誠的信仰與嚴密的組織，在西羅馬帝國滅亡後幫助歐洲人從一片混亂中重新站起來，再度建立一個新帝國，也就是後來的神聖羅馬帝國。八〇〇年，教宗為查理曼加冕，半以國家力量為礎石，半以教會權威作地基，樹立新的政治聯盟，成就新的秩序。因此維京諸王將基督教帶回斯堪地那維亞時，不只帶來了信仰，也帶來了組織。信仰是現代化的動力，而組織讓現代化得以成真。

教會的組織在當時，乃至於在整個歷史上，都是絕無僅有的特例。它擁有唯一正統信仰的合法性，因而壟斷了將上帝恩典賜予平民、領主和國王的權威。它重新定義了王權，賦予國王保衛信仰與統治國土的雙重責任。它不僅主導了人們敘事與思維的方式，也主導了生活中的大小事務。教會以安息日、齋戒日、禮儀節期、出席彌撒、告解、洗禮、堅振等禮節聖事，敲定了生活的節奏，並以服從的規則，統合了信仰與日常生活。教會的影響力遍及全歐，它選擇以拉丁文當作通用的書面語言，並以羅馬教宗聖座為中心，建立起由總主教、主教、神父和修士操持，以主教座堂、教堂和修道院為據點，層層向外輻射的體制網路。教會掌管著當時的學校，也負責許多民事審判。它是王室唯一的知識分子來源，因此也負責記錄歷史、起草特許狀與條約，還有維護檔案。後來許多王室議會也借鑒了主教團（Episcoporum Conferentia）的運作方式。堂區神父既是教師，也是道德與地方秩序的捍衛者和表率。教堂是歸屬感和團結的核心。當人們渴求真理、需要理性建議或人生意義時，都只能向教會尋求解答。

世俗權力也需要教會的認可和服務。根據當時的信仰，國王如果沒有被當作上帝的僕人，就不能成為國王。他們需要教會派遣高級神職人員為其膏立，需要由教會把持的書寫、記錄等技能。他們沒有實力和主教甚至教宗對立，就算只是勉強順從，也有可能惹禍上身。

憑藉強大的組織力量，教會在提供合作時往往能夠漫天要價，獲得更多財產與收入。為查理曼加冕時，雙方的條件看起來還算公平：教會得到他的保護，而他則利用教會當作統治機構。然而，跟王權平等合作很快就無法滿足教會，它認為自己是這個關係中較為優越的一方。於是教會開始要求自主。它要求自行任命主教，以免主教繼續受制國王。它還要求擁有自己的司法權，以及要求免受政府徵稅。

這些要求最後都實現了，只是過程並非一帆風順。在歐洲大陸上，政權與教會的摩擦不斷升溫，並在教宗額我略七世（Gregory VII）和皇帝亨利四世（Henry IV）的衝突中達到高潮，最後以雙方於一〇七七年在卡諾莎（Canossa）的會面落幕。亨利四世堅持保留主教敘任權，命令額我略下臺；額我略則將亨利破門絕罰，逐出教會，以為報復。最後教宗贏了，皇帝發現若無教宗支持，必將失去帝位。最終，他只好身披苦行衫，跪行至聖座巡幸的卡諾莎，百般懇求，終得教宗赦免，重回教會。兩人的衝突並未就此終結，亨利後來又將額我略逼下聖座，流亡至死，但教會的自主權已然確立。事實上，當教皇為查理曼加冕時，就已經確認了一個現實：皇帝廢立，決於教宗。

教會很晚才在斯堪地那維亞站穩腳跟，且來時便指望享有自主。正是因為如此，百年後的挪威國王斯韋雷才會和主教們發生衝突。在挪威的歷史書寫中，斯韋雷素有勇者之譽，因為他敢於對抗羅馬，拒絕滿足教會要求，並禁絕教會活動、放逐主教。然而，斯韋雷的影響並不長久，主教們很快就重回挪威，並確認了教會自主。

維持教會的強大從不輕鬆。皇帝與國王們的讓步多不由衷，他們一方面依賴教會，一方面也心存怨恨，而當宗教改革一登場，這股怨恨便脫韁而出。教會內部也不乏挑戰，反對者認為教會已經墮落，沉迷於追逐權力和財富。這些神學家開始推動更純淨的神學，新的修會誕生，成員們放棄財產，謹守清貧與服務的誓言，獻身於幫助窮人，傳播真正的福音。

基於教會至高無上的宣稱，赦免罪（sin）成了教宗的權力，而他手下的神職人員在履行職務時，也有相同的權力。但此時，人們也開始質疑：救贖是否屬於教會的恩賜，又是否取決於服從教會的權威與教義？或者這是信徒與上帝之間的事情？一五一七年，德意志威登堡（Wittenberg）一名叫作馬丁．路德的修士兼聖經學教授將他的《九十五條綱領》（*Ninety-five Theses*）釘在教堂門上，否定「唯有依靠教會恩典方能得救」的主張。和斯堪地那維亞列王一樣，許多德意志王侯一直想方設法反抗教會的壓制，此時看到教會因聚斂無度、濫用權力和內部紛爭而陷入內耗，便紛紛亮出獠牙，準備削弱羅馬教會的權力。

拿下斯堪地那維亞時，羅馬教會正陷於十字軍的狂熱之中。一〇九五年，教宗烏爾班二世（Urban II）號召歐洲基督徒以武力從不信主的穆斯林手中奪回耶路撒冷和應許之地。第一次東征於一〇九六年啟程，此後兩百年間，整個地中海地區至少發生了八次東征；如果算得細一點，可以說有十三次。第一次東征成功抵達並占領了耶路撒冷，但沒有很久，最後也未能征服應許之地。實際上，除了宗教動機，十字軍也有複雜的政治考量，整隻軍隊的軍紀極差，所到之處恣行暴虐，受害者不只是東方的穆斯林敵人，也有信仰基督教的土地與人民，甚至連在他們自己的國家裡也同樣兇惡。東正教的中心君士坦丁堡就在一二〇四年慘遭洗劫。猶太社區也備受欺凌，不只是海法（Haifa）等巴勒斯坦的猶太城鎮遭到攻擊，歐洲的猶太市鎮亦未能倖免。為了保護耶路撒冷不受侵略者肆虐，許多猶太人都和穆斯林並肩作戰，壯烈犧牲。

歐洲大部分基督教國家都捲入了這場狂熱。第一次十字軍東征後，年僅二十來歲的西古德一世（Sigurd I Jorsalfare）在一一〇七到一一一一年之間發動了挪威十字軍（Norwegian Crusade），*並成為第一個到達耶路撒冷的歐洲君主。舉兵之時，西古德麾下約有五千兵漢，他們沿途作戰，繞行歐洲西岸進入地中海，並於一一一〇年抵達耶路撒冷。過境諾曼人的西西里王國時，他們受到了兄弟般的歡迎。當時魯傑羅二世（Ruggero II）年僅十四歲，尚未稱王；後來的他成了一名寬容的統治者，始終拒絕參加十字軍。後來陸續有其他斯堪地那維亞國王加入聖戰，但也有些國王選擇迴避，或是用錢換取安寧，還有些人甚至將自己的區域戰事冠上「十字軍」的名義。

當時的西古德很年輕，十字軍東征對他來說是冒險和贏得名望的好機會。此時的耶路撒冷由十字軍首領布洛涅的鮑德溫（Baudouin de Boulogne）控制，西古德與他一同攻打沿海城鎮西頓（Sidon），這場圍城戰長達四十七天，全賴挪威艦隊封鎖海路，方得成功。事成之後，西古德遂同麾下兵勇離開，經君士坦丁堡返回北方，將鮑德溫賜予的「真十字架」碎片獻於聖歐拉夫埋骨地，並獲得每個北歐領袖都渴望的名望與聲譽。

這股狂熱繼續席捲歐洲，就連許多發生在歐陸的戰爭，都是高舉著十字旗，以求名正言順；直到這時，「十字軍」一詞才流行起來，並被後世史家用來稱呼早年前往應許之地的「武裝朝聖者」（armed pilgrimage）[†]。不僅國王，平民也深受這股力量的吸引。有個叫紀斯洛．彼得松（Gislo Petersson）的瑞典人在大約一二五〇年前往巴勒斯坦，行前他立下遺囑，將名下農場捐給修道院，後來很可能死於朝聖途中。另一名叫尼爾斯．西古德松（Nils Sigridsson）的瑞典人則在遺囑中提到他曾抵達應許之地，從那帶回一個小金十字架，並表示要將其捐給所屬教堂。

許多針對波羅的海歐陸沿岸，以及進犯諾夫哥羅德和羅斯其他地區的戰役，也都自稱為「十字軍」，不過這些戰事都沒有什麼成果。十三世紀，丹麥曾在教宗鼓勵和授權下，對芬蘭發動過兩次「十字軍」，瑞典也曾在同樣的背景下進攻芬蘭三次，目的都是要防止芬蘭落入東正教會之手。（如果算上

* 譯註：他的稱號因此是「十字軍戰士」西古德（Sigurd the Crusader）。

† 譯註：起源於中世紀早期。當時伊比利半島的聖地亞哥德孔波斯特拉（Santiago de Compostela）是重要的朝聖地，由於當地緊鄰穆斯林地盤，常遭遇打劫，基督徒便發展出武裝朝聖的傳統。

據說由瑞典的聖埃里克（Erik the Saint）發動的那次，則是從十二世紀就開始了，不過這場東征存在的相關證據還不夠充分。）屢次東征的結果，就是瑞典征服了芬蘭。

統治

一種新的斯堪地那維亞王權在中世紀逐漸成形，類似於先前其他歐洲地區的發展。其中一些基本的元素普遍存在三國王室之中。儘管三國的王權發展並不完全相同，時間線各有差異，也不是每項改革都有發揮效果、延續下來——有些改革受到質疑，甚至完全被人忽略。官員卑劣腐敗，國王和逐位者（pretender）之間時常爆發戰爭、互相殘殺。但長期來看，王權發展還是有一定的規律。歷史學家哈里森指出，時至一三〇〇年，瑞典的領地界線已經頗為明確，政治制度、中央政府、王室與教會也都一一確立，貴族和市民階層已然成形，納稅人口和國家法律也算是可靠。丹麥、挪威兩國的情形也相去不遠。

「王冠」成為國家元首的象徵，而國王就是王冠的承擔者，且王位繼承的規則也更為嚴謹。在過去，國王是經推舉產生的，必須得到庭會接納，方有威信。血緣並非繼承權的決定因素，但依然很重要。任何與前任國王有親屬關係者，無論親疏嫡庶，皆有權爭取王位。是以選王時每每逐位者眾，非但秩序不明、戰亂不止，多王共治、分境割據者亦屢見不鮮。為了建立基本秩序，王位繼承逐漸從選舉轉向世襲，以最年長的合法兒子為嗣。教會特別強調只有合法子嗣有權繼承，因為根據教義，婚生與非婚生子女必不可平等。十二世紀中的丹麥，以及十三世紀中的挪威都原則上接受了世襲制度（瑞典則更晚），但依然要像過去一樣得到認可。推舉的權力也從多少較為民主的庭會，轉移到由主教和大地主組成的樞密院（丹麥語：*rigsråd*，瑞典語：*riksråd*）手中。貴族和教會都不願意放棄對王位繼承的控制，因此國王需要接受加冕，並簽署書面協議，承諾尊重「人民」，也就是「教會和貴族」的特權。

國王的統治方式也有了變化。他們不再四處巡遊，而是開始遷入居城。在城市興起的時代，建立穩固的基地並定居下來是更好、更舒適也更有效的做法。他們建造了堡壘，以便能夠安全、愜意且奢華地生活。雖然他們還沒有像現代政府一樣完全定居首都，但大部分的時間都會待在自己最鍾意的宮殿。

國王定居下來的另一個原因，是統治機構的革新。樞密院是現今國會的前身。在政局穩定時，諮議員由國王從教會和貴族領袖中挑選任命。然而，這個機構很快就有了自己的運作模式，足以自行運作，除了為新王加冕，以及在王座尚虛、國王幼年時代為掌權，樞密院還能在征戰等大事上直言反對國王。樞密院召開的頻率並不固定，有時每年一次，有時更為頻繁。其具體權責也不斷變化，比如立法權就在國王和樞密院間不斷來往，但國家的治理確實依靠這兩方合作。

另一個新機構是御前會議（king's committee），也可以說是樞密院內院，是更小的核心群體，與國王長期合作，也是日後政府的雛形。

為了鞏固這種新的治理方式，書記官與各式專家的辦公處也應運而生。治理愈來愈依靠文書，因此需要有人書寫，有人檢查。國王對內仰賴顧問，對外需要大使。政事府（chancellery）也在這時出現，由政事大臣（chancellor）主管，並發展成日後的公務體系與首相。最後一種新的統治機構是常駐地方官，無論城市還是鄉村，地方事務都轉而由王室任命、向王權負責的官員掌管。國王在全國戰略要地都設置了皇家宅邸，最後這些宅邸又發展為城堡，由忠心的指揮官鎮守，兼任地方總督。這些高官和其他基層官員除了負責執行王政、管理王室財產、維持司法與秩序，最重要的任務還是徵稅。他們會與「人民」的集會密切合作，這些集會繼承了古代庭會的權威，對王室統治來說既是助力，也是束縛。

不久，城堡就變成政治實力和控制地區的關鍵，也成為不同勢力爭奪的對象；他們有時效忠國王，有時又效忠樞密院，端看權力如何流轉。丹麥和瑞典爭奪領土時的重點，便是攻取位於要衝的城堡，並指派自己的官員鎮守。

隨著王權興起，法律紀錄也漸漸增加。人們不只要遵守世俗法律，也要遵守教會法，而且由於世俗法律需要符合基督教教義，兩者相加之下，便賦予了教會莫大影響力。波隆那學者格拉提安（Gratian）在一一四〇年代編纂了首部教會法法典，成為整個基督教世界編纂成文法的權威指南。雖然或多或少受到樞密院監督，但世俗法律運作已經逐漸集中到王權之下。各地庭會仍有初審法院的功能，但高等法院和上訴法院代表王權，而國王本人亦為最終的上訴法官。基於這個身分，國王可以對成文法沒有涵蓋的案件做出判決，因而擁有立法權。

稅賦和軍事也有長足的發展。最基本的稅收是各地要為國王麾下提供士兵，以及為其艦隊提供船隻和裝備。不過這種做法有個大問題，就是國王必須看領主的臉色，而貴族們確實常會拒絕提供士兵、船隻和裝備，此時國王也無能為力。就算他們願意出人，士兵依然是**領主的人馬**。缺乏武力，王權必然不彰，為了解決這個問題，稅收就需要從人力改為物資，但通常不會是金錢，而是實物。這樣做對國王的好處是，由於貿易興盛，他可以將徵收到的物資賣到市場上，換取更多收入。此外，這時的軍事防衛也逐漸專業化，並更加直接地聽命於王室指揮。

專業部隊的缺點之一是成本高昂。新時代王權的一大困境，就是稅收經常不足以應付支出，特別是戰爭支出。更糟的是，如今騎兵的威力大幅成長，靠步兵已經無法爭鋒，而帶甲騎兵又是非常昂貴的兵種。為了解決這個問題，新王權保留了部分的舊制度：提供騎兵與馬匹、甲冑、武器等裝備者可以免稅。當然，只有真正的權貴能負擔這些開銷，於是這些出身上層富裕家族的菁英戰士，就形成了騎士階級，並吸收了歐洲騎士精神的浪漫色彩。騎士有權冠上「君」（Herr）的頭銜，相當於英語中的「爵士」（Sir）。這也是貴族制度在形成時期的另一項重要元素：提供軍事服務的貴族，在當時的語言稱作「免稅者」（*frälse*）。這種制度的另一個缺點是，只有幾名騎士尚不足以成軍。為了滿足作戰需要，國王不得不仰賴傭兵，而專業的傭兵同樣十分昂貴，這又令王室長期以來的財政困難加劇。

前述制度加起來，構成了一個全新的體系：擁有世襲正當性的君主、（或多或少）常駐的國王、樞密院、御前會議、政事府，以及由王室命官組成的網路。這些機構的領導者為國王服務以換取回報，最常見的是免稅的土地。此後，不只王位走向世襲，貴族和宮廷地位也是如此。此外，還有與王室共領全境的教會，其權力基礎是複雜的組織架構。過去的秩序裡只有國王和男爵，現在又多出了教士。而教會是整個新秩序的軸樞，一手擺布著王權，一手在日常生活的每一處留下印跡。

這些發展在丹麥，大約是在一一六〇到一二〇〇年間展開。挪威則從一二四〇到一二八〇年間開始改革。至於瑞典則是經歷了一連串無能的國王，才於一二五〇到一二九〇年間展開改革。

「厲政王」哈拉爾帶來的遍地烽火結束之後，丹麥在斯文二世與其五子的相繼統治下，渡過了尚稱有序的六十年。直到一一三一年一月七日，有權角逐王位的肯努特勳爵（Canute Lavard）被堂弟「壯士」馬格努斯（Magnus the Strong）伏擊殺害；三年後，馬格努斯死於戰場，丹麥陷入長達二十六年的內戰。

克努特遇刺一週後，其妻生下一子，取名瓦爾德馬。長大後，瓦爾德馬重回父親的封地什列斯威，並漸生奪取丹麥之志，但另外兩名競爭者也有此意。一一五七年八月九日，三人相約於羅斯基勒會面，以謀友好。在這場後人口中的羅斯基勒血宴（Bloodfeast of Roskilde）上，日德蘭半島的肯努特五世（Knud V）遭人斬首，瓦爾德馬僥倖逃脫，不久後擊敗西蘭島的斯文三世（Svend III），成為全丹麥之王。

後世稱其為瓦爾德馬大帝（Valdemar the Great），這個外號可能有點言過其實。重建一個小王國固然不易，但還不足以和查理曼、肯努特大帝等人相提並論。不過，他確實啟動了我們上面提到的王權革新。丹麥是斯堪地那維亞最早萌發民族認同的地方，也是最早開始建立統治機構的國家。這樣的發展很合理，因為丹麥是三國中最為繁榮、人口最眾的一國，也是距離歐陸最近、受歐洲影響最大的國家。瓦爾德馬為丹麥的政治史揭開了新的篇章，篇名就叫「瓦爾德馬時期」（Valdemarian Age）。這段時期長約一個世紀，歷經三名國王：瓦爾德馬本人的統治在一一八二年落幕；其子肯努特六世（Knud VI）繼位，一二〇二年駕崩；另一子瓦爾德馬二世繼位，人稱「勝利王」（Valdemar II the Victorious，儘管他很少打勝仗），一二四一年去世。

這個時期留下了兩份重要文件，讓我們能夠一窺新時代的統治方式。其一是《瓦爾德馬王土地冊》（*Kong Valdemars Jordebog*），其二則是《瓦爾德馬王法典》（*Kong Valdemars Lovbog*），又稱《日德蘭法典》（Code of Jylland）。

《土地冊》集結了各式各樣的文件，大部分都是清冊，包括土地、島嶼、邊界、日期、國王、王國、教宗、王室財產與收入、稅收、市鎮、特定地區的耕地數目與大小、一份神祕的肯努特六世「兄

中世紀盛期的重要國王，以及估計的在位期間

年代	丹麥	挪威	瑞典
1100		「十字軍戰士」西古德（1103-1130）	老斯沃克（Sverker the Old，1130-1156）
1150	瓦爾德馬大帝（1157-1182） 肯努特六世（1182-1202）	馬格努斯五世（Magnus V，1161-1184） 斯韋雷（1184-1202）	聖埃里克（Erik the Saint，1156-1160） 馬格努斯二世（Magnus II，1160-1161）
1200	瓦爾德馬二世（1202-1241） 埃里克四世（1232-1250）	哈康三世（Hakon III，1022-1204） 哈康四世（Hakon IV，1217-1263）	「拙言跛足王」埃里克（Erik Lisp and Lame，1234-1250）
1250	艾貝爾．瓦爾德馬森（Abel Valdemarsen，1250-1252） 「削幣者」埃里克（Eric Klipping，1259-1286） 「喪門王」埃里克（Erik Menved，1286-1319）	「明法王」馬格努斯（1257-1280） 埃里克二世（Erik II，1280-1299） 哈康五世（Hakon V，1299-1319）	瓦爾德馬．比耶爾松（Valdemar Birgersson，1250-1275） 馬格努斯三世（Magnus III，1275-1290） 比耶爾．馬格努松（Birger Magnusson，1290-1318）
1300	克里斯多福二世（Christopher II，1329-1332） 無人在位（1332-1340） 「復旦王」瓦爾德馬（Valdemar Atterdag，1340-1375）	馬格努斯．埃里克松（Magnus Eriksson，1319-1355）	馬格努斯．埃里克松（Magnus Eriksson，1319-1364）
1350		哈康六世（Hakon VI，1355-1380）	梅克倫堡的奧布雷克（Albrekt av Mecklenburg，1363-1389）

弟」名單（共兩百一十五人，意義不詳），以及王室扈從在巡遊全國時花用，如此等等。這些文件多是在在一三〇〇年左右特別抄錄的副本，顯然有人認為這些文件非常重要，應予以保存。從這些文件，我們可以猜測當時的行政管理如何運作，以及文字書寫如何應用。如今的我們很難想像，當一切事務都依靠記憶、無處查證的時候，世界到底要怎麼運作。國王如何知曉自己統治的土地與形狀，知道國內有哪些地方，哪些人物？他們要怎麼記得其他國王、他們的配偶，還有貴族間的親戚關係？他們怎麼知道何時該舉行祭事？如何知道誰有繳稅，誰沒有，誰又繳了多少？如何知道城市裡的貿易狀況，還有該收多少關稅？國王理應瞭解國內的一切，但他們卻無從得知自己擁有什麼。《土地冊》顯示了書寫對於國王統治的巨大影響。沒有書寫，新的王權形式根本不可能實現。

《法典》則完成於瓦爾德馬時期末期，這是斯堪地那維亞第一部完整的成文法典。在此之前，人們的觀念是「法律」存在於社會之中，是傳統習俗與教會教誨的結合，抄寫成文只是將既有的東西用字母、單字和句子表達出來。《法典》的序言宣稱，法律是「由瓦爾德馬王賜予，並由丹麥人接受」，意思是國王將原本屬於丹麥人的法律帶給他們。但不管法律理論如何，成文法的出現，代表國王（勾結教會與貴族），成為法律的創造者，只有書寫下來的東西才叫「法律」。

這部法典包含三本薄冊，一本是關於財產與繼承，一本是關於司法程序，還有一本是關於犯罪與懲罰。序言的開頭寫道：「讓土地依法而立」（*Med lov skal land bygges*），這句格言至今仍為斯堪地那維亞法學界推崇。序言還解釋了法律的必要性：「在沒有法律的土地，最能奪取者將擁有最多。」

瓦爾德馬統一丹麥後，便力圖讓自己的國家成為強權。他的野心並非妄想，當時挪威人和瑞典人都忙於內戰，對他不構成威脅。只有南方的文德人（Wends）盤據在德意志北岸的古老維京據點呂根島（Rügen），不時侵擾丹麥海岸。一一六九年，瓦爾德馬反擊，征服該島，過程中得到教會的大力支持。彼時的呂根堡仍信奉異教，因此瓦爾德馬此戰便以十字軍聖戰為號召。戰事在他兒子的領導下繼續東進，占領了更多如今屬於德國和波蘭的沿海地區，並最終來到現在的愛沙尼亞。在瓦爾德馬重建丹麥王國的五十年後，丹麥再次擠身強權，至少是歐陸北部邊陲地帶的強權。

至少看起來是個強權。沒過多久，丹麥就露出馬腳，他們之所以能占領德意志的土地，只是因為那邊缺乏秩序；一旦南方的威脅重新組織起來，丹麥的強權野心就落空了。而這一切，只是因為有個默默無聞的日耳曼貴族，在一場由國王邀請、本該友好的會面中，將「勝利王」瓦爾德馬二世與他兒子關進梅克倫堡的要塞。幾經談判，丹麥人不得不接受條約，放棄在德意志所占的土地，並支付大量金銀、馬匹和兵備，贖回這名被小貴族拘禁兩年半的國王。兩年後，瓦爾德馬試圖重奪部分失地，卻再次慘敗，勉強逃離再度被囚的命運，但還是失去了一隻眼睛。

此後，丹麥國運漸衰。「勝利王」於一二四一年駕崩，其子「犁地金王」埃里克四世（Eric IV Ploughpenny）繼位，旋即與兄弟發生衝突，國家再次陷入內戰。埃里克四世占據上風，其弟艾貝爾．瓦爾德馬森（Abel Valdemarsen）求和，然後相約宴飲，完全沒有吸取先輩的教訓。宴中，艾貝爾的手下殺害埃

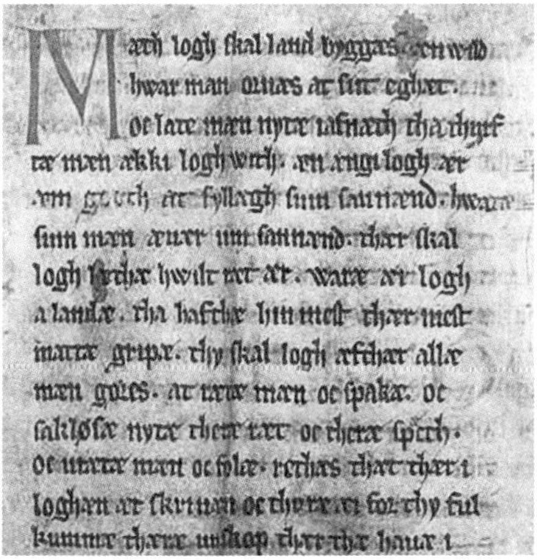
Mæth logh skal land byggæs. en wildæ
hwar man unæs at sit eghæt.
oc lætæ man nytæ iafnæth tha thyrf
tæ mæn ækki logh with. en ængi logh ær
æm goth at fyllægh sum sannænd. hwar
sum man æuær um sannænd. thær skal
logh skiftæ hwilt ræt ær. Waræ ær logh
a landæ. tha hafthæ hin mest thær mest
mattæ gripæ. thy skal logh æfthær allæ
man gøres. at rætæ man oc spakæ. oc
sakløsæ nytæ theræ ræt oc theræ spæch.
oc unrætæ man oc folæ. rethæs thæt thær i
loghæn ær skriuæt oc thoræ æi for thy ful
kummæ theræ unskap thær the hauæ i

圖五：《瓦爾德馬王法典》，又稱《日德蘭法典》。

里克，並將屍體扔進河中（但後來屍體又被打撈起來，隆重下葬）。時為一二五〇年。弒兄者艾貝爾僅在位兩年，王室就同時與教會、貴族陷入權力拉鋸，王權也逐漸削弱。最後，貴族逼迫國王簽署了《一二八二握手和約》（*Handfastningen af 1282*），約中明言國王承諾尊重國內「血脈古老」的顯赫家族擁有種種權利與特權，以換取他們支持，貴族勢力再度壓過王室，相當於北歐版的《大憲章》（Magna Carta）。這位國王是「削幣者」埃里克五世（Erik V Klipping），他在一二八六年在床上遇弒，據說身上共有五十六處刀傷。

此後的慣例是，新王登基時都必須接受一份和「人民」簽訂的書面契約，才能接受加冕；當然，所謂「人民」指的是男爵。這些契約統稱「握手和約」（*handfastninger*），目的是規範國王與貴族之間權利與義務的變動。但握手和約並非總是能起作用，此後這些契約至少有兩次被當成法律依據，用來廢黜不得人心的國王。

如果刺殺埃里克五世，是為了阻止他同名的兒子繼位，那這顯然是一次失敗的暗殺。「喪門王」埃里克六世（Erik VI Menved）*在十二歲登基，並持續統治丹麥直到一三一九年，長達三十三年。他在位期間，丹麥幾乎幾乎一直在和挪威、瑞典交戰，直到一三一〇年才簽訂和平協議。「喪門王」運用外交和軍事手段向南進發，試圖奪回過往在德意志和波羅的海沿岸的土地，並且略有成效。但就像以往的國王一樣，他也面臨財務問題。其父「削幣者」曾頻繁以土地為抵押，向德意志貴族借貸，這項政策在埃里克六世和其弟克里斯多福二世統治期間仍持續施行，最後導致了災難。丹麥歷史學家霍比如此描述其後果：「克里斯多福二世的統治走到了盡頭，這名君主的所有土地都抵押給了霍爾斯坦伯爵，退居到洛蘭島（Lolland）上的一處莊園。」如果丹麥國王的帝國野心有成功，或許還可以應付債務。但事與願違，結果丹麥不但無法從資助者手中要回土地，資助者也開始設法討回欠債，而他們的做法在今天看來，實在有點難以置信：他們把丹麥土地的契據賣給瑞典王室。斯堪尼（Skåne）成為瑞典領土，但沒有持續很久，直到後來才又成為瑞典的一部分。不過這次收回「固有領土」確實讓瑞典很滿意。在買下斯堪尼以前，「憐撫王」馬格努斯已經身兼瑞典和挪威國王，在這之後又自稱斯堪尼國王，因此是「三頂王冠」的主人；也是從這時開始，「三王冠」成了瑞典的國家紋章，至今仍用在國徽上，斯德哥爾摩王宮（Stockholms slott）的前身三王冠宮（*Tre Kronor*）之名也是由此而來。（不過，「三王冠」也被丹麥用作卡爾馬聯盟〔Kalmar Union〕的象徵，即使在聯盟解散後，丹麥國王仍繼續使用這個紋章，以挑釁瑞典。一五八八年即位的丹麥國王克里斯蒂安四世〔Christian IV〕還將海軍中最強大的戰艦命名為「三王冠號」〔*Tre Kroner*〕。）

破產的丹麥王國四分五裂，並一度亡國。在一三三二到一三四〇年間，甚至連名義上的國王都沒有。霍爾斯坦人控制了丹麥，直到他們的領袖格哈德伯爵（Count Gerhard）於一三四〇年四月一日結束晚禱後，在臥室內被丹麥騎士尼爾斯・艾布森（Niels Ebbesen）刺殺。這場暗殺讓丹麥人得以重掌國家，並推舉了另一位也叫作瓦爾德馬的國王。他和什列斯威伯爵的女兒結婚，用妻子繼承的財產買回了一些失地。後人稱他為「復旦王」（Atterdag），因為他和瓦爾德馬大帝一樣，重建了丹麥王室的威望。

此番復興有部分要歸功於瓦爾德馬精明的政治宣傳：他藉著駕馬前往耶路撒冷朝聖，並受封「聖墓

---

* 譯註：他的稱號長久以來引發諸多討論。一種常見的說法是，這是據稱他最喜愛的誓言「*ved alle hellige mænd*」（意為「憑所有的聖人起誓」）的縮寫；另一種解釋則認為，這個綽號源自古丹麥語的「*menvett*」，意指「不祥之鳥」。

騎士」（Knight of the Holy Sepulchre），讓自己成為神話般的人物。同時他也採用了一些務實的策略。首先，他將東波羅的海那些從未派上用場的土地賣給條頓騎士團，以便贖回更有用的疆域。*接著，他暫時讓瑞典留著斯堪尼，還將丹麥軍隊當成傭兵，租給百年戰爭中的各國。一三六〇年，他頒布了一份名為《國土和平令》（Landefreden）的憲章；雖然內容架構是王室與人民（男爵）協議維持和平，但本質上這其實是一部憲法。不過，和平最後是靠戰爭實現的。瓦爾德馬趁著瑞典內亂出兵，在一三六〇、一三六一年先後占領了斯堪尼和哥德蘭，大肆掠奪，屠殺千餘哥德蘭人，以此要脅當時由德意志人統治的維斯比，索得金銀三桶。他本打算征服瑞典，但未能如願。漢薩同盟認為丹麥已成威脅，便於一三六二年向瓦爾德馬宣戰，雙方互有勝負；一三六八年，戰端又起，哥本哈根被毀，瓦爾德馬戰敗。在戰後和約中，丹麥被迫正式承認漢薩同盟的貿易特權，並在未來十五年裡，將斯堪尼的大部分稅收轉交給德意志人（但領土仍屬於丹麥）。瓦爾德馬還想解決南方的什列斯威問題，但直到他在一三七五年崩殂，這個問題依然沒有解決，丹麥與德意志的邊界依然存在爭議。

在挪威，「厲政王」哈拉爾與其後裔的統治，帶來了近百年的和平（至少沒有爆發徹底的內戰），直至「十字軍戰士」西古德在一一三〇年去世。但受到哈拉爾厲政壓迫的男爵們，日子並不輕鬆。哈拉爾之子歐拉夫．哈拉爾森（Olav Haraldsson）曾與父親經歷史丹佛橋戰役，回國後又為家鄉帶來秩序。其孫「赤足」馬格努斯（Magnus Barefoot）人稱「最後的維京王」，在一一〇三年洗劫愛爾蘭時遇害。他和不同妻妾生下的三個兒子：「十字軍戰士」西古德、「和平之王」埃斯泰因（Øystein I Magnusson）和歐拉夫．馬格努森（Olav Magnonsson）在一一〇三年登基共治。一一一五年，馬格努森英年早逝，年僅十七。後來，埃斯泰因與西古德共治十九年，埃斯泰因並在西古德參與十字軍東征期間，獨自統治王國四年。一一二三年，埃斯泰因離世，留下西古德獨治七年。

一一三〇年，西古德逝世，逐位者傾力交伐，幾無文明禮義，挪威陷入長達一世紀的內戰。彼時方成立的尼達洛斯總教區內，有位名叫狄奧多里克（Theodoricus）的修士正在修纂國史《挪威先王大治紀》（*Historia de Antiquitate Regum Norwagiensium*），但他拒絕記錄西古德駕崩後的一切，因為他認為「其時亂紀、謀殺、偽誓、友伴相殘、褻瀆聖地、冒瀆天主、擄掠姦淫，還有其他不能盡數的種種罪孽。傳諸後世，實無裨益」。這些敗德非行固然是出於野心和權力欲，但也是為了爭奪資源。此時的挪威依然貧窮，而且劫掠海外的時代已經結束，國王與男爵們都只能指望國內經濟產出的資源，而這些資源並不多。想要資本的話，就必須掌握有限的資源，設法從百姓身上刮下每一滴膏脂。

最終，在歷經重重的波折與內戰之後，一個更強力的君主制度誕生了。新法律徹底廢止了多王共

＊ 條頓騎士團是一個宗教團體，後來轉變為一個以弘揚和保護基督教土地為宗旨的組織化統治勢力。騎士團於一一九八年在耶路撒冷成立，一開始只是間立志幫助朝聖者的醫院。騎士們遵守貞潔、貧窮和服從三大修道誓言。但是靠著歐洲貴族的饋贈，尤其是來自神聖羅馬帝國與義大利貴族的捐獻，騎士團累積了大量財產。一二九一年，伊斯蘭勢力奪回阿卡（Akko，或稱 Acre），十字軍失去在應許之地的最後一個據點。騎士團高層先將總部遷至威尼斯，後又於一三〇九年搬至普魯士的馬麗安堡（Marienburg，今波蘭馬爾堡〔Malbork〕）。在大團長赫爾曼・馮・薩爾察（Hermann von Salza）率領的一二〇九到一二三九年間，普魯士波羅的海一帶部落皆臣服於他並改宗基督教。騎士團成為一個以城堡為中心，統領周圍城市、村莊的新國家，團中七百多名成員皆成為了行政中樞。十六世紀，第三十七代大團長普魯士的奧伯希（Albrecht of Prussia）將騎士團世俗化，成為波蘭王國的附庸公國。隨後騎士團重建，但財產逐漸減少，最後在一八〇九年被拿破崙解散」。（柏林，德國歷史博物館）

治，建立世襲君主制的原則。雖然實務上前者還是延續了一段時間，後者也沒有百分之百被遵守。國王的權力不再來自推舉，而是由總主教加冕。王權與教會逐漸形成聯盟，發展出新的中央集權體制。這個過程並非一帆風順，但根本制度已經就位，只待內戰結束就能發揮作用。

就在這時，斯韋雷橫空出世，以血腥手段消滅無數男爵。這故事不怎麼美好，卻將百年內戰帶向了終局。斯韋雷死後，其子哈康三世（Hakon III）繼承王位；雖然是個生母不詳的私生子，而且只在位兩年，但哈康三世成功與教會和解，挪威的王政之路也安穩了下來。

此後就是挪威最重要的兩名國王：權勢顯赫的哈康四世（Hakon IV），以及「明法王」馬格努斯。父子倆也是挪威史上唯二真正行使過王權的國王；在他們以前的國王都是戰爭領袖，而在後來的國王手上，挪威王國又已名存實亡，不由他們調度。

哈康四世一開始並不強。他即位時年僅十三歲，還只是一個私生子的私生子。*但幸運的是挪威雖然百廢待舉，權力關係卻對他很有利，教會也已向現實政治低頭。十六歲時，他就已經大致掌控局面；一二二五年，他擊潰了另一場叛亂；到了一二四〇年，所有覬覦王位之人都被他擊敗，最後一名叛軍首領率殘部逃入修道院，而後哈康帶兵趕到，縱火焚燒修道院，將逃出來的人一一擊斃。首領投降時請求：「不要割我的臉，貴族不該受此待遇。」哈康四世將他在位時間的前半段用於平定內戰，剩下的二十年則致力於完成君主制。根據歷史學家赫勒的說法，「這個國度正慢慢擁有史上第一個真正的國家組織。」

哈康四世的雄心非常高遠。他不僅要成為國王，還要成為一個**歐洲**國王。身為一個欠缺合法繼承權的私生子，他必須有數一數二的建樹，而他確實建設頗多。除了卑爾根的壯麗王宮，†還有當時斯堪地那維亞最大的艦隊。他渴望獲得承認，特別是教宗的承認——換句話說，他希望在教宗的祝福下加冕。而他確實成功了，只不過到了一二四七年才成功。他靠著一大筆賄賂，還有承諾參加十字軍東征，才說服教宗忽略只有婚生子才能成為國王的教義（雖然他並不打算履行前往聖城的承諾）。教宗派遣薩比納的威廉樞機（William of Sabina）擔任特使，主持這場有史以來最壯麗的加冕典禮。哈康四世獲得了他渴望的尊嚴，但也付出了代價。威廉樞機帶來了幾項政令，白紙黑字確認了教會能自行任命主教與神父，並擁有自主的司法管轄權。

哈康希望他的宮廷能以文化聞名於世，而他最鍾意的文化活動是文學，不過在北方，文學就是薩迦的同義詞，而哈康兒子請人為他父親寫的薩迦，也像其他薩迦一樣帶有宣傳的味道。為了打造心目的文學宮廷，哈康四世決定引進英國與法國的騎士詩歌，並翻譯成諾斯語。這項事業算是有些成效，但就跟我們之前提到的一樣，翻譯過來的作品欠缺原本的生動詩意，原文中的喜悅、情感、愉悅和熱愛都在翻譯中丟失了，只留下淡薄無味的文字，因為他們缺少理解這些精緻情感的文化基礎。

哈康四世在位期間，所有新時代王權的要素都開始出現。有趣的是，婚生子繼承的原則居然是由一名登上王座的私生子來確立的。一二六〇年，全新的王位繼承法正式頒布，由樞密院「建議」，國王

* 哈康四世還是嬰兒的時候，他的母親就以其乃斯韋雷血脈，維護他繼承王位的權利，但這也讓他遭到其他競爭者追捕。傳說在他一、兩歲時，有兩名祖父的「白樺腿軍」舊部踏著滑雪板，帶他穿越古德布蘭茲谷與厄斯特谷（Østerdalen）之間的山脈，途經六十五公里路程，再一路往北逃到尼達洛斯，投靠白樺腿軍擁立的國王英格．巴爾德松（Inge Bårdsson）。為了紀念這段歷史，挪威如今每年都會舉辦白樺腿滑雪大賽，由數千名滑雪客重現當年穿越山脈的壯舉。

† 譯註：現存的主要建築為卑爾根要塞（Bergenhus Fortress）的哈康大廳（The King Håkon's Hall）。

「宣行」。

在對外政策方面，哈康將目光投向西方，試圖將冰島、格陵蘭、法羅群島、昔德蘭群島、奧克尼群島、赫布里底群島和曼島合併成一個北大西洋帝國。這讓他和兒子「明法王」馬格努斯六世在歐洲威名遠揚，也獲得了少許稅收，但由於領土過於分散，挪威本土過於貧窮，北大西洋帝國終究是一場無以為繼的幻夢。最後，哈康四世為了鞏固領土，在遠征奧克尼群島的途中逝世。如果說這個帝國有一度成為現實，此刻也已經土崩瓦解。馬格努斯在一二五七至一二八〇年間，與父親共治挪威，喪父後自行統治，並因為創立公正清明的法律，成為挪威史上最受尊敬的君主；不過根據倫登的說法，馬格努斯是拘泥細節的怪人，最後因思慮過重早逝。他在位時一共頒布了兩部完整的全國性法典，分別是一二七四年的《土地法》和一二七六年的《城市法》。這些法律某種程度很類似百年前丹麥瓦爾德馬大帝所頒行的法律：理論上是匯整民間既有的法律，實際上卻是由上而下的制命。然而，兩者最大的不同在於，馬格努斯的法典明言通行全國，而非限於地方。而且這些法典篇幅甚巨，無所不包，反映出王權已幾乎涵蓋生活與商業的所有面向。比如《土地法》就分為十冊，共兩百二十五章，大段冗長，小節瑣細。不過這終究是一項了不起的成就，而且成效斐然，大體執行順利，人民生計比以往更有規範和保障，而此時已經是無政府狀態結束的四十年過後。在後來兩位國王的統治下，挪威也大致維持良好的秩序，這兩位國王分別是一二八〇年即位的埃里克二世（Eirik II）和一二九九年即位的哈康五世（Hakon V）。哈康五世膝下無子，只有兩個女兒，因此沒有直接繼承人，只能將王位傳給外孫馬格努斯・埃里克松（Magnus Eriksson）。由於其父是瑞典的南曼蘭（Södermanland）公爵，挪威王冠從此成為瑞典的「三王冠」之一。

他的前任國王，伯父比耶爾・馬格努松（Birger Magnusson）遭遇叛亂兵敗，被放逐到丹麥，獨子也被處決。馬格努斯因此成為瑞典王冠的繼承人，在他繼承挪威國王的一個月後，就被宣布為瑞典國王。此時他年紀尚小，因此由瑞典祖母和挪威母親攝政。

這是挪威淪為共主屬國（unionkingdom）的第一步。哈康五世崩後由哈康六世繼位，從一三五五年統治到一三八〇年；他去世後，挪威又成為丹麥屬國，獨立王國的歷史也走到尾聲。不久後，「挪威不再是一個政治實體，只是一個歷史概念。」*（一九〇五年，挪威才再度擁有自己的國王，稱哈康七世〔Haakon VII〕。）

剛進入中世紀盛期的瑞典一團混亂，這不讓人意外。無能的國王似乎永無歇日。一一三〇年，「跛腳王」老斯沃克（Sverker I Clubfoot 'the Old'）殺光競爭者戴上王冠，但最後也在一一五六年遭僕人殺害。繼任者名為聖埃里克（Erik the Saint），在位四年，遇刺於教堂，身首異處，享年四十，後受封瑞典的主保聖人。他以廣建教堂和發動十字軍遠征芬蘭聞名。身為虔誠的基督徒，他死後留下了不少神蹟傳說。據說他被斬首的地方湧現出一口具有療效的泉水。其遺骨現藏於烏普薩拉座堂（Uppsala Cathedral），與他殉道的地點僅相差數英里。†（聖埃里克最初的聖髑箱在十六世紀被約翰三世熔掉，

---

* 這裡說的「共主」是指數個王國由同一個國王統治，但是在憲法上擁有自治地位。比如馬格努斯・埃里克松身兼挪威、瑞典國王時，他是在統治兩個獨立王國。同樣地，後來挪威成為丹麥的共主屬國時，也（暫時）保留獨立王國的地位。一八一四年，挪威脫離丹麥，再次成為一個獨立王國，不久又奉瑞典國王為共主。

† 譯註：烏普薩拉原為現址北方數英里的村莊。一二〇四年教堂失火，擇地重建，原址今稱老烏普薩拉（Gamla Uppsala）

以支付戰爭賠款。）

暗殺埃里克後，馬格努斯二世只活了一年就死於戰場，因此亂世持續，最後在一五二〇年，隨著「拙言跛足王」埃里克駕崩，瑞典才歸於穩定。

埃里克十一世雖在位十六年，死時卻年僅三十四歲，而論其恩威，亦難稱一朝君主。身為國王，他有許多失職，而最嚴重的，或許就是沒有生下繼承人；但無所作為，或許也是他對整個王國最大的貢獻。瑞典王權的現代化，正是從這名埃里克身邊的顧問團開始，顧問團的領袖稱為執政伯（*Jarl*）。埃里克死時的執政伯是比耶爾（Birger Jarl），他行動果斷、雷厲風行，在國王的真空時期迅速接管國家，並安排兒子瓦爾德馬當選為王，自己繼續擔任執政伯與瑞典的實質統治者。據說他有一句名言：「不能以暴力取得的東西，當以謊言、詭計與欺詐取得」，比佛羅倫斯的馬基維利早了三百年。比耶爾大人逝世於一二六六年，在他掌權的十六年間，新興的瑞典王國徹底革新，建立起成熟的王政。

比耶爾的革新手段，是跟教會還有德意志商人結盟，消滅地方貴冑，將權力聚斂到中央。教會給了他權威，而商人借了他資金。貴冑不滿這些剝奪，於是他們起兵討伐比耶爾，但幾番交戰後，比耶爾便假意求和，佯稱想與貴冑交好，邀請他們共同舉宴，趁酒酣耳熱之際，以劍斧當場斬決整個世代的貴冑。他沒收了貴冑財產，並在執政期間徹底擺脫貴冑掣肘。

然而不久之後，貴族又捲土重來。整個中世紀的瑞典政治，就是一連串國王與貴族的鬥爭。比耶爾乍看解決了權力鬥爭，提升了王權，但事實並非如此。瑞典雖然逐漸走向中央集權，但中間仍有大約兩百年的過渡期，在此期間，掌握權力的仍大多是貴族。

比耶爾利用執政時的和平改革了稅務、法律和行政。他在全國各地建造許多要塞，作為各地的行政與徵稅中心，派遣直屬王室的官員管理。他仿效挪威的「明法王」馬格努斯，廢除了地方立法權，制定全國性的法律（不過整部國家法典直到一三五〇年左右才編纂完成）。他建立的稅制相當健全，能夠籌集大量治理資源，並維持一支由中央指揮的軍隊。他還興建了許多城市，據說斯德哥爾摩也是在一二五二年由他所建；他擴大了瑞典的領土，往西取得一條陸路，繞過由丹麥控制的卡特加特海峽，並向東吞併了芬蘭的部分地區。他的改革時間雖然晚，力道卻很大。哈里森認為，這是「瑞典歷史的一個分水嶺」，並認為在這段歷史中，幾乎沒有人的影響能大過比耶爾執政伯。

瓦爾德馬．比耶爾松比他父親更長命，直到一二七五年才因為和姨妹丹麥的尤塔（Jutta of Denmark）私通，不得不前往羅馬朝聖，尋求教宗寬恕。他的弟弟馬格努斯趁機起兵，自行加冕為王，並在瓦爾德馬回國後將他軟禁。馬格努斯的統治持續到一二九〇年，據說他因為廢除農民接待旅行者的義務，得到「鎖倉王」（*Ladulås*）的美號。過去，瑞典的王權一直遜於丹麥和挪威，但從十三世紀開始，彼此的處境就對調了。儘管此時尚未確立，但瑞典已經開始形成強大的中央政府，並在往後成為該國政治秩序的一大特徵，直至今日。

不過這個過程並非一帆風順，王室的傳承沒有多久便遇到了挫折。「鎖倉王」馬格努斯的兒子比耶爾即位時年僅四歲，兩名弟弟始終心懷不臣，使瑞典再次陷入三十年的內戰。一三一八年，比耶爾被迫流亡丹麥。他設法殺死了兩個弟弟（傳說是把他們關在地牢裡餓死），但他自己的兒子和繼承人最後還是慘遭斬首，王位傳至他弟弟年僅三歲的兒子「憐撫王」馬格努斯（Magnus the Caresser）。這些王室動盪都是來自過去與貴冑之間的鬥爭。這時距離「執政伯」比耶爾誘殺貴冑，已經過了大約二十五年後，受害者的兒子們盡皆成人，再度起兵；內戰於一三一九年平定，王室重新培養實力；到了一三五〇年左右，第三世代的貴冑又長大成人，掀起五十多年的戰亂。

成年後的「憐撫王」馬格努斯身兼瑞典、挪威兩國君主，不過他對挪威的統治並不順利，因此最後選擇將該國交給兒子哈康。一三一九年，馬格努斯受膏後，一群主教和男爵向他遞交了《自由憲章》（*Frihetsbrevet*，內容和丹麥一二八二年的《握手和約》很像，對馬格努斯的王權設立了許多條件和限制）。這份文件一開始影響不大；然而當黑死病降臨，中央權力衰弱之後，這紙文件就成了貴冑維護他們「古老權利」的憑仗，藉此拒絕服從他們所謂的「暴君壓迫」。一群瑞典貴族宣布廢黜馬格努斯，想擁立他的兒子挪威王哈康。然而，另一群瑞典人卻找上了梅克倫堡的奧布雷克，並於一三六三年將他拱上王位，成為「有史以來最不受尊敬、最遭人鄙夷的瑞典君主」。「憐撫王」馬格努斯集結了一支軍隊，卻還是遭人痛擊、監禁、羞辱，徹底結束在瑞典的統治。一三七一年，哈康不得不以超過國王一年收入的贖金，將父親無條件贖回；從此馬格努斯淪為兒子的幫手，統治著過往國土的一個角落。奧布雷克則繼續統治瑞典，直到一三八九年，這對所有人來說都是大不幸。

當丹麥向南、挪威向西發展的同時，瑞典的對外政策則是向東征服。影響最深遠的自然是從一三二三年與諾夫哥羅德達成協議，瓜分芬蘭，從此將這片土地據為己有。斯堪地那維亞各王國向來分分合合，但此舉意義大不相同，因為芬蘭並非獨立王國，只是瑞典王國領土的一部分，直到一八〇九年才獨立建國。

瑞典向東征服的腳步，最後來到了諾夫哥羅德。但這不僅是征服戰爭，也是宗教戰爭。此時的東方已經歸信東正教，因此瑞典在羅馬鼓動下，發起了十字軍東征。而在國內，瑞典教會和宗教狂熱分子也積極鼓動國王出兵。前述人士中最有名的莫過於聖碧瑾（Holy Birgitta），這名後來投身神祕主義的瑞典貴族女子聲稱，自己能出神接收基督與聖母瑪利亞的訊息，且信者甚多。她成立了一支貴族修會，並收到基督的命令：「去羅馬，待在那裡，直到你遇見皇帝與教宗。」她在一三五〇年出發，留在羅馬，對教會發揮了極大的影響力，並曾協助教宗離開亞維儂，從法國返回羅馬。*一三七三年，碧瑾在完成耶路撒冷朝聖後去世，並於一九三一年封聖。在瑞典時，碧瑾曾勸馬格努斯向東發起聖戰，而國王也照做了。但到了羅馬，碧瑾又稱馬格努斯「荒廢國王使命、不忠於信仰，且『可能』是同性戀」†，轉而反對他，並鼓勵貴族起兵討伐。

除了這些因素，瑞典從一開始就不打算信守與諾夫哥羅德的協議。一三四〇年代，瑞典王室的權力如日中天，馬格努斯向羅斯人發出最後通牒，要求他們皈依羅馬教廷，隨即東進攻取諾夫哥羅德。瑞典軍連戰皆捷，準備吞併更多領土，卻不得不臨時班師回國——不是因為戰敗，而是因為黑死病。這讓瑞典不得不暫時放棄野心，等到三百年後再捲土重來。

綜觀大蛻變

在整個十三世紀，斯堪地那維亞經歷了第一次全面性的大蛻變，經濟、社會、宗教、政治無不改頭

---

* 譯註：一三〇三年，法王腓力四世（Philip IV）因與教廷的權力鬥爭，派兵攻入波尼法八世（Bonifatius VIII）住所，後波尼法八世羞憤而死。一三〇五年，在法國施壓下，波爾多總主教克萊孟五世（Clement V）獲選教宗，並將教廷遷至亞維儂，淪為人質近七十年。

† 譯註：主要是攻擊馬格努斯與寵臣班格特．阿爾古松（Bengt Algotsson）的關係，「憐撫王」的外號即由此而來。

換面，彼此交織，互相影響。

第一個，也是最重要的變革，就是經濟進步。這部分變革又分成三個部分：農業進步、漁業進步和商業進步。三者的進步同時發生，加在一起成為了巨大的進步。

經濟革命也催生了新的階級體系。新體系的最底層是卑微的農民，頂端則是富裕的地主。隨著貿易成長和城市崛起，兩者中間出現了新興的市民階級。同時，教士也憑藉他們掌握的規範、土地、收入、組織和技能，開闢出屬於自己的社會與政治空間，成為第四個階級。在這些變化作用之下，新的社會誕生了，它不再由貴族、自由民和奴隸組成，而是由貴族、教士、市民，以及無產的鄉下農奴組成。

經濟和階級結構的變化，接著引發政治變革，讓斯堪地那維亞人第一次有了統治機關。雖然這和我們今天的政府大相逕庭，但仍然是後世一切的雛形。

政治變革又可以分成兩個部分：一是教會組織，二是王權世襲、成文法律、國會、政府、公務體系等統治制度的誕生。

隨著這股雙重變革，斯堪地那維亞在接下來的數百年間不斷進步前行。但進步並不是筆直的大道，途中會有許多起落與挫折，且絕對不賞心悅目。小人物始終無能為力，生活在痛苦和壓迫，以及醜陋、暴力的歷史之中。這些動盪和挫折的肇因之一，是過往許多缺陷仍遺留到了變革之後。統治機構誕生了，但缺乏運作資金。教會很富有，地主也很富有，但王室卻很貧窮。對有野心的國王來說，國庫往往是折磨的源頭。

第四章　死神來去，復甦難行

一切都完了。進步粉碎，繁榮終結，國家崩毀。過往也有過鼠疫，但從未如此嚴重。十八世紀鼠疫又臨，卻也不及這回。就連最慘烈的戰爭，就連讓歐洲滿目瘡痍的三十年戰爭，也沒有造成這等破壞巨大的毀壞。災難在眨眼之間發生。隨著死神走過哥德蘭島，凱倫耶（Källunge）的教堂停止了工程，雖然至今仍在使用，卻從未完工。

死神的來處

這場鼠疫在四、五年前起源於東亞，在一三四七年來到歐洲，往西方、北方蔓延，肆虐整個歐洲大陸。我們現在稱之為黑死病，但當時在整個歐洲，人們稱它作「大死神」（Big Death）。死神在一三四九年中，乘著來自英格蘭的船隻來到卑爾根，或許也乘著其他的船來到

圖六：黑死病的景象。

奧斯陸與其他港口。同一時期，它也從海陸兩個方向襲擊了丹麥，並在隔年橫掃瑞典。一三五一年，這場疫情終於結束，但在整個十四世紀，以及往後幾百年裡，鼠疫仍數度捲土重來，造成更嚴重的損失。一六五四年，哥本哈根有四分之一的人口死於鼠疫；而在一七一一年最後一次鼠疫大流行，全程又有三分之一的人喪命。

鼠疫是一種細菌性傳染病，而當時的人對此毫無概念，不知道其主要的傳染途徑是叮咬過病鼠的跳蚤和蝨子。蝨蚤傳染的腺鼠疫病容十分醜惡，患者軀體長癤生瘡、手足發黑，周身劇痛，十中有八會在兩、三日內死去。經由接觸或咳嗽傳染的肺鼠疫又更快致命，患者有時根本不見明顯症狀，就突然倒地身亡。大死神到處橫行，人無分貧富、貴賤、城鄉、老幼，俱難倖免。照顧教區居民的神職人員，更是首當其衝。死神在挪威殺死了尼達洛斯總主教，還有至少三名主教；到了瑞典，它又殺死與「憐撫王」馬格努斯爭奪王位的埃里克·馬格努松，以及他妻子巴伐利亞的貝亞特莉絲（Beatrix of Bavaria）。人們循著逃離危害的本能，從瘟疫落腳的城市，帶著疾病逃往「家鄉」，回到家人與親族的身邊，而死神也跟著人類的腳步迅速踏遍每一個地方。

在黑死病前，挪威約有四十六萬人，而瘟疫殺死了全國人口的六十%到六十五%；一五〇〇年有在耕種的農場，已經不到一三五〇年的一半。而在丹麥和瑞典，據信也有一半的人死於疫癘。瑞典人口暴跌至五十萬人。而丹麥（包含瑞典南部領土）人口曾在一一〇〇到一三〇〇年間成長兩倍，達到一百五十萬人；到了一四〇〇年，人口又減少到了七十萬，百年過後又減少到六十萬。此後大約經過三百年，人口才恢復到一三五〇年的水準。

黑死病的影響

國內經濟腰斬，土地價值驟貶，隨之而來的租金與稅收枯竭，也幾乎摧毀了國家的統治能力。人口史學家班尼迪托表示，挪威的「國家機器在第一波現代化之後，就立即崩潰」。教會也同樣面臨財政崩潰，放棄了許多教區。特隆赫姆原本有十四座教堂；而在黑死病的八十年後，只剩下五座還有在使用。曾經有如國中之國的教會，重要性再也不如以往。土地集中到少數人手中，形成人數較少的超級權貴階級。村莊也消失了，曾經在中世紀服務丹麥人的教堂，如今都淪為曠野中的廢棄建築。人們放棄種植穀物，重拾生產力較低的畜牧業。貿易凋敝，城市人口萎縮。在一三五〇到一五〇〇年間，沒有出現任何重要的新市鎮。「直到十五世紀後半，才在（挪威）發現有初步形成的新農業聚落。」直到十六世紀，全國的聚落和人口才有明顯成長的跡象。而糧食收成和牲畜飼養，都要到十七世紀中葉，才恢復到一三〇〇年的水準。

黑死病也帶動了觀念與思考方式進一步轉變，畢竟，上帝之怒就在眼前，人們必須找到一個解釋。一三四九年底，「憐撫王」馬格努斯頒布文告，申飭危難來臨：「由於人類的罪孽，上帝正以禍害與暴死懲罰世間。」人們被吩咐要更加崇敬，展現虔誠。許多人都照做了，如果上帝懲罰人類，是因為人類的生活充滿罪孽，那人們就必須改變生活方式，以符合祂的期待。對聖母瑪利亞、聖歐拉夫、聖碧瑾的崇拜大為流行，鞭笞罪己等各種極端苦修也十分普及。

此外，如斯禍害也必須有人承擔罪名。於是猶太人成了眾矢之的，比如邁森伯爵就下令將所有德勒斯登的猶太人送上火刑柱。這是因為當時傳說鼠疫來自耶路撒冷，也就是猶太世界，換句話說它代表對基督信仰的不忠。術士、女巫和神祕學的實踐者也成為代罪羔羊。比如維斯比的市議會，就下令將九名製毒師綁上火刑柱。據說他們承認了各種罪行，包括在哥德蘭島和瑞典的水井中下毒。這種新的暴行，很快就演變成更凶厲的迫害，任何人只要偏離「真正的信仰」，就會淪為受害者。

貴冑的疫後求生

但並不是每個倖存者都過得這麼糟，甚至有一些還因此獲利。無主的土地變多了，地價也變得低廉，開始往上層集中。但最大贏家仍是原本就擁有大量土地的人，其他人獲得的並不多。隨著耕種土地的佃農減少，地主能收到的田租也隨之減少。於是活下來的人選擇專心經營良田，讓劣土休耕，以減少使用土地的費用。

這種情況也許會讓人以為農民的生活普遍有所改善，對少數幸運的佃戶來說或許如此，但大部分的人可能沒這麼幸運。在之前的人口擴張時期，土地壓力愈來愈大，結果是人們過度勞動，將耕犁推往價值極低的邊際土地（marginal land）。丹麥的土地過度開發，農業隨時都會崩潰，更不妙的是氣候也發生了變化。當年的夏季升溫，冬季縮短促進了大蛻變。而如今小冰期（Little Ice Age）來臨，氣溫下降，收成減少，挪威的冰河擴大，先前的耕地無法繼續耕種，儘管農場的土地變得更多，生產的作物卻反而減少，而且由於消費者對農產品的需求減少，產值也隨之下降。

地主只能服膺於供需法則，調降地租，但王室和教會並沒有跟著降低稅收。理論上來說，除非遇到戰爭等緊急事態，否則國王不該直接向人民徵稅，而是以租金、罰款等常規收入維持財務，但這場危機卻讓王室有機會將稅收常態化。教會則恢復了以往併入什一稅的費用，以彌補奉獻減少的損失；有時甚至還發明新的費用，向那些在世界末日中掙扎的平民，榨取「自願」的禮物和捐地。這一切都讓農民學會，只要身有長物，烏鴉就會飛下來啄食。

當時人們的認知，跟我們這個時代大不相同。後世德國社會學家馬克斯・韋伯所謂的「資本主義精神」尚未降臨到斯堪地那維亞，或是任何一地的人身上。農民只知道生存，他們的心中並沒有「利潤」這回事，而「每一代都應該比上一代過得更好」這種在現代根深蒂固的觀念，也並不存在。在那個時代，人們會跟隨父母的腳步，效法他們的生活方式，以此來孝敬父母。農民需要生產足夠的農產品，才能來養活家人、為明年留下穀種、支付田租與稅金，並多少保留存糧以備不時之需。但超出這些需要的產能，對農民並沒有什麼好處，煮的粥比吃飯的嘴還多只會浪費糧食。多餘的農產品頂多只能和鄰居交換其他生活物資，在當時那個沒有貨幣的經濟模式下，出售剩餘的產品也換不到什麼。農民跟貿易網毫無關聯，而有關係的地主、王室和教會都只會想方設法刮取民脂民膏。因此，農民只要滿足這些人，並養活自己，就沒有什麼額外的需要了。這時候的農民雖然生活變得更輕鬆、負擔更少，也不常面臨匱乏和饑饉，生活中沒有太多不穩定的因素，卻沒有什麼餘裕。

一直到農業逐漸消失的十九世紀以前，小人物的生活水準都沒有多少變化，不過在此之前，農民一直是經濟的支柱。他們一代復一代過著差不多的生活，有好日子也有壞日子。豐收的時候生活自然會更好，而歉收時就得勒緊褲帶過活，但生活的起起落落，總是介於「還過得去」跟「看不見明天」之間，沒有機會「過得更好」。雖然擁有最起碼的穩定，但除了活著別無其他可能。這種穩定對女性尤其明顯，她們的家務就和過往一樣：擠牛奶、分離和攪打奶油、釀啤酒、各種家庭雜務，以及生育子女。人們通常將維京社會中的上層稱為貴族。確實有些人和家族是「領袖」，有些人會跟國王平起平坐，有時成為盟友，有時則成為對手，其中一些人也會幫自己取個頭銜。比如在「厲政王」哈拉爾的時代，與他作對的貴族就自封「拉德大王」（Jarl of Lade）。但這算不上真正的貴族頭銜，既沒有固定的屬臣，也沒有明顯的傳承。

至於享有「法律保障之特權」的那種貴族階層，則是隨大蛻變來到斯堪地那維亞的。最早有「貴族」之姿的，其實是教會：教會擁有土地、有權收取租金與什一稅、超越國家法律、不必向王室繳稅，且成員擁有頭銜、生活富裕。儘管由於教士照理說不能結婚，所以不是世襲貴族，但依然是特權受到保障的上層階級。

另一群登上新階級制度頂端的，就是「世俗」貴族了。此時土地愈發集中，王室會選拔地主階級的男性，成為騎士與指揮官。這樣的條件很吸引人，因為成為貴族不僅不必納稅，可以保有自己的財產，還可以晉身社會階層中最菁英的小圈圈。貴族擁有許多特權，可以傳給後代繼承人。貴族既是戰士，也是地主，擁有頭銜和盾徽（coat of arms），生活在門閥政治和稱豪尚武的世界。到了後期，瑞典高階貴族幾乎主宰了整個國家，使王權體制潰散成貴族共和。歷史學家哈里森和博・埃里克松（Bo Eriksson）指出「十九世紀的貴族軍官，與十三世紀的貴族騎士有著直接的聯繫」。

至於挪威又是另一種風貌。這片土地不存在維持貴族階級的經濟基礎，擁有土地的貴族在黑死病後幾乎死絕。而且從一三八〇年開始，挪威就不再有獨立的君主來維持宮廷、凝聚貴族；到了中世紀末期，挪威的貴族階級已經完全消失。

三國之間的糾葛

一三九七年六月十七日，丹麥、挪威、瑞典三國的代表在瑞典卡爾馬鎮召開大會，商定三個王國的聯盟條約，並看著來自德意志的公爵之子，波美拉尼亞的埃里克（Erik of Pomerania）加冕為三國國王。但這位埃里克只是名義上的國王，真正的掌權者是他的姨婆瑪格麗特，史稱瑪格麗特一世女王（Queen Margrete I）。儘管嚴格說來，她並不是女王，她為了權力收養了埃里克，並一直執政到一四一二年去世。瑪格麗特一世在斯堪地那維亞歷史上備受尊崇，而此後卡爾馬聯盟的每一任國王都備受辱罵。

黑死病徹底擊潰了挪威和瑞典王國的統治能力。自從「憐憮王」馬格努斯在羅斯大地上慘敗，瑞典王權就一蹶不振；而此時的挪威王室則徹底破產，處境嚴峻。一三七〇年，瑪格麗特獨自居住在奧斯陸的阿克斯胡斯城堡（Akershus Fort），她丈夫挪威國王哈康六世則遠在瑞典籌募資金，以圖從梅克倫堡的奧布雷克手中奪回瑞典王位。她寫信告訴哈康，城堡裡的食物已經告乏，她不得不遣散僕人。她懇求國王向城裡一名商人賒帳，並聯絡德意志貿易商，以便向即將入港的商船購買物資。

丹麥的狀況稍微好了一點。瑪格麗特的父親「復旦王」瓦爾德馬不僅收回了丹麥的失土，也重建了一定程度的王權；待他駕崩之時，丹麥國勢已經強於挪威、瑞典兩國，讓瑪格麗特有機會施展非凡的帝王之才，一統斯堪地那維亞傳於身後子嗣。

原本在十三世紀，中央政府的建立已經讓國王擺脫貴族的專橫，但黑死病卻讓這些人重新拿回權力。最經典的例子是瑞典的博・雍松（Bo Jonsson），此人精明幹練、冷酷無情，痴迷於聚斂財富，舉凡欺詐、恐嚇、謀殺，無惡不作，也從不否認。雍松最有名的事蹟，是他取得第一任妻子財產的手段。他妻子在分娩時遇到難產，性命垂危，而一旦母子雙亡，遺產就會回到妻子的親人手中。計算得失後，雍松剖開了妻子腹部。胎兒及時出生，合法繼承了母親遺產；不久後，這個孩子同樣夭亡，遺產落入雍松名下。很快地，博．雍松就成了瑞典首富，而國王則窮得一如既往，不得不向他借錢，王室領地也一步步落入他的名下。雍松後來更成為瑞屬芬蘭和其他王室封地的總督，在他去世時，瑞典已經有將近一半的領土歸他支配或擁有。

另一群勝利者來自德意志各地。霍爾斯坦占領了瓦爾德馬心心念念的什列斯威。斯堪尼仍在丹麥手中，但稅收卻歸德意志的債權人所有。漢薩同盟操縱著斯堪地那維亞人針鋒相對，以強化自身的貿易特權。丹麥國王財政拮据，不得不再次將名下各郡抵押給德意志各地君主，以獲得財務援助。德意志商人自然樂於接受，這麼做不僅能確保資本配置的安全，還可以從抵押地分得一部分丹麥王室收入。雖然這些錢實質上算是還款，卻可以繞過教會反對收取利息的教義。但對於丹麥國王和整個國家來說，這都形同拆東牆補西牆，雖然可以立即得到一筆現金，卻失去了稅基，不得不從剩下的領地上榨取更多民脂民膏。

一三七五年，「復旦王」瓦爾德馬逝世，二十二歲的瑪格麗特立刻趕回丹麥，準備一展宏才，開始她稱霸斯堪地那維亞的偉略。在如今的斯堪地那維亞，或許沒有人比她身分更為顯赫——她是丹麥國王之女，挪威國王之妻，又是瑞典國王的兒媳，還跟波美拉尼亞的德意志家族有親戚關係。她出生於丹麥，童年時期曾待在瑞典。十歲時，她與挪威國王成婚，兩、三年後搬到奧斯陸，又在十七歲那年懷孕（就是她寫信告訴丈夫食物吃完的那年）。她虔誠而恭順，忠於自己的王后地位；然而，她很快就證明自己有著一顆斬鋼截鐵之心，絕非姑息寡斷之輩。她的丈夫是一國之王，而她雖年歲尚輕，卻也是一國之后，沒有什麼能阻止她接掌父親的土地。

五百年來，丹麥、挪威、瑞典三國一直設法擁有國家地位，為此不斷彼此相互攻伐；而如今，它們卻突然要憑一紙條約統合於一名君主之下，丹麥歷史學家陀爾斯．達勒沃普（Troels Dahlerup）更直言這「簡直是不可思議」。但或許在瑪格麗特看來，斯堪地那維亞內部的分裂並非那麼理所當然。我們可以想像，她也許認為三大王國正處於水深火熱之中，組織凌亂、彼此爭執不休，而且多多少少都被來自德意志的外人支配。因此我們可以猜想，她認為三大王國應該站在同一陣線，要做到這一點，最好是組成單一聯盟，而她就是職掌舵輪、航向這個目標的不二人選，男人辦不到的願景，就該由女人來實現！而且，瑪格麗特不僅有遠見，也看到了這一切實現。

經歷好幾個世代的通婚，斯堪地那維亞的王室血脈已經彼此糾纏，此外更有數個德意志家族牽扯其中，若是把有權聲索此地的君主載上扁舟，松德海峽將被擠得水洩不通。但瑪格麗特掌權之際，恰好面臨難得亂局。黑死病的到來，或多或少剝奪了教會權力，讓他們無暇參與政治博奕。靠著慷慨的奉獻，以及對聖碧瑾的崇敬與紀念，瑪格麗特輕易地安撫了教會，將其從日後的阻礙之中排除。

在各國王權土崩瓦解時，瑪格麗特掌握了當時價值最大的資產：她的兒子。「復旦王」瓦爾德馬死時，兩個兒子早已先行離世，王位沒有直接繼承人；瑪格麗特又勝過同樣有一個兒子的姊姊，讓兒子在四歲時加冕為王，自己擔任攝政。五年後，哈康六世於一三八〇年在挪威去世，享年四十。哈康是個軟弱的國王，挪威史學大家哈夫丹．科特（Halvdan Koht）曾評價哈康六世：「他的為人與行徑都有一種怪異的蒼白，彷彿沒有什麼生命力。」（科特本人在歷史上也是一號人物，我們會在另一個世運的轉捩點提到他。）哈康死後，瑪格麗特也讓兩人的兒子繼承挪威王冠，成為丹麥的歐拉夫二世與挪威的歐拉夫四世，並以兒子的名義統治。（一九〇五年挪威獨立後的兩任國王，便分別名為哈康七世與歐拉夫五世。）

瑪格麗特的統治穩固後，歐拉夫即於一三八七年駕崩，得年十六。而瑪格麗特實質上已經成為女王，但頭銜仍是「全權夫人與主掌及王國全境攝政」（gracious lady and husband and regent of the kingdoms）。

在丹麥，她解決了斯堪尼問題。她在一三八五年終結德意志商人索取當地王室收入的權利，但保留完整的貿易特權，讓他們接受此一損失。她也解決了什列斯威問題，將什列斯威留給霍爾斯坦公國，但要求承認這片土地是受封自丹麥王室，這次妥協也讓什列斯威和霍爾斯坦同時成為了德意志和丹麥的土地。在瑞典，梅克倫堡的奧布雷赫也因為張牙舞爪地將博．雍松，以及其他貴胄的財產收繳王室，並縱容麾下德意志官員橫徵暴斂，不分貴族、平民皆恨之入骨，心懷反意。他們認為瑪格麗特是更好的選擇，便向其求助，戰火遂起。一三八九年，奧布雷赫戰敗，在六年監禁後被送回梅克倫堡。此後，瑞典也被瑪格麗特納入治下，唯有斯德哥爾摩因為加入漢薩同盟，仍算是德意志城市，所以又維持了多年獨立。至此，斯堪地那維亞三國定於一尊。* 一拿下瑞典，瑪格麗特便展現經國之才，和貴族達成奧布雷赫屢試不成的財政協議，並妥善處置了所有使他敗亡的政策，贏得瑞典人的忠誠。最後，在一三九七年的卡爾馬大會上，瑪格麗特十六歲的養子加冕為三國國王，卡爾馬聯盟正式成立。

卡爾馬聯盟的設計很有野心，其基本概念是共同防禦條約，一國遇襲即三國遇襲，藉著抵抗外敵確保三個王國之間的和平，有點像是中世紀版本的小型北大西洋公約組織。不過，它最原始的目的，其實是經濟聯盟，因為它允許聯盟內所有王國的公民，都有權利在其他王國裡做生意，就像現在的歐盟一樣。這個規則的用意，是對抗南邊的德意志人，可惜並不成功。在瑪格麗特一世的時代，卡爾馬聯盟還非常緊密，但等到女王去世，整個聯盟就開始分崩離析。挪威歷史學家斯泰納．伊姆森（Steinar Imsen）和約恩．桑內斯（Jorn Sandnes）表示：「從統治者的角度來看，挪威在聯盟中並不是什麼大問題。這個國度地處偏遠，貧窮且人煙稀少，貴族勢力薄弱，老一代又樂於獻忠。」但瑞典卻不打算卑躬屈膝，居於丹麥王室之下。

中世紀後期的人如何旅行

一四一三年，也就是瑪格麗特一世去世的隔年，她的遺體被送往羅斯基勒座堂，至今仍安息於一座精美的石棺中。盛大的移靈儀式由隆德總主教主持，還有三大王國另外十五名主教，以及許多其他政要出席。他們是怎麼抵達那邊的？

卡爾馬聯盟成立的代表大會上，至少有來自三大王國的一百名代表出席；在聯盟存在期間，各王國和整個聯盟也舉行過無數會議。比如卡爾馬大會後的第二年，哥本哈根也召開了一次大會，

* 這整套算計很複雜，但用最簡單的話來總結，就是：「國王奧布雷赫獲釋，承諾在未來三年內支付六萬銀馬克，以為交換。漢薩同盟將斯德哥爾摩當作抵押，充作和平的擔保，期望能恢復過往特權。如果奧布雷赫沒有準時支付贖金，就會回到監獄，或者斯德哥爾摩將歸瑪格麗特所有。在後來的幾年裡，瑪格麗特似乎一直在暗中支助私掠活動，導致漢薩同盟難以保住斯德哥爾摩，最後在一三九八年交出這座城市。」（Jens Olesen, *The Cambridge History of Scandinavia*, Vol. 1, p. 724.）

卡爾瑪聯盟歷任國王及統治年數

波美拉尼亞的埃里克
丹麥國王，1396–1439年
挪威國王，1389–1442年
瑞典國王，1396–1439年
巴伐利亞的克里斯托弗（Christoffer of Bavaria）
丹麥國王，1440–1448年
挪威國王，1442–1448年
瑞典國王，1441–1448年
克里斯蒂安一世（Christian I）
丹麥國王，1448–1481年
挪威國王，1450–1481年
瑞典國王，1457–1464年（名義上）
漢斯（Hans）
丹麥國王，1482–1513年
挪威國王，1482–1513年
瑞典國王，1482–1513年（名義上）
克里斯蒂安二世（Christian II）
丹麥國王，1513–1523年
挪威國王，1513–1523年
瑞典國王，1520–1521年

參加的代表共有八十八人。瑪格麗特和她後世的國王，以及他們的王后，一生都忙於來往治下各大王國，以及整個歐洲大陸。貴族頻頻在國內外舉行集會，主教與教士也勤於拉攏三國教會。然而斯堪地那維亞幅員廣闊，山高林密，多數地區就算稍有人煙，也極為稀少；城市和堡壘之間道路失修，甚或付之厥如，達官顯貴往往必須寒暑兼程，穿梭於城鎮、堡壘之間。而他們在外旅行時，身邊必定會帶著隨從，這些隨從又要負責怎樣的後勤任務？

一三七五年，瑪格麗特一世喪父，匆匆乘船返回丹麥，那是航行季節即將結束的十一月。對一個帶著幼子的母親來說，這趟旅程並不容易。一四〇五年冬天，卡爾馬聯盟第二任君主、波美拉尼亞的埃里克循陸路北上，前往挪威奧斯陸。他原本期望繼續前往卑爾根，但由於大雪封天，計畫不得不終止。一四二三年，他前往聖城朝聖，從威尼斯乘船出發，用簡單的偽裝騙過潛在的海盜，回程時卻選擇走陸路，從今稱杜布羅夫尼克（Dubrovnik）的克羅埃西亞拉古薩（Ragusa）回國，想來是靠騎馬。一四〇六年，埃里克與英格蘭的菲利琶（Philippa of England）成婚，新娘車配有紅革座席，車駕八馬，顯有以禮凌人之意。一四四九年十一月二十日，瑞典國王卡爾·肯努特松（Karl Knutsson）在尼達洛斯象徵性加冕為挪威國王。即位禮後，卡爾啟程返回斯德哥爾摩。整趟冬季旅程總共耗時兩週。

在早年，維持道路是各地人民的責任。多數道路的重點是供農用馬車行使，所以特別注重車軌。但隨著貿易和運輸量增加，更堅固、輪軸間距更寬的貨斗變得普遍，維持道路所需的成本也漸漸超出地方財力，需要中央政府干涉道路建設。

中世紀斯堪地那維亞最好的道路，大概是由日德蘭半島前往德意志的古老趕牛道（*Hærvejen*），此時這條路線是兩地貿易的中樞，北方的牲口經此前往德意志，而南方的各種貨物則藉騾子與馬車運往斯堪地那維亞。丹麥諸島間的海峽上有渡船定期穿行；而當雪在冬天落下，人們會乘駕馬匹和雪橇，甚至比夏季旅行更為輕簡。十六世紀的丹麥國王腓特烈二世（Frederick II）在部分地區鋪設了精良的「皇家道路」，起初只供國王與王室官員使用，後來才開放給大眾。從這時候開始，丹麥出現了有規劃的公共交通網，並在未來數百年間向全國蔓生。

一四六一年二月二十七日，羅斯基勒選出了一名新主教。不久之後，一個代表團啟程前往羅馬，知會並請求教宗批准選舉結果。他們在五月底、六月初抵達，並於六月十三日獲得教宗祝福。儘管這是主教任命的標準流程，但從斯堪地那維亞前往羅馬，單程就需三個月左右。比如一四七四年，國王克里斯蒂安一世就帶著隨從，自丹麥往返羅馬，他在一月出發，二月經過德意志，三月中旬抵達米蘭，在復活節前抵達羅馬，並在四月二十七日從羅馬出發，返回哥本哈根。

此時的人幾乎都是在馬背上旅行，因為道路網幾乎不存在，馬車很難長途行駛；相反地，嫻熟的騎手只要有匹好馬，每天至少可以在平地上移動五十公里。而現在從奧斯陸到卡爾馬的公路，距離超過六百公里，換句話說當時的人走得再快，也需要十來天的時間。而到了十七世紀中葉，即使瑞典有了相對優良的道路，輕載的單駕馬車每小時也只能移動兩、三公里。

旅行在外自然需要找地方過夜，但早期的旅者只能尋找有誰願意提供落腳處。這自然有可能引起衝突，也有許多不安全因素，比如財物遭到侵占，或是住宿費用談不攏。於是從十三世紀開始，旅館開始在丹麥王室的特許與監督下一間間成立。根據瑪格麗特懿旨，在主要道路上，每隔一天路程，也就是每四十公里，都應設有旅館。「王室旅館」的網路於是形成——許多老旅館留到現在，都成了廣受好評的鄉村旅館。一六四九年，瑞典也頒布了類似規定，但實施得沒有這麼順利。

交通的改善速度很慢。挪威第一條可供馬車運貨的公路只有四十公里長，從採礦小鎮孔斯堡（Kongsberg），通往附近的布哈格內斯港（Bragernes，今稱德哈門〔Drammen〕）。這條路開通於一六三四年，又在一六六五年延伸至克里斯蒂安城（Christiania，即奧斯陸）*。郵政服務在一六四七年出現，起初僅在主要道路上來往，並在後來的一百年間逐步普及。到了一八一四年，從斯德哥爾摩到奧斯陸的急件仍需要六至八天；直到一八七一年兩地鐵路開通，行程時間才一口氣縮短到二十小時左右。

波美拉尼亞的埃里克缺乏瑪格麗特那樣的治才，既無能掌握機會與限制，也不懂施展權力需要有謹慎妥協和平撫野心的智慧。維京時代的政權難以維繫，其中一大原因就是過度擴張，而瑪格麗特深知此乃治國大忌。只是，失去姨婆的輔佐後，埃里克很快就做出與祖先們相同的傲愎愚行，開始東征西討，征戰四方。對外他為了什列斯威問題，與霍爾斯坦貴族開戰，對內則頻頻派遣德意志親信，騷擾各地的居民，瑞典人更要承受丹麥官員的欺壓。卡爾馬聯盟在他的統治下，舉目皆是衝突、欺侮、謊言、戰爭、重稅，最後也勢所必然地分崩離析。畢竟，統治這麼複雜的聯盟，委實超出了埃里克的器量。對丹

* 譯註：一六二四年八月，奧斯陸發生三日大火，全城盡毀，時任丹麥—挪威國王放棄重建，改建新都，名為克里斯蒂安城，直到一九二五年才改稱奧斯陸。

麥、瑞典的大貴族和城市居民來說，埃里克與漢薩同盟的戰爭阻礙了貿易，侵害了他們的特權與事業。同時，歐陸對礦產的需求不斷增加，使得瑞典成為膏脂之地，但酷烈的壓榨最後導致了血腥暴力的起義，並迅速蔓延到整個瑞典，乃至於挪威。終於在一四三九年，埃里克與貴族賭氣，躲到哥德蘭島逃避政務，但三國樞密院俱未如他所願，請求國王回宮理政，反而相繼送來廢黜通告。不過，他還是繼續在哥德蘭島住了十年，扮演這個小王國的海盜君主，直到一四四九年才返回波美拉尼亞繼任公爵。而一四四〇年繼任卡爾馬聯盟君主的是其外甥，巴伐利亞的克里斯托弗（Chistoffer of Bavaria）。他在位八年，於一四四八年去世，因治有三國，他依照歐陸傳統，自稱「大國王」（arch-king）。

此時的卡爾馬聯盟雖然在法律上仍舊存在，實質上早已解體。聯盟的基礎是強大的王權，但丹麥和瑞典的貴族權力都十分強大，大部分的時候都能限制國王的力量。克里斯托弗亡後無嗣，瑞典和丹麥旋即各自為政。瑪格麗特當初一統斯堪地那維亞，是為了對抗德意志人，但德意志的威脅卻逐漸減弱，漢薩同盟正漸漸失去自治地位，以及壟斷貿易的能力。而瑞典人，甚至大部分的斯堪地那維亞打一開始就不喜歡聯盟這個主意，也看不出這麼做有何利益。很快地，大貴族就不再需要國王，更不需要一個外國國王。克里斯蒂安一世分別於一四四八年和一四五〇年加冕為丹麥和挪威國王，卻到一四五七年才成為瑞典國王，而且始終受到瑞典的冷眼相待。一四七一年，他終於忍無可忍，率海陸兩軍前往斯德哥爾摩，宣示對瑞典的王權，結果慘敗而歸，部隊丟盔棄甲，許多人跳水逃亡，溺斃在冰冷的波羅的海；克里斯蒂安也被子彈射中嘴巴，失去一排牙齒。克里斯蒂安一世的大業至此告一段落。這場戰爭後他因為缺乏資金，無法再次討伐瑞典。他的兒子兼繼承人漢斯後來再度入侵瑞典，並於一四九七年成為名義上的瑞典國王，但是到了一五〇一年被擱置內部分歧的瑞典貴族廢黜。漢斯的另外一個敗因，是他忘了獎勵支持者，反而忙著羞辱反對者。一五一三年，他試圖騎馬橫渡暴漲的河川，結果不慎落馬，數日後去世，在此之前，他一直都是丹麥和挪威的國王。

彼時的瑞典實際上是一個共和國：國家事務掌握在總統樞密院和王國執政（*riksföreståndare*）手中（不過第一任執政卡爾．肯努特松因為權力較弱，因此被特別允許使用「國王」頭銜，而且還當過一年的瑞典國王）。對於瑞典的挑釁，丹麥國王克里斯蒂安二世（Christian II）決定恢復聯合王國。他曾在一五〇六到一五一三年受命為挪威副王（*Vice-Konge*）*，學習為王之道。他在那裡以謀殺與恐怖對付貴族，以牢獄禁錮對付主教，並摧毀了挪威殘存的政治機構與制度。之後，他又仿效父親和祖父揮兵瑞典。第一次進攻雖然遭遇挫敗，但他們俘虜了一批人質——其中一位年輕人名叫古斯塔夫．瓦薩（Gustav Vasa），將在不久之後嶄露頭角。第二次出兵時，他招募了來自德意志、法國和以殘暴著稱的蘇格蘭等地的傭兵，拿下勝利。

一五二〇年十一月四日是個禮拜日，克里斯蒂安二世在這天加冕為瑞典國王，並於斯德哥爾摩王宮舉行三天盛宴，由於克里斯蒂安承諾不會追究先前的反抗，許多教會和貴族菁英都出席了。然而在十一月七日星期三夜裡，王宮的所有出入口突然關上，戍衛一旁的丹麥士兵忽然發難，逮捕了席間的達官貴人。接著，克里斯蒂安又將盛宴變成了法庭，宣判在場的顯要犯下叛國、異端、侵害教會權利等罪，於午夜十二點送往斯德哥爾摩大廣場處決。首先處斬的是兩名主教，其餘貴族則按身分高低依序

* 譯註：在丹挪聯合王國時期，挪威的實質統治者有「*Statholder*」和「*Vice-Konge*」兩種頭銜，後者為王儲或其長子專用，意在培訓繼承人，故前者譯作「挪威總督」，後者譯作「挪威副王」。

問斬。後世稱此為斯德哥爾摩慘案（Bloodbath of Stockholm）。慘案當晚至少有八十二人喪命，翌日又有更多人遭到屠殺。至此，王室終於報復了踐踏其憲法至高地位的貴冑。然而，軍事成功卻導致了政治失敗，卡爾馬聯盟徹底終結。而這場慘案背後如果真有什麼盤算考量，也已經失落在歷史的迷霧之中。後人皆將責任完全歸咎於克里斯蒂安二世。

卡爾馬聯盟原本是為了安全與和平建立的，實際上卻成了一齣兄弟鬩牆的連續劇，委實教人唏噓。這其實是一個非常有理想的計畫。瑪格麗特一世的謀畫未必只是貪圖權力，很可能也是出於一個長年流行於斯堪地那維亞的觀念：北方人應該團結合作。在過去數百年裡，這都是相當有意義的想法。如果維京列王沒有終日爭鬥，或許可以留下一些建樹。在卡爾馬聯盟之前，團結斯堪地那維亞的願景就已經存在了；雖然沒有這麼理想，但肯努特大帝和「厲政王」哈拉爾都是這

圖七：斯德哥爾摩慘案，一五二〇年。

項願景的先驅。而後來「憐撫王」馬格努斯・埃里克松在戴上瑞典、挪威和斯堪尼三國王冠後，會自豪地以「三王冠之主」自稱，想必也是因為他相信自己將會成為全斯堪地那維亞的皇帝。

卡爾馬聯盟是這項願景在歷史上最接近實現的一次，但它終究失敗了。然而，這個概念本身卻一直保留下來，到了十九世紀又以「泛斯堪地那維亞主義」（Scandinavianism）的形式捲土重來，不過同樣也成了失敗的理想主義。直到二十世紀又有人提出各種政治和經濟聯盟，這些計畫野心較小，也終於取得了一些成果。

女子掌權

身為女性，瑪格麗特依法不能稱王，但這不妨礙人們接受她的統治。在小人物的世界裡，婦女往往只是地位低微的工人；但在上層社會，女性雖然也是家族婚盟的道具，卻因為法定權利，往往有機會掌握大權。在當時的觀念裡，女性掌權並不奇怪。

之前提到的聖碧瑾也是一名位高權重的女子。她凝聚了一群追隨者，並透過這些追隨者，在整個斯堪地那維亞，乃至於基督教歐洲的政界與宗教界擁有莫大影響力。她是名報復心重的陰謀家，但其勢力也著實不凡。

一三五五年，「憐撫王」馬格努斯取得挪威王位後，雖然將該國交由哈康六世統治，卻自己保留了一些挪威封地。此時他雖然還有其他事情煩心，但也不能放任這些封地脫離控制，所以他安排了王后那慕爾的布蘭卡（Blanche of Namur）前往這個名義上屬於他兒子的王國，管理封地上的稅收。

在一四二三到一四二五年間，波美拉尼亞的埃里克前往耶路撒冷朝聖，因而命王后菲利琶代攝國政，統治三國。期間，菲利琶靠著談判與條約，暫時消除了漢薩同盟對丹麥的敵意。後來，她又成為丈夫在瑞典的實質代理，安撫教會和貴族因被迫為什列斯威戰爭納稅而產生的不滿。一四二八年，丹麥與漢薩同盟開戰，埃里克出逃，菲利琶接手指揮哥本哈根的城防，並突破德意志人的封鎖，逼使他們撤軍。

布蘭登堡的多蘿西亞（Dorothea von Brandenburg）在十五歲時嫁給卡爾馬聯盟第三任君主克里斯托弗；三年後，國王崩殂，多蘿西亞被任命為臨時攝政，直到新王克里斯蒂安一世踐祚，又與其結婚，繼續擔任王后。她非常積極為丈夫謀劃如何取回瑞典王冠，並促成了一四五七年的加冕，雖然瑞典人普遍覺得她狡詐卑劣。

一五一七年，克里斯蒂安的情婦小白鴿（Dyveke）過世，其母西格布莉（Sigbrit）繼續留在宮中，成為國王最信賴的顧問，負責海關、金融等事務。她原是一名商人，出身荷蘭，落腳於卑爾根，在城裡經營旅館，扶養她美麗的女兒。不久後，克里斯蒂安在卑爾根遇見她們，並經常與她們相伴。西格布莉雖然出身卑下，性情鄙俗，外貌粗肥，卻十分聰明能幹，因此深得克里斯蒂安仰仗，據說只要她不在身邊，國王就會開始自疑自棄。有人說她是女巫，也有人說正是她煽動了斯德哥爾摩慘案。一五二三年，克里斯蒂安被廢，匆匆流亡荷蘭，西格布莉也追隨左右，可惜她無法保住權力，遭到國王捨棄，據信她最後死在監獄之中。

克里斯蒂安二世進攻瑞典時，瑞典的王國執政是小斯滕·斯圖雷（Sten Sture den yngre）。小斯滕在一五二〇年一月戰死，妻子克里斯蒂娜．於倫榭娜（Kristina Gyllenstierna）繼承其志，領導瑞典抵抗軍防衛斯德哥爾摩，直到當年九月，才誤信克里斯蒂安既往不咎的承諾，開城投降——然後就是前面提到的斯德哥爾摩慘案。克里斯蒂娜先被囚禁於斯德哥爾摩，後又移監哥本哈根，並在一五二四年獲釋，返回瑞典，勾結丹麥人密謀推翻瑞典國王古斯塔夫．瓦薩，為兒子奪取王位。叛亂計畫並不順利，克里斯蒂娜再度下獄，後來與古斯塔夫和解，嫁給他的表哥，停止政治活動，最後逝於一五五九年。

在易卜生（Henrik Ibsen）的同名劇本中，厄斯特羅的英格夫人（Fru Inger of Østeråt）象徵了素樸的挪威民族自豪感。厄斯特羅是挪威中部的一個莊園，在過去是拉德大王的領地，莊園裡有兩百多處房產，而英格是殘存貴族中最富有的地主。她的五個女兒嫁給了丹麥貴族。她非常積極對抗自己莊園附近的尼達洛斯總主教，以促進宗教改革，並暗中支援瑞典的貴族叛亂。一五五五年，她在挪威西海岸遭遇船難過世。

第五章　宗教改革

在過去，教會富有，王室困窘，但如今權力卻逐漸由教會轉移到國王手中。正當卡爾馬聯盟安息之際，歐洲爆發了宗教改革。野心勃勃的斯堪地那維亞國王，自然也趁此良機，將手伸向教會財庫，並剝奪他們的自治權。

起因

人們大惑不解，懷疑自己的生命是否已沉入罪孽？他們開始尋求更激烈的解釋。於是教士們想到了煉獄（Purgatory）*，此後煉獄在教義中的地位愈來愈重要。他們告訴信徒，我們都是罪人，靈魂都蒙受危險。但是，罪可以淨化並得到赦免，天國之門終將在我們面前打開。有了這種信念，教會距離成為赦免的代理人，就只差最後一步。而一直以來，資助教會都是行善與累積聖德的方式。這種做法逐漸演變成出售贖罪券，兜銷赦免成了教會最方便的斂財手段。歷史學家諾曼．戴維斯（Norman Davies）說：

* 譯註：早在教父時代，就有神學家認為聖經暗示了有輕罪未償者，可以在死後接受火煉，淨化後再升天國。由於聖經並未直接提及煉獄，新教和東正教並不接受煉獄的存在。

「人們知道基督教世界生病了；他們知道〈愛的福音〉（Gospel of Love）之理想，與如今的現實相去甚遠。」教會介入了信徒與上帝之間，讓原本應當接近的變得疏遠。「如果要用一個詞來概括中世紀晚期教會內部，那必然是需要**改革**。」

在黑死病後的喪亂之中，過往「上」、「下」之間的衝突又重新浮現，加上教會利用人們的恐懼斂聚財利，這股衝突又進一步加劇。不過，此時的聖經研究也因為文藝復興變得更開放。早在中世紀盛期，歐洲就成立了許多大學，匯聚了各種思想，但如今的大學卻是顛覆性思想的湧泉。隨著君士坦丁堡在一四五三年陷落，拜占庭亡於鄂圖曼帝國，東方學者帶著古典思想和希臘哲學逃往西方。他們帶來希臘文與希伯來文的經文抄本，翻譯成新的版本，打破了天主教會正典的壟斷。人們對知識的理解逐漸改變，從遵循公認的教條，轉向以觀察和證據為基礎。對「人類」的理解也產生了改變，重心從集體轉向個人，形成了新的人文思想。此外，識字能力也日漸普及，不再被少數菁英壟斷。加上印刷術的發明，使得文書表達變得民主，民間語言也贏得了尊重，被接受為正經的表達方式。宗教改革的神學家將聖經從拉丁文中解放出來，讓人們能用自己的語言閱讀聖經。

最早的改革者只是要求教會**內部**改革，找回純潔的信仰。但羅馬教廷卻一意孤行，在腐敗中愈陷愈深。於是，改革家決定掀起革命。

我們都知道，馬丁·路德（Martin Luther）是在一五一七年，將《九十五條論綱》釘在威登堡（Wittenberg）諸聖堂大門上的，但此時宗教改革其實已經持續了一個半世紀。彼時，歐洲大陸原有的秩序已然崩壞，內部充滿農民起義和小型內戰，對外則面臨鄂圖曼帝國的擴張野心。經濟正在走向貨幣化，但由於尚無貨幣控制的觀念，物價瘋狂上漲，生活水準不斷惡化，又受到求稅如飢的國王與君主壓榨。黑死病後，人們對信仰的需求暴增，對教會的信心卻大幅下降。牛津的約翰·威克里夫（John Wycliffe）質疑教宗制度的正當性、抨擊修道院制度、主張牧者應該清貧生活，並主持《聖經》的英文翻譯。波希米亞的揚·胡斯（Jan Hus）也以大致相同的論點反對天主教會，並增加了對贖罪券的攻擊，其主要的講道場所是伯利恆禮拜堂（Bethlehem Chapel），至今仍位於布拉格市中心。許多捷克教會都贊同他的神學，成為第一個改革派教會，這些追隨者被稱為胡斯派（Hussites）。一四一四年，羅馬假意求和，引其前往康斯坦茨大公會議（Council of Konstanz）。胡斯一抵達，教廷立刻違背承諾，逮捕胡斯——畢竟對待異端，無須守信。幾次審判後，胡斯遭到定罪，被送上火刑柱，骨灰灑於萊茵河。

相較之下，馬丁·路德雖非神學先驅，卻有不凡的勇氣、精力與才華，深明宣傳倡議之道，雖然為人實在可厭，「對當今敦厚的人文主義者毫無耐心、品行粗魯、脾氣暴躁，所言每教人不忍複述」，且經常焚書，不容人言，又是個惡毒的反猶者。在他的時代，教會已經腐敗入骨，贖罪券生意已經成為一門產業，有完整的通路網；無論生死，任何人只要願意出錢，都能獲得寬恕，而不願購買的信徒，甚至會遭受詛咒與威脅。此外，當時的德意志社會也極其動盪不安，光是一五二四年的農民大起義（Great Peasants' Revolt），就導致超過十萬農民被屠殺。這一切都有如乾燥的焚風，讓改革思想的星星之火，得以點亮整個歐洲宗教界。

路德的反教會的運動並不只針對贖罪券，更普遍針對教會的神學、教會對宗教與世俗權力的主張、救贖代理人的宣稱、教宗至上論（Papal supremacy），以及整個天主教會的權力階序與象徵符號，後來更發展得愈來愈激進，批判教宗就是敵基督。一直以來，宗教改革的核心理論，是教會應當保持謙卑，只是一個信徒社群，而教士的工作，也只是傳播福音和主持聖禮，別無其他。不過，儘管有這些神學爭論，但贖罪券之爭，確實是宗教改革的動力來源。路德曾在一五〇九年拜訪羅馬，並被教宗制度的「徹底墮落」震撼。而他的結論是，世俗秩序應該屬於世俗權柄，他們代表上帝進行統治，並且應該受到服從。

當時還有許多傑出的改革派神學家和運動家，但路德是最懂謀略的一號人物。他以文字為彈藥，印刷為槍炮，戰略簡單俐落。一五二一年，他被教宗逐出教會，不久後受到薩克森親王「智者」腓特烈三世（Friedrich III der Weise）庇護，藏於瓦爾堡城（Warburg Castle），並在十一個禮拜間，將《新約》翻譯成簡明的德語。他還寫了《大教義問答》與《小教義問答》（*Large & Small Catechisms*），前者供神職人員使用，後者則寫給一般民眾。根據我的童年記憶，斯堪地那維亞的路德會依舊使用這兩本手冊。除此之外，他還寫了許多直接、易懂、動人的文章和聖歌，討論信仰與教會的種種面向。這些文章都透過小冊子傳播，取得容易，內容簡明精闢，語言通俗而親民。他還跟印刷出版商、藝術家密切合作，創作賞心悅目的作品。和當時的其他人不同，路德充分利用了印刷技術的潛力，並直接對人數不斷增加的讀者發表演說，從一介教士，成為名聞天下的紅人，其著作在德語世界的銷量無人能及。這場反對天主教會的運動，更是史上第一個有組織的媒體運動。

宗教改革很快席捲歐洲。在法國神學家尚・喀爾文（Jean Calvin）的鼓吹下，瑞士出現了更激進的歸正宗（Reformed church），日內瓦也正式成為一座新教城市，庇護了許多來自天主教國家的新教徒，同時也開始壓迫異端。法國也有不少人追隨路德和喀爾文，後者又叫雨格諾派（Huguenot）。針對新教徒的迫害，最終引爆了宗教內戰，許多人逃往英格蘭、荷蘭、普魯士等地，甚至是英荷的海外殖民地。隨後，英國王室也展開了宗教改革，但起因是亨利八世沒有男嗣，想要與阿拉貢的凱瑟琳離婚，卻得不到教宗批准。每當宗教改革獲勝，當地教會的財產就會落入王室手中，天主教徒也會受到迫害，一如天主教國家的新教徒。

無論對社會上層還是下層人士來說，路德的改革都是一份大禮。君主藉著改宗新教，確認了自己的統治正當性，相對於教宗加冕的神聖羅馬皇帝，權柄也有所提升。對身兼領主的主教來說，新教也很有吸引力，因為新教允許他們結婚，並生育子嗣繼承財產；對神職人員來說，改信新教則可以擺脫虛偽的獨身生活。對一般民眾而言，選擇新教則是為了在生活中親近上帝。德意志是贖罪券最氾濫的地區，民眾早已受夠教會上層不斷榨取他們僅有的財產，會青睞理論較為謙卑的新教，一點也不讓人意外。巴伐利亞等南部邦國依然信奉天主教，直到今日，但大部分地區很快都改奉路德宗；一五二五年普魯士將路德宗定為國教，後續十年裡許多德意志諸侯國也陸續跟進。* 斯堪地那維亞緊隨其後，改革派神學在丹麥的神職人員與民眾之間迅速紮根，在挪威和瑞典則慢了一點。國王們感受到風向的變換，很快選擇了路德宗，因為他們非常期待能接管教會的財富。

丹麥的克里斯蒂安二世是天生的獨裁者，期盼著打造一個絕對君主制的國家，以及不參與世俗、順

---

* 新教有時稱為「福音派」（evangelical），有時也稱為「抗議宗」（Protestant）。前者是根據宗教改革的神學宗義，即救贖只能依靠靠上帝的恩典。馬丁・路德和其他早期改革派神學家所說的「福音」都是這個意思，這些宗派至今仍保留了此教義，斯堪地那維亞的路德宗就是「福音主義」。不過在當代，「福音派」主要是泛指任何天主教以外的保守主義教派。「抗議宗」之稱，則是因為在一五二九年，有一群信仰路德宗的君主發表了〈抗議施派爾議會〉（Protestation at Speyer）一文，反對帝國重新將路德宗教義判為異端。也就是說在歷史上，「抗議宗」是專指路德宗，不包含聖公會、歸正宗等新教教派；不過漸漸地，「Protestant」一詞逐漸被用來泛稱所有天主教以外的教會，以及宗教改革後出現的信仰運動。

服王權的教會。他的繼任者腓德里克一世（Frederik I）在一五二三年的加冕典禮上，雖然承諾捍衛天主教會與其特權，但其實早就與改革宗派交好，沒過多久就背棄了誓言。一五二四年，丹麥語譯本的《新約》出版，序言中寫到：「如此將沒有人會被神父和修士欺騙。」在此之前，路德的許多著作就早已有丹麥語版四處流傳。腓德里克在位期間的主教都宣示效忠王室。他任命了四名主教，他們都將過去繳給羅馬的稅金交給了王室。（一五五〇年，路德版《聖經》全書譯為丹麥文，又稱《克里斯蒂安三世欽定本》〔Christian III's Bible〕，發行了三千冊，每一本的價格相當於一頭好母牛。）

圖八：一五二四年丹麥語《新約》譯本——「如此將沒有人會被神父和修士欺騙」。

不過在腓德里克於一五三三年去世時，新舊教的衝突尚沒有解決。繼承權之爭又引發混亂的內戰：天主教攻擊路德宗，市民攻擊貴族，貴族各派互相內鬥，農民同時與貴族和市民開戰，連呂貝克人都插手進來。最後，王位繼承人率領一支傭兵團，圍困支持克里斯蒂安二世的哥本哈根，長達數月，直至市民羅雀掘鼠，餓殍盈城；最後殘存的叛軍不得不開城投降，恭迎新王克里斯蒂安三世。克里斯蒂安三世並未掩飾信仰，甫上任即逮捕了三名拒絕妥協的主教，頒布路德宗式的《教會組織令》

（Church Order of Danmark），最後廢除主教一職；不過他們很快就恢復地位，成為國王任命的七名會督（Superintendent）。隨著總主教一職被廢，聖人崇拜、齋戒、神父獨身，以及其他天主教的禮儀形式和象徵符號也接連廢除。教堂禮拜改以丹麥語進行，多數神父留任牧師。修士與修女可以維持修道生活，但不再成立新的修道院，舊的修道院也逐漸停止運作，其財產在瓦解後繳入王室。克里斯蒂安三世以路德宗儀式加冕，並將內戰期間閉門的哥本哈根大學改為路德宗機構。一五三七年，他頒布前述的《教會組織令》，正式成立新的官方教會。所有會督與牧師皆宣示效忠國王，教堂與修道院的財產國有化，國王擁有的土地比宗教改革以前多了三倍。人們雖仍要繼續繳交什一稅，但這些稅金大多歸國王所有。克里斯蒂安的計畫耗資甚巨，有了教會的財產和收入，才好不容易能平衡收支。（嚴格來說，丹麥宗教改革分成兩個階段。教會在一五三三年就脫離羅馬，成為國家機構，但是到了一五三六年才改信路德宗。在瑞典，天主教會也是先國有化才逐漸改革的。）

不到二十年，整場改革就塵埃落定，丹麥教會徹底改頭換面，變成腳踏實地、謙沖自牧的路德宗。這是一次安寧平順的革命，而非激進的宗教改革。因為教會沒有成為「信徒的教會」，而是成為「國王的教會」。

挪威雖然幾乎沒有發自本土的重大宗教改革，但根據歷史學家厄斯坦・利昂（Øystein Rian）的說法，「在一個沒有大學，也沒有著名修道院和學術中心的國家，天主教知識分子的抵抗必定無足輕重。」哥本哈根只須一紙法令，就讓路德宗成為兩國國教。硬頸的主教全遭流放，只有卑順者繼續留任，神父也多改宗易信。修道會不是解散，就是無以為繼。

瑞典正式的宗教改革，則由前一章提到的古斯塔夫・瓦薩主導，他主要的動機，也是為了沒收教會財產與收入，讓王室收入加倍。一五二三年後，天主教改革（Counter-Reformation）在瑞典徹底潰敗，王室任命的新教牧師取代天主教會的神父，包括未得教宗按立的烏普薩拉主教長（他也是第一位結婚，並用瑞典語傳教的教士）。接著，新教會廢除獨身制，於一五二六年將《新約》譯為瑞典語，教會臣服王室，壓制修道院，天主教《教會法》被廢，最後《聖經》全書在一五四一年譯為瑞典語。一五七一年，新的《教會組織條例》（Swedish Church Ordinance）頒行，並在一五九三年確認信條，從此路德宗正式取代天主教，成為瑞典國教。烏普薩拉大學也在宗教改革完成後復校。聖碧瑾修女會（The Bridgettines）的最後一間修道院，也在一五九五年關閉。

剩下的天主教徒怎麼了？某種意義上來說，他們什麼事都沒有。許多教會都有很長一段時間繼續使用舊儀式。但官方確實擔憂天主教捲土重來，或是爆發激進的宗教改革。比如丹麥在一五六九年頒布的《外邦人條例》（*Fremmedartikler*）就明文規定，信仰不可靠的移民與難民可能禁止定居丹麥。一六〇四年又有一項新法令，禁止耶穌會書院的畢業生從事教育或教會職務。一六一三年起，天主教徒被剝奪繼承權，遭到驅逐出境，國外天主教徒也禁止入境。瑞典也不遑多讓，先是在一五五〇年禁止「假教師」入境，又在一五七八年驅逐耶穌會士。宗教改革的攻擊對象還包括其他少數族裔，特別是吉普賽人，當地稱之為「韃靼」（*tatere*）。同樣地，丹麥也在一五三六年後驅逐了吉普賽人；留下來的人會被取締，並受到賤斥，甚至死後也不得埋葬在教堂。

至於在挪威，宗教改革起初完全是形式上的，沒有實質變化。但對哥本哈根來說，教會只要不直接跟國家作對就可以了，政府不在乎人們到底相信什麼，也不在乎如何舉行儀式。而且，雖然拉丁語不再是教會語言，但取而代之的不是挪威語，而是丹麥語，因此教會與人民的距離依然沒有變化。路德宗牧師通常是丹麥人，不受挪威會眾信任，大約還要再過兩百年，挪威才算是完成了神學意義上的宗教改革。

宗教改革的影響

宗教改革雖是一場神學運動，對政治的影響卻極其深遠。最直接的影響，當然是將西方教會分裂成兩大陣營，每個陣營各自又分裂成許多宗派。天主教會同樣展開改革，重新確認其神學思想，加強上下分明的聖統制度（ecclesial hierarchy），並重振其宣傳組織，其中最重要的就是耶穌會。為了吸引信徒，以及讓改宗的信徒回心轉意，他們的規約嚴明有如軍紀，並且極重教育事業。另外一個地位攀升的機構，則是為教會根除異端的宗教裁判所。他們制定了一份禁書目錄，條列出許多當時最先進的哲學和科學著作，以及必須追查、沒收和燒毀的偏差出版物。

儘管如此，天主教會還是做出了根本性的調整和改變，而且方向與早期宗教改革家的期望恰恰相符。首先，就算是在西班牙、法國這些天主教國家，王權也有了至高無上的地位，得以在某種程度上收編國內教會。因此，天主教一方面採取謹慎的改革，減少世俗權力的忌憚，比如停止販售贖罪券。另一方面，耶穌會則選擇興學授業，以吸引年輕貴族，並廣收來自新教歐洲的學生，很快地，耶穌會書院就成為天主教世界最優秀的教學中心。雖然兩個改革方向看似矛盾，但天主教改革確實很成功，其最大的收穫就是讓波蘭繼續留在天主教會，以及讓德意志的部分地區重回羅馬懷抱。甚至有一陣子，瑞典也差點重新皈依天主教，因為這個當初被改革的對象，反而慢慢成為革新的先驅。

兩個歐洲的後續發展，完全跟直覺相反：天主教歐洲是文藝復興的起點與中心。教會贊助藝術、建築和音樂，並鼓勵教育和學術研究。信奉天主教西班牙和葡萄牙從摩爾人（Moors）手中收復失地後，「發現」了美洲和亞洲，徹底顛覆過去對世界和人類的認識。科學家和哲學家，也設法在各種對宇宙和自然法則的新見解，以及教會的教義間找到調和之道。

不過在政治上，宗教改革卻出乎意料引起了許多災難。首先是戰爭。在十六世紀，這些戰爭還只是統治者和派系之間的戰爭，比如一五一三年，瑞士各邦互相攻伐，以及一五四七年，德意志皇帝和新教諸侯發生內戰。再來是法國在一五六二年爆發長達三十六年的雨格諾戰爭（Huguenot Wars），還有橫跨十六、十七世紀的荷蘭獨立戰爭（Dutch Revolt）。英格蘭則有清教徒議會派（Roundhead）和聖公會保王派（Cavalier）的內戰。甚至連丹麥也因為宗教而分裂。德意志雖然在十六世紀下半葉決定彼此容忍，但和平並沒有持續太久。十七世紀是歐洲史上最血腥的一百年，每一場戰爭都混雜了現實考量與宗教因素。「瑞典人和丹麥、挪威軍隊交戰，英格蘭人與蘇格蘭人結盟對付荷蘭人，同樣信奉天主教的法國人和哈布斯堡王朝，則在馬德里爆發激烈衝突。」整個歐洲在三十年戰爭（Thirty Years' War）中幾乎化成了廢墟。

進一步的後果則是國家掌握了絕對權力。在過去的政治體系中，教會可說是國中之國，擁有制衡統治機構的力量。但是在宗教改革和天主教改革後，這種權力平衡就此瓦解。在瑞典、丹麥等尊奉路德宗的國度，政府剝奪了教會財產，將其當成統治的工具。教會依舊為國家的權柄背書，卻再也無法索取財富和特權作為回報；國王的統治權仍然來自上帝的恩典，但這份恩典並非由教會授予或撤回。教會的權力、財富和收入都交給了國家，其統治機構已經站上權力金字塔的尖端，再無力量能與之抗衡，國王的權柄亦復如是。

在掌握更多權力和財產的同時，政府也承攬了更多責任。原本，教育和濟貧主要是教會的職責。當政府收編教會，接管其收入與財產後，也自然而然扛起了曾屬於教會的職責。雖然這些職責並不算負擔，比如濟貧的重點，其實就是壓制乞討的禍害，但再怎麼說，這些畢竟是以往不用承擔的職責。

在瑞典和丹麥，路德宗的勝利也讓君主成為政治和宗教兩個領域的獨裁者。話雖如此，宗教改革還是為一般民眾帶來了新的自由。中世紀的人們對生活備感恐懼，他們對世界、對自然一無所知，生活充滿不確定性，又有饑荒、瘟疫等災殃時時侵擾。舊教會利用並加劇了人們的焦慮。他們以地獄和天譴威脅民眾，教導民眾救贖與否全憑教會裁決，使民敬而畏之。他們以強大的權力、高遠的廟堂、浩瀚的神祕符號、斷定生活中一切是非的神父、聖物與聖人的崇拜，以及費解的語言、高深的言談，來維持這份敬畏。舊教會壟斷了上帝，拒絕信徒接觸和理解上帝的精神。而路德宗不同，他們放棄了一些信眾應當感到懷疑的權力，拉進了與信徒的距離，減少了神祕的象徵符號。新教用信徒的語言講經布道，允許信徒相信自己可以免於無知和錯誤。他們告訴信徒：教會也會犯錯，救贖之路當由信徒自己追尋。當然，這絕不是現代意義上的自由。教會交出的權力並沒有歸於人民，而是歸於更強勢的國家政府。但它確實把人們從舊教會的極權中解放出來，為他們撐出了一些空間，任由信眾在自主經營下發起新的教會思潮，慢慢填補這個空間。

在斯堪地那維亞，宗教改革對人們的認知和習慣，產生持久的影響，創造出獨特的路德宗文化。新教會很快站穩腳跟，壟斷了對信仰實踐的解釋。路德宗是國教，擁有王權背書，是斯堪地那維亞各國唯一的教會，沒有任何宗教或對基督教的異見與之競爭。王國內每個地方、每個人都歸屬教會，參與教會活動既是法律規定，也是社會期望。在農村地區，教區牧師更是**理所當然的**（*ex officio*）地方領袖，其職權遠遠不止於教會事務。

後來，隨著學校教育普及，路德宗也影響到了教育。如同只會有一種教會，學校教育也只有一個方向，並充滿宗教色彩，宗教是核心和必修科目。這裡說的當然不是宗教研究，而是路德宗的基督教教義。祈禱和讚美詩是學校生活的一部分（直到我上學的時候依然如此）。整間學校都由教區牧師監督。

斯堪地那維亞重視的價值觀包括誠實、踏實、謙遜、務實、認分、嚴謹、奉獻、勤奮、平等、節儉。你不該標新立異或自我推銷，應該要以社群和集體為重。最明顯的就是我們習慣說「我們」而不是「我」。這也讓我們的文化變得陰沉滯重，人們普遍忠於職責但欠缺情趣。我們不追求輝煌，只追求穩定。我們斯堪地那維亞人是傳教士，我們向自己傳教，向彼此傳教，向他人傳教，向世界傳教。我們是傳教民族，但我們不僅傳揚基督教信仰，也熱衷教育他人、讓世界變得更好。我們充滿做好事的責任感，也認為自己有此能力。如果不是有前面說的那些原則，我們也許會認為自己是上帝的選民。當然，這種文化不完全是來自宗教信仰，還有許多不同的背景和表現方式，在每個人身上、每個地方之間仍有許多細緻的差異，但不可否認的是，路德宗的嚴格約束絕對是一大主因。

這種文化非常務實，有利於秩序、效率和信任。因此我認為，生活在斯堪地那維亞文化下應該算是很幸運。確實，我們的文化不怎麼有魅力：墨守成規、社會壓抑、泛道德化，大有清教徒之風。但它也有獨到之處。斯堪地那維亞文化自成一體，與隔海相望的歐洲文化大相逕庭，雖然鄰接歐陸的丹麥，也許沒有偏遠的瑞典和挪威那麼斯堪地那維亞。

附章 城市

城市和鄉村最大的不同，在於城市人比鄰而居，而且人數眾多，足以維持許多複雜的專業化活動；另外，城市裡通常也有一些宏偉的大型建築。在後維京時代的大蛻變中，斯堪地那維亞出現了城市，而城市的數量，也顯示出三國之間的差異。根據估算，截至一三五〇年，丹麥大約出現了一百座城市，瑞典四十座，挪威只有十六座。但就算是在都市化程度最高的丹麥，城市規模也很小：即使像奧胡斯這樣的二級城市，人口亦不過三、四千之譜。挪威第一大城是卑爾根，其人口在中世紀成長到了五千至一萬；規模次之的奧斯陸和特隆赫姆都不到三千人。一三〇〇年的奧斯陸大約有六、七十棟建築，並且只有少數有二樓，多為木造，因為石材昂貴，只有堡壘和幾間教堂負擔得起。早期城市看起來都沒什麼城市的樣子，房屋與農舍無異，並同樣會飼養牲畜。

城市的出現有兩種原因，其一是國王在此設立宮廷。流入宮廷的稅收會成為建設資金，吸引勞工、匠人和商人，進一步吸引各種服務。其二則是教會在此設立主教區或總教區，建立顯赫的教堂甚至座堂，以及周圍的修道院和禮拜堂。這兩種因素並非涇渭分明，很多時候會互相結合。比如說當國王想讓某地成為防禦重鎮或是貿易中心，就會建造或資助教堂和修道院。如果他希望自己選的地點成為重要城市，確實必須和教會合作。任何城市的興起都要依靠教會支持。

然而，城市的出現是一回事，成長又是一回事，後者必須依靠貿易。比如挪威的特隆赫姆雖然是總教區，也是全境唯一主教座堂的所在地，卻從未成為主要城市。斯堪尼的隆德、丹麥的羅斯基勒、瑞典的烏普薩拉也都是主教區或總教區，但都不是主要城市。奧斯陸雖是挪威第一個皇家城市，卻沒有成為首要城市。成為主要城市的是哥本哈根、斯德哥爾摩和卑爾根。貿易的規模愈來愈大，並且受到規範，必須集中在指定的城市。而這也帶動了城市裡行業的發展，建築、製鞋、裁縫、紡織、金匠、麵包、理髮、酒商、娼妓可說是城市裡的標準產業。

中世紀對城市生活的規定十分詳細，包括建築物的形狀、街道的寬度，都受到管制。原則上，如果不是依法從事工商業，就不能在城市定居，但流動工人和無業遊民仍經常進出城市。從業人員聚集在一起，就逐漸形成行會，並發展成師徒制的組織，既有宗教功能，也承擔社會職責。行政管理權則屬於國王指派的官員和市議會。只有「領導階層」能出任官方職務，這些人包含教士，但不包含商人、工匠等沒有產業的卑微市民。經營事業和產業都需要向王室繳納規費與關稅。市議會兼有治理和司法的功能。教會則是另外一個權威當局，擁有自己的組織。每座城市都有各自的法律來管轄前述事務，以及各自的刑罰：通常，放蕩的女子會判鞭刑，小偷是烙印或割耳，強盜則是在中央廣場上絞刑處決。每個城市都有自己的絞刑吏。

哥本哈根的發展始於一一七六年一座堡壘的建造。為了加強防禦，當時丹麥在沿海許多地方都建造了堡壘，這個隔海遙望斯堪尼、具有戰略目的的小聚落就是其中之一。幾經曲折後，最初的堡壘變成了今天的克里斯蒂安堡王宮（Christiansborg Palace），同時是丹麥議會與中央政府的所在地，還有部分廳室供王室使用。

哥本哈根的繁榮，得益於貿易的成長。它座落於松德海峽沿岸，是波羅的海的進出口，能夠輕易控制航運。「復旦王」瓦爾德馬在位時，從羅斯基勒主教區徵收了此地，納為王室財產；到了卡爾馬聯盟期間，這座城市更一度成為整個斯堪地那維亞的統治中心。直到一八一四年為止，哥本哈根都是丹麥和挪威的首都。在一六〇〇年時，這裡已經有兩萬人口，一八〇〇年更有十萬之多。（當時歐洲的最大城市是倫敦，人口足有一百萬。）

戰略地位既是哥本哈根崛起的基礎，也是它最大的禍害之源。它多次因丹麥與漢薩同盟的緊張關係蒙難，並在一三六八年的第二次漢薩戰爭其間遭到洗劫。在宗教改革的動盪中，它成為天主教的堡壘，並因此在一五三五、一五三六年遭到圍困，最後不得不向克里斯蒂安三世投降。在一六五七到一六六〇年的瑞典戰爭期間，哥本哈根再度遭困，險些夷為平地。除去這些不幸，哥本哈根還遭遇過多次大火：一七二八年的大火摧毀了半座城市，大學與圖書館皆受波及；一七九五年又發生了一場大火，將克里斯蒂安堡王宮徹底摧毀。

拿破崙戰爭期間，丹麥加入了法國陣營，使得哥本哈根兩度被英軍重創，近乎毀滅。第一次是在一八〇一年，當時尚未因特拉法加海戰（Battle of Trafalgar）成名的霍雷肖・納爾遜（Horatio Nelson）拒不撤退，繼續進攻，摧毀了丹麥艦隊。第二次則是一八〇七年，英軍以白磷炮彈燒毀城中大部分建築，大學再次夷為平地。如今的哥本哈根經歷了多次重建，給人的感覺相當年輕。

直到一八〇〇年代末，哥本哈根都還有城牆防禦，人車需要從四座城門進出，快速成長的人口導致城內空間愈來愈少。一百五十年前，這座城市幾乎就是個骯髒的貧民窟，只有王宮附近還保有一點優雅，和我們現在印象中的美景相去甚遠。一八五三年夏天，城裡爆發霍亂，數月內就有四千七百人死亡。一八五七年，城門拆除，而城牆則花了二十多年才大致拆完。在整個十九世紀，全城的人口大約增加了三倍。

從古至今，哥本哈根都是丹麥的政治、金融和文化首都，沒有別的城市能與之比肩。哥本哈根大學成立於一四七九年，丹麥東印度公司成立於一六一六年，證券交易所成立於一六二五年，皇家劇院則成立於一七四八年。十九世紀的它更無疑是整個斯堪地那維亞最輝煌的文化中樞。由於丹麥在一戰時保持中立，這座城市得以在二十世紀初蓬勃發展，而在二戰時也相對毫髮無傷地擺脫了占領。隨後，宏偉的建築紛紛矗立起來，讓這座迷人但樸實的城市增添了現代感。二〇〇〇年，鐵路公路並用的松德海峽大橋落成開通，連結了哥本哈根與瑞典的斯堪尼，形成一個丹麥與瑞典互通的區域——也可說是重新塑造了那個橫跨海峽、孕育斯堪地那維亞的古老聯盟。

哥本哈根的脾性不同於斯德哥爾摩或奧斯陸，這是因為它緊鄰歐洲大陸，受其浸染。居民心胸開闊、開明自由，迷人而不宏大，就像丹麥一樣「令人安適」（*hyggelig*）。對瑞典人和挪威人來說，丹麥，特別是哥本哈根，一直都是吸收歐陸風雅的橋梁。

斯德哥爾摩的發展和其地理條件密不可分。它位於梅拉倫湖的出海口，起初只是一座小島，但該湖有王國西邊與北邊的河川流入，各地貨物幾乎都要乘船來此，經由斯德哥爾摩出海。在斯德哥爾摩島的東邊，則是波斯尼亞灣（Bay of Bothnia）與波羅的海，小島南北的急流連接著湖海，至今依然。目前南邊的急流有水閘控制，北邊則保持原貌。在維京時代，梅拉倫湖的水位和海洋相同，當時的小船能夠輕鬆進出湖泊。但後來，梅拉倫湖的水位逐漸上升，大型貨船無法通行。於是，貨物從西邊經湖運來到斯德哥爾摩島後，必須先卸貨再轉運到島東，裝上海船以後出口，進口則是反其道而行。憑借獨特的位置，斯德哥爾摩成為了瑞典的貿易與航運中心。不過，斯德哥爾摩從來不是瑞典的宗教中心，這個地位屬於北邊的烏普薩拉，後來也成為瑞典最重要的大學城。直到一八七八年，斯德哥爾摩才終於設立第一所高等學院，並在一九六〇年升格為大學。

斯德哥爾摩島如今稱為「老城」（Old Town），是歐洲最完整的歷史古城之一，街道仍保持著比耶爾時代的規畫。最主要的兩條街道：西長街（Västerlanggatan）與東長街（Österlanggatan）沿著臨海的舊城牆貫串島的南北，在「鐵廣場」（Järntorget）交會。德意志人從很早以前就來到斯德哥爾摩，形成龐大的勢力，他們聚集的地方被叫作德意志區，當地現在還有一條德意志街（*Tyska brinken*）和一座德意志教堂，後者是德意志行會在十四世紀興建的。

隨著瑞典的國力不斷增強，斯德哥爾摩也發展得愈來愈蓬勃，到了十六世紀已經成為一個新興強國的首都。斯德哥爾摩島無法滿足發展需要，城區開始向外蔓延，北邊成為如今的商業與中產階級匯聚的北馬爾姆（Normalm）和東馬爾姆（Östermalm），南邊的南馬爾姆（Södermalm）則是工廠和藍領階級聚集之處，但現在已經完全仕紳化了。

這是一座美麗的城市，其美景有一大部分是源於周圍的無數水道，這些水道連接了大約兩萬個散布於波斯尼亞灣的大小島嶼。但相較於人性化而溫柔的哥本哈根，斯德哥爾摩在二十世紀經歷了大幅現代化，顯得冰冷而剛硬。

到了十九世紀中葉，斯德哥爾摩島上的城市嚴重衰落，人們為了清理貧民窟，差點就要把整座城市從地圖上抹去。當時的計畫，是拆除王宮和教堂以外的所有建築，以筆直的街道和堅固的現代化住宅取代。幸好由於成本高昂，橋間之城躲過了這場劫難。到了二十世紀，人們才開始重視歷史遺產的價值，尋找一邊保存歷史、一邊現代化的可能性。老城居民組織起來，保護自己的家園，讓一九四二年拆除部分區域、改建政府辦公大樓的計畫，遭遇了龐大阻力，致使計畫最後大幅修改。後來居民又成立了老城居民協會，繼續捍衛當地的尊嚴。這次抗爭有很大一部分是受到了紀實作家維拉．秀克羅納（Vera Siöcrona）的鼓舞，正如斯堪地那維亞的歷史中，一直有許多奇女子的身影。瑞典敘事謠歌手埃弗特．陶布（Evert Taube）還寫了一首〈酒商小弄的維拉〉（Vera i Vintappargränd）紀念她（她住在老城的酒商小弄二號）。

早期的挪威王選擇將卑爾根當成根據地，是因為東部有丹麥人、挪威人虎視眈眈，地勢防守不易，而西部則安全得多。然而正因如此，後來的「厲政王」哈拉爾便於一〇四八年建立了奧斯陸，以防守王國最脆弱的邊境。

卑爾根的繁榮起於貿易，如今依然是挪威的貿易重鎮，許多航運、造船和北海石油公司都將總部設在此處。這座城市有著豐富的貿易傳統，擁有知名的專業行會、產業協會，以及活躍於上流社會的名流望族；雖然保守，但也值得驕傲。一八五〇年，卑爾根的人口超越奧斯陸，建立了挪威第一家劇院，名為挪威劇院（今日的「國家舞臺」〔*Den Nationale Scene*〕），並聘請年輕的易卜生擔任總監，雖然他在那裡的六年並不快樂。當地首座高等教育機構，是成立於一九三六年的挪威經濟學院（*Handelshoyskole*，意為貿易學校）。一九四六年卑爾根大學成立時，當地中產階級並不怎麼開心，他們認為這只會帶來更多競爭菁英。於是，挪威經濟學院一直保持獨立，並且是老派菁英分子的首選，大學絲毫不受待見（我一九七〇年代在那裡工作，所以很清楚）。

十三世紀，卑爾根在哈康四世（Hakon Hakonsson）和「明法王」馬格努斯的統治下蓬勃發展，建立了宮殿和堡壘，其中哈康大廳（*Håkons Hall*）如今仍是國宴廳。雖然到了十四世紀末，王國政治中心移至奧斯陸，但卑爾根一直到十九世紀中葉，都是挪威的最大城市和貿易中心；此間經歷幾度繁榮和衰退，德意志人的影響力逐漸消退，本土商人階級興起。除了特隆赫姆座堂和奧斯陸堡壘之外，挪威所有的歷史遺產，幾乎都在這座城市。

挪威王座在哈康五世國王時期遷往奧斯陸，但當時王權正在衰落，無法為這座城市做太多事情。而哈康六世在一三八〇年去世時，王冠又落到丹麥人頭上，奧斯陸也淪為一個行省首府。

一二九〇年代，哈康五世開始建造阿克斯胡斯城堡（Akershus Fort）以強化城防，成為如今奧斯陸引以為傲的歷史遺產。堡壘的塔樓和城牆俯望著進出城市的峽灣，多年來時而成為王室居所，時而成為指揮總部，有時又成為國家監獄——被德國占領的二戰期間即是如此。如今的它有部分是博物館，部分是軍隊總部，部分是首相辦公室。

歷史上的奧斯陸並不繁榮。一五三六年末，丹麥國王派遣總督北上，發現此地已成廢墟，人口僅剩一千左右，教堂也破敗不堪。在漫長的丹麥統治時期，此地幾乎毫無作用，甚至失去了名字，建築也多為木造。最後，一六二四年的大火燒毀了整個聚落，並在他處重建，改名克里斯蒂安城。儘管挪威在一八一四年就脫離丹麥，但直到一九二五年，才終於找回奧斯陸的舊名。

一八一四年，挪威恢復成獨立王國，定奧斯陸為首都，並開始大興土木，重建首善氣派：新建築包括王宮、議會、大學、國家銀行、國家劇院，不過它們雖然至今仍是奧斯陸市中心的地標，卻沒有什麼特色。十九世紀的奧斯陸也開始發展工業，特別是造船業，城內於是一分為二，西部屬於中產階級，東部則是勞工階級聚居之地。一九三〇年代，奧斯陸的社會民主派政府興建了一座現代粗獷主義風格的市政廳。這棟宏偉建築面臨著港口與峽灣，前有一排社會寫實主義風格的雕像，描繪從事體力勞動的男性。在我看來，這座市政廳從概念、建築美學到藝術完成度，都遠遠超越其他建築，是奧斯陸最成功的傑作。

二十世紀初，挪威靠著石油賺進大筆財富，整個首都也興起一股建設熱潮，工廠占據了城市與峽灣之間，別墅和現代建築紛紛湧入。這讓奧斯陸的地景變得十分奇異，沒有什麼歷史感，更沒有舊城區。一代一代的新建築此起彼落，不斷翻新這座新貴之都的景觀；有一些確實很別緻，比如在峽灣上閃閃發光的奧斯陸歌劇院（Operahuset），但整體來說其實相當刺眼。當然，這不是什麼大問題，只是比起斯堪地那維亞的其他大城市，挪威首都的靈魂就像一名暴發戶。

第三部　戰火無盡的時代

一五二三年仲夏，古斯塔夫．瓦薩乘馬進入他所解放的斯德哥爾摩，前往「執政伯」比耶爾當年的城堡。不久之前的六月六日，他才被推舉為王，年方二十七歲，這天後來也是瑞典的國慶日。三年前，瓦薩的父親死於斯德哥爾摩慘案，在那之前的瑞典，基本上是個共和國，經常發生叛亂和暴動。

五年前，古斯塔夫曾與其他五名瑞典的年輕貴族一同被丹麥人俘虜，囚於哥本哈根。他花了一年才成功逃脫，但並未急著返鄉，而是先落腳呂貝克，時隔一年才回到瑞典。此時已經成為一名低調的獨行俠，不再是當年那個張揚的年輕愛國者。起初他先是加入爭取瑞典自治的戰鬥，但態度不怎麼堅決，沒有吸引到太多支持者，還一度想要放棄，準備流亡挪威。*然而，達拉納省的貴族卻在這名看似軟弱的人身上看到了領袖的潛力，推舉他領導眾人。隨著局勢逐漸有利，古斯塔夫也逐漸有了一代君主的架勢。

卡爾馬聯盟瓦解後，克里斯蒂安二世回到丹麥，繼續統治，想要將自己塑造成一名改革者，以及現

---

* 傳說他當時滑雪逃出達拉納，從穆拉（Mora）一路奔抵塞稜（Sälen）。在那裡被說服回頭，加入並最終領導瑞典人起義反抗丹麥。為了紀念這段歷史，瑞典自一九二二年起，每年都會舉行瓦薩滑雪賽。據稱這是全球參加人數最多的滑雪比賽，全程長達九十公里（不過比賽方向是從塞稜到穆拉）。

代化的推動者，但沒有成功。和許多國王一樣，他並不擅長統治的藝術，行事既魯莽又寡斷。兩年後，他被丹麥廢黜，後流亡至荷蘭長達九年。他曾試圖重奪王位，但以失敗告終，接著在優渥的軟禁中度過了二十七年，七十七歲去世，終以國王之禮下葬。

第六章　兩個新王國

大約在一五〇〇年左右，鯡魚離開了丹麥水域，向瑞典、挪威沿岸北遷，後又進入北海深處。對斯堪地那維亞和德意志人來說，這是個不祥的預兆，也讓他們原本就不安穩的合作關係雪上加霜。他們不但失去以往維持共生關係的重要資源，還眼睜睜看它落入了競爭者手中。斯堪地那維亞人沒有能力追著鯡魚遠赴外海，但荷蘭人和英格蘭人卻有牢固的船隻，可以進入前者無法抵達的海域捕撈鯡魚，並直接在海上醃漬裝桶。而且他們還將西班牙和法國的鹽沼開發成新的鹽場，產量遠勝德意志的岩礦場。

隨著漢薩同盟衰落，荷蘭人和英格蘭人迅速崛起。他們的船隻更先進，能夠直接駛入波羅的海，運輸穀物、銅、鐵、木材、焦油等大宗物資，並繞過丹麥，航向更遠的市場。漢薩同盟雖然也在波羅的海從事海運，但他們主要依賴陸路和河運將貨物送往市場。在一三九〇年代，他們為了改善運輸交通，曾在呂貝克和漢堡之間修建了一條運河，但運河非常依賴裝卸轉運，且駁船的容量有限，很快就被效率更好的海運取代。德意志人很快嚐到了市場被別人壟斷的滋味，面對更強大的資本與科技，他們已然失去了優勢。斯堪地那維亞人趁機從德意志人手中奪走市場。漢薩同盟曾靠著壟斷貿易而欣欣向榮，但低地諸國商人爭奪市場的氣魄卻凶狠得多。丹麥歷史學家亞歷克斯·維滕多夫（Alex Wittendorff）指出：「此時資本主義正在西北歐逐漸成形。」而斯堪地那維亞擺脫漢薩同盟後，也迎來了新面貌，丹麥和瑞典開始改造自己，迎接新時代的變革。

遠離挪威

一五二三年，腓德里克一世率領傭兵攻占哥本哈根，驅逐了侄子克里斯蒂安二世。他還依照程序，安排自己獲選為挪威國王，與挪威樞密院（*rigsrad*）執手為約，承諾尊重挪威的自治——但這只是空頭支票，很快就被忽視了。理論上，挪威是一個王國，擁有自治的教會，也有自己的貴族。但實際上這些都已名存實亡，當地人口只有丹麥的四分之一，頂多三分之一；菁英階級中沒有穩定的派系或聯盟，無法對任何事務形成共識。樞密院的出席人數幾乎永遠不夠，有時因為距離遙遠，難以成會，有時則因為政要顯貴拒絕出席。幾年後，卑爾根有位牧師押沙龍・佩德松・拜爾（Absalon Pedersson Beyer）開始記錄挪威的歷史，這位當時少數受過大學教育的挪威人寫到：挪威曾一度在斯堪地那維亞冠絕三國，但很快地，「便衰敗凋零，失去所有的力量」。

克里斯蒂安二世最後的掙扎

克里斯蒂安二世殺人如麻、治國無方，為瑞典所斥，又為丹麥所廢。即便如此，他仍自認有權稱王。一五三一年，他得到表弟神聖羅馬皇帝查理五世（Charles V）襄助，結束在荷蘭的流亡，率一支傭兵返回丹麥，試圖奪回王位。查理開出的條件是捍衛天主教信仰，儘管克里斯蒂安此舉多半不是出於信仰，正如他對其他事也一樣彷徨反覆。他首先前往挪威，期望在那集結更多兵力，再全力進攻丹麥。然而此舉卻成為一場鬧劇，半數艦船毀於風暴，約有千人命喪大海，剩下的艦隊也零落四散於挪威海岸。克里斯蒂安率領殘部至奧斯陸，糾集寥寥幾人，權充樞密院，為自己舉行加冕禮。當地權貴寫了一封信給腓德里克，聲稱他已被廢黜，最後卻不敢在信上簽名。克里斯蒂安隨後向南行軍，連戰接敗。最後他試圖航向哥本哈根，卻得到該城的艦隊「護送」回到丹麥，展開二十七年的軟禁生活。至於腓德里克則是對挪威的叛徒課了一大筆罰款，就任他們自生自滅。

一五三三年，腓德里克駕崩，引發三年內戰。直到一五六三年，克里斯蒂安三世拿下哥本哈根，登基為王。他和樞密院談判，確認了一些原則，但協議細節全由他獨自決定。只憑紙上短短幾句話，挪威王國就化為烏有，未經任何挪威人同意；理由也僅是挪威如今貧困衰弱，無力維持自己的領主與國王。從此刻起，「直至永遠」，挪威將成為丹麥之下的一個行省。就這樣，雖然沒有「永遠」如此，但挪威成了丹麥的一部分，兩地皆由丹麥統治。官員若非丹麥人，就是效忠丹麥王室，官方語言是丹麥語，挪威只剩下地方自治政府。

此後三百年，受丹麥統治對挪威人來說最直接的影響，就是反覆的徵稅。一六七六年時任挪威總督寫道：「我們認為陛下神聖的旨意是，我們應當盡可能從任何地方抽取所需。」負責稅收的是王室派遣的地方官員，而這些人又私下貪污，造成更沉重的負擔。丹麥統治時期的挪威留下了無數請願書，控訴地方官員的種種濫權行為。一般民眾視君如父，認為那些官員背叛了國王的美意。請願並非毫無效果，王室三不五時會做出回應，濫權問題卻從未停止。

取消挪威王國一事實無正當性可言。克里斯蒂安三世是丹麥國王，但挪威本身是獨立王國，而克里斯蒂安並未被加冕成挪威國王。若要正當更動挪威王國的憲政，他必須擁有挪威國王的身分，並與挪威樞密院達成共識，丹麥樞密院顯然無權批准取消另一個國家的王位。然而，當時完全沒有勢力可以與他抗衡。克里斯蒂安三世提出的理由，是挪威人過於貧困，無力維持自己的王國，後世的歷史學家也普遍接受這個說法。

失去王國地位很重要嗎？從憲政層面來看的確如此。儘管國王人在哥本哈根，但挪威確實曾是一個王國。但在實務上，這點並沒有太大影響。自瑪格麗特一世以來，挪威就已經和丹麥聯合。對北部海岸的漁民，或是古德布蘭茲谷的農民和佃農來說，國王在哪邊統治並不重要，他們是不是外國人更不重要，重要的是國王強不強大。

然而，「挪威」一直以來都有點食之無味，棄之可惜。這片土地貧瘠、遙遠，幅員廣大而地勢險峻，氣候嚴酷加上交通不便，不像丹麥其他行省一樣有治理的意義，因此丹麥多半也任其自生自滅。克里斯蒂安三世雖然取消了挪威王國，後來卻選擇表現得寬宏大量。對丹麥而言，局勢保持平靜才是最大利益，而最好的做法就是避免挑釁挪威的自尊心。儘管沒有必要，他仍安排自己被封為挪威國王，派遣兒子代其接受已經不存在的王冠，並以挪威法律為基礎，宣稱自己的統治是承襲瑪格麗特一世，延續兩國的聯盟。於是「挪威人」的意識或多或少保留了下來，並在丹麥統治期間延續。憲法上，挪威是丹麥王國的一部分，但在文化層面上，它某種程度上可以看作是「丹麥挪威王國」（Denmark-Norway）。對於十八世紀興起的現代民族主義來說，這就成了復興挪威王國的意識形態基礎。

名字有什麼關係？

從一五三六到一八一四年，挪威都是丹麥御下一省，這段時期的丹麥有時也稱為「丹麥挪威王國」。這種說法有一定的根據。挪威是一個與丹麥平等的獨立王國，這種幻想在某種程度上一直延續著，並不時出現在官方事務上。然而這並非常態。「丹麥挪威王國」並非兩國聯合，而是一個統一王國。丹麥才是統治的中樞，挪威只是它治下的一部分。無論是在名分上還是實質上，兩者之間都不平等。所謂的「雙重認同」，從歷史的角度來看也並無道理。國王從哥本哈根統治的領土，包括了丹麥本土、挪威、什列斯威與霍爾斯坦、法羅群島、冰島、格陵蘭，以及位在瑞典的零星領地。「丹麥挪威王國」這個說法，只是後世的禮貌性修辭，目的是避免傷害挪威人的自尊。

文藝復興

時代變遷之際，就連星辰也會易位，地輿也會變動。過去，教會宣稱宇宙是上帝的造物，其序井然，不可增損，我們的地球是世界的中心，太陽、行星與恆星繞著地球運行。然而，後來卻有些思想開闊的人注視著宇宙，發現眼中所見竟比已知的真理更為複雜。他們之中最重要的，是波蘭的財政官與天文學家哥白尼，以及後來以望遠鏡觀測星空，證實其理論的義大利學者伽利略。

一四九二年，哥倫布抵達美洲。六年後，達伽馬從葡萄牙出發，繞行非洲到達印度。而在一五一九年，麥哲倫探險隊也從西班牙的塞維亞出發，在一五二二年返回桑盧卡爾海灣，完成首次環球航行。

自此，人類駛入了「未知」。我們該如何理解一個混亂的宇宙，理解《聖經》並未如實描述天地的真相？如何理解在歐亞非以外，還有一個我們昨日未曾察覺的富饒世界，而其中人民、種族與地方，都遠超過基督教教義的指引？如何理解王室法令所規範的貿易，竟被蠻野的競爭取而代之？而在北方，銀白的鯡魚，我們的財富又為何棄我們而去，將恩惠帶給了他人？我們該如何理解這一切？

這就是「文藝復興」時代。此時的世界對人類展露了面貌，令觀者興奮、恐懼，卻也有人好奇。這些尋求新答案的人開始回首他們眼中「學問的黃金時代」，也就是中世紀以前的時代。我們可以說，文藝復興代表著觀念、信仰、思維與世界觀的變革。這場變革並不輕鬆，隨之而來的還有許多醜陋不堪的事物，譬如極端的迷信，和燒死女巫的行為。即便如此，人類的精神仍得以走出教會的聖土，走出「壓抑大膽、獨立的思考，充滿恐懼的心理環境」。也因此，後人總說文藝復興是「人本」的時代。

危險的女巫

每個人都知道惡魔存在，教會更與異端勢不兩立。惡魔附身者輕則受人賤斥，重則遭受百般悲慘下場，而異端則被處以火刑。到了文藝復興時代，教會面臨挑戰，也對魔鬼益發執著。一四一八年，當選教宗的英諾森八世正式下詔：「我們近來耳聞，無分男女，皆有人自棄於魔鬼。」他們下咒、殺嬰、毀壞莊稼、褻瀆信仰，大多數是女性。據說他們會騎乘公羊或山羊穿越夜幕，參加魔鬼或其爪牙的「魔宴」（Sabbat），有時還會大肆行淫，並在白天帶著邪惡的力量回歸。「在人類之敵的煽動下，她們犯下了種種污穢罪行，將自己的靈魂置於致命的危險之中。」隨著教宗點燃烽火，女巫狩獵在後續的三百年間席捲歐洲，奪走了大約五萬條人命。

斯堪地那維亞也不例外。一六〇八年，瑞典頒布懲治巫術的相關法律，罰則包含了死刑。在這之後的半個世紀中，巫術審判相對較少，死刑也較為克制。然而在一六六八到一六七六年間，卻有一段瘋狂的日子，無數人受到審判，約有三百多場處決，有的人被燒死，有的人則是斬首。為了將這段暴力時期劃上句點，官方的巫術委員會下令全國教堂舉行感恩禮拜，宣布全國已經擺脫巫術。饒是如此，巫術審判仍時有所聞。最後一個因行巫處斬的案例發生在一七〇四年的斯德哥爾摩，受害者是一名叫做安娜・埃里克多特（Anna Eriksdotter）的女子。她曾在一名牧師家裡工作，被指控因受解僱而對牧師下咒。最後一次審判則發生在一七五七年，有十二名女性遭受刑求，但最後皆無罪開釋。

一六一七年，為紀念馬丁・路德張貼《九十五條論綱》一百週年，丹麥國王克里斯蒂安四世公布三項法令：禁止婚禮奢華、禁止放縱淫逸、禁止行黑巫術。這項法令正式將巫術定為罪行，證實涉及惡魔者死，未證實者沒收財產。國王一公布法令，女巫審判便在往後半世紀裡迅速蔓延。最後一名女巫在一六九三年被送上火刑架。

根據挪威的紀錄，一五五〇至一七六〇年間共有八百六十起女巫審判，多集中在十七世紀，約有半數判死。一六二三年，在東南部的一個小鎮，有位名叫安妮・霍特（Anne Holter）的女性被燒死，罪名是施行巫術。她用斧頭砍死丈夫後，辯稱自己遭魔鬼附身，又指控另外三名女性同罪。其中一人認罪，還稱自己曾夜騎黑牛犢前赴魔宴，同邪魔共樂，因此被送上柴堆。另兩人矢口否認，其中一人經過酷刑審問，被判「水浸審判」，也就是綁縛雙手浸入河中，若漂浮便是女巫。而她果然「如女巫般漂浮」，旋即被燒死。第三人結局不明，可能獲釋。一六七〇年在中部一個村莊，莉絲貝特（Lisbeth）與奧勒．尼潘（Ole Nypan）夫婦雙雙被判有罪，妻子被燒，丈夫問斬。莉絲貝特是當地的治療師，但據說她曾下咒害人；奧勒則是曾在與人爭吵時，用妻子的力量威脅對方。兩人經歷四個月長的審問後被處決，這可能也是最後一次以處決告終的審判。但最多女巫審判的是在北部，因為薩米人長期以來都被懷疑從事黑魔法。最後一次審判發生於一七三〇年，地點是古德布蘭茲谷的厄伊爾（Øyer）。審判地點在教區牧師宅邸，該建築至今仍在使用，目前是教區會議和文化活動的場地。利樂漢瑪（Lillehammer）的小說家芒希爾．布魯海姆（Magnhild Bruheim）的作品《巫術》（*Trolldomskraft*）把這場審判的經過描述得很精彩：西莉．約根多特（Siri Jørgensdotter）是個在農場工作的十三歲少女。她很單純，喜歡講故事博取其他僕人的青睞。有天她說了一個故事，說她阿嬷曾在某天晚上帶她參加魔鬼的晚宴。然而，她那新喪的阿嬷名聲不好，所以人們相信了她的話。審判由牧師主持。他看出西莉只會迎合審問者。村民想對這個不受待見的家族洩恨，但牧師巧妙地引導了審判，最後判她無罪，並為女孩安排了其他工作機會。一條生命因此得救。

文藝復興時期有許多驚人的創新：宗教改革、科學發現，以及教育普及，教會不再壟斷學校和大學。在義大利文豪的筆下，文學誕生了：但丁以《神曲》描寫他穿越地獄、煉獄與天堂的旅程，薄伽丘在《十日談》中，描寫一群青年離開佛羅倫斯躲避瘟疫，在這些日子中以宴飲與性愛——至少是談論宴飲與性愛——打發時間。哲學方面也急速進展，譬如鹿特丹的伊拉斯謨（Erasmus）提出了人本基督教，義大利的馬基維利寫下了《君王論》，還有法國的笛卡兒奠定了理性主義。同時，藝術和建築也蓬勃發展：提香（Titian）以近乎情色的裸女畫聞名（當然還有其他作品），最後死於瘟疫；史上最聰明、最仁慈也最慷慨的藝術家達文西；設計佛羅倫斯聖母百花座堂穹頂的建築與工程奇才菲利波．布魯內列斯基（Filippo Brunelleschi）；奠定現代自然主義、作畫為人皆以粗豪稱著，並經常犯法逃亡的卡拉瓦喬（Caravaggio）；以及能轉眼間從大理石中雕出人類精神的絕世天才，米開朗基羅。

因為這些成就，文藝復興一直被看作是一段百花盛放的美好年代。此話不假，然而新的思維也導致了一些可怕的後果：王權獨裁、戰爭不斷、殖民主義、奴隸制、剝削——最可怕的是在這些事件與發展中，普通百姓無論男女，都被當成毫無價值，可以隨意犧牲的存在。

如同過往，經濟是背後的重要動力。貿易的成長是一個重要因素，但同樣重要的，還有「貨幣」這個魔法，以及它帶來的財富與競爭。自從羅馬帝國殞落，歐洲的貨幣經濟就陷入停滯。直到八世紀，貨幣才重新出現，慢慢重建使用貨幣交易的經濟體系。貨幣的普及既是原因也是結果。貿易發展需要有貨幣協助；而當貨幣供應充足，貿易也會更為便利。

然而，貨幣也帶來了兩大問題：如何生產，以及如何管理。當時的人就和今天的我們一樣，未能完全解決這些問題。貨幣價值難以保持穩定，因此出現通貨膨脹，帶來物價上漲、生活水準下降的問題。貨幣經濟雖然牽動了商人的馬車，對普通百姓卻沒有太多實質好處，反而讓他們不得不賺錢購買日常用品，而這些用品的價格又不斷上漲。生活成本上升的壓力在接下來的數百年間，對普通人形成了愈來愈沉重的負擔。

早在中世紀歐洲，銀行業就已經相當成熟，至少在十四世紀初，就已經有能夠進行定期劃撥轉帳的金融網路。至於發明商業銀行的，則是靠貿易賺得大量利潤的義大利主要城市。其中最有名的，就是佛羅倫斯的梅迪奇銀行（Medici Bank）。梅迪奇家族靠著貿易積累了大量財富，並於一三九七年創立了自己的銀行，這家銀行經營了大約一整個世紀。富有是一回事，但成立銀行的目的在於掌握權力。這一點相當成功，梅迪奇家族在佛羅倫斯鞏固了優勢，影響力可及義大利的其他地區，乃至整個歐洲。百年過後，主導歐洲銀行界的，變成了德意志奧格斯堡的雅各．富格爾（Jakob Fugger）。不過他進入銀行業並非為了權力，而是為了金錢，以及持續追求更多的金錢。這讓他成為了許多教宗、皇帝和諸侯的財務經理。

國王擁有財富，也有能力創造財富，他們的地位與權力隨之攀升。他們囤積財富，用以增添榮耀。他們建造美侖美奂的堡壘和宮殿，並贊助藝術發展。他們擴充行政機關，建立由本國人民組成的專業化軍隊。在這過程中，他們重拾並改善了最古老的稅賦形式：兵役制度。隨著戰爭規模不斷擴大，國王需要更多、更優秀的忠誠軍隊。同時，火藥也大幅增強了船艦與士兵的火力，但要發揚火力，就需要紀律更嚴明的軍隊。這讓中世紀的國王，成為了文藝復興的國王。

然而，儘管這些雄心勃勃的國王手頭有錢，卻永遠不夠用，唯二例外是西班牙國王和葡萄牙國王，當時的他們坐擁大量來自新大陸的黃金白銀，陷入了財富過剩的詛咒。但一般的國王也不是完全無助，因為中產階級和銀行家手裡也有很多錢，他們恨不得成為國王和諸侯的債主，因為他們相信國王會償還這些債務。雖然國王借的錢往往多到難以用金錢償還，但貴為國王，他們手裡多的是其他資源。對銀行家來說，用其他方式償還甚至比金錢更有吸引力，因為他們不能直接收取利息。神聖羅馬皇帝馬克西米利安一世，和他的孫子查理五世，都很依賴超級銀行家富格爾的貸款。而這些貸款有部分是以銀礦和銅礦的開採權來償還的，這也是為什麼貪婪的雅各能累積如此巨額的財富。

君主制不斷強化，最後走向絕對專制的過程，是得益於兩種「思想」。其一是後來稱為「重商主義」的經濟新認知。這種思想認為經濟活動要為國家的統治服務，並認為可以靠王室認證、特許狀與壟斷權等方式詳加規範，以達成此一目標。重商主義的核心概念是：國家的財富取決於王室的財富，而統治實力的強弱體現於國庫中儲備有多少真金白銀。

隨著城市興起和市民階層壯大，社會的形態也在改變。另一種新認知也隨著現實的變遷成形：社會是一個集團，由教士、貴族、市民和平民四個等級組成，每個等級都有特定功能。教士教化，貴族保衛，市民貿易，平民勞動，這是上帝的秩序，謹守自身地位是一種天職，如此社會方能和諧。國王與君主不受此等俗務煩心，他們的任務是保衛並維護上帝的秩序。如果國王需要「人民」的支持，他們會召集各個等級的代表，舉行正式的「等級會議」。

重商主義幫助國王積累財富，並為他們將經濟活動挪為己用的做法提供依據，而等級理論則合理化了上令下從的綱常。兩種思想共同將國王抬舉到至高無上的地位，同時也將普通民眾進一步推向無力的深淵。不論你是誰，無論是享有特權還是備受剝奪，這一切都被當成天經地義。統治與經濟密不可分，而國王就是整個國家。

斯堪地那維亞文藝復興

約從一四〇〇年起，紙張開始廣泛使用。在此之前，主要的書寫媒介是昂貴的羊皮紙，只能用於聖經或國家條約等重要事項。雖然紙的價格也很高昂，在斯堪地那維亞甚至需要進口，但仍讓更多內容比如契約、法院裁決、正式與私人通信可以用書面保存下來。管家開始用書信向地主報告領地的經營狀況，催生出更完善的會計和檔案管理。

紙上印刷最大的突破發生在十五世紀中葉，因為約翰內斯・古騰堡（Johannes Gutenberg）在德意志美因茲（Mainz）發明了金屬活字印刷術。他最著名的事蹟是印刷聖經，但同時他也是一名商人，因此也印製教會的贖罪券（儘管最後還是破產）。印刷術從德意志和荷蘭向北傳播。目前所知，斯堪地那維亞的第一本印刷書籍，是一本禮拜儀式手冊，在一四八二年出版於丹麥的歐登色（Odense）；瑞典的第一本則在隔年出版。一四九〇年左右，哥本哈根開設了一家印刷廠，主要印製宗教文本、文法書、年曆和法律材料。一四九五年，第一批丹麥語和瑞典語書籍相繼問世，其中瑞典的第一本是關於如何抵禦誘惑的宗教小冊子。而當時叫作克里斯蒂安城的奧斯陸直到一六四三年，才有第一家印刷廠，並出版了一本四十四頁的年曆，年分是「創世五六一二年」。

彼時社會上的人普遍不識字，只有極少數能夠讀寫——就算到了十七世紀，一百個平民男性中，識字的也不到五個人。話雖如此，識字率還是有在逐漸提高。宗教改革後，座堂學校世俗化，招生範圍擴大，並改稱「拉丁文學校」。隨著城市化和經濟多樣化，教育需求也變大，城市開始設立學校，其他類型的非教會學校也蓬勃發展。有些學校是教師自己在家中授課，有些則是設有專門校舍的正式機構，經費或由學生支付，或由行會等各式組織集體負擔。基礎教育稱為「小學」（trivial school），只教授基本知識；高等教育則稱為「文理學校」（gymnasium）。斯堪地那維亞最早的高等學府建於一四三〇年代，是一所方濟會（Franciscans）的修道院學校，文憑程度與書院相當。首所大學由丹麥和瑞典爭相設立，最後由瑞典於一四七七年獲勝，建立烏普薩拉大學，比哥本哈根大學早了兩年。兩所學校在整個十六世紀持續吸引愈來愈多外國學生就讀。而挪威則要到丹麥統治末期的一八一一年，才成立了挪威皇家腓德里克大學（今奧斯陸大學）。

識字率提升和印刷技術發展，促進了本土語言的寫作與閱讀。印刷是一門生意，如果不使用普通人能閱讀的語言出版，市場就無法形成。在路德宗地區，教會大力推行俗民的語言。馬丁・路德不僅創立了新教神學，還改革了德語。而在斯堪地那維亞，丹麥語和瑞典語也逐漸成為書面化，並大致延續至今。而在挪威，政府、教會和平常書寫的都是丹麥語，挪威語直到十九世紀才逐漸書面化，但這個過程相當艱辛。

第谷・布拉厄（Tycho Brahe）

丹麥看似是一片知識荒地，卻誕生了一位傑出的天文學家、占星家和煉金術士——第谷・布拉厄。此人對歐洲的科學革命功不可沒。他在十二歲時進入哥本哈根大學研讀法律，但在一五六〇年的那次日蝕，他對宇宙的組成產生了濃厚的好奇心。隨後，他又花十年時間在歐洲的大學深造，最終回到家鄉。由於對當時的天文學感到失望，他決定以系統化的精確觀測來改進這門科學。

一五七二年十一月的一個晚上，他觀測到有顆星體的運動方式完全違背當時的天文認知。根據當時的理論，地球是宇宙的中心，行星和恆星則排列在固定的「天球」上。然而第谷觀測到的這顆星體一下出現，一下消失，似乎不受天球限制。儘管哥白尼早在他去世的一五四三年就發表了地動說，但由於編輯出於恐懼，在前言中將哥白尼的理論貶為假說，地動說並未受到重視，也未引起廣泛興趣。但如今，這名年輕的丹麥學家卻提出了一個在當時看來不可能的證據。這份觀測結果意義非凡，第谷也因此聲名大噪，科學史從此進入了伽利略、培根與牛頓等人的時代。他的影響由其年輕助手約翰內斯．克卜勒（Johannes Kepler）繼承，最後成為了行星運動三大定律（Kepler's law）。

第谷的科學研究曾經得到丹麥國王贊助，包括土地、收入、建築以及設備，這等支持在當時的斯堪地那維亞科學界可說是前所未見。然而，第谷為人對下刻薄，對上傲慢，最後被迫離開丹麥。不過他後來又得到神聖羅馬皇帝魯道夫二世（Rudolf II，我們稍後就會提到這位瘋狂收藏家）資助，定居於布拉格，並收了克卜勒當助手，後者也是他最後一位助手。克卜勒後來繼承第谷的觀測紀錄，並將這些資料和其他發現，發展成進一步的科學突破，例如證明行星軌道並非圓形，而是橢圓形，這些研究後來也成為伽利略等後世科學家的墊腳石。然而，第谷本人其實沒能從自己的觀測結果，推導出合乎邏輯的結論，他選擇了一種「折衷」模型：地球仍然是宇宙的中心，太陽繞地球運行，而其他行星則繞太陽運行。

大約在一四〇〇年，波美拉尼亞的埃里克發行了商業交易用的丹麥硬幣，後來的國王也繼續這項政策。這麼做是為了打造通貨，但通貨的價值來自於信任，而建立信任並不容易。不只一般人不信任丹麥錢幣，連王室對自己的貨幣也不太信任。斯堪尼市場的攤位費一直都只收呂貝克銀幣，而松德海峽的通行費則是收取英國錢幣。然而，在貨幣經濟的時代，國王如果想要被當一回事，就必須發行自己的貨幣，否則別人就會覺得他依順於其他王者；而且發行自己的貨幣，也是為了在需要時大量鑄造。克里斯蒂安二世為了維持對瑞典的戰爭，發行了「戰爭硬幣」，並強迫農民用這些硬幣購買生活所需。這些硬幣品質低劣，沒過多久就無人問津。而當克里斯蒂安被廢後，他的繼任者就拒絕承認這批硬幣，重新要求以銀幣納稅，並按內含的貴金屬價值收購克里斯蒂安的戰爭硬幣，讓農民蒙受許多損失。

鑄造硬幣的基本條件是貴金屬儲備。在維京時代，由於斯堪地那維亞缺乏金銀，維京列王不得不靠掠奪來獲取資本。然而，隨著時代變化，國王至少開始能夠靠著貿易獲得銀和銅。當時仍有部分稅收以實物形式徵收，而國家再靠出口這些商品賺取收入。從其他貿易活動抽取關稅和費用，也是白銀的另一個來源。宗教改革過後，國王成為了大地主，靠著地租和什一稅國家化獲得可觀的收入，要是國庫有急需，還可以沒收教會的財富。如果有辦法，他們更會要求以現金或其他貴金屬繳稅。十三世紀末起，瑞典開始有商業規模的銅礦開採，挪威則從十六世紀初開始；瑞典自十五世紀起開採銀礦，挪威的銀礦則是到十七世紀初才開發。礦場都是經由王室特許，並保證向王室供應資源。這些礦場多半蘊藏不豐，工作極其危險，礦工多是被迫服勞役的囚犯。正如瑞典歷史學家阿爾夫・歐伯格（Alf Åberg）所言：「銀礦的歷史記錄了我們早期工業史上最黑暗的社會景況。」瑞典從一五三四年起開始鑄造商貿用貨幣，以促進國際貿易，新硬幣稱為達勒（*daler*），來自德意志的塔勒（*Thaler*，即現在「元」〔dollar〕的詞源）。然而就像丹麥的硬幣一樣，達勒在國際交易中的行情也一直下跌。

斯堪地那維亞的首間銀行於一六五七年在瑞典成立，名為斯德哥爾摩銀行（Stockholm Banco），創立者是荷蘭移民約翰・維特馬赫・旁特魯赫（Johan Wittmacher Palmstruch），是一間為王室籌措資金的半國有企業。

斯德哥爾摩銀行是歐洲首家發行紙幣的銀行。這項創舉有部分是因為旁特魯赫希望用輕便的紙幣，取代笨重的銅幣，但另一個原因是通貨膨脹導致銅幣貶值，商人在交易時需要的錢幣愈來愈多。由於斯德哥爾摩銀行無法提供足夠的現金給存款人，旁特魯赫發行了各種面額的信用票據，上面有他的個人簽名背書，以解決存款人對現金的暫時需求，而不必實際交付銅幣。這些信用票據因便利而大受歡迎，斯德哥爾摩銀行於是發行了更多的紙幣。然而，紙幣的流通量很快就超過了需求，價值開始下跌。存款人重新開始偏愛現金，要求拿回真金白銀，但由於儲備不足，斯德哥爾摩銀行最後在一八六六年倒閉。在瑞典議會（*Riksdag*）的救助下，該行的剩餘業務被轉移到一家新的國有銀行，成為如今瑞典中央銀行（*Sveriges Riksbank*）的前身，其總部位在斯德哥爾摩舊城區，外型有如碉堡，至今仍在使用。旁特魯赫因濫用國家資金被判死刑，但後來得到赦免，逃過一死。新的中央銀行由瑞典議會管理，以防國王干預。直到一九〇四年，瑞典國家銀行才正式壟斷紙幣發行權。

丹麥的第一家銀行名叫庫蘭特銀行（*Kurantbanken*），成立於一七三六年，同樣獲得了發行紙幣的王室特許。該行在一七七三年國有化，併入丹麥國家銀行（*Danmarks Nationalbank*）。挪威則在一八一六年擺脫丹麥統治後，成立了自己的中央銀行。

過去，斯堪地那維亞人能在庭會中對治理一紓己見。但後來的「人民參政」逐漸變成「階級會議」。十三世紀起，全國規模的代表制度逐漸成形。最早是由貴族組成的會議，在丹麥稱為「丹麥議庭」（*Danehof*），在瑞典和挪威則稱為「領主集會」（*herredager*）。這些會議逐漸演變成前面提到的樞密院（*rigsråd/riksråd*），能夠向國王施壓，迫其簽署「握手和約」（*handfastninger*），以約束國王的權力。

在十五世紀前中葉，瑞典和丹麥國王首次召開成員更廣泛的「階級會議」，以對抗成員較狹隘的樞密院勢力。歐洲通常把社會分成教士、貴族和市民三個階層，其中最典型的就是一三〇二年首度召開的法國三級會議（*États généraux*）。而斯堪地那維亞的會議階級更為「民主」，除了教士、貴族、市民之外，還加上了有產農民作為第四階級。階級會議在瑞典是全國會議，但在丹麥僅是地方會議。

到了十六世紀初，瑞典階級會議在古斯塔夫．瓦薩的統治下，正式改名「王國議會」（*Riksdag*），瑞典也成為維持代議制度最久的國家之一。丹麥的階級會議則沒有常態化，因此「民眾」的聲音很快就從政治中消失。至於挪威雖然不再是獨立王國，但仍然持續會短暫召開階級會議，比如為丹麥國王加冕時，就會臨時召集各階級代表，雖然只有象徵意義，但這個傳統一直維持到一六六一年才斷絕。

斯堪地那維亞文藝復興缺乏真正輝煌的高級藝術（high art）。「所謂丹麥文化根本沒有什麼特色。在大多數領域，丹麥只是北德意志文化圈的一部分。」而瑞典更是「文化荒原」。冰島文學活力不再後，北歐文學也近乎滅亡，直到文藝復興結束後才真正出現。

不過，斯堪地那維亞的詩歌與獨奏傳統，倒是從維京時代就一直延續，從未斷絕。敘事歌謠（ballad）一直很受歡迎，主題涵蓋貴族的騎士風流、愛情、仇恨、超自然事物、冒險和各種傳奇，有時也會成為傳統圍舞（ring-dance）的伴奏，「這在整個中世紀的斯堪地那維亞都非常盛行。」平民百姓藉由這些歌謠和口傳詩，傳達他們平時難以說出口的情感。第一本民謠集於一五九一年在丹麥出版，收錄了一百首民謠，風靡百餘年，重版不絕。許多巡迴音樂家都被這些民謠吸引，旅居斯堪地那維亞——至少有旅居丹麥。宗教改革也將讚美詩引入了斯堪地那維亞的民間文化，許多馬丁·路德所作的讚美詩至今仍在使用。

這些音樂、歌曲與舞蹈會在什麼時候、在哪裡出現？當然是節慶和教堂。另外，巡迴音樂家也能在城鎮廣場和旅店裡找到聽眾，聽眾也常會參一腳，畢竟現代斯堪地那維亞人熱愛的「社交潤滑劑」燒酒（*brandevin/brennevin/brandvin*）當時正開始流行，哪裡都不缺醉漢。貴族也會聘請音樂家娛賓，以彰顯身分地位。電影裡在田裡或森林邊幹活邊唱歌的男人，或是在繳奶油時哼歌的婦女，還有那些鄰居聚在一起唱歌跳舞的畫面，或許也是真的。在我父母年輕的時代，農家女會在夏天把牛趕到山上吃草，而村里的少年們會在禮拜六的晚上，帶著小提琴和手風琴去牧場，聚在山坡上那片天然舞池跳舞，那片從他們祖父年輕時就存在的舞池。* 唱歌一直是斯堪地那維亞人生活的日常，比如今日的瑞典就有大大小小業餘與專業的合唱團。

新瑞典與新丹麥

為了登上王位，古斯塔夫·瓦薩欠了漢薩同盟一大筆——不只是人情，還是黃金，因為當初他擊潰叛軍殘黨，就是靠漢薩的傭兵。甫踐王座，瓦薩就急於擺脫這筆債務；由於教會坐擁大量財產和收入，儘管他曾在加冕時發誓守護教會特權，卻還是決定奪走這些一切。瑞典宗教改革的起點跟神學幾乎沒有關係，古斯塔夫也對神人關係毫無興趣，他更在乎金錢與權力的博奕。他毫不在意地「從教會精美的手抄本裡撕下羊皮紙，做成知事帳（Voudintilit）[†]封面」。他雷厲風行地沒收教會的財產，並且為了確保貴族忠誠，還將一些土地還給當初被迫向教會捐獻的家族。

擺脫債務後，古斯塔夫立刻著手喚醒沉睡的國家力量。隨著最後一位叛軍領袖戰敗，梟首於卡爾馬城牆，其家族也「徹底滅絕」，古斯塔夫便開始進行政治與行政改革，實現了三百多年前「執政伯」比耶爾開啟的國家建設。他修建堡壘與城堡，安排官員改善稅收、建立中央官僚體系、建立財政統計、鑄造國幣、實行徵兵制建立國有軍隊，不久又打造出波羅的海一帶最強大的海軍。他本人雖然沒有繼承王位的資格，卻建立了世襲君主制，安排兒子被選為王儲（即埃里克十四世）。他還推動對瑞典北部的系統性殖民，以增加人口與稅基，並說服瑞典議會批准他接管教會。

古斯塔夫一世統治了三十七年，享年六十四。他是一名暴君，卻正符合時代的需求；他成功打造了

---

* 這邊說的「舞池」位在特雷滕村（Tretten）胡塞特拉（Holmsetra）的胡得丘（Hulderhaugen）。我小時候那個舞池的遺跡還留著，但已不再使用。後來附近又蓋了一座舞臺，專門在夏日祭典時讓專業樂隊演奏。胡得（*hulder*）是挪威傳說中住在森林裡的妖精，祂們會化作美女勾引男人，直到男人看見祂們露出牛尾巴，才會發現為時已晚。胡塞特拉由好幾個小農場（*setre*）組成，這些農場會在夏季，讓十幾二十歲的未婚農家女將牲口帶到山上的草場放牧。這種山牧季移的模式起源於中世紀，至今仍有一些地方使用，不過很多牧場（*seter*）都已經改成了渡假別墅。而在山牧季移最盛行的時代，這些牧地不僅充當農場使用，也是年輕人相遇的地方。我父母就是在這種情境裡認識的。當時我母親和她妹妹正在牧場放牛，而我父親也還在學，並擔任乳品檢驗員，在牧地之間來來去去，每隔一兩天就要前往下一處牧地。我父親出身貧寒，但胸懷大志，而我母親家擁有一片襲地農場，可以當作嫁妝，於是兩家一拍即合。如果有人覺得山牧季移的另一個功能是營造婚配市場，倒也不能說錯。

† 譯註：vouti 為國王派出收稅並監督城堡堡主，或代治王領的官員，通常為中產階級出身。

統治體制，帶領瑞典成為獨立國家，引進君主專制。（不過，真正的君主專制要到一六九三年才正式確立，且議會的制衡依然存在。）他精通演說，善於使用民眾淺顯直白的語言，更善於欺瞞、撒謊，以及編造神話宣傳自己。他是國內最大的地主，也是瑞典史上最富有的國王。

歷史學家普遍認為是他奠定了瑞典的國家基礎，與「執政伯」比耶爾同為瑞典民族之父。雖然古斯塔夫·瓦薩起初望之不似王器，成為領袖以後卻影響至深。他為自己編織的神話至今讓人難以窺見其真實性情。他自負、貪婪、殘忍、易怒、記仇，若有必要更會毫不猶豫動用武力。但他也十分有效率，勤於政事且事必躬親，對權力沒有絲毫猶豫。

圖九：古斯塔夫·瓦薩，一五二三至一五六〇年的瑞典國王。

丹麥的革新之主，則是以政變奪得王冠的克里斯蒂安三世。不像瑞典的古斯塔夫一世，他雖然同樣帶著國家走向新時代，卻是誠心歸信路德宗，並積極推行神學改革，因此丹麥的宗教改革也比瑞典更早完成。他沒收教會財產，將全國六成土地納為王領，整個王室稅基擴大了三倍，並大肆繳沒教堂銀器，改鑄貨幣。他安排時年兩歲的兒子腓德里克「獲選」為王。他廢除以往《握手和約》中拒絕失德之王的權利，改為有利於己的條款。他建立了井然有序的中央和地方行政，財政部門採行了早期的財政統計，並強化了陸海兩軍。他努力改革法律與司法，制定全國統一的法律——不過一直到他駕崩以後，國家法典才在一六八三年完成。（為此，他將「勝利王」瓦爾德馬的《日德蘭法典》翻譯成德語，以便自己閱讀，因為他出生於什列斯威，母語是德語。）一開始，他遭遇到大量內部反彈，其中一部分來自天主教勢力，一些則受到神聖羅馬皇帝查理五世的支持，後者在他登基十年後才承認他是丹麥的合法國王。克里斯蒂安三世也免除了荷蘭商人在丹麥水域的通行費，以換取認可。和瑞典的古斯塔夫一世一樣，他將部分從教會手中收取的土地歸還給貴族。不過在他治下，丹麥佃農也淪落成農奴，挪威王國亦是在他手中取消。

這兩名文藝復興時期的君主，分別帶著兩個新國家走向一個新時代。克里斯蒂安三世駕崩於一五五九年，由其子腓德里克二世紹祚；古斯塔夫一世·於一五六〇年駕崩，由其子埃里克十四世繼位（這個世序完全是基於早期傳說中的國王所虛構出來的）。基於連襟關係，這兩名國王彼此相安無事，但他們的兒子雖然是表兄弟，卻未能保持和平。

腓德里克痴迷兵事，身邊總有軍官相隨，並妄想親自領軍，恢復斯堪地那維亞聯盟，讓丹麥重返大國地位。然而他並不聰明，也沒唸什麼書，不要說寫不出連貫的文章，甚至連把字拼對都做不到，身強體健與氣勢凌人是他為數不多的長處，但這對一個本領有限的人來說，實非善事。在發現自己的軍力無法遏阻瑞典後，他便沉迷打獵、豪飲、宿娼和讀經。挪威歷史學家羅夫・弗拉比（Rolf Fladby）說：「每當宮廷生活不能滿足國王的胃口，他總能在宮外找到酒伴，以及不會拒絕與他同歡的年輕女子。」長年暴飲暴食導致他壯年早逝，或許是死於胃癌，而他在臨終之時，仍不能節制飲食，最後從口中嘔出自己的糞便。

埃里克十四世一心打破丹麥對西向航路的控制，於是在一五六三年向丹麥宣戰，此戰為期七年，史稱北方七年戰爭（Northern Seven Years' War）*。這場戰爭可謂腥風血雨，既有激烈的海戰，也是史上第一場陸地總體戰。除了腓德里克的好戰與糟糕的政治判斷，埃里克的瘋狂也難辭其咎。埃里克為人自視甚高，不僅長年追求英格蘭的伊莉莎白女王（腓德里克也曾向她求婚），還曾向蘇格蘭的瑪莉女王、洛林的蕊內（Renée de Lorraine）、薩克森的安娜（Anna von Sachsen）以及黑森的克莉絲汀（Christine von Hessen）提親。但最後他卻迎娶了情婦卡琳・蒙多特（Karin Månsdotter），一名宮廷音樂家妻子的女僕。戰爭期間的他已經陷入瘋狂，憑莫須有的叛國罪殺害了五名貴族，其中至少有一人是他親手所殺，後又殺了勸自己冷靜的老家教。挪威不願參戰，卻仍被捲入戰爭，克里斯蒂安城等城市被洗劫一空，尼達洛斯座堂遭到褻瀆，淪為瑞典騎兵的馬廄。這場戰爭毫無益處，雙方領土無所增損，所得唯有巨大的災難。「此戰見證了斯堪地那維亞民族之間仇隙的開端。」

腓德里克很幸運，沒有蒙受更多損失，丹麥領土一分未少，但這場戰爭也顯示，瑞典已經成為丹麥無法支配的勢力。埃里克繼承古斯塔夫一世，繼續介入波蘭立陶宛聯邦與俄羅斯沙皇國的利沃尼亞戰爭（Livonian War），最後將芬蘭灣兩岸土地納入控制（一直延伸至今天的聖彼得堡）。後來他試圖利用這點，阻止其他國家參與東方貿易，便先後與波蘭、漢薩同盟以及丹麥為敵。一五六九年，他的精神完全失常，因而被廢，北方七年戰爭也在隔年落幕。與俄羅斯的戰爭則一直持續到一五八三年，最後俄羅斯戰敗，瑞典為稱霸東波羅的海打下了基礎，並在未來擠身歐洲的超級強權。然而，正如歐伯格所說：「此後一百五十年，對我們的同胞來說，是場持續的災難。」

* 譯註：又稱第一次北方戰爭，但七年戰爭通常指一七五六年的英法七年戰爭，而第一次北方戰爭通常指一四五四年波蘭與條頓騎士團的十三年戰爭。

第七章 帝國時代

王權愈發強大與富有，對戰爭也就愈發痴迷，而這兩個發展，對一國的人口與經濟，都是極大的負擔。瑞典幾乎有兩百年都在不斷征戰，丹麥的戰事也幾乎未曾止歇，其中大多數的歲月都是在與瑞典交鋒。但承受戰爭代價的，始終是生活在這些土地上的小人物。他們為這一切提供人力，士兵走向戰場，其他人則被徵召守衛哨所、建造防禦工事與堡壘，或是輸送補給。他們還必須維持軍隊的運作，呈上戰爭所需的物資，任由王室與軍隊徵用。愈是貧困的人口，所受的剝削就愈為嚴苛。丹麥歷史學家列昂・耶斯伯森（Leon Jespersen）指出，這些人所受的壓榨有時根本「超出了社會的生產力」。凡有丁夫之處，必有徭役；凡有糧產之處，必有徵斂；凡有商貨之處，必有稅錢；凡有農穫之處，必有戶調；凡有田土之處，必有地租；凡有罪狀之處，必有罰贖。稅賦是地方官員的責任，而凡有地方官員之處，必有貪污腐敗。在一六五〇至一七〇〇年間，丹麥農民肩上的稅賦，暴增了四倍之多。

土地與人民

丹麥的經濟完全依靠農業，除了土地幾乎沒有其他資源，且田地幾乎由王室和貴族掌控。貴族階級人數極少且過於富裕，無需投資也無需創新，只需因循守舊，把持舊有的生財模式，拖慢了國家的進步；王室也只知將賸餘用在修建宮殿和對外征戰，極少進一步投資，更極少回饋百姓，百姓也無心努力。「對大多數人而言，十七世紀是饑寒的世紀，娼妓、孤母、老兵、殘疾、貧病盈道。」就算到了十八世紀，情況也未見改善，在農作歉收、出口受挫，以及口蹄疫等各式致命的牲口病侵擾下，全國人口從成長逆轉為下降。

某方面來說，挪威的情況反而比較好。更多土地得到開墾，人們擁有的土地面積增加。以銅礦為主的礦業開始發展。先前離開松德海峽的鯡魚遷徙到挪威海岸，讓漁業出口繁榮了一陣子。英格蘭、荷蘭和歐洲其他地區的木材需求成長，也促進了林業發展，讓挪威靠著大量出口木材獲益——而其中最重要的一筆財，自然是來自一六六六年的倫敦大火。

只是，這些發展並沒有惠及底層民眾。挪威受制於丹麥的統治，只能為了丹麥的利益服務。丹麥國王愈是熱衷戰爭，挪威受到的剝削就愈嚴重。他們不斷從北邊徵調木材、礦產，以及人力等資源。兵丁有的被編入海軍，有的被編入挪威民兵，隨時等待來自哥本哈根的命令，準備與瑞典等敵人交戰。而穀物的進口、木材與銅礦的出口，也都是為了服務丹麥政府與丹麥商人的利益。

瑞典經濟則受益於領土擴張和豐富的自然資源。從丹麥手中拿取的土地，不僅是膏腴之壤，也是通往西方的貿易要道；占領波羅的海沿岸，也讓瑞典得以主宰北方。同時，瑞典礦業也有顯著進展：出口從鐵礦升級為精煉的鐵條；需求日漲的銀銅，則成為瑞典王室維持無盡戰爭的主要財源。

因此，瑞典在戰爭時期的管理能力和經濟實力都比丹麥更強大，而且大部分戰事都發生在境外，這點是很大的優勢。相較之下，丹麥的內部分裂，王室無能，貴族陳腐，國土屢受戰火蹂躪。這一時代的丹麥、挪威人口不是停滯，就是減少，而瑞典即便面對長期的戰爭，人口依然持續成長。貴族逃過「大死神」的收割後反而得到更多利益，掌握了土地、財富與特權，支配著毫無權力的佃農。

然而，他們被這份榮耀蒙蔽了雙眼，沒有看見時代正在背離他們。斯堪地那維亞的貴族太少，無法滿足國家機器日益壯大所需的文武官員。強大的王權急需訓練有素的人才，只靠這一小群貴族無法滿足。於是國王開始尋覓新血，丹麥主要依靠從德意志等外國引進軍事和行政人才，而瑞典則是從較低的階層選拔，並由國王封為貴族。到了十八世紀初，約有三分之二的瑞典貴族家系都是在一百年內發跡的。近世貴族階級和中世貴族階級已經大不相同，不再由古老家族掌握。

除了內部衰退，貴族階級也受到新興市民階級的擠壓。市民階級不但財富足以挑戰舊時代的地主，還藉著貸款給急需資金的君王，換取官職和土地，與王室建立合作關係。他們成為了新興的菁英階級，晉身王室夥伴與國王親信，排擠舊貴族。瑞典貴族最後淪為議會中的四個等級之一，不得不紆尊與市民分享權力。而丹麥貴族好不容易從長眠中驚醒時，在政治上已經變得無足輕重。

十六世紀是人口大量遷移的時代。為了躲避徵兵，瑞典人口大量外移，有人向東前往芬蘭海岸，形成如今依然存在的瑞典語少數族群；也有人向南前往波羅的海，成為如今愛沙尼亞的瑞典裔。此外，也有一些移民選擇移居正在成為貿易強國的荷蘭或英格蘭，這些人主要來自資源匱乏的挪威西南部，其中男人多從事海上工作，女人則靠家事服務謀生。

移入的人口雖然少，卻對經濟的影響重大，這些人大部分來自低地國（the Netherlands），但也有人來自其他地方，這些人通常是冒險家和創業家，受到斯堪地那維亞日益強大的政府、不斷擴大的城市、初創的礦業與工業吸引，不少人更是受邀來此加入產業、軍隊或行政機關。貿易城市的文化景象非常紛雜，在十六世紀初的卑爾根，市民階級甚至多由外國人組成，丹麥、荷蘭、德意志、英格蘭和蘇格蘭人等總數超過了挪威人。

另一個移民方向，則是從芬蘭穿越瑞典北方的荒野，進入挪威。這些移民稱為「森林芬蘭人」（*skogsfinnar*），是瑞典為了開發北方土地而鼓勵的移民。他們在此長期定居，在挪威東部有一個叫做「芬蘭森林」（*Finnskogen*）的地區，當地的挪威語方言至今仍有濃厚的芬蘭語音調。

國內遷移則以農村移往城市為主。到了十七世紀中後期，丹麥人口約占城市居民的十五%，瑞典有十%，瑞典僅有五%。

另一股移民，則是往北極地區遷移的瑞典人和挪威人，他們把原生的薩米人左右包圍，而且關係並不和睦。挪威移民主要聚居沿海，以捕撈鱈魚和海洋狩獵為生；瑞典的移民則在波斯尼亞灣捕撈鮭魚和從事貿易，有時貿易對象也包括薩米人，比如買賣毛皮。隨著挪威和瑞典移民的活動增加，他們的農業、漁業、礦業都開始壓迫薩米人生存空間。而自十六世紀中葉起，內陸的薩米人就開始放牧馴鹿，當地又是半寒原，放牧需要廣大土地。因此移民與薩米人之間的水土之爭，至今仍在繼續上演。移民帶來的土地私有制，對薩米人，特別是遊牧薩米人來說相當陌生，因為在後者原本的觀念裡，土地是共用的，這和世界各地的原住民很相似。面對土地私有化的趨勢，薩米人幾乎沒有能力可以自衛，更遑論瑞典人與挪威人還有國家機關、法律和教會當作後盾。這類衝突逐漸擴大，變成文化壓迫，不僅侵害薩米人的經濟利益，也影響到他們的語言、習俗和傳統。北方土地成為挪威和瑞典教會的「傳教地」，雖然某種程度上傳教活動確實帶來了自由，但也帶來許多壓迫。一直到二十世紀後半，兩國的主流族群才開始認真省思這種衝突。當然，省思必須有所行動，因此瑞典和挪威也採取了許多重要措施，除了表現和解的意願，也正視薩米人的文化，並設法改善他們的物質生活。

帝王時代的國王與女王

丹麥和瑞典逐漸軍事化，國家高層形成了一個軍官階級。而在基層，徵兵制和其威脅成為了百姓日常生活中的一部分。這點在瑞典尤為強烈，因為該國貴族對軍事發展更為熱衷，全國皆兵政策也更堅決、更徹底。

儘管軍隊專業化，還是有所限制。比如在缺乏貴族階級的挪威，軍隊就只能徵召男丁充任民兵。相較之下，丹麥和瑞典仍保有貴族，這些人有義務從戎效忠王室。當然，貴族一定是擔任軍官，而徵召步兵也是他們的職責，因此，陸軍往往是由不同貴族勢力指揮，海軍則直屬王室。豪族率軍響應王室徵調時，指揮的是他們的私軍。所謂「國家軍隊」，很多時候其實是從國內召募的傭兵。於是一旦上了戰場，這些軍隊往往自行其是，特別是在掠奪這方面，瑞典豪族尤其擅長這門戰鬥生意。在這種徵兵制度下，使用外籍士兵也很常見。關係友好的公爵常會率領自己的民兵部隊助陣。比如在三十年戰爭中，瑞典在德意志所用的軍隊，就有很多是從當地徵召的。

這種軍事組織有著與生俱來的好戰特性。常備軍非常奢侈，因為士兵需要裝備、糧餉、錢銀；然而，征戰中的軍隊卻能自給自足，取用於國，因糧於敵。運氣若好，用兵甚至有利可圖，軍官、統帥，乃至王室都能從中受益。豪族子弟高舉王纛，藉著戰爭致富。其下的步兵雖然大量死於傷病，但這並不重要，這是國家與世界的規則。而後方總有更多年輕男丁可供徵召。

這種以戰養戰的軍事體系，在三十年戰爭中裡走向極端：當時的兵團無論來自歐洲還是斯堪地那維亞本土，都為了替雇主和國王牟利，在歐洲各地橫行流竄，導致戰火蔓延許久。甚至就算戰爭結束，軍隊仍會拒絕解散，非要極盡姦淫擄掠之事方歇。最後一批瑞典軍甚至在和約簽訂的六年後，才從歐陸撤回本土。

瑞典在這場戰爭中連戰皆捷，最終成為北方霸主，各個貴族家庭也因此收穫前所未有的財富。而丹麥的戰果就不如瑞典。瑞典有強大的經濟後盾，除了農業更有發達的礦業。反觀丹麥對於富國強兵就顯得猶豫許多，貴族階級安於阡陌之富，無心進取，對支持國王的野心意興闌珊。

君主專制是另一項來自歐洲的舶來品，也是一項代價高昂的文藝復興思想傳承。從法國開始，歐洲君王紛紛依此掌握大權，彼時的讀書人也認為，絕對君權是最精妙的治理方式，他們主張基於兩個因素，國王應當擁有絕對的權力：一是人民會出於明智的判斷，選擇服從君主的主權；二是上帝為了地上國度的秩序，也會賦予國王這樣的權力。北方的新貴族觀察了法國等地採取的現代君主制後，也將這些思想帶回母國。丹麥的君主專制在一六六五年的《王權法》（*Kongelov*）中正式確立；按照該法，各階級將權力移交給國王，以便國王保護臣民的安全，讓他們「得以在和平與安全中建設和生活，毋需擔憂彼此的衝突」。

王室成為了主宰。舊時代的菁英從夥伴降為侍臣，平民百姓也降為國王的資產。直到十八世紀末，經歷了法國大革命、拿破崙戰爭，以及斯堪地那維亞的最後一場大戰後，君主專制才走向遲來的終局。在此之前，王冠或多或少算是有序地代代相承，歷經數十任國王以及兩任女王，但對人民來說，他們帶來的始終都是悲苦，少有喜悅。歷史學家稱此為「君主專制」（absolutism），但如果放在現代，這就是「獨裁專政」（dictatorship）。

這段時期的丹麥國王不是叫克里斯蒂安，就是叫腓德里克；自克里斯蒂安三世以來，直到克里斯蒂安七世崩於一八〇八年，共歷九任國王。瑞典國王的在位時期普遍較短，自古斯塔夫．瓦薩以來，共經歷十五任君王，直到古斯塔夫四世於一八〇九年去世。

我們需要瞭解這些國王。彼時的人民和國土都是他們的財產，其悲歡福祉都取決於他們的狂想、器量與瘋狂。正因為他們手中的權力，以及他們所擁有的地位，才有這個戰火的時代。古斯塔夫．瓦薩與克里斯蒂安三世奠定了近世的國家力量，同時也安定了國家局勢。他們的手段雖然粗糙，但確實為國家帶來了進步。相比於其後大多數繼任者的表現，這可說是極高的讚譽。

如果用一個字來概括克里斯蒂安四世這名國王，就是「大」：他的身材高大，胃口巨大，野心龐大，行舉浩大。丹麥在他統治時期國力強大，他的威望在丹麥歷代國王之中也最為顯大。他十一歲登基，十九歲加冕，治國五十九年，是所有斯堪地那維亞國王裡最久的。克里斯蒂安一生共有兩次婚姻；第一任妻子是布蘭登堡的安娜．卡塔莉娜（Anna Katharina），逝於三十六歲，沒有特殊事蹟。兩人生了七個孩子，只有三個活過童年。他的第二任妻子基絲滕．孟克（Kirsten Munk）出身於丹麥望族，但其地位只是「王妃」（consort），而非「王后」（queen）。至三十一歲為止，基絲滕為克里斯蒂安生了十三個子女，其中有八個活下來。但後來她開始疏遠國王，並與一名軍官發生婚外情，又試圖欺騙國王，聲稱她和情人的孩子是王室之後，最後被克里斯蒂安逐出宮廷。據說為了羞辱基絲滕，克里斯蒂安還特別安排，用兩匹異色的駑馬拉著魚車將她送出宮廷。他對基絲滕抱持的愛意強烈而真誠，才會因這次背叛陷入了瘋狂的仇恨。他沒有再婚，但後來又納了一名王室情婦，替他生了兩個孩子。

除了強化王權，克里斯蒂安四世也致力提升宮廷文化。他選擇的工具是音樂。他本人酷愛音樂，以之娛樂慰藉，就連出海遠征時也會帶音樂家同行。他從歐洲各地招募音樂家組成管弦樂團，更聘請頂尖的作曲家從英格蘭等地前往哥本哈根。他在冬宮也有一個小樂團，並設計了一套活板門機關，讓樂團在地窖演奏時，可以只聞樂聲，不見樂師。克里斯蒂安在其他宮殿裡也安排了這類巧思，以不見來處的音

絕對專制時代的國王與女王

年代	丹麥與挪威	瑞典
1500	腓德里克一世（1523-1533） 克里斯蒂安三世（1536-1559）	古斯塔夫・瓦薩（1523-1560）
1550	腓德里克二世（1559-1588） 克里斯蒂安四世（1588-1648）	埃里克十四世（1560-1568） 約翰三世（1568-1592）
1600		西吉斯蒙德（Sigismund，1592-1599） 卡爾九世（1604 [1599]-1611） 古斯塔夫・阿道夫（1611-1632） 克里斯蒂娜（1632-1654）
1650	腓德里克三世（1648-1670） 克里斯蒂安五世（1670-1699）	卡爾十世（1654-1660） 卡爾十一世（1660-1697）
1700	腓德里克四世（1699-1730） 克里斯蒂安六世（1730-1746） 腓德里克五世（1746-1766）	卡爾十二世（1697-1718） 烏麗卡・埃略諾拉（1718-1720） 腓特里克一世（1720-1751）
1750	克里斯蒂安七世（1766-1808）	阿道夫・腓特里克（1751-1771） 古斯塔夫三世（1771-1792）
1800		古斯塔夫四世（1792-1809）

樂驚豔賓客。只是這些機關固然令人驚奇，但讓音樂家在嚴寒之中受凍，演著冰冷的樂器，靠著管路和地上孔洞來傳播的音樂，聽起來會是什麼樣子？不管再怎麼新奇，大概也都會缺少生命和靈魂吧。

這讓人想起挪威之前的哈康四世。這名國王也曾經嘗試輸入歐洲文化，為宮廷增添光彩，但他最後失敗了，因為無論是哈康四世，還是他周圍的廷臣，都沒有能力欣賞文學作品的靈魂。克里斯蒂安四世雖然是四百年後的人，統治的國度更南邊，懷有的雄心更宏大，但丹麥在歐洲依舊是個邊緣國度。他知道什麼是最好的音樂，也網羅了最好的音樂家，但他是否曾注意到自己如何苛待這些音樂家，而他宮殿裡飄揚的音樂在真正懂得聆聽的人耳中，或許是一種折磨？當國王是一回事，當歐洲的國王，是另一回事。克里斯蒂安四世這人充其量只能算是附庸風雅，只要稍加細察，就會看到他的指甲裡仍藏著泥垢，他的品味也依舊粗野。

圖十：克里斯蒂安四世，一五八八至一六四八年的丹麥國王。

生活在這名輝煌之君的宮廷裡，絕不如表面看來那般風光。宮中隨時飄揚樂聲，聽來卻倒錯違常。事故與戰爭的創傷，頻繁懷孕分娩的摧殘，使得男男女女年方三十，便已身心俱創，又被暴飲暴食的生活繼續戕害。他們身穿國中最華美的布料，剪裁卻極不合身，並任其沾滿油漬酒汙。他們的牙髓已經蛀空，連最好的假牙也幫不上忙，只會徒增痛苦。視力如同牙齒，一旦損失便無可挽救。他們的呼吸和身體都散發著惡臭，就連國王本人也要時時咀嚼肉桂來掩蓋這種氣味。儘管如此，宮中的男女關係依然荒淫穢亂，丈夫勾三搭四，妻子不安於室，兒童不是無人關心，就是飽受虐待，成年後自然也心理失常——後來有許多君主都是如此。僕傭不僅備受騷擾，工資也似有若無，因此一有機會，他們就會設法竊取主人的財物。據說克里斯蒂安四世之母索菲王后（Sophie zu Mecklenburg-Güstrow）囤積了無數金銀，比她兒子還要富有，僅次於歐洲首富巴伐利亞公爵馬克西米利安一世（Maximilian I, Elector of Bavaria）。她本可以挽救兒子的統治，不讓王室因財政而癱瘓，但這名吝嗇的老婦擔心自己的財寶會被國王搜刮一空，於是拒絕了兒子的請求，藏起所有財富，只願勉強施捨一筆微薄的貸款，事後又急著討回，儘管她根本不缺這筆錢。最後，克里斯蒂安四世終於無法承受三十年戰爭的軍費，只得低聲下氣地向姊夫英王詹姆斯一世（James I of England）乞援。

克里斯蒂安四世年輕時極富魅力：他精力充沛、善於交際、博學風趣、熱情好客、教養良好、風流倜儻、勇敢善飲、舞藝高超，最重要的是他很富有。儘管貌不英俊，甚至有點醜胖，性情也不友善，卻有很多人被他吸引。同時，他的個性也非常喜怒無常、專橫霸道、恃強凌弱、低級下流，但總是以極具魄力的方式展現。一六〇六年，他前往英格蘭進行國是訪問，教會了英國人如何在酗酒之道上臻於化境。英格蘭人的拘謹原本就只是表象，東道主詹姆斯一世和王后安妮（克里斯蒂安四世的姊姊）亦非慎禮之輩，於是他們很快學會了如何用濫飲狂歡，消解最為精雅的宮中禮儀。不過碰到宗教事務，克里斯蒂安的黑暗面就展露出來了。他不僅千方百計壓制教會，更默許教會和大學中堅清洗異端，並鼓動狩獵女巫的狂熱。他將戰場上的失敗，看成是縱容手下作惡的天罰，但他又將這種挫折轉嫁到人民身上，用一道道法令強迫人民上教堂、守齋戒、禁淫亂、絕放逸、止奢靡。身為一個放浪形骸的享樂主義者，克里斯蒂安四世卻留下了虔敬主義（Pietism）的遺產，深深影響著下一個世紀的丹麥社會。

他在哥本哈根建立了許多宏偉的奇觀，至今仍是這座城市的名勝。比如屹立在舊城步行區的圓塔天文臺（Round Tower），塔內的螺旋坡道，可以讓馬車直接行駛到塔頂。除此之外，他還蓋了許多教堂、宮殿和堡壘，大方贊助藝術，興建城市，並擴編了海軍。一六四四年，儘管已經年屆六十七歲，克里斯蒂安四世還是在前線指揮與瑞典的海戰。他在這場海戰中身受重傷，右眼失明，卻仍奮力支撐，鼓舞部下繼續戰鬥。他為了尋找殖民地，成立了丹麥東印度公司。他曾長年待在挪威，俘獲了當地人心。他開發了孔斯堡銀礦鎮和勒羅斯（Roros）銅礦鎮，還在三十年戰爭期間開採大量鐵礦，讓丹麥陸軍能使用最新的大炮與炮彈技術。一六二四年，奧斯陸被大火焚毀時，他也親臨現場，指揮重建該城，並以自己的名字重新命名。新城的街道錯落有序，至今仍是奧斯陸一區，稱為「方城」（*Kvadraturet*）。但三十年戰爭的慘敗，卻使得克里斯蒂安四世的財務和精神雙雙崩潰，無力維持榮光。有一天，他騎著馬摔下一座爛朽的橋梁。這起事故可能造成了無法回復的腦損傷，克里斯蒂安晚年日漸嚴重的酗酒，也許就是為了掩飾其後續影響。

難怪有許多後世史家著迷於他。但相較文化與國政上的建樹，戰場上的克里斯蒂安四世可以說是灰頭土臉。他為數不多的戰績，是年輕時率領北方遠征，拿下科拉半島（Kola Peninsula）上瑞典和俄羅斯覬覦的許多土地，鞏固丹麥在北挪威的統治，唯一的缺憾是沒能取得整個半島。遠征隊在一五九九年三月，由年輕的國王化名「總隊長」率領出發，共有八艘船、數百名船員和追隨者，往返歷時三個月。這趟航行非常艱難，不僅天候惡劣，沿途還要對付英國與荷蘭的商船與漁船，但為了開闢疆土，克里斯蒂安竟也頗具航海精神，展現勇氣與水手同甘共苦、共赴危險，整趟旅程仍不乏歡樂與豪飲。直到一六一一年的卡爾馬戰爭，丹麥的擴張才被迫終止，但挪威北部仍能持續抵禦著瑞典的野心。

前往亞洲的殖民探險和貿易，以及之後在非洲和西印度群島的行動，或多或少也算是成功。在克里斯蒂安四世的領導下，丹麥成為殖民時代的一方勢力，並從非洲和美洲之間的奴隸貿易中大肆獲利。

然而，克里斯蒂安大部分的創舉都沒有好結果。他並非適任的管理人才，控制欲太強、事必躬親、執著細節。他曾試圖在哥本哈根推動絲織業，結果卻是一場代價高昂的慘劇。他曾派遣了三支遠征隊前往格陵蘭，重尋舊時的諾斯殖民地，卻無一成功。他曾計劃「探索」東北航道（North- East Passage），以繞過俄羅斯前往太平洋；後來又試圖尋找西北航道，繞過北美前往太平洋，但兩個計畫都以失敗告終，後者的船員更因飢餓和壞血病，喪命於今天的哈德孫灣。* 對瑞典的一系列戰爭，以及後來介入三十年戰爭，也都以失敗收場。他年少繼承的丹麥堪稱庫餘貨財，錢累巨萬，但在連年用兵、大肆揮霍之下，王室財務還是陷入崩潰，高築的債臺逼得克里斯蒂安甚至需要典當王冠，直到下一任國王加冕之前，才匆匆自漢堡的商人手中贖回。海陸兩軍占據了三分之二的王室支出。到了一六五〇年，王室負債已達歲入十倍。克里斯蒂安四世一度是活得最輝煌的國王，但他逝世之時，身邊卻只有幻滅、不幸、病痛、愁悴，無一友伴。在他兒子即位後的短短十年內，丹麥就因瑞典的侵略而瀕臨滅國。

考費茲與略諾拉

克里斯蒂安四世最寵信的近臣都是他的女婿，其中又以他愛女略諾拉・克里斯蒂娜（Leonora Christina）丈夫考費茲・烏爾斐茲（Corfitz Ulfeldt）最為顯赫。考費茲在任王國總管（Rigshofmester）時貪瀆無度，大肆剝斂國產，飽其私囊，以宵小之舉事其君主。

克里斯蒂安四世崩後，略諾拉不識時務，衝撞了為人虛榮而睚眥必報的新后索菲・阿馬利耶（Sophie Amalie）。專擅放縱的考費茲，亦不得新王青睞。趁著他被派往荷蘭執行外交任務，考費茲的政敵接連發難，揭發他過去的眾多罪行，使得考費茲在返回哥本哈根不久後，便遭到調查，隨時都會被起訴。於是他偕妻子偷偷逃往荷蘭，在此之前，他已有所預謀，將大筆財富轉移到當地，後又逃往瑞典，藉賄賂擠身宮廷，鼓吹瑞典對丹麥開戰。最後，戰爭爆發，丹麥受到重創。戰後，考費茲受任談判代表前往丹麥，他在和約中讓丹麥保住了部分土地與頭銜，而這些「損失」也讓他又獲得一份「應得的賠償」。但考費茲並未滿足，他繼續為瑞典效力，雖然報酬豐厚，卻仍不知足。後來瑞典再度對丹麥宣戰，考費茲遭瑞典控訴叛國，又化裝成牧師逃回丹麥。一

---

* 這兩次遠征均由挪威海軍指揮官延斯・孟克（Jens Munk）率領，這名年輕人曾在葡萄牙和荷蘭殖民地服役，受過專業訓練。他出身一個因恥辱而失去地位的貴族家庭，為了挽回家族的榮譽，他願意攬下各種極端任務。雖然西北探險的大多數船員在哈德孫灣喪命，但他和兩名同伴設法回到了哥本哈根。起初，他得到克里斯蒂安的尊榮相迎，但不久又與國王發生爭端，再度失去地位，先前挽救家族名譽的努力也化為泡影。延斯的探險被多產的丹麥作家托基爾・漢森（Torkild Hansen）記述於《哈德孫航路：延斯・孟克的生平與時代》（*The Way to Hudson Bay: The Life and Times of Jens Munk*）一書。

回國，他和略諾拉就被捕入獄，經過一年的監禁與折磨才得到釋放，並重新宣誓效忠丹麥國王。但次年，他再度離開丹麥前往德意志，慫恿布蘭登堡選侯威廉一世（Friedrich Wilhelm, Elector of Brandenburg）按他的陰謀奪取王位。一六六三年，哥本哈根對著他的畫像，以叛國罪判其死刑，不久，考費茲也從德意志人間蒸發，據信於次年去世。

至於略諾拉，則是在前往英格蘭向查理二世追討貸款時遭到逮捕，被送回哥本哈根面對索菲的報復，未經審判就被囚在宮中人人聞之色變的「藍塔」（*Blåtårn*），長達二十二年，直到索菲逝後才獲釋。她在囚禁期間投身文學，以當時的女性來說極為罕見。她的作品包括反思監禁時光的《哀憶集》（*Jammers Minde*），以及取材舊約女性英傑人物的未竟之作《英雌讚》（*Heltinders Pryd*），後者也是斯堪地那維亞第一本女性主義論著。在序言中，她主張人類高貴的真正源頭是智慧，而智慧無涉於性別，靈魂亦然，也不會因外在形體而改變。

克里斯蒂安四世駕崩後，丹麥就開始衰落，此後再也沒有一任國王的地位與影響力能與他相比。腓德里克三世讓國家陷入戰火焚燒，卻因為在瑞典大軍壓境之時，豪言不惜一死堅守哥本哈根，反被譽為民族英雄。克里斯蒂安五世性情樸實，頗有自知之明，卻反能力行改革，為丹麥制定第一部國家法典。他在留給繼承人的「遺囑」中，闡釋了君主專制的根本方略，懇切叮囑他們無論做什麼，都不要區別國王與王國，因為王國即是國王的私有物。腓德里克四世則是一名不學無術、無知無能的君主，太平時斤斤計較繁文細節，戰時又心安理得怠忽荒政。他在王后在世期間娶過兩名女性，其中第二位還是擄來的十九歲少女，並於王后葬禮翌日再次迎娶她。由於父親的敗德行徑影響，克里斯蒂安六世對宗教異常沉迷，並以無盡的疑病症折磨身邊眾人。他將宮廷中的一切歡樂連根拔除，禁止鄉村的農民節慶，以及城鎮中的戲劇、紙牌等各種娛樂。其子腓德里克五世又一反其父母的虔誠主義，成日酗酒淫虐為樂，「既無意志亦無能力治國為政」。然而，也是他將整個國度從宗教的陰影中解放出來，帶往藝術與科學的自由時代。克里斯蒂安七世在位四十二年，但其一生充滿悲劇，飽受嚴重的精神疾病折磨，生活被濫交等病症癱瘓，常與流鶯虛度時光。因此他只是名義上的國王，直到一七八四年王子攝政以前，實質統治權一直由權臣把持，首先是他的御醫約翰・施特林澤（Johann Struensee）。這名激進的德意志啟蒙人士先贏得國王信任，又在王后倍受冷落之時，成為她的入幕之賓——也有人說他是路易絲・奧古斯塔（Louise Augusta）公主的生父。雖然時間不長，但施特林澤就此開啟了一段史稱「專權」的時期。然而他的結局並不好，沒有多久便失勢被捕，並處斬首分屍，梟首示眾；王后也被廢黜，流放出境，最後在二十三歲病逝，留下兩名兒女。

漸漸地，丹麥放棄了克里斯蒂安四世的輝煌和野心，安於成為一個中型王國。如果從國王追尋榮光的角度來看，這代表丹麥正淪為一個失敗的國家；但從一般人民安穩生活的角度來看，這卻是莫大的收穫。生活在偉大的國度，其實非常可怕，因為這些偉大的代價是沉重的稅賦、階級的壓迫、徵兵、戰爭、外國占領、饑荒和瘟疫。因此，這個中型王國能隨著時代變遷，成為一個幸福的家園，著實可以說是奇蹟。

瑞典也有一些權威極盛、巧智善謀的王室成員。在埃里克十四世後，是他的弟弟約翰三世（Johan III），古斯塔夫・瓦薩的次子。約翰曾被他那發瘋的王兄關進監獄，登基後又反過來囚禁埃里克，並有可能下令將他害死。政爭結束後，約翰宣稱自己是從暴君的瘋狂之中解救了瑞典。他結束了與俄羅斯的戰爭，但後來又掀起了第二次瑞俄戰爭。一五九二年，約翰三世駕崩，其子西吉斯蒙德（Sigismund）踐祚，但此時西吉斯蒙德已藉母親的波蘭血統，加冕為波蘭立陶宛聯邦國王。信奉天主教的西吉斯蒙德遭到路德宗忌憚，加上他必須留在波蘭主政，妥協之下只好任命王叔卡爾公爵攝政。但卡爾組織了一場叛亂，西吉斯蒙德只好入侵自己的王國平亂，卻反遭擊退罷黜，從此只是波蘭立陶宛的齊格蒙特三世（Zygmunt III）。他在瑞典剩下的支持者也繼續遭到迫害，最後有五名貴族在林雪平（Linköping）處斬，史稱林雪平血案（Linköpings blodbad）。天主教勢力就此退出瑞典。

卡爾於一五九九年出任攝政王，一六〇四年加冕，是為卡爾九世（Karl IX），也是第三個為王的古斯塔夫．瓦薩之子。他統治下的瑞典戰火綿延，時而南征波蘭，時而東討俄羅斯，時而西伐丹麥。等到他將王國傳給兒子古斯塔夫二世．阿道夫（Gustavus II Adolphus），瑞典已經成為一大新教強權，併芬蘭而拒俄羅斯，包波羅的海而臨波蘭。卡爾既是虎父之子，也是雄獅之父。

古斯塔夫二世是名傑出的管理者，*在他帶領下，瑞典的財政、治理、陸軍、海軍都迅速現代化。但能夠建此功業，很大一部分也是因為他能善用樞密大臣埃克塞．烏森榭納（Axel Oxenstierna）非凡的才智。絕對君權最大的危險，就是一旦無人能夠勸諫、節制王權，國王的統治就會脫軌。憑著自身的王者氣度，加上貴族敬重的烏森榭納輔佐，古斯塔夫二世成功化解了王室與貴族長久以來的權力鬥爭，讓貴族願意支持他的政策，接受新的稅收。他既能高談正論，亦能以勢服人。他建立了瑞典的行政機關和軍事組織，使瑞典從北方的邊陲小國，擠身歐洲強權之列。

對於軍務管理和國家戰略，古斯塔夫二世也獨具慧眼，對武器裝備、部隊協調和後勤補給都有獨到的看法，稱得上是現代戰爭的奠基者——更重要的是，他還是傑出的戰場統帥，被拿破崙評為有史以來最偉大的將領之一。在他之前，戰爭大多非常混亂，甚至欠缺條理，主導者往往是貪圖榮耀卻不知兵事的國王。但古斯塔夫明白，想要勝之又勝，其根本莫過於強大的國內經濟，以及算無遺策的謀略。在一連串歐洲戰爭中，瑞典能夠崛起，丹麥卻從此衰落，正是因為同一時代的克里斯蒂安四世欠缺這份認知。

古斯塔夫二世十六歲加冕，十七歲親政，一六三二年駕崩，享年三十八。他繼位時的瑞典正在三方作戰，東有俄羅斯，南有波蘭，西有丹麥——雖然他終結了這些戰爭，卻又捲入了第四場，也就是血腥的三十年戰爭。瑞典在這場戰爭中奪得大量領土，成為歐洲威勢最盛的新教強權。但古斯塔夫沒有看到這些戰果，因為他在呂岑會戰（Battle of Lützen）率領騎兵衝鋒時陣亡，瑞典的稱霸之路也就此中斷。這樣一名立志稱帝歐洲的英豪，卻死得輕於鴻毛，委實令人唏噓。後來的瑞典史家想要挽救他的榮耀，編了一個故事，說有一場迷霧吞沒了戰場，導致兩軍大亂，國王難分敵友，與部下分散，不幸駕馬奔入敵陣，身中刀槍無數方亡。但真相是，再好的運氣也救不了這名有史以來最偉大的將領。他的眼睛昏花，身材發胖，雖然年僅三十多歲，卻已飽受傷病折磨，實在不應親臨前線，身先士卒。

烏森榭納比古斯塔夫年長十二歲，也是一位個性鮮明的軍事家。自古斯塔夫少年踐祚，他就擔任樞密大臣輔佐國王，君臣關係緊密無間，堪稱水魚之交。身為貴族的代表，他和國王的夥伴關係，也是王

---

* 譯註：一六三四年，四級議會授予古斯塔夫二世「大帝」頭銜，是唯一有此封號的瑞典國王。

室與貴族聯盟的體現，這是瑞典得以兵強國富的核心。他醉心工作，知曉分寸，精於算計，臨危從容，在內統領國事，在外提督軍務，卻也深有自知之明，能夠認清自己非將兵之才。

古斯塔夫意外陣亡後，烏森榭納及時挺身而出，為古斯塔夫年僅六歲的女兒克里斯蒂娜（Kristina）輔政，並肩負起教育未來女王的任務。克里斯蒂娜很快展現出倔強的脾性，對這名樞密大臣略顯倨侮的教導漸生不滿，不過，這些教誨或許還是令女王受益不少。這對君臣的關係一直稱不上融洽，但烏森榭納依然居其左右，鞠躬盡瘁，事之如事其父，直至女王退位——雖然他對克里斯蒂娜的退位深感不滿。七十一歲那年，烏森榭納離世，距他出任宰輔之職，已有四十三年。若論斯堪地那維亞古今「謀主」（*consigliere*），無出烏森榭納之右者。

克里斯蒂娜十八歲即位，二十四歲加冕，二十八歲退位，一六八九年崩於羅馬，享年六十二歲，葬於聖伯多祿大殿的墓窖。她聰慧過人，求知若渴，精通哲學、歷史、政治以及古典與當代語言。然而，她對女性的風姿儀態毫不關心，容貌亦不出眾，年歲漸長後身材也日趨臃腫。她年幼喪父，母親瘋癲，自小缺乏情感依附，她自小接受的是給王室男性的教育，長大後經常穿著男性服裝，加冕時的正式頭銜也是「國王」，而非「女王」。史家常提到克里斯蒂娜的生活揮霍無度，但也別忘了她所處的窘境：身為一名年輕女子，她必須在一個只有男人的世界中，肩負起治理一個歐洲新興強權的責任，而這個國家正處在戰爭之中。

儘管如此，她仍展現出盛大的王者風範，既勤於政事，也鍾愛藝術、音樂、戲劇、哲學與學術。只是這一切對她而言太過繁重，耗盡了她的精力，使她在即位後不久，便開始考慮退位。但在短短十年間，她已完成了三項名垂史冊的成就。

其一是提早結束三十年戰爭。身為當時歐洲主要強權之一的領袖，克里斯蒂娜見瑞典已經無法謀取更多利益，便致力平息這場荼毒歐洲的戰爭。

其二則如美國歷史學家休．崔佛－羅珀（Hugh Trevor-Roper）所說，她是「最兇猛的皇家文化禿鷹」。這句話指的是一六四八年末，瑞典軍隊在布拉格的掠奪，當時《西發里亞條約》的談判正在進行，戰爭已經接近尾聲。然而，這場突襲並非為了達成軍事目的，而是為了奪取布拉格城堡，以及各大教堂與書庫的珍藏。克里斯蒂娜不但下令掠奪，還指名要搜刮圖書館，因為她自視為一名學者，而布拉格城堡收藏著「那位憂鬱的隱士、偉大的收藏家」魯道夫二世的珍寶。魯道夫二世是一五七六至一六一二年間的神聖羅馬皇帝，熱衷於收集一切，從高雅的藝術品到卑微的珍玩無一不包。瑞典軍隊駕著駁船，沿易北河運走大批畫作、雕塑和抄本，成為王室戰利品與克里斯蒂娜的私人收藏。儘管大量寶物在途中丟失，但最終仍有五百七十件魯道夫收藏的畫作與珍玩運抵斯德哥爾摩。在克里斯蒂娜統治期間，斯德哥爾摩從文化荒地一躍成為崔佛－羅珀所稱的「歐洲藝術之都之一」。然而，這只是一座由贓物堆砌而成的藝都。瑞典貴族也效法女王，德拉加狄（de la Gardie）、弗朗格（Wrangel）、布拉厄、斯居特（Skytte）、烏森榭納、科尼斯馬克（Königsmarck）等家族，都用自己的「分紅」填滿一座座浮誇的宮殿。這些王室收藏如今有很大一部分都散佚了，有些是在克里斯蒂娜退位後，隨她返回歐陸，有些是在日後毀於火災，但仍有大量文物保存在瑞典的博物館和美術館。

銀聖經

這本存世最精美的哥德語書籍，以及世界上最有價值的古典手抄本，現在是烏普薩拉大學圖書館的財產。其內容為《新約》的四福音書，在三七〇年左右，於今天的匈牙利或羅馬尼亞，由烏爾菲拉（Ulfilas）主教主持翻譯，哥德字母可能也是為此發明的。約在五〇〇年，該文稿又謄錄為如今的抄本，獻給哥德人的義大利國王狄奧多里克（Theodoric），供其在拉文納的宮廷使用。手稿以紫色羊皮紙為底，每節的首個字母用銀飾裝飾，因此得名《銀聖經》（Silver Bible）或《銀抄本》（*Codex Argenteus*）。

隨著東哥德王國敗亡，這本聖經也隨之亡佚，直到十六世紀才重現於萊茵河畔的一間德意志修道院。魯道夫二世「說服」修道院出借這份手抄本，並將之加入他在布拉格的收藏。後來，《銀聖經》又被克里斯蒂娜搶到斯德哥爾摩，收藏在她的私人書庫。在女王退位那年，《銀聖經》被運往荷蘭，並有可能在那賣出，六年後又被加布里耶．德拉加狄伯爵（Count Gabriel de la Gardie）買回瑞典。

關於這本聖經，坊間還有著一些傳說。一則瑞典民族主義神話認為，哥德人起源於瑞典，哥德字母也是源於北歐盧恩文字（實際上是源於希臘字母）。根據這則故事，《銀聖經》是「歸還故土」。當然，也有人認為它是一件掠奪來的產物，並多次主張應該歸還布拉格。我本人也曾稍微參與過這場爭論。一九九〇年代初，我和布拉格的學者合作，想要從歷史找到一個歸還的正當理由，並找來許多學界泰斗，包括牛津大學的歷史學欽定講座教授羅伯特．埃文斯（Robert Evans）。然而，我們編不出任何理由：《銀聖經》雖然是瑞典偷來的，但布拉格也非它名正言順的家鄉。

然而瑞典對此一直有點不安。一九九〇年，捷克斯洛伐克總統瓦茨拉夫．哈維爾（Václav Havel）計劃在獨立後首次前往瑞典進行國是訪問。有媒體推測他可能會提出歸還《銀聖經》等文物的議題。瑞典外交部為此展開預防性的法律研究，最後作成一份四頁的備忘錄（我也有一份副本）。律師們的結論是，由於當時國際法並無針對掠奪的規定，瑞典「將捷克的文化珍寶帶回家」並沒有違法。

克里斯蒂娜的第三項成就，是將宮廷打造成歐洲的藝術與學術中心，布拉格大劫對此功不可沒。她是一名志在必得、貪求無饜的收藏家，四處蒐羅藝術品、書籍、手抄本和科學儀器，有的靠搶，有的靠買，但也有些是委託他人製作。此外，克里斯蒂娜也喜歡網羅人才，無論學者、哲學家、詩人、劇作家、作曲家、音樂家、歌手還是舞者，她都不惜代價從歐洲各地延攬到宮廷之中。而對無法邀集到斯德哥爾摩的人，她也以平等的身分與他們通信，堪稱歐洲的超級名流。

她所網羅到最珍貴的人才之一，便是法國哲學家勒內．笛卡兒（René Descartes）。她以成立科學院的願景吸引他來到斯德哥爾摩。笛卡兒於一六四九年末抵達瑞典，隨身帶來兩千本書，並擔任女王的哲學老師。後世傳說女王將課程訂在天寒地凍的清晨五點，因為克里斯蒂娜不太喜歡這位哲學家，笛卡兒對女王亦無好感，於是課也沒上過幾次，這名偉大的哲學家就不幸染上肺炎，死於翌年二月，* 史家一直將笛卡兒的早逝歸咎於克里斯蒂娜女王。

她邀來的人裡，也包括神學家、天主教徒和耶穌會士，並在與他們辯論信仰和教義的過程中，有了改宗天主教的念頭。這也是她退位的另一個因素，身為歐洲新教保護國的女王，她顯然無法改信天主教。

原本她還應該留下第四項成就：生下繼承人，但這件事從未實現。她曾說：「我不想解釋，但我生來不是為了結婚。」她最親密的朋友是位名叫艾芭．斯帕雷（Ebba Sparre）的宮廷侍女，兩人曾共眠一榻。不過她後來也曾與異性戀愛，其中一位便是由教宗指派，協助她在羅馬安居的德喬．阿佐利諾樞機（Cardinal Decio Azzolino），之後成為「她一生的摯愛」。

既然不願留嗣，王位繼承就須另覓解方。她選擇了曾參與布拉格大劫，並一度想和她結婚、共享王位的堂兄卡爾．古斯塔夫（Karl Gustav）。解決繼承問題後，她便準備卸下沉重的新教王冠，起身前往歐洲文化的故鄉，而不是繼續費心將文化帶來斯德哥爾摩。克里斯蒂娜始終不得民心。她的性格令民眾不安，她的揮霍也幾乎掏空國庫。在離開以前，她和王國議會談妥條件，確保自己能繼續過著奢侈的女王生活。但為了預防萬一，她將大部分王室收藏的藝術品運出王室，劃為私人財產，並出售了一部分以維持奢華的生活。

她受到熱烈的歡迎，成為了全歐洲最著名的女性，甚至是當世最著名的人。她不僅離開寒風刺骨的北國，來到暖陽高照的地中海，更背離路德宗，改投天主教會。為了一沾她的天主榮光，羅馬望族無不爭相邀請這名遜位女王。

雖然我們說她前往羅馬，但這趟旅程花了不只一年，途經漢堡、安特衛普、布魯塞爾、因斯布魯克與波隆那，沿途接受許多富人招待，朝會王親，夜享饗宴，不但幾乎掏盡他們的慷慨，自己也累積了不少債務。當她抵達羅馬時，教宗等人也以慶典、歌劇和花火歡迎。她住在租來的宮殿裡，和各界名貴交流智識，又成立一所學院教授音樂、戲劇和文學，並開始涉足教會政治。

隔年，她前往法國，與路易十四共謀奪取拿坡里王位之計，以擺脫對瑞典資金的依賴，但後來有位參與此事的義大利貴族被控謀反，遭到處決。這起醜聞讓她不得不放棄奪取王位的陰謀，在三年後回到羅馬，搬入另一座宮殿，沉心打造僅次於梵蒂岡的美術收藏，這回她「重操舊業，掠奪了法爾內塞宮（今法國駐義大使館）。當初輕率將宮殿出借給她的宮殿主人，如今不知對此作何感想」。

她曾兩度回到瑞典，先是意圖重取王冠，後又自薦波蘭女王。然而，這些計畫都以失敗告終。一六六八年起她永久定居羅馬，並再度打造出一個充滿藝術、音樂、文學和藝術的輝煌人生。她寫了一部未完成的自傳，以及一些關於音樂和藝術，還有關於亞歷山大、居魯士大帝、凱薩等大人物的隨筆，據瑞典歷史學家尼爾斯・埃里克・維斯特朗（Nils Erik Villstrand）的說法，這些文章多半流於表面。這樣的生活一直持續到她離世，雖然令人羨慕，卻也頗為淒涼。她退位時或許還有其他不為人知的計畫，但最

---

* 身為哲學家，笛卡兒一直四處流浪。他從二十二歲起便投身軍旅，在三十年戰爭的前兩年中，以傭兵之姿分別效力於新教和天主教陣營。財富自由後，他才以學者之姿周遊列國，不過在大部分日子裡，他都住在阿姆斯特丹，因為那裡的出版較為自由。五十二歲那年，他受瑞典的女王吸引，來到斯德哥爾摩，卻也因此早逝。身為一名死在新教土地上的天主教徒，他只得到一場簡樸的葬禮。十六年後，他的遺骨被運回法國，安葬於巴黎聖日耳曼德佩教堂（Saint-Germain-des-Prés）的墓中。目前，斯德哥爾摩的阿道夫・腓德里克教堂（Adolf Fredrik's Church）內立有一塊牌匾，紀念這名偉大的哲學家。

後只能靠著「前任女王」的頭銜，憑借汙名吸引眾人目光，就像那個時代的爭議系網紅，只是比較有格調。這不禁讓人想起古時候諾斯人的價值觀：人一生所能留下的，不過是名聲和美譽。她成功了嗎？名聲當然有，但美譽恐怕稱不上。

她身後留下了大量藝術品和手抄本收藏，以及同樣龐大的債務，為了償還債務，這些遺產陸續出售，散落四方。大部分藏書都被收入梵蒂岡典藏，而藝術品則大量流入法國貴族手中，並在法國大革命期間轉售給英國的收藏家。

克里斯蒂娜後的三任國王都叫卡爾：卡爾十世．古斯塔夫（Karl X Gustav）在位六年，期間戰爭不斷，並差點在一六五七至一六六〇年的戰爭中徹底擊垮丹麥；接著，卡爾十一世又發兵丹麥，功敗垂成，歷史學家對他的才幹至今未有定論；卡爾十二世則是一名所向披靡的英雄國王。在三個卡爾統治下，瑞典帝國的勢力先是攀上榮耀之巔，隨後迅速墜落山谷。

海德薇．艾略諾拉（Hedwig Eleonora）

身為卡爾．古斯塔夫之妻，卡爾十一世之母，以及卡爾十二世的祖母，海德薇．艾略諾拉從未得到女王之銜，卻多次稱制，即使退居幕後，也時時主導著瑞典國政。

她出身德意志什列斯威的一個公爵家族，原本已經和另一個公爵家族的繼承人訂婚，但克里斯蒂娜退位後，卻在前往羅馬的路上行經什列斯威，安排將她嫁給卡爾十世，家族只好改以她相貌平凡的妹妹搪塞。

卡爾十世與海德薇在一六五四年底成婚。婚後，卡爾立刻出兵波蘭，海德薇則留在瑞典等待分娩，此子即是後來的卡爾十一世。產後，她立刻前往波蘭與丈夫會合，參與了劫掠華沙，並因此在國內享獲盛名。擊敗波蘭後，卡爾繼續征伐丹麥，海德薇再次隨行，入主一處丹麥宮殿，等候丈夫以刀兵摧毀這個國度。

一六六〇年，卡爾十世駕崩，遺命海德薇攝政，輔佐幼王，並與王國議會共理國政，但雙方關係並不和諧。一六七二年，卡爾十一世親政，至一六九七年去世為止，始終依靠母親建議治理國家。海德薇比兒子多活了幾年，並在其孫年幼時繼續攝政；這次攝政只持續了半年，便交由卡爾十二世親政。不過，卡爾十二世在位時期多在外征戰，因此海德薇在國內的權力依然舉足輕重，堪稱沒有頭銜的實質攝政。一七一五年十一月，海德薇在卡爾十二世班師回國的一個月前崩逝。

在身為王后、王太后、太王太后和家族領導人的五十年間，海德薇始終以奢華鋪張的風格掌理瑞典宮廷。雖然規模有所不及，但她在斯德哥爾摩郊外所建的王后島夏宮（Drottningholm Palace），精緻華美完全不遜於路易十四的凡爾賽宮，其宮中劇場至今仍在使用，每年夏天都會用當年的舞臺機械上演歌劇。

卡爾十二世是名好大喜功、窮兵黷武的君王，但無論從他的思考方式、行為傾向還是心理結構來看，這都是必然的結果。他擁有絕對的君權，但不同於古斯塔夫二世，他沒有像烏森樹納這樣的賢師諫臣。於是他喪失了一切。

起初，他被尊為上帝授權的戰場之王，高舉著瑞典的榮光抵擋邪惡的俄羅斯。直到他崩後百年，熱情歌頌國家民族的詩人埃賽亞·特格涅（Esaias Tegnér）還寫了一篇頌詞，讚美這名「年少的英雄」頂著「金色的頭髮」，打擊那些「灰髮的政客」，「偉大的心在他的瑞典胸膛裡跳動」，使得他不可能低頭，只能倒下。這種崇拜一直延續到民族主義高漲的十九世紀，直到劇作家奧古斯特·史特林堡（August Strindberg）在一九〇一的作品《卡爾十二世》（*Karl XII*）中，描寫了一名無法低頭而將國家帶往毀滅的瘋王，世人對卡爾十二世的評價才徹底翻轉。

卡爾十二世的心思單純、信仰狂熱。不知是因為立志禁慾，還是因為傾心男性，他終生未婚，並且幾乎不顯露情感，執迷於僵化的宗教信條，對危險、痛苦無動於衷，英勇颯爽卻不知進退。他十五歲加冕，空有國王之名而無國王之實，一滿十八歲便立刻踏入戰火。不到十年，他就在如今烏克蘭的波塔瓦（Poltava）敗於彼得大帝，也敗掉了整個瑞典帝國。失利的卡爾十二世只能攜少數隨從，南逃至鄂圖曼帝國尋求庇護，結果受到軟禁長達五年。直到一七一四年，鄂圖曼才以離開國境為條件，同意釋放卡爾十二世。他照辦了，並在十五天內穿越歐洲大陸，抵達瑞典在歐陸的最後一處領地史特拉頌（Stralsund），然後在該城投降前回到瑞典，此行也被渲染成他的英雄事蹟之一。回國後他又立刻踏上戰場，直到戰死。

一七一八年十二月十一日，卡爾十二世在挪威哈爾登經歷他的最後一戰，一發子彈在寒風之中擊中他的左太陽穴，從右側穿出，國王當場倒地身亡，年三十六。至於開槍者是誰，至今未有定論。也許只是意外。也許是敵兵，但若是如此，這名士兵應該會留下名字。我認為更有可能是自己人下的手。卡爾十二世多年來讓他的人民飽經戰禍，也許有某個士兵終於忍無可忍，抓到機會朝這名不知低頭的國王送上最後一槍。

卡爾十二世一死，其姊烏麗卡．埃略諾拉（Ulrika Eleonora）繼位，成為第二名瑞典女王。然而議會裡的男人並不尊重她，而她也無力抗衡；兩年過後，她就被丈夫推翻，餘生只能當個不幸福的王后。她和丈夫結婚是為了愛情，但他只是為了權力。她主動將王位讓給丈夫，希望藉此表示自己的恭順，而他的回報卻是終生的不貞，甚至納了一名王室情婦來羞辱她。

腓特里克戴了三十一年王冠，卻沒有能力也沒有興趣利用王權。雖然又敗給了俄羅斯一次，但這段時期的瑞典多少進步了一些，只是這些進步和他無關，因為他是瑞典史上最無能的國土之一，除了狩獵和漁色什麼也不關心。

續任的阿道夫．腓特里克（Adolf Fredrik）在位二十年，情況也差不多。他原是一名德意志諸侯，卻因為瑞典和凱薩琳大帝（Catherine the Great）一七四三年簽訂的和約，被迫接下瑞典王冠。不過他的本事只能權為象徵，最後在一七七一年因暴食去世。

其繼位者古斯塔夫三世，又是完全不同的王者。他登基於一七七一年，隔年就安排了一場政變，奪回在大北方戰爭（Great Northern War）末年被架空的君權。他命禁軍逮捕樞密院，召集王國議會，宣讀新的憲法後隨即解散議會，並承諾六年後再度召集（後來確實有信守承諾）。這使得古斯塔夫三世的統治很難評價：他雖然推翻了議會統治，但在他的慷慨贊助下，瑞典的社會和文化也快速進步。他自認是一個開明專制的君主，而且這並非毫無根據。他的壓迫主要是針對貴族，因為他認為貴族行事輕率無謀、貪贓枉法，而且這些看法亦非毫無道理。藉著改善經濟和公共財政（還有開辦國營彩券），贏得了民眾支持。身為一名思想通達的專制君王，古斯塔夫一方面推動宗教自由，一方面又限制新聞和言論自由，壓制針對憲政問題、外交政策以及他本人的批評。他的行為非常矛盾，既崇拜法國的啟蒙運動，又在法國大革命時期積極支持王室鎮壓，但同時也支持美利堅殖民地的人民爭取自由。他對丹麥深惡痛絕，夢想征服挪威，並帶著瑞典再次與俄羅斯開戰。他在加勒比海建立了一處瑞典殖民地，並從跨大西洋奴隸貿易中獲取私人利益。（他持有瑞典西印度公司十％的股份，但有權獲得二十五％的股利。）他為私生子女和未婚母親設立財產權，廢除了針對某些罪行的肉刑和死刑，如非議會阻撓，他的改革還會繼續推進。另外，他也是一名品味綺麗、氣質陰柔的貴公子，曾有傳言他是同性戀者，瑞典歷史學家伊麗莎白．曼參（Elisabeth Mansén）就曾提到，他身邊總聚集著「漂亮的少年」。但除此之外，他幾乎沒有朋友，也不相信任何人，尤其在貴族之中更是四面樹敵。最後，古斯塔夫三世的政敵策劃了一場陰謀，在國王於一七九二年三月二十九日午夜舉辦的化裝舞會上開槍弒君。這起事件後來也成了威爾第歌劇《假面舞會》（*Un ballo in maschera*）的靈感來源。

雖說貴族痛恨古斯塔夫三世，平民百姓卻對他愛戴有加。他創立了皇家劇院、皇家歌劇院和皇家芭蕾舞團，以及現今負責諾貝爾文學獎的瑞典學院。他曾試圖將酒類納入國家專賣，但未能成功，因為這並不符合當時自由奔放的時代氛圍。酒精就是自由，瑞典最受歡迎的詩人卡爾．米凱爾．貝爾曼（Carl Michael Bellman）曾寫了許多詩歌來傳達這種精神。他的作品總圍繞著酒館、女人、美酒與歌曲，他甚至寫過一首名為〈古斯塔夫的乾杯〉（Gustafs skål）的頌歌，歌頌古斯塔夫是「北方至大之王」，將歌功頌德也融入酒席之間。

古斯塔夫三世對權力的掌控，是瑞典君主專制的最後一口氣。一七九二年，古斯塔夫三世去世，其子繼位，是為古斯塔夫四世。古斯塔夫四世為人固執，偏又時運不濟，歷史學家歐伯格形容他是一個

「無法與現實和解的悲劇人物」。最後，芬蘭為俄羅斯所占，古斯塔夫四世自己也被一場軍事政變推翻。新憲法隨後生效，重新確立國王與議會之間的權力分立，不幸的國王則在護送下前往德意志，妻子也和他離婚。二十八年後，他於瑞士聖加倫（St Gallen）一間小旅社中逝世，登記的名字是「古斯塔夫松上校」。前述便是丹麥、瑞典兩國的君主專制簡史，接下來，我們將深入法國大革命和拿破崙戰爭後的權力爭奪，並在第四部繼續探討這段歷史的其他面向。但簡而言之，古斯塔夫四世以後的瑞典，終於不再是一個帝國，而是像丹麥一樣逐漸找到自己的位置，卑以自牧。

卡爾・米凱爾・貝爾曼

卡爾・米凱爾・貝爾曼活躍於一七七〇、一七八〇年代，那是古斯塔夫三世的時代，社會相對自由開放。他的作品多為歌頌當時自由奔放的精神，曲調輕快優雅，帶著巴洛克風格的輕佻浮華，歌詞則幽默詼諧，時而略見低俗，在肯定生命與享樂的同時，也閃現著對愛情、友誼、忠誠、死亡的深刻主題的智慧。這些歌曲如今已是瑞典民族文化的一部分，常在餐會和各種聚會中傳唱，民謠歌手更是一代又一代地重新詮釋、錄製他的作品，使其歷久彌新。

貝爾曼的一生，也和他筆下的人物一樣放蕩不羈。他出身平凡，少時常借貸度日，還曾逃亡挪威以免因債務入獄。他在學校表現不好，工作上亦無建樹。真正讓他發光的舞臺是酒館，是牌戲、賭博與娼妓組成的世界。他本人也是一名表演家，常常演唱自己寫的歌，並以西特琴（cittern）伴奏來娛樂友人。對他而言，工作只是為了維持社交、歌唱與飲酒的工具。儘管他的作品都是歌頌市井生活，但在上流社會還是有不少貴人，替他安排了一些不太費力的職位，讓他能繼續過著所謂「真正的生活」；後來更荒唐的是，連國王也幫他找了一個象徵性的職位，負責管理國營彩券。靠著這些方便，貝爾曼成為了斯堪地那維亞文學的開創者。

他最有名的作品是《弗雷德曼的批信》（*Fredmans epistlar*），內容是一則則圍繞鐘錶匠弗雷德曼、仙女烏拉．溫布拉（Ulla Winblad）、退伍酒鬼莫維茨（Movitz）、音樂大師伯格（Berg）神父，以及查封官布隆堡（Blomberg）等角色展開的小故事。他們有時圍坐酒館，有時醉臥街頭，有時投入烏拉的懷抱，有時獨自痛悔自己的貪杯爛醉。他也寫過詩與劇本，但還是歌曲最能展現他的才華與創意。

一七九二年，古斯塔夫三世遇刺，瑞典的一切都變了樣，斯德哥爾摩的自由宣告終結，貝爾曼的時代也隨之落幕。他沉迷酒精，身患肺癆，最終無力躲避債務刑責，孤貧而亡，葬於一座無名之墓。

北方戰火

自一五五〇年代的利沃尼亞戰爭起，斯堪地那維亞就在專制王權下戰火不斷，直到一八一四年拿破崙戰爭的北歐戰線終結，一切才終於落幕。雖然這並非北方的第一場戰爭，也不是最後一場，但這個時期不但國家比以往更好戰，戰事也比日後更凶殘。瑞典是這段時期北方最主要的侵略者，而當帝國爭霸的時代結束，斯堪地那維亞的國界也大致確立，形成今天的樣貌——而這或許也是當年睿智的瑪格麗特女王成立卡爾馬聯盟想要實現的結果。只可惜斯堪地那維亞人非要經歷兩個半世紀的戰火蹂躪，才開始意識到他們終究是一家人。

帝國時代的戰爭與以往大不相同，不僅戰場更廣、歷時更久，也更難畢其紛爭於一戰；此外，雖然國家仍會僱用外籍傭兵，但多為輔助部隊，海陸兩軍主力都已經是徵召而來的正規軍隊。大規模徵兵制度的出現，對平民生活造成了災難性的衝擊。鄉村的年輕人丁被強徵入伍、送上戰場；一旦加入野戰線列，這些年輕人幾乎都難逃厄運，不幸者戰死沙場、病死軍營，僥倖者逃亡失蹤，或是帶著一輩子的身心創傷返鄉。隨著戰爭一場接著一場，徵兵範圍也不斷擴大，波及愈來愈多家庭，村里人口流失，戶無男丁，農田荒廢，工坊凋零。受到戰禍摧殘的不只丹麥、瑞典本土，周邊國度同樣不能倖免。為了填補海軍需求，丹麥頻繁徵召挪威青年服役——在十七世紀，這片原本就人口稀少的土地，竟有六萬人被迫入伍。瑞典更在芬蘭大量徵兵，其數量之多、傷亡之眾，導致芬蘭許多地方社群毀滅，人口成長停滯，甚至引發饑荒。「根據估計，在一六二〇到一七一九年間，約有五十萬名瑞典與芬蘭士兵死於兵役」，多達瑞典成年男性的三分之一，使這片土地成為「征夫寡婦之土」。在三十年戰爭中，瑞典有六成士兵傷亡或是被俘，人數多達七萬。踏入行伍後的士兵通常活不過兩年，其中泰半是死於惡疾疫病，而非刺刀槍火。而對平民來說，無論過境借宿的友軍，還是劫掠取用的敵兵，都是造成疾病傳播、糧食短缺的災星。這一切彷彿永遠沒有盡頭，即便稍有停歇，也只是為了準備下一場戰爭。「一六五〇年代的戰禍導致丹麥陡然喪失十五至二十%人口。」國王執迷赫赫武功的結果，就是不斷虛擲國家的經濟實力與寶貴的勞動力。

君主專制時代的戰爭

斯堪地那維亞國家間的戰爭：

北方七年戰爭（Northern Seven Years' War，一五六三－一五七〇年，瑞典、丹麥）

卡爾馬戰爭（Kalmar War，一六一一－一六一三年，瑞典、丹麥）

托斯滕松戰爭（Torstensson War，一六四三－一六四五年，瑞典、丹麥）

一六五七年丹瑞戰爭（Dano-Swedish Wars，一六五七－一六六〇年，瑞典、丹麥）

斯堪尼戰爭（War of Skåne，一六七八－一六七九年，瑞典、丹麥）

劇場戰爭（Theatre War，一七八八－一七八九年，瑞典、丹麥）

一八〇八年丹瑞戰爭（Dano-Swedish Wars，一八〇八－一八一四年，瑞典、丹麥）

討伐挪威（Campaign against Norway，一八一四年，瑞典、挪威）*

對俄羅斯戰爭：

一五五四年俄瑞戰爭（Russo-Swedish War，一五五四－一五五七年，瑞典、俄羅斯）

利沃尼亞戰爭（Livonian War，一五五八－一五八三年，瑞典、俄羅斯、丹麥等國）

一五九〇年俄瑞戰爭（Russo-Swedish War，一五九〇－一五九五年，瑞典、俄羅斯）

英格利亞戰爭（Ingrian War，一六一〇－一六一七年，瑞典、俄羅斯）

一六五五年俄瑞戰爭（Russo-Swedish War，一六五五—一六五八年，瑞典、俄羅斯）
大北方戰爭（Great Northern War，一七〇〇—一七二一年，瑞典、俄羅斯、丹麥等國）
三角帽黨戰爭（The War of the Hats，一七四一—一七四三年，瑞典、俄羅斯）
一七八八年俄瑞戰爭（Gustav III's Russian War，一七八八—一七九〇年，瑞典、俄羅斯）
芬蘭戰爭（Finnish War，一八〇八—一八〇九年，瑞典、俄羅斯、丹麥等國）

歐陸上的戰爭

反西吉斯蒙德戰爭（War against Sigismund，一五九八—一五九九年，瑞典、波蘭）
四次波瑞戰爭（The Four Polish Wars，一六〇〇—一六二九年，瑞典、波蘭）
三十年戰爭（Thirty Years' War，一六一八—一六四八年，歐陸列強、瑞典、丹麥）
第一次不萊梅戰爭（First War on Bremen，一六五四年，瑞典、不萊梅）
小北方戰爭（Little Northern War，一六五五—一六六〇年，瑞典、波蘭）
遺產戰爭（War of Devolution，一六六七—一六六八年，法國、西班牙，瑞典涉入）
第二次不萊梅戰爭（Second War on Bremen，一六六六年，瑞典、不萊梅）
法荷戰爭（Franco-Dutch War，一六七五—一六七八年，法國、荷蘭，瑞典、丹麥涉入）

* 譯註：一八一四年，丹麥在《基爾條約》（Treaty of Kiel）中將挪威割讓給瑞典，並獲得瑞屬波美拉尼亞，挪威不服而獨立，瑞典國王卡爾十三世於是出兵征討並獲得勝利，兩國結為共主邦聯。

大同盟戰爭（Nine Years' War，一六八八—一六九七年，瑞典加入反法大同盟）*
西班牙王位繼承戰爭（War of Spanish Succession，一七〇一—一七一四年，丹麥涉入）
拉科齊獨立戰爭（Rákóczi's War of Independence，一七〇三—一七一一年，丹麥涉入）
波美拉尼亞戰爭（Pomeranian War，一七五七—一七六二年，瑞典、普魯士）
拿破崙戰爭（Napoleonic Wars，一八〇〇—一八一五年，瑞典、丹麥涉入）

英格蘭相關戰爭：
第二次英荷戰爭（Second Anglo-Dutch War，一六六五—一六六七年，丹麥涉入）
第三次英荷戰爭（Third Anglo-Dutch War，一六七二—一六七四年，丹麥涉入）
對英戰爭（Wars against Britain，一八〇一—一八一四年，瑞典、丹麥、英國等國）†

歐洲外的戰爭：
丹麥—阿爾及利亞戰爭（Danish-Algerian War，一七七〇—一七七二年，丹麥、鄂屬阿爾及利亞）
一七九七年五月十六日行動（Action of 16 May 1797，丹麥、鄂屬的黎波里）
第一次柏柏里戰爭（First Barbary War，一八〇一—一八〇二年，瑞典涉入）

有些戰爭的名字很奇特。比如「三角帽黨戰爭」一名，是來自引發戰爭的瑞典沙文主義派系（而與他們抗衡的，則是叫做「睡帽黨」〔Caps party〕的溫和派），這群人一心想奪回瑞典在大北方戰爭中失去的領土，於是接受法國煽動，貿然展開一場無望的對俄戰爭。然而此時的瑞典已非歐洲列強，根本不是伊莉莎白女皇（Yelizaveta Petrovna）大軍的對手，除了在槍炮、飢寒與疫病之中損失數以萬計的海陸軍官兵，還因為主動侵略，被迫割讓芬蘭邊境求和。至於瑞典和挪威之間的「劇場戰爭」，則是因為比起戰爭，更像是一場表演而得名。雖然挑起戰爭的是丹麥，但實際作戰的主要是瑞典士兵。此戰的陣亡者可能不到十人，卻至少有三千人死於飢病，最後以雙方各自撤軍告終。而丹麥進攻阿爾及利亞，則是為了保護其地中海貿易不受當地海盜侵擾。此戰的起火線，是柏柏里海盜劫持了三艘丹麥船隻，並在丹麥拒絕支付贖金後，將船員賣為奴隸。丹麥派軍反擊，卻因為艦隊中爆發傷寒而失利，被迫賠款求和，並買回受俘船員的自由。攻打鄂屬的黎波里也是因為貿易和保護費問題。丹麥人封鎖了的黎波里港，並靠談判降低保護費，但還是多花了一筆錢贖回人質。柏柏里戰爭的主角是美國和鄂圖曼的四個北非行省，起因還是為了貿易、海盜和保護費的老問題。當時瑞典本來就在與鄂屬的黎波里交戰，‡便順勢捲入戰爭。藉著展示強大的海軍實力，美國贏下了這場戰爭，但依然花了六萬美元換回俘虜。直到一八一五年第二次柏柏里戰爭，美國才真正結束了地中海貿易中的保護費制度。

* 譯註：一六八四年，重盟戰爭（War of the Reunions）結束，路易十四開始大規模擴張，其餘歐洲國家在一六八六年於德意志奧格斯堡成立奧古斯堡同盟（League of Augsburg），以圍堵法國擴張。一六八九年英國加入後改稱大同盟（Grand Alliance）。

† 譯註：指一八〇一年哥本哈根之役以降，包括拿破崙戰爭在內的一連串戰爭。

‡ 譯註：的黎波里、突尼斯和阿爾及爾三地名義上雖為行省（Eyālet），但總督往往只具禮儀性質，實際上是由當地人自治的附庸國，擁有自己的軍隊與政府，故歐洲人一般譯作羈縻州（Regency）。

然而，大多數的戰爭都極其殘酷。瑞典和丹麥一開始尚稱勢均力敵，丹麥還稍勝一籌，但長期征戰下來，瑞典逐漸占了上風，成為北歐霸主。這些戰爭表面上有各種起因，可能是沙文主義，可能是民族仇恨，也可能是君王被無所節制的野心蒙蔽了理智，但最核心的目標，無非是為了波羅的海周圍的領土、貿易和稅費。丹麥據有松德海峽，擁有向沿線貿易徵稅的權力。這對丹麥歷任國王都至關重要，因為這筆巨額稅收直接屬於王室，在絕對君權建立以前，是唯一可以不經樞密院批准就動用的資金。同時，掌控松德海峽也能遏制瑞典，在外交上占盡優勢。然而，儘管海峽通行費對於瑞典的西方貿易來說，是筆不小的負擔，但此時的瑞典已經在波羅的海以東逐步擴張領土，發展出龐大的穀物貿易，並對波羅的海沿岸港口，以及進出俄羅斯的貿易徵收關稅。贏得勝負的關鍵在於海軍的實力，而權力的天平已經逐漸傾向了瑞典。

斯堪地那維亞這一系列戰爭的最終結果，除了讓丹、挪、瑞三國民不聊生以外，最深刻的影響莫過於瑞典從丹麥手中奪取了大量領土。北方七年戰爭以停火告終，雙方恢復戰前狀態。因此在卡爾馬戰爭時，丹麥仍保有相當的國力與自信，甚至兵分三路進攻瑞典。彼時克里斯蒂安四世才剛即位，他的內心或許還有過征服瑞典，以丹麥為中心重建卡爾馬聯盟的打算。雖然這個目標沒有實現，但他成功阻止了瑞典對挪威北部的聲索。瑞典也並非一無所獲，取得了自由通行松德海峽，無需繳納通行費的權利，只是丹麥很快就違反了承諾。在接下來的三十年戰爭中，與挪威接壤的耶姆特蘭（Jämtland）和海耶谷（Härjedalen）地區、波羅的海的哥德蘭島，以及德意志的不萊梅與費爾登（Verden）公國皆由丹麥轉歸瑞典。但真正決定性的地緣政治變遷，是發生在一六五七年丹瑞戰爭後，瑞典在這場戰爭中先是拿下原本屬於丹麥的南部地區，包括斯堪尼和一路延伸至挪威的沿海地帶，又在一六五八到一六六〇年之間，占領挪威中部的特倫德拉格（Trøndelag）將挪威一分為二。在一六七八年的斯堪尼戰爭中，丹麥一度奪回瑞典南部的領土，但最後功敗垂成。最後在一百多年後的拿破崙戰爭中，丹麥又失去挪威，看著挪威被瑞典納入治下。

面對俄羅斯與歐洲各國，瑞典也一路東征南討，成為一個龐大的帝國，擠身歐洲列強。首先在利沃尼亞戰爭中，瑞典奪取了今天的愛沙尼亞，掌控整個芬蘭灣。接著又在英格利亞戰爭中進一步擴張，徹底切斷俄羅斯與波羅的海的連繫。十七世紀初，由於波蘭王西吉斯蒙德不斷聲索瑞典王冠，兩國展開長達二十九年的戰爭，結果是瑞典不斷在歐洲北部擴張領土，並在三十年戰爭中繼續征服更多土地。只是這些勝果沒有保留太久，就在大北方戰爭中盡數失去。到了一七一〇年，彼得大帝已經奪下瑞典在波羅的海東部的所有領土，並強迫大量瑞典戰俘替他在波羅的海沿岸建造新的首都聖彼得堡。一七一三年，俄羅斯入侵芬蘭，占領全境；後在一七一九、一七二〇年之夏，俄羅斯又接連攻入瑞典本土，蹂躪其東部沿海，直逼斯德哥爾摩，但未能攻取該城。最後在英國與普魯士等國施壓下，俄羅斯才同意結束戰爭。雖然瑞典逃過了全面攻占的命運，但一七二一年的《尼斯塔德和約》（Treaty of Nystad）依然是莫大的國恥。二十年前它還是歐洲的超級強權，二十年後卻已跌落谷底。

「三十年戰爭造成的苦難無法估量。」英國歷史學家維若妮卡．威治伍德（Veronica Wedgwood）在她於一九三八年出版的《三十年戰爭史》（*The Thirty Years War*）第二版前言中如此說道。「這場烏暗悽慘的戰爭，至今依然警示著我們，若是讓心胸狹隘、智慧淺小之徒身居高位，將會帶來何等災禍與危難。」

三十年戰爭並非單一場戰爭，而是由征服、掠地、內戰、起義、舉事等各種戰爭匯聚而成，在德意志及其周圍焚燒三十餘年的毒火。確實，這也是一場宗教戰爭，只是宗教的角色並沒有我們以為的重。新教的瑞典與天主教的法國聯手，並非出於信仰的契合；天主教的法國向同宗的西班牙宣戰，也不是因為神學爭端；同樣信奉新教的瑞典和丹麥，也站在了不同的陣營。瑞典國王古斯塔夫二世就說：「如果這是一場宗教紛爭，那我宣戰的敵人應當是教宗。」天主教名將華倫斯坦也「重才幹而輕宗派，甚至提拔多名新教徒擔任高位」。整個歐洲皆捲入其中，戰火甚至蔓延至東方的印度、印尼與臺灣，南方的剛果，乃至西方的加勒比海與巴西——這是第一場世界大戰。

戰火在一六一八年五月二十三日點燃。當天，一群捷克貴族將兩名哈布斯堡帝國的使節拋出布拉格城堡（Hradčany Castle）高處的一扇窗戶。他們墜入堆肥之中，性命無恙卻顏面盡失。捷克人抗議的原因，一是奧地利大公斐迪南二世（Ferdinand II）取得波希米亞王冠，二是天主教政權對新教教會的壓迫。隔年，捷克人聲稱罷黜斐迪南二世，擁立喀爾文派的法爾茲選侯腓特烈五世（Friedrich V of the Palatinate）為國王。此舉立即引發戰爭，戰火迅速蔓延整片歐洲大陸。戰爭的一方是北德的新教聯盟，另一方則是南德的天主教聯盟。最後，波希米亞軍在白山戰役（Battle of the White Mountain）慘敗，波希米亞貴族遭到清算，捷克地區的新教獨立就此終結，腓特烈也得到「一冬之王」（*Winterkönig*）的外號。在天主教一方作戰的是強大的阿爾布雷希特·馮·華倫斯坦（Albrecht von Wallenstein），他是一名波希米亞貴族，從小信奉新教，後來改宗天主教，並以傭兵將領的身分加入哈布斯堡的軍隊。他在戰爭期間崛起，成為帝國最富有的人之一。

天主教勢力在無情的蒂利伯爵（Count Tilly）的領導、及後來華倫斯坦的加入下，向北挺進德意志，追擊新教軍隊。「補給欠乏的軍隊開始像蝗蟲般肆虐這片土地。」（華倫斯坦因為被懷疑將為私利倒戈新教陣營，而於一六三四年在斐迪南二世的指使下遇刺身亡。）這股軍勢令瑞典和丹麥惶惶不安，擔心波羅的海周圍領地和路德宗信仰將會失陷。於是，克里斯蒂安四世動員軍隊，於一六二五年參戰。然而他的戰爭準備不足，未能等到預期中新教聯盟的支援，不久就兵敗如山倒。很快地，天主教軍便橫掃北德意志，直入丹麥，占領日德蘭半島。克里斯蒂安被迫讓步，但他成功拉攏了瑞典，讓天主教方有所忌憚，最後僅簽下一紙寬鬆的和約便取回失地。然而，經過四年的戰爭災難，丹麥已經完全失去歐洲強權的地位。（儘管這是他自己獨斷發動的戰爭，克里斯蒂安回到國內後，還是以不批准和約為手段，勒索樞密院交付十桶黃金，補償他在戰爭中的損失，並讓他能夠償還欠母后的債務。）

瑞典與丹麥的聯盟並不長久。一六三〇年，瑞典剛結束一連串對波蘭的戰爭，便以北方新教守護者之姿接手戰場。此戰由古斯塔夫二世親自指揮，戰局一反丹麥時期的頹勢。古斯塔夫的兵力更強、盟友更眾、謀算更足，打得天主教軍節節敗退，只能往南轉進。雖然如前所述，古斯塔夫二世在此戰陣亡，但北德意志的新教勢力仍取得勝利，並從飽受戰亂、疲憊不堪的皇帝手中爭取到優渥的和平協議。

這一年是一六三五年，可怕的戰爭還有十三年才會結束。瑞典東征西討看似精彩，實則傷筋動骨。烏森榭納曾告誡古斯塔夫，瑞典已經擴張太過，超出了國家的維持能力。半個世紀過後，他的話就應驗了，瑞典帝國剎那間就如紙牌屋一般倒塌。

古斯塔夫亡於戰爭後，法國成為對抗哈布斯堡家族的盟主，並在新教國家瑞典支持下，向同為天主教國家的西班牙宣戰。聯軍無情地掃蕩南方，正如天主教軍先前在北方的作為。

大約在一六四四年左右，雙方開始談判，設法終結這場浩劫，最後終於在一六四八年簽訂《西發里亞和約》（Treaty of Westphalia），大戰宣告結束（不過法西戰爭一直拖到了一六五九年）。在宗教問題上，德意志人決定互不干涉，各自相安。而對於領土問題，大部分締約國都多少分到了一些利益，比如瑞典就得到了不萊梅－費爾登、西波美拉尼亞、史特拉頌、斯德丁（Stettin）。

儘管整場戰爭在瘋狂之中自有一套邏輯，但這是我們從後見之明來看，才會覺得這一切就像棋盤上的攻防拉扯。在當時的歐洲人眼中，他們只看見軍隊來來去去，有時幫這邊打戰，有時幫那邊打戰，有時根本不知在跟誰打；有時他們是殘虐嗜殺的鄉勇，有時是見利思遷的打手，有時則是吃不飽飯卻爛醉如泥的軍士。但這些人說實在又沒有多少差別，凡所到處必是洗劫莊稼、糧秣、工具、衣物、床單、牲口、馬匹，拆毀家具生火取暖，拷打百姓逼問財物所在，然後留下百姓在疾病、死亡、毀滅和強暴的痛苦中掙扎。在動亂年代之中，文明禮義也隨之崩潰，僕人搶劫主人，鄰里清算舊怨，戰場上的屍體被同袍和居民掠奪。「一六三六年，鼠多成患，持續數載，加劇了糧食短缺。一六三八年，野狼為禍巴伐利亞西南部，一六四〇年代初再度出現，又有野豬成群糟蹋莊稼。失去家畜的百姓以其他動物為食，山野之中幾乎不見獸蹄鳥跡。

戰爭結束後，德意志多數地區都經濟崩潰、人丁凋敝，雖然有些地方境遇較好，或者至少沒那麼差，甚至有些地方在戰爭結束前就開始復甦，但在戰爭結束時，整個德意志地區已經失去了多達三分之一人口，且大部分是死於飢病。城鎮村落不是廢棄，就是擠滿難民。一度興旺的家族衰敗零落。連年戰爭中各種巧取豪奪，加上失控的通貨膨脹，導致城市政府財政枯竭。農民流離失土，農業生產崩潰，僅有的糧食被強行徵收，但交通運輸也斷絕堵塞，貿易難以維持。德意志的書籍出版業，也要再過一百五十年，才能恢復戰前水準。在此之前從來沒有過這種規模的戰爭。「最駭人的暴行，」倫敦大學歷史學家馬丁・拉代（Martyn Rady）寫道，「發生在一六三一年五月二十日，那天帝國軍攻陷了位在薩克森的獨立路德宗重鎮馬德堡（Magdeburg）。約有三萬人死於大火和屠殺。帝國士兵向驅趕羊群一樣，逼孩童走入烈焰。而獲勝的指揮官帕本海姆（von Pappenheim）只是冷冰冰地寫下：我們的士兵都有錢了。」

三十年戰爭的種種破壞，都是搶劫的延伸。軍隊每到一個地方，不只會搶劫糧秣補給，也會搜刮藝術品、手抄本和各種藝品珍玩。早在先前的文藝復興時期，王公貴族就已經是貪婪的收藏家；而當三十年戰爭爆發，藝術市場崩潰，這些文化菁英就脫下楚楚衣冠，化身「文藝強盜」，殺入時運不濟的顯貴家中大肆搶奪，以贓物妝點自己的宮殿。歷史學家崔佛－羅珀和彼得・威爾遜（Peter Wilson）如此描述這種情況：「瑞典軍隊在歐洲每到一處，必會洗劫各種藝術品，送回斯德哥爾摩；里加與普斯科夫（Pskov）的俄羅斯聖像畫，波蘭

圖十一：十七世紀戰爭的恐怖——「誓要將這個兄弟之邦從歐洲地圖上抹去」。

施塔加德（Stargard）與布勞恩斯堡（Braunsberg）的祭壇畫，符茲堡（Würzburg）的馬提亞斯・克雷格（Matthias Kräger）畫作，美因茲的格呂瓦德（Grünewald）祭壇畫（在運往瑞典的途中沉沒），還有從符茲堡、不萊梅，以及奧繆茲（Olmütz）耶穌會與加布遣會（Capuchin）教堂擄獲的藏書。」一六三二年，古斯塔夫二世打下慕尼黑，並放任手下將領洗劫馬克西米利安一世的畫廊，奪走「神聖羅馬帝國中僅次於皇帝的輝煌收藏。美因茲的修道院藏書，也在選侯國陷落後的幾個星期內，悉數被運往瑞典。幾年後，為了取悅克里斯蒂娜女王，瑞典將領又更積極尋找、搜刮其他地方的收藏。同時，許多大學、學校和修道院也因為收入減少，開始拋售手中的珍本，以求續命」。在布拉格，「瑞典將領科尼斯馬克解除軍紀三天。*任士兵在城中殺害了兩百名居民，搶奪波西米亞貴族與教士收藏的大量財寶。」經過一個世紀的東征南討，瑞典不僅成為了政治強權，也靠著戰爭與搶劫，成為了文化強權。

隨著法國加入戰局，丹麥和瑞典這兩個曾經聯手對抗天主教威脅的北方新教王國，卻在一六四三年打了起來，到了一六四五年，以瑞典宣戰為始，以丹麥落敗為終。此戰以瑞典陸軍元帥連納特・托斯滕松（Lennart Torstensson）命名，史稱托斯滕松戰爭。托斯滕松戰爭的起因很單純：瑞典強而丹麥弱。托斯滕松由南邊的摩拉維亞（Moravia）發起攻勢，不到一個月的時間，就攻陷了日德蘭半島——這是三十年戰爭中的第二次。其餘瑞典軍隊則從北邊出發，從丹麥手中奪下斯堪尼。丹麥海軍也被瑞典荷蘭聯合艦隊殲滅。最後由法國介入調停，瑞典贏得大量土地，對丹麥而言可謂喪權辱國。

《西發里亞條約》本應為歐洲帶來和平，但才九年，瑞典國王卡爾十世就再度對丹麥國王腓德里克三世宣戰。此時的丹麥已經是一個強權，而強權必須擁有一隻大軍，這麼大的軍隊又必須持續作戰，因為戰爭是維持軍隊唯一的方法。「因此，問題不在於是否會發生戰爭，而是戰場在哪裡。」最後，在卡爾十世駕崩的三年前，戰場定在了丹麥。仔細研究這場戰爭，不僅能窺見斯堪地那維亞這兩個國家的關係，更能理解戰爭在那瘋狂時代裡真正的意義。

當時的卡爾十世已經在跟波蘭、俄羅斯爭奪波羅的海周圍土地（這兩國也互相征伐）。一六五七年，他選擇從歐陸發動攻擊，由南方攻擊丹麥的軟肋，此處在三十年戰爭時就曾兩度遭到占領，一六四三年的托斯滕松戰爭期間，卡爾還曾在托斯滕松將軍的督導下參戰。丹麥這邊雖然早已察覺卡爾的動向，然而就像許多戰爭爆發前一樣，國內充滿了愚蠢的戰爭狂熱，特別是無能的腓德里克三世與軟弱的貴族階層，都渴望戰爭帶來的榮耀，卻不想承擔戰爭的代價。嚴格說來，丹麥是先行宣戰的一方，但實際上這場戰爭全程都由瑞典主導。戰爭結束後，丹麥付出了極為慘重的代價，不幸中的大幸是沒有亡國。歷史學家拉爾斯・克里斯滕森（Lars Christensen）指出，這場戰爭的後果包括：「損失二十五到三十%的人口，生產力毀滅，對農業生產尤為嚴重；社會與經濟崩潰；國際聲譽喪失；君主專制正式確立。」

前面提到，卡爾十世曾想和表妹克里斯蒂娜結婚，結果後者卻選擇退位，讓卡爾自己當國王。或許是為了彌補受傷的自尊，卡爾十世變得沉迷征服。他試圖征伐波蘭，結果鎩羽而返。他退而求其次，欲取普魯士，卻再次失利。於是他將炮口轉向丹麥，誓要將這個兄弟之邦從歐洲地圖上抹去。

---

* 譯註：秀斯特（Tjust）伯爵漢斯，克里斯多夫・馮・科尼斯馬克（Hans Christoff von Königsmarck），原為華倫斯坦麾下軍人；華倫斯坦遇害後改投瑞典，成為將領。科尼斯馬克在一六四八年的布拉格圍城（Battle of Prague）中拿下布拉格左岸，但並未攻入老城區。

克里斯蒂安四世駕崩時，傳給腓德里克三世的王冠早已榮光黯淡，加上得不到丹麥貴族的信任與支持，更讓他難以運用權力。但他真正的問題，並非權威薄弱，而是他不瞭解權力的根本，無論應對國內政治，還是處理對瑞典關係的時候都是如此。最適合他的評價，就是沉溺幻想的君主。

他宣戰，卻準備不足；他增稅，卻課徵不力。兵源雖有造冊，卻召集不全，應召者多為無業遊民，體格孱弱，毫無紀律。國王不得不再次向稍有閒錢的臣下借貸，甚至將囚犯配入哥本哈根海軍基地，充作苦力，以期船艦能趕在戰前整備完畢，出海作戰。由於王室與貴族無法團結，丹麥甚至無法進入戰時體制，調動一切可用資源保衛國家。

另一邊，卡爾十世卻率領著足足一萬人的軍隊，以及為數相當的商販、兵眷、浣婦、伙夫、娼妓、鞋匠、各種工匠等隨軍人員，自波蘭和北德意志一路進軍，沿途打劫、敲榨、強暴、強搶民女作為性奴，以縱火勒索縱火稅（arson tax），侵奪糧食、牲口、財物——這些都是當時戰爭的標準行為。在這場戰爭中，瑞典軍隊也沒有忘記搜刮藝術品，無論是一六五五年攻入華沙、一六五七年攻入克拉科夫（Cracow），還是後來占領丹麥，都從貴族的莊園中劫走了大量收藏。當年克里斯蒂娜女王退位離開瑞典時，從斯德哥爾摩帶走了大量珍藏，某方面來說，這些戰利品正好彌補了她留下的空缺。

這支軍隊中有義務兵，有傭兵，也有流寇，來歷也五花八門，有瑞典人、芬蘭人、波蘭人、德意志人、蘇格蘭人和法國人，唯一共同的是他們的目標：掠奪。僅只一個月，他們就踏入了日德蘭半島。丹麥人被迫供養侵略他們的軍隊，一切財物都被剝奪一空，年輕男子被強行徵為丁壯。民家被迫開門接待敵軍，田園與房屋被火焚毀，牲畜被恣意屠宰，暴力和鎮壓無處不在，饑荒與瘟疫四處蔓延。

瑞典也在南部和挪威邊境開闢戰線，雖然軍事上斬獲不多，但對士兵和當地民眾來說，依然是一場浩劫。比如有一次，瑞典軍曾打算從丹麥手中奪回瑞典南部的哈蘭郡（Halland），但最後放棄了，因為當地已遭掠奪殆盡，即便占領也無法養活駐軍。

戰事之初，丹麥尚能集結三千兵力，堅守半島中部的腓德里克角（Frederiksodde）要塞。對當地居民而言，這代表他們必須提供大量軍需品，諸如麵包、啤酒、牛肉、豬肉、馬吃的燕麥、存放糧食的桶子、運輸工具、取暖的柴薪、建築的木材、鞋子、靴子和布料，年輕男子也需應召入伍。士兵駐紮在農場和村落裡，搶奪居民的物資，甚至買賣他們豢養的牛隻馬匹。而這還只是丹麥人在自己國家上製造的苦難。

除了腓德里克角，瑞典已經控制了整個日德蘭半島，並不斷召集更多兵力。十月二十三日，瑞典軍總帥舉辦了一場奢華的晚宴，用掠奪而來的食物和銀餐具，招待高級軍官和他們的妻子（按照當時的習俗，軍官妻子會隨軍同行）。這是一場預祝——圍城已經結束；翌日清晨，在丹麥軍短短兩小時的無力抵抗後，腓德里克角要塞淪陷，兩千名丹麥人被俘，一千人陣亡。

日德蘭的淪陷非常迅速，堪稱不堪一擊。在丹麥失去半島上最後的據點後，戰場開始轉向哥本哈根。腓德里克三世依然瘋狂地想在戰場上讓丹麥重返榮耀，但三個月後，這個想法就徹底破滅，瑞典開始接觸英格蘭護國公克倫威爾等勢力，討論在丹麥王室消滅後，該如何瓜分丹麥和挪威的領土。卡爾十世更已經在盤算，拿下菲因島（Fyn）、西蘭島等地後，該如何將土地分封給忠心的臣子。

他必須盡快行動。日德蘭已被取用一空，軍隊補給也即將耗盡。丹麥正設法聯絡德意志諸國等潛在同盟，希望各國出於對瑞典擴張的擔憂出兵支援。所幸一六五八年的冬天異常寒冷，分隔日德蘭與菲因島的小貝爾特海峽（Lillebælt）被一月寒風吹成冰橋。卡爾十世當機立斷，決定渡冰過海。他在一月最後一天率兵出發，次日抵達歐登色，只有兩支騎兵中隊意外落海。隨著丹麥防線再次崩潰，菲因島也落入瑞典之手。此後幾天，整座菲因島都遭到劫掠——農場、村莊、城鎮、莊園、教堂、牧師住宅，甚至平民的衣物都未能倖免。許多軍隊根本沒有制服，而在寒冬中，好衣服、靴子、床單、被褥甚至火爐，都是極有價值的物資。反抗者不是直接斬首，就是遭受百般折磨，看著自己的農場或城鎮化作火海。就像每一場戰爭一樣，平民只能低價賣掉財物，以求活命。強暴也是常態，許多年輕的丹麥女性都被迫懷上瑞典士兵的孩子，卻很難得到同胞的同情。為了避免這種命運，婦女會用焦油與煙灰塗抹臉孔和胸脯，希望減少自己的吸引力。教堂的門窗拴鎖都被拆走，甚至整棟被拆除。森林砍伐殆盡，獵物捕獵一空。各城鎮不僅要安置受傷的瑞典士兵，還得承擔死者的喪葬費用。連城市檔案館都遭到洗劫，因為文件封口用的絲帶可以賣錢。最後是因為這些行為嚴重影響菲因島的補給量能，高層才下令士兵停止劫掠，反正士兵們也對他們的「報酬」滿意了。而瑞典兵的恐怖，也在當地流傳了好幾個世代。

卡爾繼續推進。在征服菲因島六天後，他趁著冰層還能夠支持，命三千將士拔營行軍，踏著十三公里寬的冰封海面，跨越大貝爾特海峽（Storebælt）。卡爾十世這兩度險著，被後來的瑞典民族主義史家稱為「海峽行軍」（Crossing of the Belt），以此讚頌國王英明神武。這確實是場壯舉：國王親自領軍，率領一場無人確知安全與否的軍事行動。丹麥也不認為他會成功，但瑞典軍轉眼就登陸洛蘭島（Lolland），擊潰丹麥防線。軍隊再度飢渴地四處掠奪，幸而卡爾十世急於推進，當地所受破壞較輕。一六五八年二月九日，卡爾已經穿越剩下兩道小海峽，登陸西蘭島，直逼哥本哈根。至此，丹麥全境淪陷，僅剩王都困獸猶鬥。

在英、荷等國施壓下，兩軍停火，開始談判。雖說是談判，但條件完全是由卡爾決定。二月二十六日，丹、瑞簽訂《羅斯基勒和約》（Peace of Roskilde），丹麥割讓斯堪尼、布胡斯（Bohuslän）、波恩霍姆島以及挪威的特倫德拉格。這對丹麥而言實在過於慘重：斯堪尼是丹麥王國最富庶的土地之一，更是松德海峽的東岸。此外，腓德里克還必須承諾，不得簽訂任何對瑞典不利的條約。如此，瑞典完全控制了波羅的海沿岸與南方領土。兩名國王在宴會中簽訂和約。儘管承受了對一國之君來說最大的恥辱，但腓德里克仍必須以王室之禮迎接征服者。宴會從三月三日開始，持續三天，卡爾與大批隨從在哥本哈根享受極盡奢華的款待，而宴會中的一切，都由這片已無力自給的土地負擔。

腓德里克與卡爾許諾「和平永固」，但不到一年便再度開戰。《羅斯基勒和約》後，瑞典軍隊並未撤離，因為瑞典與波蘭、神聖羅馬帝國的戰端仍未平息，既然如此，以位在歐陸的丹麥為基地、取用於丹麥，自然遠比撤回本土、跨海作戰更為實惠。也就是說，儘管對卡爾十世來說，《羅斯基勒和約》不但戰果輝煌，也是遠超先人的榮耀，卻仍有不足。丹麥王國的存在令這位困心衡慮的國王如坐針氈，一場大勝遠遠不夠，他必須徹底摧毀丹麥的國家地位，使之成為瑞典轄下一省。他開始盤算將丹麥、挪威兩地納入瑞典版圖後該如何管理，而第一步就是將哥本哈根徹底夷為平地。

籌劃穩當後，他在北德意志的基爾（Kiel）集結精銳，於八月六日率艦隊北上，和先前駐在丹麥的軍隊會合，重啟這場他早已贏得的戰爭。這回他沒有費心攻占日德蘭，再穿越凶險的海峽，而是直取西蘭島，圍攻哥本哈根。按照卡爾十世的盤算，他的麾下大軍將輕易蹂躪殘破的丹麥，然而哥本哈根絲毫沒有開城投降的跡象。腓德里克放棄了其他領土，將所有軍官士卒集結到首都，準備死守國門。這讓卡爾有所疑慮，失了氣勢。而在挪威，瑞典入侵南部的計畫也受挫，連帶被趕出中部城市特倫德拉格。兵勢膠著之際，荷蘭與德意志諸侯的援軍也到了。荷蘭過去不滿丹麥把持松德海峽，如今也不希望瑞典取而代之，遂遣艦隊北上，突破瑞典軍對哥本哈根的封鎖。而德意志諸侯則深知丹麥一亡，自己就是瑞典的下個目標，也派軍北上日德蘭。

一六五九年對丹麥來說是無比苦難的一年。全國各地幾乎都被瑞典占領。除了糧食歉收，德意志軍隊帶來的傳染病又席捲整個日德蘭半島，造成大量死傷。整個丹麥在占領軍的荼毒之下滿目瘡痍。難民紛紛從鄉村逃入城鎮，以躲避戰禍。十一月，一支丹麥艦隊反攻本土，擊潰瑞典數支部隊，戰後「士兵戰馬屍堆如山，軍人和平民先後搜刮了死者與傷者的財物。」戰局由是一轉，看著妻女在眼前遭到強暴的，變成了瑞典俘虜。然而對一般民眾來說，勝者是敵是我，並沒有什麼不同，所謂的「我軍」同樣肆無忌憚地燒殺擄掠。接著冬天帶著饑荒到來。各教區主持的葬禮多了十倍。列強再次呼籲和談，但戰火繼續燃燒，將丹麥燒成白地。

好消息在一六六〇年二月十三日到來：卡爾十世駕崩，年三十七。他在幾天前開始發燒，在御醫的不當治療下演變為肺炎。在這之前，雙方盟友已經在積極推動和談。此時丹麥國力疲弊，瑞典士氣萎靡，於是《哥本哈根條約》（Treaty of Copenhagen）在五月二十七日簽署，重申《羅斯基勒和約》的結果，但稍有修正。特倫德拉格回歸挪威，波恩霍姆島回歸丹麥，瑞典保有斯堪尼，確立了沿用至今的瑞典、挪威、丹麥三國邊境。這一次，瑞典軍沒有在丹麥駐留太久便撤回國內了。（丹麥憑著松德海峽西岸的控制權，一直對波羅的海交通徵收通行費，直到一八五七年，才在美國的壓力下終止，而其他國家則提供了一筆巨額補償，以暫時緩解丹麥國庫的金流壓力。）

《哥本哈根條約》沒有讓瑞典蒙受太多損失，丹麥也得到了些許好處。瑞典仍是歐陸強權，丹麥仍是獨立王國。儘管大量割讓疆域，經濟也因國土千瘡百孔、政府債臺高築而陷入困境，腓德里克三世卻有辦法將哥本哈根之圍編造成自己的英勇事蹟，他讓民眾相信，戰爭期間的一切苦難，都因為人民太過自由、王權不夠自由，而貴族已經道德破產，沒有履行保家衛國的職責。他召開了四級會議，廢除過去和樞密院的協議，四級議會也在表決中決議廢除自己。最後腓德里克三世廢除了舊憲法，授予自己頒行《王權法》（Kongelov）的權柄。一個讓王國差點被瑞典吞併的國王，竟以絕對君權來獎勵自己。

這名握有絕對權力的國王開始謀劃復仇。他的當務之急，當然是挽救政府財政，而要重建毀壞的國土，他必須繼續徵收重稅。「神奇的是才過了十五年，丹麥就已經做好比一六五七年更充分的準備，打算再次對瑞典宣戰。」而人民是否也做好了準備，則是另一回事，不過沒有人問他們。

斯堪尼的瑞典化

獲得斯堪尼一帶的領土，對瑞典來說非同小可，但統治此地並不容易。哥本哈根已經統治這裡八百年，當地貴族是丹麥人，教會是丹麥人，平民是丹麥人，說的也是丹麥語。為了讓斯堪尼完全融入瑞典，除了時間以外還需要一場戰爭。這場戰爭發生在一六七五年，前後歷時四年。

第一個難題是貴族。瑞典雖然拿下斯堪尼，但掌握土地的貴族仍是丹麥人。為了解決此問題，瑞典和當地貴族達成了一份協議，要求丹麥大地主將地產移交給瑞典王室，並封賞給戰時有功的瑞典貴族，而丹麥貴族則會得到瑞典位在丹麥境內的王室領地作為補償。地位較低的貴族則得到承諾，只要改向瑞典宣示效忠，就能獲得各種特權；有些人索性變賣家產，離開斯堪尼。

第二個難題是將斯堪尼納入瑞典的經濟體系。解決方法是建省並將瑞典本土的基礎建設延伸至此。為了消磨抵抗力量，官方大量徵召年輕人入伍，或是參與土木建設，比如修築道路以連接北方的瑞典各省。此外，瑞典政府還對出口施加重賦，切斷斯堪尼與丹麥長久以來的商業連結，迫使其經濟逐漸向瑞典本土靠攏。

第三個難題是移風易俗。瑞典為此興建了隆德大學，除了阻撓年輕人前往哥本哈根求學，更重要的是培養未來的輿論領袖、神職人員和行政官僚。教會也改由瑞典牧師掌管。

最後一個難題就是擊潰抵抗。許多斯堪尼人並不願意成為瑞典人，並認為前述政策都是壓迫。一群群散兵形成了組織鬆散的武裝抵抗，他們有時偽裝成犯罪活動，有時則高舉反旗，在斯堪尼全境各地進行游擊戰。對此，瑞典王室毫不寬待，招募牆頭草組成民兵，追捕反抗軍。拒絕效忠瑞典者一旦被捕，就會遭受酷刑、砍頭，或是更糟的命運。涉嫌窩藏或以任何方式協助叛徒的社區會受到清算。最後，斯堪尼的抵抗運動被消滅，但也支撐了許久，直到十五年後丹麥發動的復仇戰爭才銷聲匿跡。丹麥國王宣稱這場戰爭是解放之戰，但他的軍隊表現卻與占領軍無異，消滅了當地人對丹麥最後的一絲期待。此刻開始，瑞典化政策才真正完成。丹麥統治的遺緒盡數從斯堪尼消失，瑞典法律與稅制通行全省，與其餘省分無所區別。為戒備丹麥，卡爾十一世於一六八〇年在相鄰的布萊金省（Blekinge）南岸，設立卡爾斯克魯納城（Karlskrona），該城後來成為瑞典最重要的海軍基地。

一七〇〇年，俄羅斯得到丹麥與波蘭支持，又見瑞典國王卡爾十二世年歲尚輕，權勢未穩，旋向瑞典宣戰，引起大北方戰爭（Great Northern War）。然而，卡爾十二世卻先後擊破丹麥、俄羅斯與波蘭，立下赫赫戰功，奠定英名。這段期間他都在敵境作戰，以寡擊眾，能夠取勝絕非僥倖，實為不世之雄。

然而，迎戰俄羅斯時，卡爾十二世卻因年輕氣盛犯下致命大錯——進軍莫斯科。一七〇八年夏，卡爾率三萬五千人大軍自波蘭東進，準備再下一城。然而這支遠征軍卻迅速陷入饑荒和疫病，最後不得不在俄羅斯的森林中丟槍棄馬。攻取莫斯科的野心成為卡爾十二世的敗因，正如後來的拿破崙與希特勒。瑞典軍未能北上莫斯科，反而被迫南下烏克蘭，當年又正逢史無前例的「大寒霜」（the great frost）*。士兵們在茫茫林海中艱難跋涉，道路全無，糧空草盡，又遭俄軍精兵追擊，沿途留下無數凍死的士兵與戰馬。待瑞典軍退至波爾塔瓦（Poltava），已經損失至少一萬人。一七〇九年初夏，俄軍以兩倍兵力殲滅瑞典軍隊，一萬六千名將士官兵投降被俘，另有五千多名非戰鬥人員被擄，卡爾十二世倉皇逃往鄂圖曼，尋求庇護。

此戰的戰線在卡爾流亡期間向北退縮。丹麥認為這是奪回失土的良機，於是再度對瑞典宣戰。此一決策出自以重婚留名後世的腓德里克四世。然而當國家陷入戰火，他卻離國遠行，在威尼斯等地流連整整一年，留下揮金如土的名聲。一七〇九年十一月，腓德里克回國後立刻進攻斯堪尼。此為丹麥對宿敵瑞典的最後一場復仇之戰，前後共歷十一年，大敗而終。然而，腓德里克絲毫不關心自己挑起的戰爭，成日在王都鶯歌燕舞、縱情酒宴。此時，不堪戰爭重負的挪威人爆發了起義。直到戰爭結束，丹麥、波蘭、瑞典都已國力疲弊，政局動盪。而丹麥僅有的「戰果」，只是將瑞典最後一批駐軍從斯堪尼沿岸逼

* 譯註：一七〇八、一七〇九年之交，是歐洲五百年來最寒冷的冬天，均溫低於零下八度。

回內地，卻不得不宰殺戰馬五千，以免資敵。挪威歷史學家肯努特．米克蘭（Knut Mykland）評價：「這帶來了徹底的崩潰，許多地方幾乎一個活著的年輕人也不剩。」

在波蘭、丹麥、俄羅斯三面圍攻下，瑞典已經全面崩潰，俄國大軍踏過波蘭，直逼瑞典本土。在二十年無謂的戰爭後，這個國家已經殘破不堪，一整代的青壯男性戰死雪原與沙場。但掀起這場毀滅的卡爾十二世卻拒不停戰。一回到瑞典，他就再度發動戰爭，試圖從挪威進攻丹麥：一七一六年未果，一七一七年又敗，一七一八年，又一次進攻。這回他率軍抵達挪威東南部的哈爾登，圍攻腓德里克岩（Frederiksten）要塞，分遣隊則深入挪威中部。

然而正如前述，卡爾十二世死於暗殺，一切終結。但戰爭餘波未息，北方分遣隊

圖十二：卡爾十二世，一七一八年遇刺，在白雪中躺在擔架上歸國——「在斯堪地那維亞的歷史上，沒有一件事比卡爾十二世的駕崩更值得歡慶。」

試圖在嚴冬翻越挪威的山脈撤回本土，結果全軍五千人中，有兩千三百人死於途中，一千四百人隨後病亡，另有四百五十人終身殘障，成千上百匹戰馬凍死，冰封雪地之中。

至此，戰爭終於結束了。不只是這場戰爭，也不只是這名國王的統治，而是整個斯堪地那維亞都脫離了戰火無盡的時代。這個時代對國王、對國家、對人民皆無益處。瑞典歷史學家庫特．塞繆松（Kurt Samuelsson）評論，瑞典在此時終於擺脫了大國野心的束縛。這是斯堪地那維亞歷史上的第二次大蛻變。第一次蛻變發生於十三世紀，當時經濟繁榮，國王得以建立王政；這次蛻變則來自王國因擴張而全面崩潰。斯堪地那維亞人被迫選擇新的道路，一條和平的道路。

第八章　殖民地的滋味

一六三八年，歐洲大陸正值三十年戰爭的高峰，而在如今美國德拉瓦州的威明頓（Wilmington），出現了一座以瑞典女王命名的木造堡壘——克里斯蒂娜堡（Fort Kristina）。這座堡壘是新瑞典（New Sweden）殖民地的起點，也是斯堪地那維亞人唯一一次在北美洲建立據點，此時距離格陵蘭人定居文蘭，已經過了六百年。

新瑞典的誕生，源自前任新尼德蘭（New Netherland）總督彼得・米紐特（Peter Minuit）在一六三六年六月十五日寫的一封信，他託同僚彼得・斯皮林（Peter Spiring）將這封信捎往瑞典，呈交樞密大臣烏森榭納。多年來，斯皮林和其他荷蘭殖民探險家一直鼓勵瑞典人將目光望向北美，如今時機或許已經成熟。米紐特從一六二六年開始擔任荷蘭的北美殖民地總督，最著名的政績是以約價值今日的一千美元的貨物，從萊納佩族（Lenape Nation）手中買下曼哈頓島。然而在一六三一年，他因為涉嫌貪污，遭到西印度公司解職，返回荷蘭。在信中，米紐特向瑞典王室建言：「依我所見，瑞典萬萬不應放棄揚威遠地。」並提出殖民地的選址，詳細條列出遠航北美所需的船隻、人員與物力。

瑞典很快採納了他的提案。一六三七年底，兩艘船在米紐特指揮下，載著來自瑞典與荷蘭的船員，從哥德堡啟航，橫越大西洋，三個月後抵達德拉瓦河口。米紐特與當地原住民簽訂條約，正式建立殖民地。新瑞典殖民地逐漸擴展，最後占地兩百餘平方公里，人口為六百人左右，組成包括瑞典人、芬蘭人、荷蘭人、德意志人，分為多個零散聚落，主要靠農業、狩獵及貿易維生。新瑞典與原住民始終保持著和平的關係，而且和格陵蘭人不同，它最後的失敗也不是因為衝突。新瑞典解體後，仍有許多移民留在當地，維持著瑞典文化的影響力。他們建立了北美第一個路德宗社群，並由來自瑞典的牧師主持禮拜。一六九九年，克里斯蒂娜堡的聖三一教堂（Holy Trinity Church）落成，矗立至今。今日的威明頓人稱之為「老瑞典教堂」（Old Swedes），是美國最古老的石造教堂。此後在一六七七、一七〇三年，又有兩座瑞典教堂建成。當地一直使用瑞典語進行路德宗禮拜，直到一七九一年最後一名瑞典牧師離任，才改由英國聖公會（Anglican）接管。（二〇二〇年十一月七日，拜登正是在威明頓的克里斯蒂娜河（Christina River）畔宣布當選美國總統。）

殖民地由新瑞典公司（New Sweden Company）管理，該公司在十七年間派出遠航隊共十二次，向當地運送物資和拓荒者，並將煙草、皮草等貨物運回歐洲。儘管新瑞典和原住民的關係和睦，和強勢的荷蘭殖民地卻不是如此。一六五五年，新尼德蘭總督彼得·史岱文森（Peter Stuyvesant）逼迫新瑞典投降。十二年後，新尼德蘭也被割讓給英國。荷蘭人曾將曼哈頓南部的貿易站稱作新阿姆斯特丹（New Amsterdam），此地在英國接管後更名為紐約（New York）。

殖民亞洲

地理大發現後，歐洲各國隨之展開殖民地爭奪戰。自視為歐洲強權的丹麥與瑞典王室，自然也想在亞洲、非洲和美洲分得一杯羹。

海外殖民始終是跨國的全球事業。一艘斯堪地那維亞的船，很可能是由荷蘭人擔任船長，船員則來自歐洲各國。以當時的貿易大城哥德堡來說，就有一半居民是荷蘭人，殖民地的移民組成之紛雜，自然也不遑多讓。丹屬西印度群島的早期移民多為荷蘭人，主要語言也是荷語。聖巴瑟米（St. Barthélemy）在瑞典統治時期，瑞典人也是移民中的少數。丹麥在加勒比海的莊園主和奴隸主中，亦有數十名英國人。靠著各國帆船的進出，殖民地貨物得以流向全球各個角落。印度織品不僅供應歐洲市場，也在非洲用於換取奴隸；中國的茶葉與瓷器除了輸往歐洲，也銷往美洲殖民地。非洲象牙抵達歐洲之前，則要經過兩趟航越大西洋的航行。歷史學家詹姆斯・沃爾文（James Walvin）便寫道：「商船富來號（*Fly*）用來交易奴隸的貨物，包括白蘭地、維吉尼亞的煙草、各種印度織品、黃銅水壺與鍋具、錫盆、法國與丹麥的火槍、瑞典的鐵條、愛爾蘭的亞麻布、刀具、迴旋炮（swivel guns）、玻璃珠與陶器。」

一六一六年，克里斯蒂安四世成立丹麥東印度公司，並於兩年後派五艘船遠征錫蘭（Ceylon），意圖在當地設立貿易站。這支艦隊由荷蘭人指揮，船員來自荷蘭和丹麥。航行歷時五百三十五天，期間多名水手喪生，最終也未能在錫蘭立足。船隊繼續北上抵達印度，與當地的統治者簽署條約，取得小鎮特蘭奎巴（Tranquebar），並在當地建立要塞，接著滿載胡椒與織品返回丹麥。

此後，丹麥人以特蘭奎巴為基地，設立更多貿易據點。雖然過程有起有落，但仍建立了西起非洲、阿拉伯，東及廣州的龐大貿易網。接著，他們又在印度的西孟加拉得到第一個殖民地塞蘭坡（Serampore）。不過，我們雖然稱這些地方叫殖民地，但這只是權宜的稱呼，因為當地確實有移居者、駐軍和牧師（這些牧師是最早將路德宗傳入印度的人，奠定了後來斯堪地那維亞教會積極的傳教方式，影響延續至今）。然而這些據點的規模都不大：一七九〇年時，特蘭奎巴的人口僅有三千五百人，其中丹麥人與歐洲人加起來不到兩百位；塞蘭坡則是一萬人口中僅有不到四十名丹麥人。兩地據點最後都沒能發展成大規模的殖民地，並於一八四五年被英國東印度公司合併。

丹麥的亞洲貿易有很多類型，一部分是東印度公司和其後繼者掌控的「官方」貿易；另一部分則由私人公司經營。有些貿易將商品運回丹麥和歐洲其他港口，有些則在亞洲各地進行。運回丹麥的主要商品，包括印度的棉織品、中國的茶葉與陶瓷，以及亞洲各地的香料。儘管丹麥在印度擁有殖民地，而在廣州僅租設了小規模的貿易站，但中國貿易的交易量和價值，都遠大於印度貿易。亞洲貿易還有一部分是為了服務殖民地莊園經濟，比如當時由法國統治、改名法蘭西島（Isle de France）的模里西斯（Mauritius）就是主要據點，因此這些貿易也涉及奴隸買賣。和在加勒比海一樣，亞洲貿易的成員各色各樣，丹麥人、瑞典人、荷蘭人、英國人等各國商人彼此來往，時而合作，時而競爭。

在某些時期，亞洲貿易也是丹麥商人家族和王室財政的重要財源。特別在十八世紀末，丹麥商人更是靠著母國的中立角色大發利市，在歐洲和美洲接連不斷的戰事中，前往他國無法經商的地區進行貿易，或是擔任敵對國家之間的中間商。當然，要是考量各種因素，這些生意未必真的有利可圖，因為殖民地貿易受到王室壟斷，經營者必須取得特許權；在這樣的背景下，「利益」是什麼本來就很模糊。然而，哥本哈根確實從亞洲貿易得到大量的高價商品，除了賣往歐陸市場，也用於購買非洲奴隸，並為丹麥的經濟體系注入大量資金，直到十八世紀末才漸漸停止。

瑞典比丹麥更晚進入亞洲貿易，但發展得很順利。瑞典東印度公司成立於一七三一年，主要在中國從事貿易，並仿效丹麥在廣州設立貿易站，也曾計劃在印度南部建立小型殖民地，但最後無疾而終。其總部設於哥德堡，是該城發展為貿易中心的關鍵。瑞典東印度公司管理十分優秀，船隻與貨物的損失率低於普遍標準，並讓許多家族靠著貿易致富。該公司設計了巧妙的貿易網路：瑞典盛產鐵，而歐洲市場對鐵需求極高，因此瑞典將鐵運往西班牙，換取從美洲貿易流入的大量白銀；而中國對白銀的需求極大，於是瑞典再將白銀運往澳門和廣州，換取茶葉、絲綢與陶瓷，這些在歐洲市場同樣是炙手可熱的商品。歷史學家大衛·阿布拉菲亞（David Abulafia）表示：「在十九世紀開始前，瑞典東印度公司一直是非凡的成功典範。」

殖民美洲

一七四八年，瑞典在古斯塔夫三世在位期間重返美洲，以哥德堡的貿易特權為條件，從法國手中買下聖巴瑟米，在西印度群島建立起奴隸貿易的據點。聖巴瑟米不宜農耕，因此瑞典王室宣布，凡從非洲前來交易的奴隸船，皆免收通行費，並改對轉售至加勒比海其他地區的奴隸徵稅。此舉讓聖巴瑟米迅速發展成奴隸貿易的中繼樞紐，興隆一時。

為了管理這處殖民地，瑞典西印度公司成立，在王室特許下，參與了跨大西洋奴隸貿易。瑞典的船隻也許曾經直接參與奴隸輸送，但確切程度不明。比較普遍的，是將許可證租賃給非瑞典船隻，讓它們能夠掛上中立國瑞典的旗幟航行，間接參與貿易。有多少奴隸貿易曾在聖巴瑟米進行，確切數量至今不明，只知道規模相當可觀，特別是瑞典直到一八一三年才禁止大西洋奴隸貿易，比丹麥一八〇三年的禁令晚了十年。此後聖巴瑟米陷入衰退，雖然瑞典嘗試過其他發展方針，但都未見成效，最後在一八七八年賣回給法國。該島首府如今依然叫做古斯塔維亞（Gustavia）。

有趣的是，瑞典曾在一八一三至一八一四年間短暫擁有瓜地洛普島（Guadeloupe）的主權。該島現為法國的海外省，一八一〇年曾被英國奪下，當成換取瑞典加入反拿破崙聯盟的條件。然而，瑞典尚未實際經營該島，就在一八一四年《巴黎條約》（Treaty of Paris）中將之交還給法國。*

丹麥在美洲的殖民規模和瑞典大不相同。丹麥的加勒比貿易始於一六四〇年代，並於一六七一年在哥本哈根成立西印度公司，派遣遠征隊占領聖托馬斯島（St Thomas），隨後在當地建立克里斯蒂安堡要塞（Fort Christian），又圍繞要塞形成一座新城，名為夏洛特阿美莉亞（Charlotte Amelia），以克里斯蒂安五世的王后命名。該城最後也成為加勒比海重要的奴隸貿易轉運港，以及丹麥王國的第二大城。在十九世紀初，每年約有兩千艘船停靠該港。一七一八年，丹麥又占領了附近的聖約翰島（St John），並在一七三三年向法國購買聖克羅伊島（St Croix），將三座島嶼合併為丹麥王室殖民地（Crown colony）。該殖民地的人口在一八三〇年代達到高峰，約有四萬三千人，一八〇〇年前後的奴隸人口也多達三萬五千人。

成立丹麥王室殖民地的原意是種植甘蔗，滿足十八世紀對砂糖的需求，因此三島很快就開墾成甘蔗園。然而，由於大部分莊園主都是外國人，丹麥本土並未收穫資本挹注，經濟成長也很有限。不過奴隸制莊園經濟仍對丹麥影響深遠：當時王室殖民地生產的粗糖，帶動了丹麥本土的精煉業發展，至今依然是丹麥的重要產業。

糖的生產非常依賴奴隸。為此，丹麥西印度公司不久後就改組成西印度與幾內亞公司（West India and Guinea Company），以整合奴隸貿易與莊園農業。然而，該公司在貿易領域並不賺錢，有時還需要將壟斷權出租給丹麥或其他國家的私人航運公司。這類租賃經營者中最典型的代表，是一名來自德意志的投機客約根・托默倫（Jørgen Thormøhlen）。此人很有生意頭腦，移居挪威卑爾根後，就與當地最富有的家族聯姻，迅速崛起為工商界新貴。靠著買賣北挪威漁產等生意，托默倫很快就成為國內最大的船東。丹麥展開西印度貿易之初，他就嗅到商機，積極投入，起初賺了不少錢，後來卻過度擴張，除了肥皂廠以外，所有投資都崩盤。一七〇四年，腓德里克四世訪問卑爾根時，艦隊司令只在航海日誌中寫了一句：「有個叫托默倫的人。」

殖民地靠著貿易、蔗糖和奴隸制蓬勃發展，為王室帶來可觀收入，但到了十九世紀初，就不敵荷蘭、英國、美國的競爭，逐年衰退。一八〇三年，丹麥立法禁止從非洲買入奴隸，但加勒比海的奴隸貿易依然持續，直到一八四八年才完全廢除奴隸制，較英屬西印度群島晚了十四年。而且這並非丹麥政府的決議，而是彼得・馮・休滕（Peter von Scholten）總督為了平息奴隸起義自行宣布的，後來的官方調查還批評他沒有使用武力鎮壓。奴隸制廢除後，莊園經濟仍靠著雇傭解放奴隸維持了一陣子，但沒過多久，不使用奴隸的東印度蔗糖，以及歐洲甜菜糖就加入市場，導致糖價迅速下跌，加勒比海的砂糖失去

---

* 不過瑞典也得到一筆兩千四百萬法郎的補償，部分成為「瓜地洛普島基金」（Guadeloupe Fund），用以支付瑞典王儲卡爾・約翰（Karl Johan）和其繼承人的年金，以及其他用途。卡爾・約翰是法國人，而這筆基金的設立是為了補償他因背叛法國而遭受的經濟損失——稍後我們還會再提到他。該基金最後一次付款是一九八三年。

了競爭力。一八六七年，丹麥首度向美國提議出售三島殖民地，但由於雙方國內的反對而未能成交。經過多次談判後，美國終於在一九一七年以兩千五百萬美元買下丹屬西印度，成為如今的美屬維京群島。（在這次交易中，美國也正式承認丹麥擁有格陵蘭主權。）

丹麥殖民地經濟最核心的一號人物，是大地主恩斯特·馮·希梅曼（Ernst von Schimmelmann），他曾擔任財政大臣、外交大臣，也是當時丹麥最富有的人。他完美體現了奴隸制莊園經濟下道德操守與經濟利益的矛盾。在政治上，他是積極推動現代化的自由主義者，但身為莊園主，希梅曼也對奴隸貿易投資甚巨。他在丹麥西印度群島擁有四座莊園，以及大約一千個奴隸，是全丹麥最大的奴隸主，也是歐洲北部最重要的糖業老闆。他支持廢除奴隸貿易，但並沒有因此停止投資其中。而對於奴隸制度本身，他的改革主張也僅止於「改善奴隸的生活條件」。

斯堪地那維亞推行解放奴隸的方式，和其他加勒比海殖民地差不多，都是提供金錢補償，換取奴隸主放棄對奴隸的所有權。在以美洲為主的地區，有超過一百萬名奴隸是透過這種方式獲得自由。以瑞典的聖巴瑟米來說，該島約有六百名奴隸，皆為私人所有，由於該島並非莊園殖民地，奴隸解放相對容易，給奴隸主的補償也不高。相較之下，丹麥的奴隸主更多，奴隸人口也更龐大，還有部分直接屬於丹麥政府。這種狀況和英國很像，當時的英國也有大量人口涉及奴隸所有權，雖然有些人擁有大規模的奴隸莊園，但也有不少人僅擁有少量奴隸，還有些人只擁有一名奴隸的一半所有權。根據《一八三三年廢奴法案》（Slavery Abolition Act 1833），英國政府共支付了兩千萬英鎊給奴隸主作為補償，高達年度預算的四成。丹麥議會則在一八五三年決議提供奴隸主補償金，額度為每個奴隸五十西印度元（West Indian dollar），通常以政府債券支付。然而奴隸主認為，此額度只有奴隸市場價值的一半，因此提出法律、歷史權利、公平正義、道義、財產權等各種理由，要求更高的補償金額。即使如此，像席梅曼這樣的人，還是靠著正走向末路的奴隸制獲取了可觀的利益。至於獲釋的奴隸，倒是跟這些政策沒什麼關係。他們沒有得到任何賠償，真正的解放也還要許多年後才會到來。

殖民非洲

瑞典在一六四〇年代成為首先加入非洲貿易的斯堪地那維亞國家，但並未認真投入，很快就被丹麥等競爭對手擠出市場。丹麥和幾內亞灣的阿克拉（Accra）王簽訂協議，在附近建立貿易站，後來又興建了克里斯蒂安斯堡要塞（Fort Christiansborg）。該要塞經歷多次修建，在後來的英國殖民時期曾作為總督府、警察局等用途，現在稱為奧蘇城堡（Osu Castle），在二〇一三年金禧宮（Jubilee House）啟用前曾是迦納總統府。此外，丹麥也在沿海建立了其他貿易站和堡壘。靠著這些據點，丹麥加入了獲利極豐的大西洋三角貿易，將歐亞的商品運往非洲黃金海岸購買奴隸，再將奴隸運往美洲殖民地，最後將糖等商品運回丹麥本土。

從非洲到美洲的奴隸貿易與奴隸制度，是人類所有商業創新中最邪惡的行為。從一五〇〇年起，至十九世紀末止，約有一千兩百五十萬非洲人被葡萄牙、英國、法國、西班牙、荷蘭、美國和丹麥商人送往大海的另一端（按運送人數排序）。這些人中，只有一千零七十萬能夠上岸，剩下的人都埋葬於大西洋「中間航路」（middle passage）這座巨大的墳墓裡。奴隸貿易奪走了許多族群中的健康男女與孩童，摧毀了他們的經濟和社會結構，如今非洲部分地區的發展落後，也是受其遺毒。奴隸從被俘的那一刻起，就只能受人擺布。他們有些會暫時在歐洲人的貿易站從事勞役，有些則被囚禁起來，等著裝上船送往殖民地。女奴隨時都會遭受性侵，許多混血孩童因而誕生。這些孩子幾乎注定活在社會邊緣，一生與奴隸貿易牽扯，他們有些人會成為基層的監工或體力勞動者，但也有少數能攀上雲霄。在奴隸船上，奴隸被鐵鏈緊緊束縛，摩肩接踵，幾無空隙，飲食之處即是便溺之處，但畢竟他們是有價值的商品，每天仍有機會被帶上甲板透氣一回。早期的跨大西洋航行可能長達多月，食物與水的補給經常不足，有時甚或中斷；後來時間縮短，但前往最近的巴西，最快仍需數週。航程中必定有人會染病，此時死者就會被當成廢棄物拋入海中。靠岸後，奴隸會被從船隻上卸下，經拍賣分配到各個莊園，終生從事勞役，如果奴隸主認為有必要，也會用枷鎖和毆打管教、甚至殺害他們。非洲貿易站裡常見的性侵，在跨洋航行途中和莊園內也不斷重演，生下的混血兒通常仍是奴隸。奴隸貿易的另一項副產物是歐洲黑奴。在貴族之間，擁有黑人僕役一度蔚為風尚（主要是男童與少年）。不同的是，這些黑人最後被歐洲人吸收，形成規模極小的「移民族群」。整個奴隸貿易最墮落之處，在於這是一種由種族偏見帶動的制度，先是剝奪非洲黑人的尊嚴，甚至拒絕承認他們是人類的一分子。貿易站的奴隸堡壘都設有教堂，以便在星期日舉行禮拜，在歐洲人心裡，虔誠信奉上帝與從事奴隸貿易毫無矛盾之處。

丹麥非洲貿易一開始最主要的商品是黃金和象牙，但很快也轉向奴隸貿易。從一六六〇年代起至一八〇六年，丹麥奴隸船依從國策，從黃金海岸運出了十一萬一千個非洲奴隸，其中有九萬一千人成功抵達美洲；英國則運出了三百二十萬個非洲奴隸，其中有兩百七十萬人抵達。即使丹麥在一八〇三年正式禁止奴隸貿易，但此後仍有至少二十五趟奴隸船班，以及為數不詳的奴隸在丹麥貿易站轉售給他國奴隸商。在這長達一百五十年的奴隸貿易中，丹麥王室與丹麥商人最關心的，始終都不是道德爭議，而是貿易規模太小導致的潛在損失。

一七九二年，丹麥決議廢除跨大西洋奴隸貿易，該法案在一八〇三年正式生效（丹麥在五十年前，就已經禁止亞洲地區的奴隸販運）。然而，此一法令並未廢除奴隸制本身，也不是為了廢除奴隸制。在奴隸貿易正式終止前的幾年間，丹麥的奴隸販運量大幅增加，特別是女性奴隸的數量，這是刻意為之的結果，莊園主也受到國家補貼的幫助，目的是在丹屬西印度群島上建立可以自行維持的奴隸人口，確保以奴隸為基礎的莊園經濟能夠延續。

隨著奴隸貿易結束，丹麥的非洲貿易站很快就被時代淘汰。這些據點曾暫時為他國奴隸商供應奴隸，但很快就無法繼續。此後，丹麥也曾試圖參與奴隸以外的貿易，特別是棕櫚油，但並不成功，而在非洲本土建立莊園殖民地的方針也宣告失敗。丹麥在非洲的經略過於依賴奴隸貿易，當奴隸貿易終結，丹麥在非洲的利益也隨之瓦解。於是在一八四五年，丹麥以一萬英鎊的價格，將非洲貿易站、五座要塞，以及各種領土上的資源賣給英國。丹麥的非洲大獵也在此終結。

總結

這是一段奇特的小歷史，令人悲傷又不勝唏噓。對英國、荷蘭、法國、葡萄牙和西班牙來說，殖民是一筆大生意，締造了延續至二十世紀的全球殖民帝國，不但持續影響著國內經濟，在英國也推動了早期的工業革命。斯堪地那維亞國家也渴望加入這個賽局。然而，隨著帝國幻夢在大北方戰爭之中幻滅，它們在遠方建立殖民地的企圖，也只留下些許成功的痕跡，大多數都是無望的嘗試。儘管殖民主義和奴隸制度的歷史，對某些當代文化影響甚深，比如英國便是如此，但丹麥等斯堪地那維亞國家幾乎都遺忘了這段歷史。瑞典和丹麥在十八世紀徹底領教了現實主義的真諦，如同它們所發動的戰爭，這些國家企圖掌握的事物超出了力所能及的範圍。它們曾夢想成為強權，卻在殖民主義的現實下，瞭解到自己無法擠身其中。

第四部　步入現代

在斯堪地那維亞的歷史上，大概沒有哪一件事情，比卡爾十二世的駕崩更值得慶祝的了。建立在獨裁和浮華之上的腐敗體系終於被徹底剷除。建立王國的階段已經結束，如今是邁向民族建構的時候了，用丹麥歷史學家歐勒・費德巴克（Ole Feldbæk）的說法，斯堪地那維亞即將成為「一種新社會」。但這說法有點輕描淡寫，因為我們更像是「發明了社會本身」。在這之前，國家的一切都由最頂端的少數人決定，底層的小人物只能咬牙承受；在此之後，上下開始交流，社會跟著進步。十八世紀是思想的世紀；十九世紀是創新的世紀；二十世紀，則是民主的世紀。

第九章　社會的誕生

一七五五年，丹麥政府呼籲「所有誠正愛國之人」向政府提出「有助於維繫國家繁榮、減少支出、增加收入及滿足人民生活所須之建議」。此舉大獲成功，提案滔滔湧入，多到集結成刊的《丹麥和挪威經濟雜誌》（*Danmarks og Norges Oeconomiske Magazin*）需要分成八期。

過去的政府幾乎不會這樣關心人民，也不會認為人民的經驗可以派上用場。丹麥政府的官員卻認為自己不只是國王的僕人，也是國家的僕人。更難得的是民眾也積極參與，圍繞著社會、經濟和文化議題進行辯論、做出貢獻。最後，這些想法集結成刊物，公開發行。理性、幸福、寬容與平等尊嚴的觀念開始在一個有限卻相當活躍的公共空間中傳播開來。

啟蒙

新時代的男男女女主張遵循理性，並以理性的光芒照亮文藝復興的斷垣殘壁，法國的哲學家更是自稱「啟蒙之光」（*les Lumières*）。有些人雄心浩大，立志將人類的一切知識及言語匯聚成冊。他們在法國、德意志和歐洲各地編纂了一部部百科全書與字典，被人們稱為「遍知派」（*les encyclopédistes*）。有些人思索秩序與寬容。有些人追尋自由，仰望探索與思辨的天空。有些人提倡教育，呼籲為大眾普設學校，而非由宗教繼續服務少數。啟蒙時代就此展開。

我們熟知的啟蒙時代，是由英國、法國和德意志的偉大哲人開啟的。英格蘭人約翰．洛克在他一六八九年的《人類理解論》（*Essay Concerning Human Understanding*）中提出一切知識都來自經驗，而非宗教教義。同年兩卷《政府論》（*Treatises on Government*），則提倡基於受治者同意（the consent of the governed）的政府，還有權力分立原則；法國的孟德斯鳩男爵又在一七四八年出版《論法的精神》（*De l'esprit des lois*），進一步闡述與傳播這些精神。法國人伏爾泰是哲學家、詩人也是歷史學家，他一生著述不輟，文翰百卷，有批判教會的迂腐僵化，亦有提倡社會當寬容廣納。盧梭則是不受約束自由的宣揚者。他於一七六二年出版的《社會契約論》（*Du contract social*）開篇就是「人生而自由」這句革命之言。但他也浪漫地認為，人類只要自由自在地生活，不受文明的頹廢沾染，就能實現真正的自由，包括兒童教育也是如此，而啟蒙運動的成果只會阻礙人們實現真正的自由。德意志人伊曼紐．康德以德意志哲學縝緻密嚴的風格，詳細闡述了道德理性主義。蘇格蘭人亞當斯密在一七七六年出版的《國富論》（*Wealth of Nations*）中挑戰帶有保護主義特質的重商主義，倡議放任企業的種種裨益（儘管他認為在道德上仍需有所節制）。「中產階級」一詞也因此普及，為人所熟悉。同樣出身蘇格蘭的哲學家與歷史學家亞當．弗格森（Adam Ferguson）在一七六七年發表了一篇文章，提出「公民結社」（civil society）的概念。

啟蒙時代也誕生了現代意義的「文學」。法國的莫里哀（Molière）奠定了現代喜劇的形式；英國的丹尼爾．笛福（Daniel Defoe）在一七一九年發表世界上第一部大眾小說《魯賓遜漂流記》；喬納森．史威夫特（Jonathan Swift）在一七二六年出版的《格列弗遊記》中，讓巨人國和小人國居民學會容忍彼此的差異。在講究秩序的時代，詩歌更如群花一樣綻放。德國人歌德在啟蒙運動的基礎之上，開啟了浪漫主義。

女性找到了公開發表意見的平臺。歷史上第一位女性主義者瑪莉·亞斯提（Mary Astell）從信仰中獲得啟發，匿名撰文主張女子當與男子一樣有權受教。法國人奧蘭普·德古熱（Olympe de Gouges）寫了許多劇本和政治小冊子，討論奴隸制、結婚、兒童權利等種種議題，後來還依循法國大革命的精神，在一七九一年起草了《女權宣言》（*Déclaration des droits de la femme et de lc citoyenne*），可惜兩年後雅各賓黨專政，德古熱死於斷頭臺上。在海峽對岸的英格蘭，瑪莉·沃史東克拉夫特（Mary Wollstonecraft）也有相同的想法，她在一七九〇年寫了《人權辯護》（*A Vindication of the Rights of Men*），又在一七九二年寫了《女權辯護》（*A Vindication of the Rights of Woman*）。啟蒙時代的女性受到當時男性普遍敵意的啟發，如果可以這麼說的話。瑞典女詩人海德薇·夏洛塔·挪登弗歷（Hedvig Charlotta Nordenflycht）寫下強而有力的詩作〈為女抗辯〉（*Fruentimrets försvar*），就是為了反駁盧梭認為女性應學習順從的觀點。發揚女性主義的宣傳摺（tract）在當時廣受好評，讀者頗多，影響甚廣。

巴哈、莫札特、貝多芬等德意志音樂家也帶來前所未見的發明——不過，斯堪地那維亞對此亦功不可沒，巴哈年輕時就曾跨越整個德意志，從圖林根（Thüringen）前往呂貝克拜丹麥裔管風琴家兼作曲家迪特里克·布克斯特胡德（Dietrich Buxtehude）為師。在一七四八到一七四九年擔任哥本哈根宮廷作曲家的德意志人克里斯托弗·威利巴德·格魯克（Christoph Willibald Gluck）首開先河，將歌劇改造成敘事音樂劇（narrative musical drama）。音樂之於啟蒙運動，猶如視覺藝術之於文藝復興。

在科學領域，則有牛頓闡釋自然法則。他和德意志數學家哥特弗利德·萊布尼茲（Gottfried

Leibniz）發現了新的數學定律。瑞典植物學家卡爾・馮・林奈（Carl von Linné）發明了一套井然有序的物種分類系統。在倫理學領域，英國哲學家傑瑞米・邊沁（Jeremy Bentham）提出了「效益論」，主張以「最多數人的最大幸福」當成辨別是非對錯的依據，並將人類的處境當作衡量萬物的尺度，這個理論至今仍有很大影響力。

斯堪地那維亞的啟蒙運動

一七二〇年起，斯堪地那維亞迎來了和平。雖然一直以來，人們並不認為這是一段太平時期，因為和平並不全面。此時的瑞典仍接連和俄羅斯、普魯士發生戰爭，並在屢屢戰敗、蒙受國恥的同時，不斷涉入歐陸各國之間的戰事。但直到十八世紀結束，戰火都未曾波及斯堪地那維亞本土。這讓斯堪地那維亞人有機會關心自己的生活、接收新的思想。

劃定國境

在大北方戰爭後的和平時期，丹麥與瑞典同意共同劃定挪威與瑞典的確切國界——這也是歐洲最長的陸地邊界。一七三四年，兩國成立委員會，並在一七三八年展開實際任務。確定邊境的過程繁瑣費時，不僅需要行走邊境（walking the border）視察沿界每一吋土地，還需要在兩邊進行大量田野調查，聽取居民意見，根據歷史確認如何劃界。最大的困難在於北邊薩米地區，因為當地遊牧民族沒有「疆界」的觀念，而丹麥和瑞典對當地一直以來的主張又多有重疊。

一七五一年，雙方終於確定並簽署《斯特倫鎮條約》（Strömstad Treaty），並在條約附錄中確認薩米人有權自由跨境遷徙。該條約所確立的邊界適用至今，不過在簽訂條約後，雙方又花了十五年，才樹立所有界標，繪製出完整的邊境地圖。

這年所劃定的邊界長達兩千兩百二十八公里。在挪威與瑞典邊境延伸至北極海的同時，芬蘭仍是瑞典的屬地。一八〇九年，瑞典占領芬蘭全境。一八一〇年和一八二六年的邊境條約又更進一步確認了挪威、芬蘭與俄羅斯的邊界，將挪威與瑞典的邊界縮短至一千六百三十公里。邊境上豎有石碑，形制、大小固定，至今尚存約八百座。根據協議，每隔二十五年，兩國就要合作檢查和維護一次邊境線。

和平時期，斯堪地那維亞的經濟也跟上現代腳步，城市資本家成為經濟領域的主角，農民家庭也擺脫了帝國和封建體制的壓迫。經濟生活開始擺脫政府無所不包的控制。社會階級開始流動，行政和軍事菁英開始接受平民加入，只要胸懷抱負，就算不是貴族出身的男性，也能靠教育晉升。富人有了新的投資方向，窮人則離開農村，來到因製造業、採礦業而蓬勃發展的城市。男男女女靠著從事體力勞動或是服務業，在城市中晉升為有薪階層，許多新家族更在城市裡找到翻身致富的機會。

漫長的戰爭導致王室背負了巨額債務。為了償還這些債務，王室將土地出售給擁有剩餘財產的市民。在新地主的手中，有些地產保留原本的規模，有些則被分割出售給其他小地主。在丹麥展開君主專制的一六六〇年，全國有一半土地歸王室所有。然而才過了三十年，這些土地就已經賣出一半，地主人數增長數倍。而在瑞典和挪威，王室則是靠出售採礦特許權維持財務。這些財產需要大量資本經營，所以自然也落入了市民階級手中。

作為斯堪地那維亞經濟最落後的國度，挪威的經濟現代化有著最劇烈的可見變化。它的人口數少，到了十八世紀中葉還不及七十萬；國家也相當貧窮，其農業產量不足以維持人民生計，糧食極度依賴進口。但還是有一些改進提升了當地生產力。首先是終身租地權（right to lifetime tenancy），這在十七世紀就或多或少成為常態。到了一七〇〇年左右，佃戶更可以購買「優先購地權」，以在地主出售田地時成為最優先的買家。於是到了十八世紀，自耕小農階層就從少數發展為主要的農家型態。一七五〇年代，馬鈴薯傳入斯堪地那維亞，人們一開始不太敢碰這種作物，但他們很快就發現馬鈴薯非常適合釀酒，而且成本比穀物更低廉，於是開始大量種植，製作所謂的「生命之水」（*aquavit*）。傳統的漁產貿易也一直持續，不過除了鯡魚，風乾和鹽漬鱈魚也加入了主要商品。大部分漁獲會從北方漁場集中到卑爾根進行交易，但由於商行經營和組織能力的提升，特隆海姆（Trondheim）等沿海城鎮也愈見發達。歐陸對木材的需求上升，也讓挪威發了一筆橫財。沿海地區出現數千家農場與工業規模的鋸木廠。林業急速擴張最直接的影響，就是容易砍伐的森林迅速萎縮。政府立刻立法管制，導致產業遷入需要更多資金開發的內陸地區，變成只有資本家經營得起。在一七三〇年，克里斯蒂安城每年出口一百萬片木板，到了一七五〇年又成長至兩百萬片。挪威與英格蘭的貿易受益於出口貨物必須由國內船隻運送的規定。*十八世紀初，挪威共有五百多艘商船，而到了十八世紀末，數量已經成長到原本的三倍，是丹麥的兩倍。礦業則是由王室和資本家共同經營的事業。其中最重要的礦場是孔斯堡銀礦與勒羅斯（Røros）銅礦，前者是挪威境內最大的工業，在一七六〇年僱用了將近四千名工人。兩地能夠興隆，都是因為附近森林茂密，便於取得柴薪。一七四〇年前後，挪威第一家玻璃廠開工生產，其他工廠緊隨其後，製造瓶子、窗玻璃、飲器與裝飾品。一七六五年開張的哈德蘭玻璃廠（Hadeland glass mill），至今仍在生產優質的玻璃器皿。捕鯨業則因船上捕鯨技術成熟而興起。每年春天，人們會從卑爾根啟航，前往北極冰蓋周圍，在兩、三個月的捕鯨季裡蒐集鯨脂、鯨油、鯨皮和鯨肉。

農民的結局

我的曾祖父是一名佃農。他生於一八五五年，逝於一九四二年，享壽八十七歲。我的曾祖母也出生於一八五五年，他們兩人在一八七九至一九二四年間，在古德布蘭茲谷的弗隆村經營租來的農場。他們叫作約翰內斯（Johannes）和結楚德（Gjertrud），並以租下的農場斯台堡勒肯（Stebergløkken）為姓。「勒肯」（*løkken*）指的是「園地」，可以看得出這個農場並不大。其他類似的姓氏還有代表溪流的「貝肯」（*bekken*）、代表山丘的「豪根」（*haugen*）與代表田園的「厚公」（*hågån*）。

約翰內斯經營的農場和地上房屋的所有權屬於斯台堡（Steberg）農場的地主。除了租金，他還要承擔一些勞務。農場裡大概有六到八頭乳牛，收入僅能供一家人勉強維生。

＊譯註：十七世紀末，英格蘭通過一連串《航運法案》（Navigation Acts），規定只有生產國和英國船隻才能將貨物運往英格蘭。

在他之前的一百年間，租賃條件已經逐漸改善。相較於過去的佃農，約翰內斯擁有更多租賃保障，並有權將農場傳給後代。這讓他可以放心投資，賺取更多收入。從兩人高齡去世，並養大好幾個孩子就能看出，約翰內斯和結楚德的生活條件應該很不錯。他們靠著賣牛奶給當地乳品工廠，以及將牲口賣給屠宰場賺取現金，累積了一小筆積蓄。

兩人生了九名子女，九人都順利長大，與各自的子女都搭上農業進步、工業發展、公部門擴張與移民潮的趨勢，獲得更好的生活。其中四個兒子移民美國，三人務農，一人成為銀行家，後來當選阿拉斯加彼得斯堡（Petersburg）市長。五子承租教區牧師的土地，六子在實驗室擔任技術士，么子則接手父母的斯台堡勒肯農場。兩名女兒嫁往外地，其中一位就是我的祖母卡倫（Karen）。

將農場交給兒子前不久，約翰內斯與結楚德買下了附近的一小塊土地，並在上面蓋了房子和小穀倉，在此度過餘生。這塊土地原屬於斯泰格（Steig）農場，也就是斯諾里筆下歐拉夫（Olav）遇見谷地的古德布蘭（Dale-Gudbrand）之處。由於這塊地已經閒置許久，因此交易金額應該不高。即便如此，一位出身卑微的佃客（*husmann*）能夠在退休時擁有自己的土地，依然是一件了不起的成就。更了不起的是，他兒子在接手斯台堡勒肯農場時，已經不再是佃戶，而是買下了農場土地，成為業主。後來，他們家族又買下了村子裡其他土地。斯台堡勒肯農場至今仍在運作，而且是非常成功的家族企業。

我祖父安東．林根（Anton Ringen）也是斯泰格人。成家後，他就帶著卡倫搬到另一個地方，租下一座小農場，開始做牲口買賣，而農場裡的日常事務，則由我祖母負責。兩人在一九〇九年到一九一五年間生了五個孩子，然而安東在一九一八年突然過世，留下卡倫獨自撫養子女，農場也成為一家人主要的收入來源。長子成年後成為附近村子乳品工廠的經理，次子成為當地農校的老師，我父親成為中央政府的高級公務員，獨女嫁入一家頗具規模的襲地（*odel*）農場，么子則在地方政府任職。

將子女撫養成人後，卡倫放棄了經營農場，搬回老家照顧年邁的父母。後來她繼承了父母的小農場，並在那度過餘生，直到一九六七年過世，享壽八十三歲。她在農場裡養了一頭母牛、一頭小牛、一兩頭豬、幾頭羊、幾隻母雞，並種植馬鈴薯。她靠出售牛奶、奶油等多餘的農產品賺取生活費，一九三八年挪威設立了按經濟狀況給付的國營養老金，也讓她多出一小筆收入。

一九六〇年代，每年夏天我都會跟父母、兄弟一起到祖母家待個一星期左右。母親會幫忙家裡的雜務，而我當時擔任國家農業研究委員會主任的父親則會幫忙收割乾草。農場裡有一塊長著韌草的田地，以及幾塊長著細草的天然草坪。收割時會先用大鐮刀把草砍倒，再掛到形似柵欄的乾草架（*hesjer*）上晾乾。曬乾以後，我爸會用木頭和皮繩做的背架把乾草扛進穀倉儲藏，他所用的皮繩正是奧塔（Ottar）在維京時代所交易的商品。

所以這段時期社會有所進步，但並不太多。許多農民有了自己的田地，然而人口成長也讓鄉村地區增加了許多佃客，這些人的處境比佃農更差，多半身無長物，只負擔得起一小塊畸零地勉強糊口，而且常常需要用勞務支付地租。漁產貿易雖然興盛，但利益幾乎由壟斷信貸體系的新興商行獨占，沿岸居民的生活反而更加貧窮。還要再過兩百年，這些財富才會涓滴而下，落入社會下層的口袋裡。

除了木材貿易，礦業發展也是大規模伐林的主因之一。因為採礦特許權往往也會賦予支配礦區周遭森林的權利，並對當地居民施以砍伐和運送木材、生產木炭，以及維護道路的義務。影響就是直到今日，勒羅斯周圍的高海拔地區依然是沒有森林覆蓋的荒原。開發確實帶來工作機會，但承包商可以擅自決定工資和收購價，而且三不五時就會失信。除此之外，礦工更是高風險職業，因公重傷甚至死亡的人不計其數。*這是挪威首次經歷工業帶來的巨變，而公司、政府和教會往往會合謀對付工人。航運是高利潤、高風險的產業，在歐洲激戰的時期，更是極其險惡的去處。捕鯨也是從這時開始，逐漸演變成一門可恥的產業。

至於在農業發達的丹麥，最主要的改革是大規模的土地重劃。數百年來，丹麥的封建經濟都非常穩固，絕大多數土地掌握在極少數的大地主手中。但這種經濟架構如今已承受不住人口成長，可以開墾的土地也已開墾完畢，唯一的出路就是增加生產力。幸好，同一時期的歐洲糧食需求大幅提升，遍地商機。新時代的官員認為，增加生產力最好的方法，就是改善農民的生活。

因應地主的倡議，丹麥政府進行了一連串法律改革，最後終於結束封建制度，一七八六年成立的農地委員會（Den Store Landbokommision），是這段改革最重要的里程碑。不過地主畢竟是掌權的一方，而且不是每個地主都受過啟蒙，所以結果還是有所妥協。其中一個階級的佃戶得到世襲田地的權利，但依舊沒有產權，必須繼續繳交租金。另一個階級有權直接買下自己耕種的田地，其中還有些人靠政府提供的低廉貸款成為自耕農。於是在短短一個世代裡，就有一半的佃戶獲得土地。雖然原佃戶買下土地以後，仍需要在一七九九年以前向原地主提供勞務，但許多人都順利支付贖金獲得自由。在這之前，丹麥各地實行「隸戶制」（*stavnsbånd*），佃農受到不同程度的束縛，除非得到地主許可，否則終身無法離開耕作的土地。但此時這項制度已經徹底廢除。地主權力雖然還是很大，卻已經不再是法律上的主人。丹麥農民獲得了自由。

六萬多個農民家庭因此受惠。但另外九萬多個沒有土地的佃客家庭，卻沒有得到任何好處。政府聽取了貴族和農民的意見，但沒有人聽取底層階級的想法——啟蒙之光還沒照到那裡。少數人有幸向新興的小地主承租農地，成為小佃農，但多數人還是只能從事零工。地主與農民之間的差距或許縮小了，但中上階級和底層之間的差距卻擴大了。

丹麥和挪威的航運都相當繁盛，其中挪威主要是因為漁產和木材出口，而丹麥主要是靠其他生意——具體來說，是各種戰爭財。當時前有此起彼落的殖民地戰爭，後有美國獨立戰爭，以及隨著法國大革命而來的一連串戰事中，各國互相攻擊，妨礙彼此的貿易運輸，只有丹麥商船因為中立國身分不受阻撓。除了搬有運無，丹麥也出租中立國地位，讓外國船隻可以掛上丹麥旗幟突破封鎖。另一個收入來源則是現在所謂的洗錢，替東印度公司的英國官員避開英國金融管制，將他們在印度的貪污所得匯回國內。英國投機客也會將資本借給外國航運公司，等待商人出售貨物，再從倫敦收回資金，賺取利益。為此，英國從那時候開始就發展出了細緻的金融服務。接著在一七七五到一七八三年之間，法國、西班牙

* 小說家約翰・伐伯格（Johan Falkberget）對十八、十九世紀的勒羅斯留下了很細緻的描寫。他的父親是礦工，一如家中歷代祖先，約翰自己也在七歲時第一次下礦坑。他出生於一八七九年，在家人教導下學會讀寫，於一九〇二年出版第一個故事，此後創作了五十來部小說，還有許多其他文類的作品。他在富有教養、信仰虔誠的家庭長大，並自認是一位基督教社會主義者。他鉅細靡遺地描寫了礦區勞動階級的生存與死亡，最後創作出以安－瑪格麗（An-Magritt）為主角的四部曲史詩小說。安－瑪格麗是一名為礦工提供各類物資的女子，她象徵著人類，特別是女性，在這個殘酷世界中的韌性與力量。

和荷蘭介入美國獨立戰爭，讓丹麥公司得以壟斷這片市場，漫天開價。哥本哈根因而繁榮起來，成為歐洲重要的貿易中心。

在一七五〇年代左右的瑞典，農民也掌握了全國一半的農地，是上一代的兩倍，歷史學家塞繆松將這個過程稱為「農民解放」（farmer liberation）。取得斯堪尼大大振興了瑞典經濟。約在十八世紀中葉，鯡魚重返瑞典西海岸，數量不下波羅的海沿岸。年輕人只要打拚一陣子，有機會賺到足以購買土地、成為地主的資金，並以此維生。鯡魚也帶動了油脂產業，滿足了肥皂生產、照明燈油等各種需求，當時的人甚至說巴黎的街道是由「布胡斯的魚油照亮的」。不過就和丹麥、挪威一樣，瑞典農村的無產階級也逐漸增加，「愈來愈多人一無所有、心如死灰，只求一份工作」。到了十九世紀，這些過剩人口成為工業化的動能，另外還有上百萬人湧向北美。

一個窮兵黷武的專制國家，需要大量有決斷力的官員才能有效統治，於是官僚政府應運而生。這個階級主要由年輕人組成，他們受過更好的教育，並受啟蒙運動的思想所啟發。當獨裁統治的力道一放鬆，官僚的目光就會轉向以往與政府無關的事務，從上到下建立起新的公共行政機關。

第一個要解決的問題是人口。這時的統治者已經慢慢意識到，人口就是勞動力，人口成長是進步的象徵，放任人民死去形同浪費資源，因為健康的工人和士兵，比貧病的工人和士兵更有用，整個國家和經濟都仰賴人民大眾。

丹麥政府在一七五五年徵求民間意見時，就有大量關於人口的建言。從大約一百年前開始，各教區都有義務記錄居民的出生和死亡，以便牧師追蹤會眾人口增減。而這些資料匯集起來，就成為人口統計的重要依據。一七四九年，瑞典進行了第一次人口普查，也是歐洲在羅馬帝國滅亡以後第一次；二十年後，丹麥和挪威也跟上腳步。一七四〇年，哥本哈根成立了醫療學會（Collegium Medicum），向政府提供公共衛生方面的意見。第一家現代意義上的醫院在一七一七年於烏普薩拉開業，斯德哥爾摩和哥本哈根則分別要等到一七五二和一七五六年。

隨著人口的重要性提升，政府也意識到，如果要改善生活條件、提高生產力，就需要增強人們的能力與技術。在過去，基礎教育是教會的工作，但如今這已經成為公部門的責任。一七二六年，丹麥和挪威將堅振（Confirmation）定為國民義務，要求年輕人學習教理並取得認證。這就代表年輕人必須有閱讀能力——結果多數人都沒有。於是王室頒行了一項大膽的政策：免費的全國基礎教育。相關法令在一七三九年通過，然而事實證明國王的決定太過輕率。偏遠地區拒絕遵從法令，一來是設立學校的成本太高，二來是父母希望孩子在家工作。中央政府不得不讓步，於隔年廢除該法。雖然如此，學校還是慢慢普及到全國。這些學校的課程很基礎，以閱讀為主，又過了一段時間，寫作和算術才成為額外課程，且需要父母額外出錢。即使到了十九世紀初，識字的年輕人還是只有大約一半。在人口分散的挪威農村，教學以巡迴教室的方式進行，學童會在五、六年內完成學業，每年上課八個月，每個月只有一週課程。學童多為男孩，女孩較少。而在瑞典，教育的普及更為緩慢。洛克的《教育漫話》（*Thoughts Concerning Education*）在一七〇九年就翻譯成瑞典語，但相關的爭論雖多，具體行動卻少。直到十九世紀初，斯德哥爾摩仍只有十到十五%的兒童上學。

除了官僚體系，還有許多機構是由公民自發建立的，當然，這些都是接受過啟蒙思想的上層階級公民。貿易和工業發展，讓許多家族富裕起來。他們成為了地主，擺起以往貴族那般的排場，在哥本哈根、斯德哥爾摩等大城市建造起自己的小宮殿。同時，受過教育的男女詩人、作家、知識分子、大學教授也成為另一個新興階級，積極爭取有錢人的資助。前面提到開啟社會新風氣的長期公開辯論，以及登載新聞、觀點與研究的刊物，都是他們在第一線推動的。上一章提到那位丹麥首富席梅曼，雖然在殖民地靠著奴隸貿易和莊園謀取暴利，在丹麥卻以自己的哥本哈根宮殿與鄉村莊園為中心，網羅資助了眾多才華洋溢的詩人與科學家。在沙龍、酒館、俱樂部、咖啡館、辯論圈、大學與學院等財富與知識的交會處，人們孕育出思想並開展為行動。一七三九年，林奈號召一群學者，在斯德哥爾摩成立今天的瑞典皇家科學院（Royal Swedish Academy of Sciences），幾年後，該機構就統籌舉行了第一次人口普查。一七四二年，丹麥也成立皇家科學與文學院（Royal Danish Academy of Sciences），一七六九年又成立了皇家農業學會（Royal Danish Agricultural Society）。此外，丹麥的腓德里克五世，與瑞典的古斯塔夫三世這兩位新王，都加入了贊助藝術和教育的行列。一七五四年，丹麥皇家美術學院（Royal Danish Academy of Fine Arts）在哥本哈根成立。古斯塔夫三世則在斯德哥爾摩興建了劇院、歌劇院、芭蕾舞團、博物館和學院。

一七二〇年左右開始，哥本哈根開始出現定期報紙，有日報也有週報，其中一七四九年首發的《貝林新聞》（*Berlingske Tidende*）至今仍是丹麥的主流媒體。斯德哥爾摩的第一份日報《薈萃日報》（*Dagligt Allehanda*）創刊於一七六三年；同年挪威第一份報紙《挪威識抄》（*Norske Intelligenz-Seddeler*）也在克里斯蒂安城問世，該報紙共四頁，其中兩頁是廣告。期刊和雜誌也大量出現。一七四五年，丹麥皇家北歐歷史暨語言改良學會（Royal Society for the Improvement of Nordic History and Language）在哥本哈根成立，並出版《丹麥期刊》（*Danske Magazin*）散播歷史資料。延斯・史內多夫（Jens Sneedorff）教授探討憲法現代化，並且編了一本影響深遠的相關期刊《愛國觀察家》（*Den patriotiske Tilskuer*）。斯堪地那維亞的第一家出版社，是丹麥的居倫代爾（Gyldendal），該社成立於一七七〇年，至今仍是丹麥的頂尖出版商。各國開始取消審查制度，丹麥放寬了相關規定，瑞典則於一七六六年立法廢除審查制度。

哥本哈根的俱樂部蓬勃發展，其中包括一七七四年成立的挪威社（Norwegian Society）。想要學習、尋求政府協助，或是嚐嚐詩人和作家跳脫習俗的生活趣味的挪威年輕人，都因此前來哥本哈根。他們聚集在挪威社，一起吃飯、喝酒、討論。他們在文社裡建立親密團結的情誼，創作叛逆的詩歌來稱頌這份情誼。最後，他們的心被共同的出身本源、身分認同，以及「真正的祖國」牽在一起。這群不得不離鄉背井的僑民，懷著對祖國的浪漫情懷，產生了名為「挪威」的民族情感。

在這些與其他背景的影響下，智識生活豐厚興盛了起來。奧洛夫・馮・達林（Olof von Dahlin）是瑞典文學界、戲劇界和歷史界的旗手，他將啟蒙思想帶到了北方，也帶動了瑞典語的現代化。他受到英國《旁觀者》（*The Spectator*）雜誌的啟發，籌辦了《瑞典百見》（*Then Svänska Argus*）雜誌，鼓吹改革教育以及在學校教授實用技能。前面說的挪登弗歷是瑞典第一位現代詩人。兩人都享有皇家贊助。第七章談的卡爾・米凱爾・貝爾曼也受到皇家不少照顧，只是他行事不太謹慎。克里斯蒂安六世駕崩後，哥本哈根的劇院和音樂廳紛紛重新開張。腓德里克五世蓋了一座新劇院，最終成為今日的丹麥皇家劇院。瑞典的古斯塔夫三世則親自創作戲劇和歌劇，並（自然而然）在上演時博得許多讚譽。國際上的重要作品也有了譯本。亞當斯密的《國富論》在一七七九年譯成丹麥語，一八〇〇年出現瑞典語節譯本。《美國獨立宣言》通過的三個月後，丹麥雜誌就有了全文翻譯。*在斯德哥爾摩，則有備受尊敬的作家安德斯．巴赫曼松．諾登克朗茲（Anders Bachmanson Nordencrantz）推廣孟德斯鳩、盧梭等人的思想，主張政治分權、廢除貴族制度和審查制度。芬蘭神學家兼經濟學家安德斯．奇德紐斯（Anders Chydenius）在他一七六五年的著作《國家的財富》（*Den Nationale Winsten*）中，比亞當斯密更早提出了現代自由經濟理論，包括「看不見的手」的邏輯和術語，奇德紐斯透過他的寫作與瑞典國會議員的身分發揮其廣泛深遠的影響力，他也是一七六六年《新聞自由法》（Freedom of Press Act of 1766）的推手之一。

斯堪地那維亞的大學雖然規模小（在一七五〇年左右，烏普薩拉大學約有一千名學生，隆德大學則有七百名學生），但也發揮各自的影響力。這些學校原本是以培養神職人員為主，但現在它們的功能已經擴及到官員的培訓。一六二二年，烏普薩拉大學就已經設立了「修辭與國家科學」（rhetoric and state science）教授職位，這是世界上最古老的政治學教授職位。接著在一七四一年，該校設立了公共經濟（*oeconomia publica*）教職，一七六一年又設立了憲法教職。開創現代分類學體系的林奈，以及發明攝氏溫標的天文學家安德斯．攝爾修斯（Anders Celsius），都是在烏普薩拉大學任教。卑爾根的路維．郝爾拜（Ludvig Holberg）在一七一一年寫了歐洲史，在一七二九年寫了丹麥與挪威通史，又在一七四二年寫了「自遠古以來」的猶太史。在斯德哥爾摩，瑞典議會委託達林編寫瑞典史，並從一七四七年開始分卷出版。旅行逐漸成為風尚。其中一個原因是道路網的成熟——在丹麥鋪路很簡單，在瑞典雖然困難但還算可行，而在挪威，鋪路到現在都極其不易。踏著這些道路，林奈得以走遍瑞典各地，收集植物與其他生物的標本、觀察大自然和生命，並寫下詳細的紀錄。當時的人非常喜歡閱讀遊記，從中瞭解異地的風土和民情。

郝爾拜是那個時代最偉大的知識分子，有著學者、作家、史家、哲學家、劇場經理等許多身分。他生於卑爾根，在哥本哈根求學，出身挪威，認同丹麥。一七一七年起，他在哥本哈根大學教授形上學、拉丁語和地理學。在一七二〇年代，他模仿莫里哀的風格，寫了二十六部關懷社會底層困境、譏諷上層人物勢利的喜劇，並在自己的劇院上演，場場爆滿。這些作品直到今天，都還常在斯堪地那維亞的劇院演出，特別是《伊拉斯謨·蒙塔努斯》（*Erasmus Montanus*）。本劇描述一個鄉下男孩拉斯謨·拜格（Rasmus Berg）在城裡學了一些拉丁語，並取了一個拉丁名字伊拉斯謨·蒙塔努斯，回到村裡炫耀他的「淵博知識」；還有一部《山上的耶佩》（*Jeppe på Bierget*），描述有個農夫借酒澆愁，喝得爛醉，醒來時發現自己人在男爵的床上，以為自己上了天堂，模仿起貴族老爺的蠻橫，結果很快就被丟回爛泥巴裡，受到眾人羞辱，淪為村裡的笑柄。「每個人都說耶佩喝酒，但沒人問耶佩**為什麼**喝酒。」在克里斯蒂安六世嚴苛的虔誠主義統治下，哥本哈根戲劇界成了一灘死水。因此腓德里克五世的登基，可謂人心所向，郝爾拜自然也是為其歡呼的人之一。隨之而來的是啟蒙精神的復興，儘管這樣的盛況是由一位道德敗壞的國王所激發。劇場重新開張後，郝爾拜的戲劇也再度開演。如今的他已是文化界元老，享盡榮華富貴，不但有一座鄉下莊園，還取得了男爵頭銜。他在的遺囑中將財產留給索勒學院（Sorø

---

* 丹麥語版本對原版有兩處「改正」。首先是將《獨立宣言》中對英王喬治三世的指責，轉移到英國政府上，因為喬治三世是克里斯蒂安七世的妻舅。其次是「不可剝奪」（*ubetagelige*）的權利（生命、自由和追求幸福的權利）變成了「不可購買的」（*ubetalige*），但這只是印刷錯誤。

Academy），前文提到的史內多夫教授，就是在不久後任教於此，講述憲法的現代化。

從浪漫主義、自由、辯論、詩歌、歷史學、旅行和深入觀察等活動的能量與創造力中，還誕生了一件全新的事物：民族情感。人們開始認為自己是丹麥人、挪威人或是瑞典人。到了十八世紀末，「對祖國的愛」已經是一個成熟的概念，表達自己對祖國的愛也成為一種風尚。這種潮流能夠形成，是因為有郝爾拜、達林等人努力保存和改良丹麥語、瑞典語。丹麥歷史學家凱・荷比（Kai Hørby）曾編纂過一二五〇至一四〇〇年的丹麥史，他認為當時的丹麥悄悄走向「德意志化」。德意志人正在侵入北方。不是以軍人，而是以商人和移民的身分來到斯堪地那維亞，並在新興城市裡逐漸壯大。國王也來自波美拉尼亞、梅克倫堡、奧登堡（Oldenburg），並帶來德意志的官員、貴族、神職人員和語言。

到了十八世紀初，本土語言已經嚴重退化，受過教育的階級普遍認為它們很粗俗，很少在寫作時使用。行政、軍事和商界菁英來自世界各地，本土菁英認為精緻的文化都在法國和德意志，能夠精通和流

圖十三：路維・郝爾拜（1684-1754），丹麥黃金時代最偉大的知識分子。

利使用他們的語言才值得自豪。在丹麥宮廷裡，克里斯蒂安四世是第一個喜歡使用丹麥語的國王，但在他之後，宮廷語言又變回了德語。*瑞典的古斯塔夫三世則偏愛法語。瑞典語和丹麥語寫的作品普遍生硬，許多用字和句型都出自拉丁語、德語和法語。但郝爾拜終其一生，都在反覆修訂自己的作品、剔除外來的元素，以及發明簡單丹麥語詞彙和句型來改良丹麥語。

宗教生活也吹起新的氣息。彼時，舊有的貴賤之分尚未消解。斯堪地那維亞教會雖然已經是為國家服務的路德宗教會，但並不是鐵板一塊。在主流信仰以外的社會，虔敬主義正暗暗流行。這種思想強調信仰應該擺脫由上而下的神學教條，以個人對上帝的敬愛為基礎，與上帝建立私人的情感連結。這些教徒主張信仰要簡單樸素，禮拜要在會眾自己管理的集會裡舉行，女性要和男性享有平等的地位。

王室對此的態度十分矛盾。仕紳可以議論語言、社會和政府，但如果一般民眾想要主導自己的宗教活動，就完全是另一回事了。一七二六年，自由派主導的瑞典議會取消了自由教會；丹麥國王克里斯蒂

---

* 一七七二年，哥本哈根為了紀念一項丹麥人的偉大成就，出版了一本書，但這本書卻是用德語寫的，書名叫《阿拉伯記述》（*Beschreibung von Arabien*）。作者是為丹麥服務的德意志科學家卡斯滕·尼布爾（Carsten Niebuhr）。一七六一年，他率領皇家探險隊前往阿拉伯。全隊六人經開羅、西奈半島抵達葉門，再航向波斯和印度。經過六年航程後，只有尼布爾活著回到丹麥，其他五人全部犧牲，包括芬蘭科學家彼得·福斯科（Peter Forsskål），他在一七五九年用瑞典語出版了小冊子《談市民自由》（*Tankar om borgerliga friheten*），但遭到瑞典政府查禁，他在瑞典的學術生涯也因此結束。尼布爾帶回了東方國家與城市的地圖和素描，以及波斯波利斯（Persepolis）的銘文抄本，對日後破解楔形文字有不少幫助。托基爾·漢森（Torkild Hansen）在他的小說《阿拉伯的悅土》（*Arabia Felix*，譯註：此為古代歐洲對南阿拉伯半島的稱呼，意指當地豐饒適合耕作）中講述了這場探險。

安六世也在一七四一年頒布相同的法令（該法也禁止女性參與公開演講）。雖然他自己在神學上是虔敬主義的代表人物，但這不表示他歡迎自由教會。瑞典頒布禁令後，抵抗組織和地下集會隨之興起。這些行動很快就遭到鎮壓，不少人被判處在惡劣條件下服勞役，女性會眾更受到重點關注。有個叫斯文・羅森（Sven Rosén）的年輕學生承認自己出版未經審查的文章，隨即被判驅逐出境，最後在美國以傳教士身分度過餘生。挪威實業家漢斯・尼爾森・豪格（Hans Nielsen Hauge）發起了全國性的「豪格運動」（Haugean movement），不久便發展成一場盛大的群眾運動。在一七九七到一八〇四年間，豪格走遍了整個挪威，白天在農場協助農務，晚上則召集人們在家庭集會上宣講福音，沿途留下一個個有組織的集會。但在這段期間，一七四一年的禁令並未廢除，豪格在監獄裡服了七年苦役，直到身體崩潰才獲釋，最後在五十三歲那年去世。

伊曼紐・瑞登堡

伊曼紐・瑞登堡（Emanuel Swedenborg，一六八八—一七七二）是一名對神學創新有許多貢獻的瑞典宗教神秘主義者。他出身於一個虔敬的家庭，並在很小的時候，就開始宣稱自己受到「呼召」、看見「異象」。但後來他成為一名化學和採礦領域的科學家，並在政府任職。

直到中年經歷信仰危機時，他才在夢中見到基督來訪，並與天使交談。此後他自稱是基督的信使，可以和來自宇宙各處的靈體交流。他相信這些影響讓他對信仰、道德和哲學問題有了獨到的智慧，並給了他看見未來的能力。他認為自己是真理的通道，而不夠屬靈的神學只會遮蔽真理，於是他開始狂熱地用拉丁文著述，重新詮釋信念、創世、三位一體、愛的本質、來生等觀念。

他的神學哲學吸引了許多人，直到今日仍深具影響力。有人認為瑞登堡只是個受精神疾病所苦的怪人，但他在後來的新紀元（New Age）運動中有非常多追隨者，斯堪地那維亞、英國和美國也有很多教會受他啟發。不過當時的瑞典無法接受他，所以他人生的最後階段，主要都在阿姆斯特丹和倫敦度過，他的大部分作品也是在這些地方發表。八十三歲那年，他將一生的教誨總結於自己最後的著作《真正的基督教》（*Vera christiana religio*）中。

瑞登堡在倫敦蒙主寵召，並安葬於當地的瑞典教堂。不久後，瑞典人紛紛同意他是一名原創思想家。一九〇八年，他的遺體從倫敦回到瑞典，在烏普薩拉座堂舉行了隆重的儀式，安葬於科學家林奈附近。

後來卻發現，墓中的頭骨並不屬於瑞登堡。他真正的頭骨早就被人從倫敦墓中盜走，並在威爾斯一間古董店脫手。一九七八年，這塊遺骸在倫敦蘇富比拍賣行，被斯德哥爾摩皇家科學院的專員買下，送回烏普薩拉，舉行了第二次莊嚴的儀式，與瑞登堡其他遺骸一起下葬。經過兩次不同的儀式，這位一度被驅逐的神學思想家，終於在瑞典最重要的座堂，得到瑞典教會接納。

隨著和平到來，專制君主也鬆開了把持政治權力的鐵腕，讓國家慢慢走向君主立憲，最後邁向民主。瑞典率先跨出這一步。

卡爾十二世剛駕崩，貴族就啟動先前秘密醞釀的反對行動，引發一連串事件，試圖奪回權力。忠於先王的高層官員失勢，有的入獄，有的被處死。國王的妹妹烏麗卡・艾略諾拉（Ulrika Eleonora）被議會擁立為王。議會也立刻召開會議，準備通過新憲法。貴族為了反制，試圖將王國議會「升格」成制憲會議，將實權歸還給少數貴族組成的樞密院。但為時已晚，脫離王室之手的權力，已經徹底落入議會手中。

烏麗卡沒有在位很久，但她不完全是貴族想像中的傀儡，而這對瑞典意義重大。她在被廢以前，不情願地和議會達成協議，廢除君主專制，恢復君王和議會的共同統治，並簽署了憲法。在一七二〇年，這件事絕非小可。憲法朝現代化飛躍了一大步，而七十年後，法國的革命黨人只能想像，卻無法實現這種光景。結果，瑞典建立了君主立憲制，制衡王權的權力不再屬於貴族，而是屬於由四個等級所組成的王國議會。雖然短暫，但瑞典歷史學家所謂的「自由時代」就此展開。

新的議會和過去大不相同，首先是至少每三年召開一次，而且規模很大，約有一千名貴族、五十名左右的牧師、一百名市民和一百五十名農民；一八七〇年那場巴黎三級會議，則有一千兩百名代表。這麼多人開會非常麻煩，各個等級會在城裡不同地點分別開會，而決策又需要四等級中的三個等級同意，自然非常曠日費時。比如說，一七二六年九月召開的王國議會，直到一七二七年八月才完全結束——換句話說，只有能在斯德哥爾摩待這麼久的人，才有辦法當上議員。不過正因為如此，議會也很熱鬧。國王的獨裁統治結束了，權力屬於「人民」，而人民喜歡這份權力。他們爭論，並且樂在其中，因為他們討論的是現實生活中的問題。比如對進口商品課徵保護性關稅，並用於補助國內製造業，使得瑞典製造業蓬勃發展。對於日益嚴重的貧窮問題，也是靠國家經費解決。其中一個辦法，就是成立濟貧工廠（arbetshus），提供工時極長的懲罰性救濟。

然而儘管有這麼多進步與自由，這個時代並不快樂。多數農村人口和城市無產階級，依然過著極度貧困的生活。女性平均會生十胎，其中五胎活不過一歲。週期性歉收讓人們食不果腹，一七五七、一七七一、一七八七、一七九九年更是發生嚴重的大饑荒。外國旅人筆下的瑞典污穢不堪，悲慘得令人畏怖：「孩子蒼白消瘦，沒有洗澡，身上掛著簡直不能稱為衣服的破布，個個封閉怕羞、退縮怯生、驚惶不安。」沃史東克拉夫特曾在一七九五年遊歷斯堪地那維亞。她震撼於這片土地的壯美，也驚駭於此地人們的慘狀。兒童身體髒污，成人散發惡臭。傭人的薪水很低，待遇和英格蘭相比簡直就是奴僕。即便從當時一般城市的標準來看，斯德哥爾摩的死亡率也異常突出。孩子們大多在上班，而不是上學。一七四三年，農民無法忍受悲慘的生活，揭竿起義，隨即遭到軍隊鎮壓，六名領袖遭到處決。

古斯塔夫三世即位後推翻自由主義憲法，一度阻礙了政治進步。不過他這麼做也有一定的民意基礎。畢竟享有自由的人其實只占一小部分。一般人反而期待王室壯大可以讓自己受惠。但畢竟，專制王權的時代已經結束了，古斯塔夫並未成功。最後，他在一場假面舞會上遇刺，雖然沒有當場死亡，卻在十三天後傷重不治。議會重新掌權，改革之途繼續。

丹麥則是到了十九世紀，才經歷類似的社會改變和憲法革新。王室依舊根據法律維持專制統治，不過實際治理上並不算是真正的君權專制。經歷腓德里克五世的無能，以及克里斯蒂安七世的瘋狂，丹麥王室稍微減少了干預，*讓務實的官員治理國家，社會生活也得以慢慢開放。

這就形成一個矛盾的自由主義時代。儘管文學和辯論蓬勃發展，但依然有審查制度，哥本哈根大學會專門指派教授負責此任務。就連前面提到的大作家郝爾拜，也曾有一段時期不得不匿名出版。克里

* 譯註：此時由腓德里克六世執政，他登基後又收緊了權力，直到克里斯蒂安八世繼位才重新開放，走向民主。

斯蒂安七世時期的專擅權臣施特林澤曾想推行改革，廢除審查制度，結果卻適得其反。自由派利用這份自由來批評施特林澤本人，讓這名憧憬開明專制的獨裁者認定他們濫用權利，施以各種壓制懲處；後來哥本哈根的反對者，也對王室和教會百般嘲諷，最後超出了上層的容忍極限，導致一七九九年王室頒布新法令，再次限制了言論自由。隔年，著名的自由派詩人彼得・安德列亞・海伯格（Peter Andreas Heiberg）被判驅逐出境，離開妻子兒女定居巴黎，最後孑然一身、雙眼昏花、窮途潦倒地離世。

大洗牌

一直以來，英國和法國都在競爭歐洲的霸主地位。在整個十八世紀，英法之間雖然互有來往，但整體而言歐洲的支配權一直是從法國流向英國，首先是經濟權力，然後是軍事權力。瑞典和丹麥雖然已經「安於無侵略性的低調生活」，但終究捲入了歐陸風雲之中。他們必須結交盟友，才能抵禦眼前的威脅。正好，大國之間始終難分高下，必須和小國結盟，才有機會改變權力均衡。

法國打了無數成本高昂的殖民戰爭，卻沒有得到什麼成效。在美國獨立戰爭時，法國雖然與北美十三州結盟，在戰場上勝過了英國，但也付出了巨大的代價。最後，法國王室破產了。而王室的失策，又導致這場財政危機演變成法國大革命。原本政府的計畫是召開三級會議，對各階級的合理陳情適度讓步，換取他們同意徵收新稅，以舒緩財政窘迫。但王室的決心不夠，而且為時已晚。對一個搖搖欲墜的專制政權來說，讓步是場危險的賭博，在下位者看來，這些微小的改革象徵著統治者的實力虛弱，應該乘勝追擊，逼對方讓出更多權力。法國王室的情況也是如此。此時無論城市還是鄉村，底層民眾都過著極度困苦的生活，見到這種良機自然會揭竿而起。

三級會議於一七八九年五月召開。六月，第三等級就奪取政權，起草並頒布了一系列宣言、法律和文告，包括八月二十六日的《人權宣言》，以及一七九一年的三權分立憲法。大革命的第一個成就，是啟蒙思想的終極實踐。

法國陷入混亂。國王喬裝出逃，卻很快被人識破押回巴黎，失去人民的尊敬與支持。*很快地，法蘭西王國滅亡，共和國成立，路易十六與王后瑪麗·安東妮死在斷頭臺上，整個國家被空前的恐怖淹沒。

儘管如此，法國的帝國行徑並未中斷。先是一七九二年起的大革命戰爭，接著又是一八〇二年起的拿破崙戰爭。在革命政治的狂熱中，權力落入軍事將領手裡，從一七九五年的五人督政府（Directoire），到一七九九年的三人執政府（Consulat），然後在一八〇二年，「終身第一執政」（first consul for life）

---

* 策劃這場出逃的是瑞典軍官亞克塞·馮·費爾森（Axel von Fersen）。大革命後，路易十六一直在玩兩面手法，一方面假裝順從革命黨，另一方面又與其他歐洲君主暗中合作，反對革命。歷史學家諾曼·戴維斯認為，瑞典國王古斯塔夫三世是這場陰謀的「主使者」，而費爾森則是他在法國宮廷的代表。這次出逃有如一場驚險的諜報片。國王一家先喬裝成平民，由費爾森親自駕駛豪華馬車，前往巴黎郊外的接應處，換馬之後一路北逃。然而兩天後，一行人在距離目的地僅有五十公里的瓦雷訥（Varennes-en-Argonne）失風被逮，在軍隊押解下回到巴黎。路易十六就這樣走上了末路。費爾森在接應時脫離隊伍，免於被俘，回到瑞典後在政府內一路升遷，官至王宮總管（*riksmarskalk*）。然而一八〇九年失去芬蘭後，追隨費爾森的沙文主義派系「古斯塔夫派」（*Gustavianerna*）被懷疑密謀破壞剛恢復的君主立憲制。一八一〇年五月，方就任不久的王儲卡爾·奧古斯特（Karl August）在一場儀式中墜馬身亡，隨即有謠言稱他是遭人殺害，輿論的矛頭很快指向了費爾森。六月二十日，一群暴徒在王儲的葬禮遊行上襲擊了費爾森的馬車，將這名大人物毆打致死，而衛兵卻全程袖手旁觀，任由暴徒發洩憤怒。費爾森死後，他的屍體還繼續遭到毆打。

上臺。最後在一八〇四年，第一執政終結了共和國，成立法蘭西第一帝國。這位稱帝的第一執政，就是拿破崙。身為大革命戰爭中軍功最盛的將領，拿破崙一心想將整個歐洲納入法蘭西帝國。經過連續十年的勝利，他的野心幾乎就要實現。但統治整個歐洲終究超出了法國的實力，最後在一八一五年，拿破崙遭英國領導的反法聯軍擊潰，飲恨滑鐵盧。這場二十三年的戰爭，是大革命的第二個產物。

面對十八世紀的歐洲戰局，丹麥的基本策略是保持中立，而瑞典則為了抵禦俄羅斯侵害，以及獲取法國提出的高額現金援助，選擇和法國結盟。而法國大革命和其後續影響，讓丹麥和瑞典不得不重新評估策略。此時的歐洲充滿不斷變動的聯盟，丹麥與瑞典為了好處或是安全保障，也只能隨波逐流。英國的侵略讓丹麥不得不放棄中立，加入法國陣營；瑞典則被拖入對抗法國的戰事。塵埃落定後，丹麥成為戰敗國，瑞典則是戰勝國。

一八〇八年二月，俄羅斯派遣兩萬四千人的軍隊進攻瑞屬芬蘭。在大北方戰爭中，俄羅斯奪取了瑞典在波羅的海沿岸的許多領土，只剩芬蘭尚未淪陷。然而瑞典的防線幾乎不堪一擊，到了九月，芬蘭就完全落入俄羅斯之手。無能的古斯塔夫四世將此歸咎於軍隊，粉碎了團結的可能性。他試圖再次動員，發起復仇之戰，但國內沒有人願意追隨他。很快地，俄羅斯軍隊從北方進入瑞典，重演上個世紀大北方戰爭末期的態勢，從奧蘭群島的基地遙遙威脅著瑞典王都斯德哥爾摩。從十三世紀起，芬蘭一直是瑞典王國的固有領土，現在卻被俄羅斯帝國兼併，成了一個大公國。瑞典的國土輪廓縮減成接近今日的樣子。

失去芬蘭的國王被迫退位，離開斯德哥爾摩。王國議會制定了新憲法，重申權力分立、司法獨立和新聞自由。*事成之後，古斯塔夫四世的叔叔登上王位，是為卡爾十三世。這不是一個明智的選擇：他已經高齡六十歲，身患頑疾無力親政，而且沒有子嗣，必須另覓王儲。獲得議會青睞的，是當時擔任挪威總督的丹麥諸侯克里斯蒂安．奧古斯特（Christian August）。瑞典和丹麥在戰場上是敵人，而且奧古斯特還曾領軍與瑞典為敵，但這並不妨礙瑞典人擁立他當國王，也不妨礙奧古斯特接受提議。一八一〇年一月，他成為瑞典王儲，改名卡爾．奧古斯特（Karl August）。

然而，這依然不是好主意。正如前面提到，卡爾．奧古斯特在五月就墜馬而死。瑞典這次除了王儲，還需要再找一位攝政王，而卡爾十三世選了奧古斯特的兄長腓德里克．克里斯蒂安二世（Frederik Christian II）——這是第三次失策。腓德里克接受了，但沒多久瑞典又撤回邀請，嚴重羞辱了他。

一八一〇年六月二十五日，二十九歲的瑞典陸軍中尉卡爾．奧圖．默納（Carl Otto Mörner）出使巴黎，遇見了帝國元帥尚—巴蒂斯特．儒勒．伯納多特（Jean-Baptiste Jules Bernadotte）。默納原本只是受命透過駐巴黎大使館，將瑞典立儲的照會副本送呈拿破崙。照會本文已經上路，但因為它非常重要，所以需要另發一份副本。默納比官方信使更早抵達巴黎，因此瑞典公使只能空等，無法立即向皇帝呈遞照會。默納以前曾在法國讀軍校，因此有一些人脈可以幫他接近元帥。

伯納多特是法國王室的遠房姻親。†他是一名出色的指揮官，在拿破崙稱帝後被提拔為十八名帝國

* 瑞典的新聞自由：一七六六年的法律樹立了新聞自由，但受到古斯塔夫三世限制；一八〇九年的法律重申新聞自由，但又受到卡爾．約翰的限制；後來在一八三五年和一八四五年，新的立法再度重申了新聞自由。

† 譯註：伯納多特的姊姊是拿破崙的兄嫂。

元帥之一，並擔任過軍團司令和許多地方的總督，成績斐然。但也許是因為功高震主或才俊遭嫉，他和拿破崙的關係並不融洽。此時他或許已經失寵，或是感到自己已經失寵。

原本默納和貝納多特不太可能碰面：一個法國帝國元帥，菁英中的菁英，一個是沒有任何地位，不能代表任何人的瑞典小人物。但默納見到了貝納多特，提議由他取得瑞典王冠。這引起了貝納多特的興趣。

瑞典有一群年輕軍官並不希望再有一個丹麥諸侯成為他們的國王。他們認為新君應該要有軍事經驗和權威。因為他們的夙願，是從俄羅斯手中奪回芬蘭。默納正是這麼一名軍官。

於是他趁著出使巴黎的機會，迅速採取行動。原本瑞典這份照會，是為了請求拿破崙同意他們立丹麥人為王儲。但照會還在路上，默納就已經遊說伯納多特成為瑞典王國的王儲，還在巴黎找到另一個瑞典將軍來鼓勵他。於是伯納多特去請示拿破崙，得到了皇帝的祝福。儘管當時拿破崙已經同意了瑞典官方的請求，但他不認為這有什麼大不了，便通知瑞典公使自己心意已經改變。

瑞典政府剛向腓德里克發出邀請，三天過後，默納就帶著伯納多特方案回國了。政府非常憤怒，把這個年輕人趕回家軟禁。但伯納多特已經志在必得。他派了一名代表會見瑞典外交部長，並承諾會用大筆貸款和財寶，替瑞典政府排除眼前困境，再加上拿破崙也同意此事，瑞典便同意了這筆交易，撤回對腓德里克的邀請。伯納多特乘船北渡，於十月十九日抵達松德海峽西岸，於丹麥的赫爾辛格（Helsingør）受瑞典大主教接見，改信路德宗，隔天便越境前往瑞典，於十一月二日抵達斯德哥爾摩，成為國王卡爾十三世的養子，改名卡爾·約翰（Karl Johan）*。距離那個瑞典來的無名小卒到巴黎拜訪他，只過了四個月。歷史學家推測他原本應該是盤算可以被召回法國，成為皇帝或是國王。如果是這樣，那他顯然失

算了，此舉只讓他被困在寒冷的北方。†

丹麥和瑞典之間最大的問題是挪威：丹麥想要守住，瑞典想要奪取。於是丹麥投向法國的保護網，「一直到拿破崙窮途末路那天，腓德里克六世都是法皇最忠貞的盟友。」這代表丹麥成了英國的敵人。為了防止其壯盛的海軍為法國徵用，英國決定先下手為強。一八〇七年八月，英國海陸兩軍聯合出擊，先從陸路包圍哥本哈根，接著從海上展開三天炮擊，數千平民死於這種恐怖攻擊，整座城市陷入大火。役後，英國奪走數十艘完好的戰艦並實施封鎖，造成更多劫難，糧食仰賴進口的挪威更發生多次饑荒。

儘管遭到重創，丹麥還是決定搶在瑞典出手之前，率先發動攻擊。來自法國和西班牙的援軍在一八〇八年初冬抵達丹麥，領軍者不是別人，正是伯納多特元帥，那個兩年後成為瑞典王儲的男人。可惜丹麥的計策沒有奏效。首先是西班牙發生反拿破崙起義，士兵紛紛叛逃回國，伯納多特的援軍也因此瓦解。瑞典則在此時進攻挪威，試圖牽制丹麥。但此計也沒能奏效。瑞典派出的軍隊不足，難以維持補給線，挪威人又拒絕協助瑞典。此後一年多，兩軍一直在國境線的兩端僵持。為了維持軍隊補給，挪威民間陷入饑荒，這又引發了痢疾和斑疹傷寒大流行。在一八〇八至一八〇九年間，挪威東南部的死亡率是正常水準的三、四倍，多達十分之一的人口死亡。最後兩邊都選擇放棄，返回國內。這一切

---

* 譯註：即位後的全稱為卡爾十四世・約翰（Karl XIV Johan）。

† 擁立伯納多特為王的默納，後來過得並不順利。他曾經贏得卡爾・約翰的信任，後來卻屢次因輕率的財務決策陷入債務，不得不仰賴約翰的支助。最後淪為一個低階指揮官，負責斯德哥爾摩郊區的一處哨所，成日追憶昔日在巴黎的風光，吹噓自己的功績。

恰逢一八〇八年初俄羅斯入侵芬蘭，以及一八〇九年瑞典與俄羅斯簽署《腓德里克港合約》（Treaty of Fredrikshamn）。

在拿破崙掀起的歐洲戰局之中，瑞典選擇了加入反法同盟。此策目是為了向俄羅斯借兵，逼迫丹麥放棄挪威；作為交換，瑞典則承諾出兵協助俄羅斯抵禦即將到來的法國入侵。一八一二年，拿破崙攻俄，迎向那場千古流傳的慘敗。法國撤回歐陸後，第六次反法同盟又在德意志高舉反旗。拿破崙在此戰中受到更大的打擊，在俄羅斯、普魯士和瑞典圍攻下，退到萊茵河以西。到了這時候，丹麥還是對拿破崙不離不棄，再次向瑞典宣戰。這又是一次大失策。瑞典利用他們在德意志的據點，將丹麥軍團引到霍爾斯坦的陷阱裡，逼其選擇放棄，或是任由反法同盟入侵丹麥。這也是瑞典軍隊最後一次正式上戰場。最終，瑞典和丹麥於一八一四年一月十五日在奧地利、英國、俄羅斯和普魯士擔保之下，簽署了《基爾條約》（Treaty of Kiel）。

挪威的重生

根據《基爾條約》，丹麥將挪威割讓給瑞典。* 沒有人在乎挪威人自身的意願。不過啟蒙之光也照耀到了北方的邊陲地區。挪威人渴望掌握自己的命運，並認為他們應該成為自己家園的主人。

丹麥統治時期對待挪威人民非常殘酷，除了徵收令人喘不過氣的稅賦、強行徵丁入伍為外國人作戰，外來官員對當地人也毫不關心。他們的治理帶有濃厚的殖民剝削色彩。挪威的糧食依賴進口，而哥本哈根政府壟斷了穀物經銷，以保證丹麥生產商和貿易商可以從穩定的高價獲益，挪威人的利益也因此蒙受損害，不得不接受高於市價的進口生活必需品，有時甚至陷入糧荒。

不過，自從丹麥開始放鬆專制統治，並實行各種文化、社會和財產改革後，挪威行省也隨之改變。美國革命和憲法則讓崇高的原則化為現實。法國大革命透過《人權宣言》和一七九一年憲法，改變了整個歐洲的政治發展。哥本哈根的人們展開了前所未有的思辯。激進的挪威年輕人則加入挪威社，用寫詩作曲來歌頌民族與祖國。後來成為卑爾根主教的約翰·諾達爾·布倫（Johan Nordahl Brun）在一七七一年創作了一首動人的讚歌，頌揚著「挪威，巨人的誕生地，我們夢想它的自由，夢想它脫離枷鎖」。我當學生的時候，人們會在節慶活動上唱這首歌，直到今天依然如此。

歷史學家有時會把丹麥統治下的挪威人寫得很溫順，但實情並非如此。他們從未停止向哥本哈根投訴官僚濫權的問題。農民起義、拒絕納稅和徵兵，以及逃避兵役都屢見不鮮。挪威民族認同從未消滅，因此它遭受的踐踏也格外令人痛心。

一七八六年六月八日，一位名叫克里斯蒂安·延森·洛夫特胡斯（Kristian Jensen Lofthus）的農民，從挪威南部來到哥本哈根覲見王儲腓德里克。他說，他是「代表祖國」而來，並帶來了一封針對當地官員的投訴信。王儲友善地傾聽他的陳情，並鼓勵他回家鄉為政府整理相關檔案。他確實這樣做了，結果他的行動從整理檔案，轉向了組織起義。請願書上蒐集了數百個簽名。同時還有一支農民軍開始集

* 條約中的措辭是放棄「挪威王國」，但這在憲法上有些疑義，因為挪威王國從一五三六年就已經不存在了。雖然曾經屬於挪威王國，但是冰島、法羅群島和格陵蘭島依然屬於丹麥，沒有一同割讓。在簽約之前，條約內容臨時從割讓挪威，改為挪威與瑞典結為聯合王國。而丹麥則根據一項秘密協議，獲得一筆可觀的現金補償。

結、前進，其中一支大隊正朝哥本哈根的方向行進。而當局採取了兩種不同的反應。他們下令逮捕洛夫特胡斯，追捕他並將其囚禁，鎮壓了這場運動。但他們也成立了一個委員會，有條不紊地認真審查投訴。許多官員因此受到停職處分，並且被控失職。

洛夫特胡斯起義之後是豪格覺醒，這是一場由平民在全國建立「教友會」網路的社會組織運動。十九世紀初的戰爭年代導致了通貨膨脹和艱苦的生活，最後於一八一三年，在挪威全境各地引發一場又一場的飢民起義。挪威人即將推翻壓迫，至少丹麥政府已經看到這樣的威脅。自下而上的社會組織太過危險，不容許存在，但有著需要被理解的成因。

丹麥過去之所以能輕易征服挪威，其中一個原因就是當年的挪威菁英沒有能力抵抗。但如今，民心的動盪卻能夠浮上水面，凝聚成社會運動。組織群眾運動的並不是貴族，因為挪威幾乎沒有貴族；正在崛起的市民和資本家階級也不是主力，因為這些人的數量太少。這些組織者的出現，要追溯到君主專制時期，政府在全挪威建立的官僚體系——上至克里斯蒂安城的統治機關，下至各地、各郡的民政、司法和軍事當局員工，以及官方教會的主教與教區牧師。掌管這個官僚體系的，有時是丹麥人，有時是外國人，有時是挪威人，對其統治的平民來說，他們往往是外人，也是敵人。但另一方面，他們也是受過教育的人，最容易受到啟蒙運動影響。政府對於行政人員的選任愈來愈重視。因此有愈來愈多的挪威年輕人前往哥本哈根就學，然後回到家鄉服務。

這些受過新思想洗禮的人，開始將挪威視為一個民族，並自詡為新時代的居民。從洛夫特胡斯起義和豪格運動受到的鎮壓，他們看到了更深層的矛盾。於是，這些人逐漸形成一個新的社會階級。挪威歷史學者稱之為「公職階級」（*embetsstanden*）。挪威歷史學家史托勒・茞爾維（Ståle Dyrvik）指出，在短短一代人的時間裡，「這些塑造公共輿論的人就形成了強烈的民族認同」。一八一四年為獨立王國起草憲法的，正是這個階級。在整個十九世紀，他們無疑就是挪威的貴族，「掌握著治理的權力，制定公領域的規範」。在一八三〇年代以前，公職階級的人數仍非常少，不到兩千個家庭，但它孕育了無數男女高官、教授、主教、國會議員、作家和詩人，將「挪威居民」凝聚成「挪威民族」。

一八〇七年，英國對歐洲展開封鎖，挪威只能自力謀生。一開始，丹麥成立了一個「政府委員會」（Regjeringskommisjonen），它不完全是一個政府，但慢慢變成了類似政府的存在。儘管收效甚微，但它確實試圖在英國封鎖下進口糧食，控制物資供給。儘管猶豫再三，它也領導了挪威對抗瑞典的入侵。一八〇九年瑞典國王古斯塔夫四世被廢後，挪威人本來有機會進軍瑞典，但他們沒有這麼做。有人認為這是因為瑞典私下接洽克里斯蒂安·奧古斯特，以瑞典王儲一職賄賂他。挪威國內有一些勢力贊成與瑞典聯合，其中不乏政府委員會成員，他們可能都與瑞典人暗中勾結。

一八一〇年一月，克里斯蒂安·奧古斯特離開挪威，就任瑞典王儲。丹麥國王腓德里克六世一連派了許多任諸侯到北方擔任總督，最後在一八一三年任命王儲克里斯蒂安·腓德里克（Christian Frederik）。克里斯蒂安剛滿二十七歲，頭腦聰明，才學兼優，相貌英俊、儀態迷人。他很瞭解也很重視挪威，因此格外看重這份職務。國王給他的任務是維繫挪威與丹麥的紐帶，但他就任以後卻沒有積極捍衛丹麥利益，反而更像是一個挪威叛黨。

隔年，挪威向瑞典投降，但克里斯蒂安·腓德里克仍控制著克里斯蒂安城，被其他挪威人尊為民族領袖。二月十六、十七日，他召開了「領袖」會議，會中決議挪威將宣布獨立。全國各地教區都派了代表參加制憲會議。一八一四年四月十一日，會議在克里斯蒂安城北方的埃茲佛（Eidsvoll）召開，與會代表共有一百一十二人，其中三十三人代表軍方，其他人則代表各個地區。他們花了一個月完成憲法條文，最後在五月十七日表決通過。克里斯蒂安．腓德里克獲選為王，無有異議。挪威王國終於有了國王。*

然而這次獨立終將失敗。瑞典當然不希望挪威獨立，而丹麥和其他歐洲國家也不支持。即便如此，制憲會議還是在五月十七日通過了新憲法，中間經過多次修訂，但直到今日仍是挪威的根本大法。依據憲法，挪威將成為一個擁有民選立法機關的君主制國家。但凡二十五歲以上，且擁有財產、能夠納稅的男性，只要宣示效忠憲法，都能擁有投票權——這代表近半數男性都能投票。這些規則確保了司法獨立、財產權和新聞自由。路德教還是國教，耶穌會和其他修會都「不受容忍」，猶太人也「不計入本國之中」。貴族制度不再，最後兩個伯爵領也在一八二一年遭廢。如今，五月十七日依然是挪威國慶日，又叫挪威憲法日，人們將這天視為挪威獨立的日子。每到這天，各個城市、鄉鎮和村莊都會舉行盛大的儀式慶祝。各級學校會舉辦遊行，孩子們會穿上最漂亮的衣服，揮舞國旗為自由歡呼。

考慮到當時丹麥還維持著貴族制度和君主專制，挪威憲法可以說是非常激進地貫徹了啟蒙思想。首先是立法機關採用當時極為罕見的一院制。即便是堪稱典範的美國憲法，國會也分成參眾兩院。各國設立上議院，是讓貴族、地主和其他菁英能持續掌控政府事務，但既然挪威沒有貴族階級，也沒有非貴族的地主菁英，自然就沒有人會要求像其他國家一樣的上議院特權。丹麥與瑞典則分別在一九五三年和一九七〇年，才改成現在的一院制。

到了七月底，瑞典國王卡爾．約翰動員軍隊攻入挪威，不過整場衝突只發生過幾場小規模交火，就在短短兩週後就結束了，很難稱得上「戰爭」。八月十四日，雙方簽署協議，克里斯蒂安・腓德里克召集大議會，宣布遜位，離開挪威。卡爾・約翰同意保留挪威憲法，條件是條文需要因應聯合王國修改。十一月四日，挪威大議會通過修訂後的憲法，接受與瑞典聯合，並推舉瑞典國王為挪威國王。同一天，克里斯蒂安・腓德里克啟程返回丹麥。瑞典歷史學家普遍認為卡爾・約翰對挪威人相當寬厚——這個評價可謂恰如其分。

那些名字讓人頭痛的丹麥王侯

克里斯蒂安七世於一七六六至一八〇八年在位，卻因精神疾患無法執政。於是其子腓德里克自一七八四年起擔任攝政王，並於一八一四年加冕為腓德里克六世。

克里斯蒂安・奧古斯特是什列斯威—霍爾斯坦地區一名公爵腓德里克・克里斯蒂安一世（Frederik Christian I）的兒子，也是丹麥王室的旁支。奧古斯特從一八〇三年起在挪威擔任司令，

* 歷史學家琳達・柯利（Linda Colley）在她的憲法史著作中提到，這份憲法是在奧斯陸郊外「一座優雅的新古典主義宅邸」中寫成的。確實如此，但整個制憲會議要說是「優雅」，也十分勉強。與其說是宅邸，那邊更像是一棟鄉間別墅，會議室又小又擠。與會者擠在沒有靠背的硬木長凳上。挪威大議會（Storting）仍保存著描繪這場會議的畫作，議員背後是一扇敞開的窗戶，以便保持通風，讓惡臭飄傳出去。他們被安排住在附近的農場，多半兩三個人住在一個房間，需要自己張羅餐飲和其他日常所需。到了四、五月，挪威還未脫離冬季，都覆蓋在雪泥之中，議員們可以穿越這個幾乎沒有道路的國度，還真是奇蹟。為了這些費時的會議，他們必須來來去去，穿越泥濘的旅程。

一八〇七年升任總督。一八〇九年，他被選為瑞典王儲，改名卡爾·奧古斯特，但於次年逝世。

腓德里克·克里斯蒂安二世是卡爾·奧古斯特的哥哥，他在一八一〇年也獲邀擔任瑞典王儲，但最後瑞典改立伯納多特。他因此在丹麥失寵，終身未再獲得重要職位。

克里斯蒂安·腓德里克是丹麥國王腓德里克六世統治期間的丹麥王儲。他是國王的侄子，他的父親是另一位腓德里克王子（Prince Frederik）。一八一三年他出任挪威總督，次年獲名人會議（notabelmøtet）選為挪威攝政王，後來短暫擔任挪威國王，但不久後便退位回到丹麥。回國後，對其不滿的國王將他任命為低階的地方總督。一八三九年，他登基成為丹麥國王克里斯蒂安八世，是丹麥最後一位專制君主。

第十章　黃金時代與其陰影

丹麥擺脫了挪威的重擔。瑞典擺脫了丹麥的重擔。挪威擺脫了殖民地處境。和平再次降臨。社會走向開放。自由主義、浪漫主義與民族主義在這充滿活力的壓力鍋中交融，化為經濟、文化與政治上的創造力。

創新之一：工業

約塔運河（Göta Canal）全長一百九十公里，從東部的波羅的海沿岸貫穿瑞典中部，延伸至內陸的維納恩湖（Vänern）與韋特恩湖（Vättern）。運河於一八三二年開通，是瑞典工業時代之初最大的基礎建設計畫，至今仍在使用，主要用於觀光。

瑞典主要的出口商品包括銅、鐵和木材，這些資源幾乎都產自東部和北部，經過河流湖泊，運送至波斯尼亞灣和波羅的海，繞過瑞典南方，出松德海峽，沿丹麥北部進入北海。在使用風帆的時代，這代表著大量時間成本和現金支出。而穿越松德海峽的船運，都要向丹麥支付通行費。也就是說，約塔運河的開鑿，是為了將內陸物資直接送到西部海域。早在一八〇〇年，瑞典就已經在維納恩湖和哥德堡港口之間開鑿了特羅黑特運河（Trollhätte Canal），所以當約塔運河一開通，內陸水路與西海岸的航運網路就連在一起了。

這一切聽起來理所當然，但實現卻是項大工程。開挖這麼大的運河須要有各式各樣的能力、雄厚的財務後盾與充足的人力，但最重要的還是遠見。約塔運河的成功，是因為人們敢於展望各種巨大成就、龐大計畫、大筆投資以及大量回報——這些事在百年以前，人們想都想不到。瑞典經濟史學者埃利・赫克舍（Eli Heckscher）認為，正是因為思想的突破，帶來全新的思考方式，人們才能邁向工業化。

這些思想和物質上的變革，也是得益於外國協助，其中又以英國的影響最深。彼時英國工業革命正如火如荼地開展，先是開鑿了多條運河，後又鋪設了大量鐵路。在歐洲的影響和技術資金輸入下，斯堪地那維亞也重複了類似的發展過程。在規劃約塔運河時，瑞典政府從英國聘請了曾擔任蘇格蘭加勒多尼亞運河（Caledonian Canal）總工程師的托瑪斯・泰佛（Thomas Telford）擔任顧問。在這之後的一百年裡，從國外輸入專業知識和資金，一直是北方工業發展的常態。從運河開始，接著是蒸汽機、鐵路、蒸汽船、電報、電氣化，以及水力發電的開發。斯堪地那維亞人渴望擁有一切，最後在歐洲先驅者和資金的協助下，終於成功了。

這條運河靠人力開挖，花了二十多年才竣工，前前後後計有六萬名工人參與。這些來來去去的建築工人，是工業化早期興業精神的產物之一。一個個年輕、強壯、勤奮、生活艱辛的男人，在開放的勞動市場中，追逐著工作機會和工資，投入一個又一個建設案，從事開鑿運河、建設鐵路、拉電纜等工作。這些工作的條件艱苦，隨時有可能面臨傷亡。在瑞典和挪威，他們被稱為「推車工人」（*rallare*），可能是源自瑞典語中的「手推車」（*rullebör*）一詞。推車工人是貫串整個工業崛起時代的存在。後來這些人和他們的生活被浪漫化，成為文學和民謠的題材，但在當時，做推車工人並不怎麼光彩：住的地方簡陋，很多時候只是簡單的營房或帳篷，醫療照護匱乏，食物粗糲，常要靠烈酒補充體力。

然而即使是用人力挖掘，也需要各種工具：鏟子、大錘、桶子，以及爆破岩石的炸藥等。運河工程於是需要各種二級產業產品。技術需求也隨之而來，比如補強運河兩側以防崩塌、沿途的道路和橋梁、控制水流以操控貨船升降的水閘（約塔運河共有五十八個閘門）。運河公司在莫塔拉鎮（Motala）開設了自己的機械工廠，生產起重機、疏浚機等工程設備。莫塔拉工房（Motala Verkstad）很快就獨立，成為瑞典工程業界的龍頭，之後還涉足蒸汽機、火車頭、列車、俥葉、造船（建造國內第一艘蒸汽船）、橋梁、曳引機和渦輪機等領域。莫塔拉至今仍然實力堅強，產品從廚房水槽到烏普薩拉大教堂的尖塔無所不包。除此之外，博林德（Bolinder）、考庫姆（Kockum）、富世華納（Husqvarna）等知名廠商，也是因運河工程而生。

大規模建設增加，機會也隨之而來。奧洛夫・埃里克松（Olof Ericsson）是十九世紀初的一名礦業經理，他後來參加了約塔運河的開挖。他讓兩個兒子從青少年開始，就接受工程學徒訓練。長子約翰（John）移居英格蘭參與鐵路建設，之後前往美國，投身海軍工程與戰艦設計。南北戰爭期間，他設計了鐵甲艦，在船上安裝自己設計的旋轉炮塔和俥葉推動系統，這些設計是北軍能夠握有海上優勢的決定性因素，也為他贏得了名聲和財富。

次子尼爾斯（Nils）則留在瑞典，參加後續的運河建設工程，直到一八五〇年轉向鐵路建設。此時，瑞典議會決議將以斯德哥爾摩為起點鋪設鐵路主線，西達哥德堡，南至馬爾默。尼爾斯被任命為計畫負責人。這些工程都是重大投資，龐大的產業鍊因而誕生，鐵路沿線也冒出一個個社區和城鎮。瑞典第一台蒸汽火車頭出產於艾斯基圖納（Eskilstuna）的蒙凱特機械廠（Munketells Mechanical）。這家公司成立於一八三二年，其創辦人在留學英格蘭時，就預見了蒸汽與鋼鐵在未來的潛力。尼爾斯負責這項計畫長達十年，直到西部鐵路全部開通。他在一八七〇年逝世，生前因其貢獻受封貴族。

還有一位拉爾斯．馬格努斯．埃里克松（Lars Magnus Ericsson），他在十二歲那年初次走入礦坑，二十歲開始學習電報設備製造，並曾在德國的西門子（Siemens）學習儀器製造。他在一八七六年回到瑞典，在斯德哥爾摩開設了一間機械工坊，後來模仿西門子的技術，發明了桌上電話，這項發明一八九七年在斯德哥爾摩的一個國際博覽會中展出，*成為瑞典工業發明的象徵之一。該公司一路成長茁壯，如今已是聞名全球的電信企業：愛立信（Ericsson）。

滾珠軸承確保了現代機械能夠順暢運轉，是現代機械工業中至關重要的發明。十九世紀末，這些鋼珠軸承投入實用，支撐起各種重型和精密機械。一九〇七年，一位哥德堡紡織廠的工程師斯文．溫奎斯特（Sven Wingqvist）又做出了突破性的發明，並在隔年成立新工廠，後來發展成二十世紀最成功的工業廠商斯凱孚（*Svenska Kullagerfabriken*，SKF，意為瑞典滾珠軸承廠）。五年內，斯凱孚就在歐洲、俄羅斯、北美、南美和澳洲設立分公司，展開生產與配銷。一九三〇年代，斯凱孚幾乎壟斷了全球高階滾珠軸承市場，市占率高達七十%。一九二六年，斯凱孚成立子公司富豪（Volvo）汽車，並在一九三五年使其獨立。這兩個廠牌可以說是瑞典在高階工業製造領域的金字招牌。

運河和鐵路等工程必定需要爆破岩石的技術。但當時的炸藥效果差又危險，直到阿佛烈．諾貝爾（Alfred Nobel）以硝化甘油為基礎，發明了一種更有效、更安全的矽藻土炸藥（dynamite），並以希臘語的「力量」（*dúnamis*）為其命名。諾貝爾的父親是一名製造工具、武器和化學藥品的企業家，曾靠著克里米亞戰爭在俄羅斯大發橫財。諾貝爾曾在法國和美國私下學習，有一陣子在約翰．埃里克松旗下工作，最後成為一位發明家，包括一八六七年的矽藻土炸藥，總共擁有超過三百項專利。他後來進入工業界，建立起一個跨國的化學藥品與武器供應網。†諾貝爾是個複雜的人物，他深具企業家精神，是進步主義的信徒，或許也深信科技進步將會淘汰戰爭。儘管他的產品主要是炸藥和武器，但他本人卻熱愛和平，這讓他倍感孤獨、痛苦，或許也是這份良心譴責讓他陷入憂鬱。一八八八年，他同為工業巨富的二哥柳德維格・諾貝爾（Ludvig Nobel）去世，但訃聞卻誤報為阿佛烈去世。法國一家報紙稱他為「死亡商人」。這或許是他決定捐出自己可觀的財產，成立諾貝爾獎的原因。最初的諾貝爾獎包括物理、化學、醫學和文學獎，由瑞典的諾貝爾基金會管理，而和平獎則由挪威大議會下屬的委員會管理。

約塔運河工程激發了投資人的熱情，吸引到大量的國內資金，其中最主要是來自斯德哥爾摩和哥德堡的貿易公司，因為他們希望這條橫跨全國的運河能夠幫助其業務發展。初期起步還算容易，但進一步的工業生產，需要依靠更複雜的金融服務，因為後續計畫需要向國內外各種來源籌募資金。一八五六年，一位名叫安德烈・奧斯卡・瓦倫堡（André Oscar Wallenberg）的人來到斯德哥爾摩，成立了第一家私人銀行，名為斯德哥爾摩銀行（*Stockholms Enskilda Bank*），也就是現在的斯堪地那維亞銀行

---

* 譯註：這裡指的是斯德哥爾摩工業藝術博覽會（General Art and Industrial Exposition of Stockholm）。

† 其中包含了瑞典的波佛斯（Bofors）。諾貝爾在晚年收購了這家公司，並將其轉為生產軍備；二戰時，軸心國和同盟國都有使用他們生產的防空炮。百年過後，波佛斯已經成為武器業界龍頭之一，並加入紳寶集團（SAAB）；二〇〇〇年，紳寶將飛彈以外的重兵器部門出售給美國聯合防務工業（United Defence Industries），該部門後來又被英國貝宜系統（BAE Systems）收購，波佛斯重兵器也成為其子公司。波佛斯動力（Bofors Dynamics）則依然屬於瑞典紳寶集團。二〇二二年，烏克蘭用於抵禦俄羅斯入侵的NLAW輕型肩射反戰車飛彈，就是紳寶授權在英國組裝的產品。

（*Skandinaviska Enskilda Banken*）。他曾在國外待了二十年，學習美國銀行業的運作，並看到了瑞典的市場機會。直到去世，瓦倫堡都是這家銀行的領導者，將其發展成瑞典國內的金融巨頭，對於引進國外資本至為關鍵。在此後的一百年裡，斯德哥爾摩銀行仍由瓦倫堡家族掌管，這讓瓦倫堡家族成為瑞典及斯堪地那維亞地區最具影響力的金融家族。許多地方銀行和核心工業廠商，都圍繞著斯德哥爾摩銀行運作，瓦倫堡家族掌握著這些企業的大半股份，而這些企業的高層也都效忠於瓦倫堡家族。不僅如此，斯德哥爾摩銀行也和政府緊密合作，甚至參與了鈔票發行，為瑞典政府與資本的協作打下基礎。安德烈的其中一個兒子肯努特·瓦倫堡（Knut Wallenberg）還曾在一戰期間擔任外相。這個家族對瑞典資本主義的影響，堪比中世紀佛羅倫斯的梅第奇家族。

圖十四：阿佛烈·諾貝爾（1833-1896），瑞典工業化的推手。

然而，約塔運河並未如預期中那麼重要。鐵路運輸很快讓運河變得過時，後來丹麥也取消了松德海峽的通行費。然而，這項工程卻催生出一批新興的工業和金融企業，以及邁向工業革命的經濟動能。從這些衍生出的產業鏈，我們會發現當今的瑞典工業與金融業，幾乎是直接繼承了兩百年前的工業界新秀。隨著這些企業發展，瑞典的經濟主體也從農業轉向了工業。

瑞典人很幸運。他們的國家地勢崎嶇、氣候寒冷、生活艱難，交通運輸路途漫長。要馴服這片土地，必須要有大規模的人為干預，而這需要大量工程和金融巧思，創造無數的工作和就業機會，如此持續數十載。許多了不起的人物投入製造業和銀行業，回應了這個需求。

反觀丹麥就沒有這麼幸運。這個國家幅員較小、環境宜人，但缺乏豐富的礦產或廣闊的森林。它的主要出口物是便於運輸的農產品。因此，為其他國家啟動工業化的運河建設，幾乎不存在於丹麥。十九世紀初以來，丹麥的道路網有所改善，縮短了旅行時間，也改善了交通運輸，然而在地形平坦、氣候溫和的地方鋪設短程道路，並不需要太多技術。丹麥真正需要的，是連接群島的橋梁建設，但這些技術直到二十世紀中葉才得以實現。

丹麥另一個不幸是貴族階級。這些人不但毫無進步概念，甚至可以說相當反動，只滿足於名下的土地，對工業發展毫無興致。國王腓德里克六世也毫無才幹氣度，對於改變、放鬆權力或是新事物都極度恐懼。啟蒙時代早期的積極辯論，因為審查制度的復活而噤聲。看著挪威脫離丹麥的君主專制，採用民主憲法，丹麥的自由派雖然心有嚮往，卻未敢公開表達，因為討論憲政現代化已經是危險的行為。於是，丹麥人的內心並未像瑞典人一樣改變，全國的經濟和政治也因此陷入長達百年的僵化。「王權專制的階級心態，依舊在人們的心中盤旋。」

和平為瑞典帶來繁榮，卻為丹麥和挪威帶來衰退。兩個國家財政破產，無力投資經濟創新。一八三〇年代中葉，丹麥公共債務甚至高達歲入的十倍。新生的挪威政府被迫承擔一部分丹麥的戰爭債務，卻沒有資金可用，只好繼續向已經陷於困境的產業課徵出口稅，並對貧困的人民徵收非常規稅捐。一八一八年，卡爾・約翰在尼達洛斯座堂加冕為挪威國王時，還不得不為王冠和其他排場自掏腰包。同時，貨幣體系也一片混亂，通貨膨脹失去控制。埃茲佛（Eidsvoll）莊園，這座擁有煉鐵廠、木材廠、工業與土地，曾是挪威最富有的莊園之一，並曾於一八一四年舉行制憲會議的處所，也在一八二二年破產倒閉。

丹麥比瑞典晚了大半個世紀才步入工業化，而且方向完全不同。瑞典工業化的主軸是重工業和製造業，而丹麥工業化的主角則是紡織、服裝、菸草、製糖、農機和啤酒等輕工業和農產加工，知名廠商包括一八四七年的嘉士伯（Carlsberg）和一八七五年的樂堡（Tuborg）啤酒。晚至一九三〇年左右，丹麥八成的出口都還是農產品，其中有六成是豬肉和奶油。

丹麥的第一條鐵路從一八四七年開始連接哥本哈根和羅斯基勒，長三十公里。一八五〇年代，英國鐵路實業家山繆・佩托（Samuel Peto）取得了在日德蘭半島鋪設鐵路的特許權。他先蓋了東西向橫貫鐵道，並連接蒸汽船航線以便和英國貿易，後來在一八六九年完成南北縱貫鐵道。貿易帶動航運，航運又帶動造船。造船業的先驅——伯邁斯特韋恩造船公司（Burmeister & Wain）便是從一八四〇年代開始運作。

挪威的經濟衰退，則一直到十九世紀中葉才開始緩解。最先改善的是傳統的經濟活動，包括農業、漁業和林業。延續十八世紀的趨勢，挪威佃農逐漸翻身成為自耕農，農業生產力也因此提升。此時還有大量鱈魚與鯡魚湧入挪威沿岸，這些漁獲約有五分之四用於出口；到了一八六〇年代，漁獲已經占了全國出口總額的五分之一。

羅弗敦群島

挪威沿岸最著名的島嶼群，就是位於北極圈內的羅弗敦群島（Lofoten archipelago）。這串列島由六、七座主要島嶼，以及數個小島組成，島上多為山地，延續著北挪威破碎的地形，像根彎曲的手指一樣指向挪威海。群島盡頭是勒斯特島（Røst），這座島嶼極度低平，如果你從空中俯瞰，一定會不禁疑惑它為何沒有被海水吞沒。勒斯特島前方還有三座挪威語中稱為「*nyker*」的高聳島礁，從海面直通天霄，上面有許多海鸚和燕鷗面海棲息。我曾在夏天搭乘直升機圍繞這些島礁飛行，看著整片鳥群被引擎的轟鳴聲驚飛，差點以為那是整面岩壁崩落下來，騰空揚起，隨後在空中散為煙塵。

一四三〇年代，曾有遇險的義大利水手在勒斯特島上生活。一四三一年，威尼斯人皮耶羅·奎里尼（Piero Qverini）從克里特島（Crete）出發，載著一船葡萄酒前往法蘭德斯市場。出地中海後，他的船駛進了一場猛烈的風暴，桅杆、風帆與船舵皆毀，無法操控，只能隨著風浪漂往北方。最初的六十八名船員中只有十一人倖存，他們最後漂到挪威北部，多虧被勒斯特島的漁民發現才得救。根據奎里尼的記載，島民對他們非常仁慈慷慨。這些義大利人很訝異，島民光靠漁獲和少量牲口，就能過得安心愜意。他們靠著漁獲和卑爾根貿易，換取穀物、布匹和其他生活必需品，生活水準甚至遠勝很多南方農業地區的居民。

羅弗敦群島和挪威本土形成了一座天然漁滬，且至少從十五世紀開始，年年冬季都會有大量的鱈魚湧入。每逢漁汛，濱海地區的男兒就會成群結隊來到這裡，大約十人乘一艘小艇，用船槳與風帆航至群島，整隊一起住在島上的木屋裡，通常還會僱用一名女性負責煮食與打理家務。他們白天在陰寒澹漉的環境裡辛苦工作，夜晚的時光也沒有比較舒服。收穫豐盛的時候，捕魚能賺到不錯的收入，然而漁民大部分賺來的錢，都揮霍到放蕩的生活上了，而更大一部分獲益，則流入提供裝備、收購漁獲的沿海貿易資本家手中。

一九二一年，約翰．博耶（Johan Bojer）出版了《最後的維京人》（*Den siste viking*），這本北歐文學史上最精彩的小說之一，講述的便是當時的冬季漁業與投身其中的漁夫們史詩般的故事。本作不僅是一部文學傑作，也展現了深刻的政治剖析。在書中，大量魚群突然湧入一座峽灣，漁民為了捕撈爭相湧入，爆發了一場小型內戰，直到管理單位開著蒸汽巡防艦，穿著海軍制服到來，才靠官方威嚴恢復秩序，並規定峽灣一邊是放釣區，一邊是撒網區。「一千名漁夫才瞬間從禽獸變回人類。」

如今，這些傳統漁業已經成為歷史。現代漁業已經全面機械化，漁民的勞動條件也大幅改善，當年那些簡陋擁擠的木屋也已經翻新成精緻的「漁屋旅館」（*rorbu*），提供舒適的現代化旅宿體驗。

隨著歐洲戰事的終結，國際貿易逐步自由化，海洋也重新開放。挪威航運業抓住這個機會，利用過往豐富的經驗走向國際。造船廠像百年以前的鋸木廠一樣大量成立，規模雖然小而原始，但整個南部沿海，幾乎每座城鎮都有超過一間。到了一八七〇年左右，挪威的船隻總噸為已經漲至全球第三，僅次於英美，直到一九一四年才被德國超越，退居第四。十九世紀末，蒸汽取代了風帆，成為遠洋與大西洋貿易的主流。貿易重鎮卑爾根的船東也意識到，蒸汽船才是未來的趨勢，領先全國各地開始打造蒸汽船。不過，挪威航運業的名聲並不好。挪威製造的船隻價格便宜，品質低劣，技術落後，船難發生率遠高於其他國家，有時反而是靠保險理賠來獲利。挪威水手的薪資也非常低，只有英國船員的一半。在挪威的民族神話中，航運被描寫成「我們的榮耀與力量」，但實際上，早期的挪威人是大海上的浮浪人、赤腳漢，靠著削價競爭賺取利潤。

在十九世紀中葉復活的，還有捕鯨這門不光彩的生意。一八六〇年代，挪威人斯文．佛因（Svend Foyn）發明了有爆炸彈頭的魚叉炮（harpoon gun），徹底改變北大西洋的捕鯨方式，最終改變了全世界的捕鯨業。這個產業用著最殘忍的手段，獲取了足足一個世紀的暴利，讓全球的鯨魚瀕臨滅絕。*一八五〇年代，挪威開始挖掘運河，比瑞典晚了半個世紀。蒸汽船漸漸在沿海航運和內陸湖泊上普及。一八五四年，由英國知名鐵路工程師羅伯特．史蒂芬生（Robert Stephenson）設計，全長六十五公里的全國首條鐵路，終於從克里斯蒂安城發車，開往埃茲佛。一八六〇年代起，鋸木廠也開始用蒸汽機提升產能。

然而挪威的發展依然很緩慢。瑞典鐵路在一九〇〇年已經長達一萬兩千公里，而挪威只有兩千公里。儘管木材加工、機械製造與魚類罐頭等產業已經起步，但規模依舊有限。直到電力技術成熟，人們

* 一九〇四年，挪威人在南極的英屬南喬治亞島（South Georgia）建立了一座捕鯨站（以及數個大多為季節性的聚落），至一九五六年為止，該捕鯨站總共獵殺了十七萬五千頭鯨魚，占整個南極捕鯨量的十％。如今島上仍有大約兩千頭馴鹿，是挪威人在一九一一年為了新鮮肉源而引進的。

意識到瀑布蘊含的非凡價值，挪威才真正步入工業化。若將山坡上奔騰而下的水流視為財富，挪威可說極為富有。

最重要的突破發生在二十世紀初。趁著農民和地主尚未察覺水力的價值，山姆・艾德（Sam Eyde）這位曾在德國學習的工程師，開始四處收購河流瀑布的開發權。他和奧斯陸大學的克里斯蒂安・畢克蘭（Kristian Birkeland）合作，這名物理學教授一直在研究電力的工業應用。兩人吸引了瑞典瓦倫堡家族的投資，並因此吸收到更多法國資本。一九〇五年，二十世紀挪威最重要的工業廠商——挪威水電公司（Norsk Hydro）成立，首先推出利用大量電力從空氣分離氮氣製造肥料的技術。隨後，電力在工業上的應用，進一步推展到冶金領域，包括鋅、鋁、鎂等金屬的生產，這些產業在二戰過後，成為了挪威現代化的關鍵力量。

到了一九〇九年，挪威工業有超過三分之一的工業掌握在外國投資者手裡，除了以瓦倫堡家族為首的瑞典資本家，還有來自法國、德國、美國等國的投資者。（接下來為了方便起見，我將用「奧斯陸」這個現代名字來稱呼挪威首都，儘管在一九二五年以前，它都叫作克里斯蒂安城。）

創新之二：文化

文化的普及需要教育，因此見多識廣的社會上層開始設立學校，將知識賜予平民。然而地方社群和保守農民卻普遍抗拒上學，認為教育只是在強行灌輸繁雜無用的東西，跟自己沒有關聯，不如單純的信仰來得重要。

一八一四年，丹麥終於實施義務教育，城市兒童每天都要上學，鄉村則兩天上一次學，並依據農務對童工的需求安排假期。學校由地方管理，董事會主席通常是教區牧師。由於教師不足、地方財政吃緊，以及家長抗拒，這項改革推行得很慢。不過到了一八三〇年代，多數兒童都已經接受過學校教育，文盲反倒罕見，超前於歐洲其他國家。但此時還是只有極少數學生可以繼續升學，進入教授拉丁文的學校，能夠進入哥本哈根大學者更是稀罕。

一八二七年，挪威也通過類似的法案，在鄉村教區推行義務教育，並將課程從單純的宗教與閱讀延伸至寫作與算術。同樣地，這項改革並未獲得太多支持，主因是經費有限，量能不足，因此教師多半要巡迴授課，訓練水準不高而且薪資微薄，家長們也普遍抗拒。因此，儘管法律規定一個學年要上學八週，實際上學生只有上四週的學。即使在城鎮裡，每五個兒童也有一人未能上學。大議會不斷收到教育改革的提案，卻始終不願採取行動，因為普及教育的成本高昂，對挪威這樣貧窮的小國來說，實在過於宏大，難以負擔。

瑞典的進展更為落後，直到一八四〇年才立法推動設立國民小學，但貧困家庭的子女依然可以免於入學。學校制度在瑞典不受歡迎，政府執行力又不足，因此推動得極為緩慢。

要讓兒童受教育，首先必須培訓教師。於是國家在「神學院」裡設立了「師培教育」，雖然這不算高等教育，卻是第一種較為普及的進階教育，也是早期翻身的主要管道。這些課程培養了一批具備中等教育水準的男女教師，將知識、現代化與宗教的價值觀散播到全國各地。他們接受的是路德宗教育，所以同時也肩負宗教服務的使命。許多教師都積極參與宗教覺醒運動，或是實踐自由教會的理念，並推動各式各樣的民間組織。師培教育特別積極招募女性，因為各地學校對好老師的需求很大，而女性薪資又只有男性的一半。

到了十九世紀後半，斯堪地那維亞的教育已經追上歐洲的標準，大多數學童都能唸完小學，並且有更多人得到進一步的升學機會，就讀中學和新興的農業學校、專科學院，甚至大學院校。女性也開始有權上大學：瑞典在一八七三年開放女性入學，丹麥在一八七五年開放，而挪威第一位女大學生是一八八二年的塞西莉．托森（Cecilie Thorsen），那年共有兩百四十八名新生，她是唯一的女性。

尼可萊．腓德里克．塞維林．葛龍維（Nikolai Frederik Severin Grundtvig）是丹麥民族與自由主義覺醒運動的重要思想家。他出身於牧師家庭，學生時期表現優異，原本志在學術研究，後來在一八一〇年左右成為牧師，並迅速在文學和宗教論辯中嶄露頭角。儘管腓德里克六世對文化事業沒有什麼熱情，但還是盡忠職守，給了葛龍維許多支持。

葛龍維最重要的貢獻，是開創了「國民高校」（*folkehøjskoler*）這種斯堪地那維亞獨特的教育模式。他認為彼時的丹麥已經來到歷史的轉捩點，應當停止在「德意志文化」與「丹麥文化」之間舉棋不定，接受真正的丹麥特質。為此，他開始回顧北歐神話，研究格拉瑪提庫斯與斯諾里的著作，將其翻譯成現代丹麥文，追索屬於北歐的精神。在宗教上，他強烈反對官方教會的「理性主義」，言辭之犀利甚至讓他失去聖職與出版的權利。他代表著宗教覺醒運動中較為「光明」的一面，與另一批更保守、強調純正信仰的「黑暗」派針鋒相對。歷經十年的放逐後，他在一八三九年重返教會，定居在哥本哈根一座簡樸的牧師公館，並以生動的詩歌和會眾參與的禮拜方式，吸引大批信徒。他創作了大量簡單易懂的讚歌與聖詩，其中許多至今仍在斯堪地那維亞的教堂裡詠唱。他也是一名公共演說家，經常舉辦歷史講座，每每吸引數百人前來聆聽丹麥的歷史故事。他英俊而有魅力，像個當世先知一樣，在斯堪地那維亞地區吸引了眾多追隨者，形成了「葛龍維派」（*grundvigianere*）。當他在一八五一年造訪奧斯陸時，大議會甚至特地暫停議事，以便議員可以去聆聽他的演說。「他熱愛上帝、歷史、丹麥民族和丹麥的語言，還有不少女子，包括他的三任妻子。」

他將自己對民族、宗教和社群的理念揉合成一套公民教育計畫。他認為如果教育沒有普及，民主的文化就無法建立。唯有讓大眾都能學習，社會的分歧才能夠弭平。為此，他提倡一種新的學校，一所「生活的學校」，以抗衡拉丁語學術傳統的壓迫與束縛。這所學校要立足於一般人的生活與經驗，師生之間應該使用非家長式的對話，課程應立基於古代北歐傳統與民族語言，沒有考試的壓力，甚至不太需要使用書本。

第一所國民高校在一八四四年成立於什列斯威（丹麥在當地強烈感受到來自德意志文化的壓力），挪威和瑞典則在一八六〇年代成立了自己的國民高校。這場運動擴展得很迅速，有些是世俗學校，有些則帶有宗教色彩，其中有些傾向「光明面」，有的則屬於「黑暗面」，但都讓鄉村和農場兒女有機會學習基礎教育以外的知識。不久後，這些學校形成了遍布斯堪地那維亞的網路，得到私人和國家的資助。儘管這些學校風格各異，它們卻共同推動了民族自豪感與進步信念的發展。直至今日，這些學校仍是教育體系的一環，雖不屬於正式的學術體系，但每年都有數以千計的學生報名一年制的人文課程，這些課程沒有文憑，完全是為了學習的樂趣。

為斯堪地那維亞文學、音樂和藝術開啟黃金時代的，是年輕的丹麥詩人亞當·歐倫施萊厄（Adam

Oehlenschläger）。他引進了歐洲，特別是德意志的浪漫主義，以及其核心主題：激情、愛情、渴望、感傷、大自然、天賦、瘋狂、命運、悲劇與死亡。他在一八〇三年出版的《詩集》（*Poems*）中，批判當時生活的庸俗市儈，追憶精神更富足的過去。《詩集》不但是他創作生涯的突破，也是浪漫主義的突破。歐倫施萊厄寫了許多詩與劇作，在戰亂與衰敗的時代，為斯堪地那維亞人帶來崇高的希望。這些作品的旋律由民族情感、浪漫主義、大自然、人民的記憶和古老神話交織而成，豐富了兩、三代人的思考與想像。

數百年來，斯堪地那維亞一直都只能從外國輸入精緻文化：哈康四世用借的，克里斯蒂安四世用買的，克里斯蒂娜則是直接用搶的。如今他們突然成為創造文化的夥伴，開始為詩文藝術增光添彩。歐洲國家擁有足以作為創作養料的悠久傳統，而斯堪地那維亞幾乎一無所有；儘管如此，他們還是成功讓自己與歐洲國家平起平坐，在創作上能夠自給自足。一如以往，他們仍然深受歐洲影響，但現在他們有能力回饋整個歐洲文化圈。這個變化背後有兩股動力，一是浪漫主義的爆發力，二是從浪漫主義到寫實主義的提升。乘著這兩股力量，斯堪地那維亞人不再只是從文化邊陲觀望，開始積極參與這個領域。

新挪威語

自從挪威人開始尋找民族意識，語言就是個充滿爭議的話題。當時挪威在書面上使用丹麥語，歷史上最偉大的挪威劇作家易卜生就是用丹麥語寫作。然而，挪威人嘴巴講的卻是另一種語言。對丹麥和瑞典來說，語言議題的關鍵是保護現存語言，但對挪威人來說，則是「創造」一種語言。伊有志者認為，只有從民間的方言下手，才能找到回那些佚失的特色，創造「挪威人的語言」。伊瓦爾・奥森（Ivar Aasen）這位自學成才的語言學家，就致力於實現這個願景。一八四八年，他出版了《人民文法》（*Grammar of the People's Language*），一八五〇年又推出了一本辭典。他的想法相當激進，認為方言愈是古老、愈少受到外來影響，就愈完美。這些研究成果奠定了現代挪威語的其中一種正式書寫標準：新挪威語（*Nynorsk*），有時也稱作「鄉村挪威語」（*landsmål*）。雖然相較奧森整理的成果，如今的新挪威語已經大幅簡化，但依然忠於原本採集的方言。而另一種較為保守的書寫標準稱為書面挪威語（*bokmål*），則是從丹麥語演變而來。一直以來，「語言問題」始終是挪威政治中關乎認同的關鍵面向。

這是音樂表演的新時代。中產階級願意付費欣賞音樂，這代表作曲家和演奏家不再需要依賴王公貴族的資助，可以自由創作，靠聽眾維持生計與創作，甚至名利雙收。他們的音樂創新而大膽。當時的貝多芬、李斯特、帕格尼尼等人，就像今天的搖滾巨星一樣。

奥雷・布爾（Ole Bull）也是如此。他是一名小提琴家、浪漫主義者，以及挪威民族主義者。除此之外，他也作過一些曲子，並強調自己的靈感來自民俗文化。這些作品有部分確實流傳至今，但他真正為世所知的身分還是小提琴家。奥雷靠著拉小提琴賺得盆滿缽滿，巔峰時期甚至能夠自力籌辦歐洲巡演，到了回挪威時已是一位百萬富翁。他擁有音樂家夢寐以求的一切：異國情調、蓋世才華、挺拔身材、璀璨金髮、俊美容貌，名氣與帕格尼尼不相上下，所用的小提琴也是價值連城之寶。*

* 譯註：現藏於奇美博物館。

他幾乎將這些財富都投注於自己的理想，比如在卑爾根建立一座只用挪威語的劇院——最後破產倒閉。另一個計畫是在美國賓州成立一個叫作「奧雷安娜」（Oleana）的烏托邦社區。當時他在美國名聲響亮，於是決定用賺來的錢建立一個聚落，扶持來自母國的移民。但這場瘋狂的實驗終究沒能成功，畢竟，挪威本土連自己的人民都養不活，根本沒有能力支援奧雷在遙遠異鄉建立一個民族主義殖民地的理想。一八五二年正值挪威移民潮初期，第一批移民在這年遷入奧雷安娜，但不到一年，社區就開始瓦解，後來奧雷本人也放棄了這個計畫，返回挪威。他在卑爾根附近一座島上蓋了一座童話般的別墅，取名「巨魔丘」（Troldhaugen），這棟房子至今仍是卑爾根古典音樂節（Bergen Festival of Classical Music）的演出場地。奧雷在此度過晚年，最終在七十歲因癌症辭世。

另一名重要的作曲家愛德華．葛利格（Edvard Grieg）是奧雷的後輩。奧雷發掘了他的天賦，說服其父母送他前往德意志接受正式音樂訓練。葛利格後來成為歐洲音樂史上的巨匠，人們常將他與捷克的貝多伊齊．史麥塔納（Bedřich Smetana）和芬蘭的尚．西貝流士（Jean Sibelius）並列。他的靈感來自浪漫主義、德意志音樂和挪威傳統文化。

葛利格成年後長年周遊歐洲各地，也常往返挪威舉行演出。他是鋼琴家、指揮家，也是作曲家，作品涵蓋鋼琴、小提琴、大提琴與管弦樂，還曾寫過一首完整的交響曲（但他本人並不滿意）。此外，他更為海涅（Heinrich Heine）、歌德、安徒生、吉卜林（Rudyard Kipling）等詩人的作品譜曲。他的認同既是斯堪地那維亞人和挪威人，也是歐洲人，並沒有像奧雷那樣固執於挪威認同。

易卜生決定將自己的敘事詩《皮爾金》（*Peer Gynt*）改編成戲劇時，邀請了葛利格為他作曲。最後，葛利格完成了一部融合詩歌與管弦樂的優美作品，或許也是他最為人知、最受喜愛的作品（至少在我心裡是如此）。然而葛利格的作品卻犯了一個大錯，導致人們誤解它整整一個世紀。《皮爾金》是對當時資本主義的寫實批判。劇中主角皮爾金是一名國際商業大亨、騙徒與軍火商。他成長於階級分明的古德布蘭茲谷，由於家世不夠顯赫，無法迎娶上層階級的女孩。於是，他在女孩婚禮那天將她拐到山裡，毀了她的人生，然後亡命天涯，除了賺錢再也不關心任何事。劇末，年邁的皮爾金回顧自己的一生，發現自己就像洋蔥一樣，層層剝去以後空無一物。然而，葛利格卻將其轉化成帶有民族情感的浪漫主義敘事。或許他根本不在乎本劇內涵，只當成是個留下好作品（還有賺一大筆錢）的機會。《皮爾金》一上演就大受歡迎，流傳至今，但要等到後來的作曲家創作出不同版本的音樂，挪威人才理解這部戲劇的真正涵義。

浪漫主義時期，斯堪地那維亞終於誕生第一批在歐洲文化殿堂具有長久地位的文人：大雕塑家貝爾托．索爾瓦生（Bertel Thorvaldsen）、大說書人安徒生、大哲學家索倫．齊克果（Søren Kierkegaard）——這三人都是丹麥人。

索爾瓦生是傳統派的雕塑家，雖然沒什麼創新，但技藝高超。他的一生幾乎是場永不間斷的凱旋遊行，從就讀丹麥藝術學院開始，就被視為明日之星，後來在羅馬工作四十年，接受歐洲各地達官顯貴的委託，替宮殿、城市廣場和教堂創作紀念像，其工作室曾一度有過五十名助手。直到將近六十歲，索爾瓦生才回到丹麥，度過人生的最後五年，享受無數讚譽和榮耀。一八四四年三月二十四日，他在工作室雕刻馬丁．路德的半身像，晚餐時與歐倫施萊厄、安徒生等人聚會，隨後去劇院觀賞演出，並在自己的坐席上去世。雖然索爾瓦生終身未婚，但其地位之高，甚至讓王室頒布詔令，認可他的私生女為婚生子女。

浪漫主義早期有一群人致力於記錄民間的歌曲和故事，以挽救曾世代流傳於常民記憶中的文化。格林兄弟於十九世紀初開始蒐集德意志民間故事。一八一五年左右，新的民謠集在瑞典和丹麥出版。而在挪威，則有彼得．克里斯滕．亞比約恩生（Peter Christen Asbjørnsen）和約根．莫厄（Jørgen Moe）於一八四一年發行首部《挪威童話集》（*Norwegian Fairy Tales*）又稱《亞比約恩生與莫厄故事集》（*Asbjørnsen og Moe*），至今仍深受兒童喜愛。

當別人忙著蒐集，安徒生卻埋首於創作。他的作品類型豐富，寫詩也寫劇本，但人們最熟知的或許還是他的童話。在他四十年的創作生涯裡，寫下了大約一百五十則童話，如今已在全世界翻譯成一百多種語言。這些故事的一大主題便是對邊緣人和不幸者的共感與同情。許多我們耳熟能詳的典故，比如〈國王的新衣〉、〈醜小鴨〉、〈豌豆公主〉、〈冰雪女王〉與〈賣火柴的小女孩〉等，都是出自他的筆下。紐約中央公園有一座安徒生的雕像，將他描繪成一名慈祥和藹的長者，身邊圍繞著可愛的小孩。他在世時已經享譽國際，去世後更是名望日高。

然而安徒生的個人生活，卻充滿浪漫主義的悲劇性。他信仰虔誠，決心保持貞潔，但靈魂深處仍蠢蠢欲動渴望著愛情。或許為了調和這樣的掙扎，安徒生總是愛上無法回應他感情的女性。他也愛慕男性，和許多人有過對當時社會來說異常親密的關係，而他的解釋，是這源於他自己「女子氣的天性」。安徒生的童年在暴力和虐待中度過。他寫了四本自傳，但後世學者認為這些自傳，講得委婉一點，並不可信。我們無法確知他在糾結的情感生活中，是否曾經體驗過愛的圓滿，或是愛戀或無愛的性激情。

齊克果則以蘇格拉底為榜樣，逐日在哥本哈根的街頭漫步，和任何願意答理他的人深談，但是跟他的偶像不同，齊克果非常勤於寫作。他喜歡在夜裡寫作，並使用不同的筆名，每年都會出版好幾本書，有長有短，還有的簡直是鴻篇巨著。齊克果享年四十二歲，寫作生涯只有大約二十年，卻留下了無數著作。或許是期待後世知音，他寫下了曖昧費解的日記，編輯成書時多達十三冊。到了二十世紀初，他的作品陸續譯為德語、法語等語言；到了二十世紀中，他已經成為哲學與神學界中必讀的經典作家，並被奉為存在主義之父。

齊克果出身富裕，一生衣食無缺，家住豪宅，有許多僕人秘書隨侍。他的父親是名商人，精通投資。靠著繼承來的財富，齊克果能夠獨立出資發表作品。

他機智幽默，善與人交，卻也傲慢自戀、好鬥、虛榮又愛記仇。他反對一切：他批評當時流行的理性主義，否定理論知識的價值，甚至鄙棄傳統的哲學寫作，自稱「哲學詩人」。他輕蔑丹麥的哲學家，認為他們只會模仿德意志的哲學；他攻擊官方宗教與國家教會，認為它們只能提供安慰，無法啟迪信徒，更將上帝和耶穌簡化成空洞的名詞。他甚至質疑哲學本身的意義。在他看來，問題不在於「如何理解」，而是「如何存在」——如何活在上帝之中、如何理解上帝對人的期待、如何去愛。他認為理性無法讓靈魂走得長遠，人生必須有情感、苦痛與絕望。在青年期的尾聲，他先是遭逢父親去世，不久又向一位美麗的女子求婚，隨即在對自己的不信任中崩潰，最後取消了婚約。這一切讓他終身活在焦慮和痛苦之中，但這種悲劇性也成為他餘生的力量。於是他繼續活著、繼續寫作，寫下自己的人生。

然而他在世時，這些作品卻顯得不值一提。哥本哈根只是歐洲一個邊陲小城，他身邊的知識分子只有屈指可數的牧師、教授和出版商，彼此為了一些無足輕重的爭論互相攻擊。齊克果的書印量都只有幾百冊，還被地位低於他卻自視甚高的人所輕視。三十多歲開始，他開始著迷於死亡，特別是自己的死亡，並相信自己時日無多。

但他依然不停寫作，雖然一直想要停筆，卻停不下來。他對那段破裂的婚約、他愛過的女子一直耿耿於懷，於是寫了許多關於婚姻的文章。他反覆思索自己的神學觀點，寫下一篇又一篇的論述。這些作品不是正式的布道文，更像是深入的探究。他在這些著作中怒斥官方教會背棄了《新約》中的真理。最後他被憤怒吞沒，倒在街頭，在醫院裡癱瘓了一個多月才死去，死因不明，也許是他已經身心俱疲了。為了出版抨擊教會的小冊子，他甚至花光了父親留下的遺產。

他在人們心中留下的形象，是一位舌戰群牧的棄民。大家以為他關心的是教會，但其實他在乎的是「生命」。當時的人並未意識到，齊克果的遺作蘊含了一套完整的哲學體系。縱使寫了這麼多文字，他仍未能說清自己想表達的事物。直到後來才漸漸有人發現，他其實提出了有關哲學實踐的激進主張：真正的問題，是如何在這世界上成為一個人。他本人或許也沒能成功，但他從未停止苦惱。而聞者也只能興嘆，多麼深沉的生命，多麼**浪漫**的生命！

相較丹麥，挪威的浪漫主義就溫婉多了。在音樂界有前面提到的布爾與葛利格，以唯美手法描寫小人物的生活經驗。

在美術方面，浪漫主義者擅長美化自然，畢竟挪威的風景本就充滿張力。藝術家看見了景象，將它們留在畫布上。傳統上，自然應該是危險、醜陋的，但現在，它被描寫成喜悅與自豪的來處。出身卑爾根的約翰·克里斯蒂安·達爾（Johan Christian Dahl）正精於此道。他在德勒斯登接受教育，並在當地的美術學院擔任教授，教導其他日後的斯堪地那維亞名畫家。他擅長以壯闊的全境呈現高峻的山嶺、深峭的峽谷、狂暴的大海與肆虐的風暴；達爾有時也會畫人物，像是農場座落在幽黑的群山與烏暗的天空之下，或是牧羊人在奇岩林立的草地上照料羊群。他的畫無比雄偉，這也正是他的意圖。

在文學界，則有亨里克・韋格朗（Henrik Wergeland），他是埃茲佛一位牧師的兒子，他的父親曾經出任一八一四年制憲會議的代表。韋格朗是劇作家、歷史學家和編輯，但最重要的是，他是一位民族詩人。他熱衷於在論戰裡和人針鋒相對，一生致力喚醒挪威人的民族意識。他希望挪威人可以擺脫對丹麥的文化依賴，以及對瑞典的政治依附。正是他將五月十七日定為國家獨立與自由的紀念日。他的作品大多已經亡佚，但他的精神依舊長存，其開疆闢土的民族英雄形象持續活在人們心裡。他最終實現了浪漫主義的理想，英年早逝。

比約恩樹納・比約恩松（Bjørnstjerne Bjørnson）於一九〇三年獲頒諾貝爾文學獎。他是詩人、劇作家（至少創作了二十部戲劇）、小說家、記者、劇場導演與全方位的知識分子，在斯堪地那維亞乃至於整個歐洲都極具影響力。在國內，他是韋格朗的追隨者；在國際上，他積極參與斯拉夫人等歐洲少數民族的解放運動；而在德雷福斯冤案（Dreyfus affair）*期間，他更在法國報紙上戮力支持這名蒙冤的猶太軍官。

在五十年的寫作生涯中，比約恩樹納的作品慢慢從浪漫主義過渡到現實主義，從農村生活的故事到

---

* 譯註：一八九四年，法國情報單位得知有炮兵軍官向德國洩密，展開調查。炮兵上尉阿弗列・德雷福斯（Alfred Dreyfus）只憑幾句證詞就被逮捕，遭控叛國，不久即拔階入獄。當時法國社會瀰漫著激昂的反猶情緒，因此德雷福斯一案很快登上報紙，引發自由派與保守派的激烈爭執，以及多起暴動。靠著眾多自由派要人關注，此案於一八九八年獲得重審，成功揭發真正的犯人，德雷福斯獲得赦免。

歷史劇，再到批判當時社會的資本主義倫理、新聞自由實踐，以及公共道德等議題。他幾乎對所有公共議題都抱持明確的看法，總是直言不諱，儘管他的觀點有時並不一致。

他的戲劇在當時的歐洲十分流行，後來卻沒能流傳下來，因為後來易卜生的寫實主義比他更為直白。比約恩榭納現存最著名的作品，就是挪威國歌〈對！我們愛這片土地〉（Ja, vi elsker dette landet）的歌詞，歌中每一句話都和作者本人一樣高亢激昂、悍然而堅定：「祂保佑這片國土，即使在黑暗的時代。我們父輩的奮鬥，我們母親的眼淚，都已經打動上帝，讓我們贏得自己的權利。」

此人與他的作品總帶著一絲令人不安的氣息：他自認理應踏足風暴中心，永遠無法保持沉默，介入每一件爭議，從不退讓。但他過於努力關心一切，因此幾乎無法產生深遠的影響。一九一〇年，他在巴黎去世，當時丹麥國王派遣私人列車將重病的他送往法國，並由法國政府安排他在瓦格藍飯店（Hotel Wagram）內的診所接受治療。他迫切地想活下去，因為他還有話想說。然而巴黎的醫療終究沒能恢復他的體況。最後，他的遺體由挪威皇家列車運回哥本哈根，再由挪威海軍送至奧斯陸，由國王和首相率領的代表團迎接。

瑞典浪漫主義則是走向極端。失去芬蘭對瑞典而言，就像國土被截了肢；匆忙拼湊出的新憲法，讓未來充滿不確定性；而俄羅斯仍是個窮兇極惡的威脅。因此民族主義者忍不住追憶起瑞典帝國的「偉大時代」（Age of Grandeur）。

這派的領袖人物成立了一個叫作「哥德社」（Gothic Society）的兄弟會，志在培養他們揑造出的哥德式自由精神與陽剛之勇，這套論述奠基於一個神話，在該神話裡，古代歐洲遭逢的巨大轉變，其源頭可追溯至瑞典地區。*

首先是埃里克・古斯塔夫・蓋耶爾（Erik Gustaf Geijer），他是詩人、哲學家、歷史學家、作曲家和教育家，也是瑞典保守派民族主義的旗手——直到他「改宗」擁護支持新聞自由和女性投票權等改革。他是烏普薩拉大學的歷史學教授，並曾多次出任校長，也是哥德社的共同創始人，以及其刊物的首任主編。

身為歷史學家和哲學家，他試圖建立關於文明與經濟體系演進的宏大理論，但沒有成功。他的歷史研究側重於中世紀，還有編寫英雄人物與光榮過往的年代紀。他在哥德社刊物的創刊號上，發表了自己的代表詩作〈維京〉（The Viking），復興古諾斯人的形象，並將過去與現在連繫在一起。他積極追尋著瑞典的民族認同，以及瑞典真正的民族性。

埃賽亞・特格涅（Esaias Tegnér）是作家、古希臘語教授、主教，他熱愛祖國，憎恨俄羅斯，追隨歐倫施萊厄創作浪漫主義詩歌，同時也是哥德社的成員。他崇拜大人物，尤其敬仰拿破崙；支持瑞典與挪威聯合，輕蔑卡爾・約翰對俄羅斯的懷柔政策，並夢想建立統一的大斯堪地那維亞國家。他的作品帶有強烈的沙文主義色彩，對今天的我們來說近乎恐怖，但在當時廣受推崇。一八〇八年，他發表詩作〈戰歌〉（Warsong），歌頌戰爭、瑞典人的英勇與對自由的愛。一八一一年，他在詩作〈瑞典〉（Svea）中呼籲重新征服芬蘭，重圓瑞典的版圖。一八一八年，他寫詩歌頌卡爾十二世，將他塑造成英勇的國王。

* 譯註：此處的神話指的是擊潰西羅馬的哥德人源自於瑞典。

和其他地方一樣，瑞典的浪漫主義最後也被寫實主義取代，但過程並非一帆風順。一八四五年，北歐盧恩文字學者理卡德・莒貝克（Richard Dybeck）作了一首詩，對國家訴說著洶湧的民族情感：「你古老，你自由，你身處北國的群山……向你致敬，地上最美的國度，你端坐輝煌往昔，你的名聲響徹世界。我知道你一如過去。是啊，我願生在北方，也願死在北方。」*這首詩最後成為瑞典的國歌。

我們現在認識的易卜生，是他中年時重新打造的形象。年輕時他也曾過著放蕩逍遙的生活，但後來卻成了最標準的布爾喬亞，穿著一絲不苟的黑色長外衣，帶著高禮帽，準時、習慣良好，冷漠而疏離。然而他的外表並不適合這種形象：他個子矮小，只有一百五十七公分，需要鞋跟幫襯，腦袋卻特別碩大，兩眼也一大一小，看來十分怪異，還長著濃密的鬍鬚和頭髮。葛利格曾說：「偉大的、可憐的易卜生，他的心裡一點也不快樂，靈魂都結了冰。」他在晚年搬回奧斯陸，每天在固定時間出門散步，準時到人們可以用他經過的時間校準手錶。他會從家裡前往貴盛酒店（Grand Hotel）的咖啡館，在自己專屬的桌子前，獨自坐著，默不作聲，自外於人世。他總是點相同的飲料，咖啡館甚至準備了他專用的酒杯，在上面刻著有他姓名的縮寫。他甚至連筆跡都刻意改了，變得拘謹刻板，毫無個人特色，他的簽名也是如此：

。在獲得烏普薩拉大學授予的榮譽博士學位後，他就堅持要別人稱他為「易卜生博士」。

他很早就開始寫作，但幾乎不曾受正式教育。他如何獲得劇作中那些深刻的洞見，至今仍然是個謎團，因為他並沒有多少相關的人生經歷。不過他的貴人運很好，二十三歲就被布爾發掘，從窮鄉僻壤來到卑爾根的劇院，踏入戲劇界。在奧斯陸劇院工作五年後，他獲得國家獎學金出國研習，在義大利和德國生活了二十七年。獎學金用盡時，比約恩樹納又為他提供資金。在異鄉的歲月裡，他過著低調的生活，多數時間都和其他挪威人聚在一起，但也不太說話，只是讀著過期的挪威報紙。一八九一年，易卜生回到挪威，此時的他已經名聲顯赫，財資雄厚，接連在斯堪地那維亞和其他地方獲頒各種榮譽，唯獨未能獲得諾貝爾獎。

易卜生和妻子只有一個叫作西古德（Sigurd）的兒子。他曾在德國和義大利求學，獲得公法博士學位，但一生都活在父親的陰影之下。一八九五年，奧斯陸大學決定設立社會學教授職位，而西古德是唯一的候選人。校方對此感到不安，於是要求他開一系列講座供審查委員會評估。他的父親易卜生親自坐在前排，為講座增添權威性。聽了一整年後，委員會還是拒絕了他，這個社會學教授職位也因此沒有設立。西古德後來擔任了挪威駐斯德哥爾摩首相（當時挪威在瑞典宮廷中設有代表首相），並為一九〇五年挪威分離出了很多力，但社會學教授一職還是超出了他的能力。

易卜生的第一部戲劇寫於一八五〇年，最後一部、也是他的第二十五部劇作則於一八九九年完成，該劇為平庸乏味的《復甦》（*When We Dead Awaken*）。他早期的作品取材挪威歷史，但在一八六六年的《勃朗德》（*Brand*）大獲成功後，便轉向寫實主義。《勃朗德》描述一名牧師對自己和他人都抱著嚴苛的要求，寸步不讓，最終徹底毀了自己的一生。易卜生的地位主要來自他對社會與心理的尖銳批

* 歐倫施萊厄寫的丹麥國歌就單純多了：「有一處好地方……充滿高貴的婦人、美麗的姑娘和矯健的兒郎。」這首歌傳達的是對家園純粹的鍾愛，既不像挪威人需要克服萬難，也不像瑞典人那樣抬頭敬仰榮光，只是因為它美好。國歌多少都帶有誇張的色彩，這些國歌也是如此，但其中的異同揭示了不同民族的核心特質。

判。《社會棟樑》（*Pillars of Society*）描述一個不老實的小鎮商人為了維護名聲，甚至不惜殺人，畢生都活在謊言之中，卻在結局因為人們的鄉愿而不受制裁。《玩偶之家》（*A Doll's House*）的女主角娜拉（Nora）不堪婚姻束縛，選擇拋下丈夫與孩子離家出走，但她究竟要去往何方？在《幽靈》（*Ghosts*）中，年輕一代無法擺脫前人的罪孽，不得不面對自殺與安樂死的問題。《人民公敵》（*An Enemy of the People*）中的史托曼（Stockmann）醫生發現鎮上的溫泉水受到了污染，卻被鎮上「緊密的多數派」譴責為「人民公敵」。《野鴨》（*The Wild Duck*）中的家庭活在謊言之上，而當家中成員無法承受真相，一切就崩潰了。《海妲．蓋柏樂》（*Hedda Gabler*）的女主角海妲不愛她的丈夫，鍾情於他的競爭者，她曾慫恿對方自殺，還親手交給他一把槍，然而當她發現對方並非英勇赴死，而是在妓院裡狼狽結束生命，她選擇了開槍自盡，以逃避這種屈辱。在《營造師傅》（*The Master Builder*）裡，一位年輕女子渴望得到一位年長男子的愛慕，最後贏得他的信任，卻未能換來愛情。她知道對方有懼高症，於是慫恿他爬上他正在建造的建築物的鷹架，結果墜落身亡，女子則充滿歡欣之情——因為他終於完全屬於她了。

據說易卜生劇作在全球上演的次數僅次於莎士比亞，有時甚至號稱能與莎士比亞比肩。不過我對這種說法持保留態度。他的作品探討的議題都很深刻，但筆下角色往往稱不上崇高。

史特林堡是個奇人。照片上的他雙眼炯炯有神，長著纖弱的下巴和小巧的嘴巴，嘴上還留著一撇稀疏的鬍鬚。他習慣把鬍鬚往上梳，頭髮也是，讓它往兩邊翹起，看上去就像是一輪光環。此處登場的這位天天忙著讓鬍鬚和頭髮違反地心引力的傢伙，正是世界上最偉大的劇作家之一。孟克（Edvard Munch）曾為他畫過一幅肖像，並在線條狂亂的邊框裡藏了一個裸女的幽魂，還把史特林堡拼成了「史丁堡」（Stindberg）。這是不是在暗示他有某種險惡的特質，或者缺少了什麼？總之，史特林堡從未原諒孟克。

史特林堡是一名極為多產的作者，寫過劇本、詩歌、故事、小說、日記、書信、新聞，甚至還寫過語言起源和化學方面的學術論文。他的作品全集扣除書信，多達整整五十四大冊。他也是畫家和實驗化學家，非常著迷於證明「大學教授們」的錯誤，更曾經沉迷鍊金術。他還著迷靈性和神秘學，是瑞登堡的追隨者。不過他也有著就算放在當時仍然非常極端的厭女情結。他認為女性不該在性交中享受歡愉，女性的快樂來自期待和生育。對他而言，與女性同床是為了「擁有」對方。在跟第三任妻子的洞房夜，他「擁有」了她兩次，但兩人都沒有獲得多少滿足。

他總是連環不休地抱怨，覺得有人想殺他、有人在迫害他（那個人是來討史特林堡欠的債務），自稱深受自卑感所苦（卻從未懷疑自己的才華），覺得自己病痛纏身、雙手都是潰瘍與傷口（而他的筆跡依然穩定優雅）。他汲汲營營打造自己的神話，隨時都在推銷自己，執著於成為眾人的焦點。

長久以來，瑞典及國際上研究史特林堡的人，普遍都把他看成是個瘋狂的天才，每渡過一場危機，就急著跳進另一場危機，並從中汲取創作養分，他近乎麻木地追尋真理，因此受了許多傷痛，再用自傳體將這些傷口暴露在眾人面前。這種看法主要是因為他在一八九七年出版的《地獄》（*Inferno*），書中描述他在巴黎與奧地利的廉價旅館裡度過的四、五年，在這段時光裡他幾乎被扯進地獄，又奇蹟似地逃出生天。

然而一九七九年，瑞典文壇巨匠奧洛夫・拉格克蘭茨（Olof Lagercrantz）出版了一部權威傳記。他發現，史特林堡的「地獄危機」根本從未發生。《地獄》的主角確實是一個名叫奧古斯特・史特林堡的男人，但這個人物和作者本人並不相同。小說主角確實墜入了地獄，但史特林堡本人從未喪失理智。他是一位不斷探索、充滿好奇的天才，運用一切手段，包括自己的親身經歷來實驗和求知。拉格克蘭茨認為，史特林堡的人生確實激烈而充滿波折，但絕沒有失去理智。

在今天，史特林堡則以劇作家的身分為人銘記，被視為最傑出的劇作家之一。他最大的影響，是對心理活動赤裸裸的描寫，毫無保留地剖析靈魂最暗亂的活動，將心靈的恐怖完全展現在舞臺上。一八八七年的《父親》（*The Father*）無所遮掩地呈現了一場夫妻之爭：兩人爭論該如何養育女兒，於是妻子冷酷地操縱家庭醫生，讓他相信丈夫已經發瘋。這激怒了丈夫，使得他暴力相向，但暴力反而成了精神失常的證據。儘管她才是加害者，她最終仍憑藉力量勝出；儘管丈夫才是受害者，他還是無力反抗而被逼上死路。一八八八年，他完成了最著名的劇作《茱莉小姐》（*Miss Julie*），這是一部寫實主義悲劇。主角茱莉出身貴族，男主角尚恩（Jean）則是她家的僕人。兩人趁著屋外舞會正酣，在廚房裡獨處。茱莉開始挑逗尚恩，因為她誤以為一切都在她這個貴族女子的掌控之中。在《父親》裡，女性雖然只能以欺瞞當作武器，但終究贏得了勝利；而在這齣戲中，權力則屬於男性。尚恩引誘、或者說強暴了茱莉。茱莉的誤判導致了這種下場，使得她最後只能聽從尚恩的煽惑走向死亡。

史特林堡的一生充滿爭鬥，而他從未示弱，最後同樣在爭鬥中離世。雖然沒有獲得諾貝爾獎，但晚年回到斯德哥爾摩的他依然頗受敬仰，然而不久之後，瑞典文壇就對他發難，抨擊這位瑞典最偉大的劇作家就像當年孟克暗示的一樣，身上有著某些缺陷，並拆解他的成就。他是了不起的劇作家，卻缺少同樣了不起的精神。最後，他在一場惡毒的論戰中離世，同時受到瑞典人的愛戴與嫌惡。

一九二〇年的諾貝爾文學獎得主肯努特・漢姆生和易卜生一樣教育程度不高，卻下定決心要成為作家、出人頭地。他獨特的語言風格改變了斯堪地那維亞、乃至世界文學的發展方向。他的文字富有詩意，直接、簡潔，充滿魔力。他用挪威語寫作，但他的語言技法實在奇特，即使經過翻譯也依然清晰可辨。

他的題材也很有新意，延續了易卜生和史特林堡的足跡，探索人類心理和潛意識，但也不是每一部作品都這樣，有些只是單純說好故事。他最主要的目標，是深入主觀存在（subjective existence）的迷宮。

靠著一八九〇年出版的小說《飢餓》（*Hunger*），漢姆生一舉成名。本作以第一人稱講述一名年輕男子在奧斯陸社會邊緣求生的內心獨白，深入描寫了心理經驗、非理性的衝突，還有內心惡魔的聲音，為我們展現了層次豐富的貧困、飢餓、困惑、自我觀察、茫然若失、頓悟瞬間和表達的努力。一八九二年《神秘的人》（*Mysteries*）則是一部意識流小說，講述一名男子搭船來到小鎮，成日待在旅館房間裡，或是獨自在森林裡遊蕩，對著自己喃喃自語，憤怒批判當代名人（包括易卜生），並試著勾引一名有婚約的女子。她似乎曾讓某個追求者自殺，而男子也隨身攜帶毒藥，最後選擇自盡。

這些作品讓漢姆生在文壇聲名大噪。在這之後的六十年裡，他不斷創作與發表作品，一本接著一本描寫挪威北部偏鄉的遊民、商販、賣藝人與浪蕩漢。《牧羊神》（*Pan*）與《維多利亞》（*Victoria*）是精緻唯美的愛情故事。一九一七年《大地碩果》（*The Growth of the Soil*）講述的是人與土地怎麼合作，細述主角夫妻如何開墾，靠著多年的辛勤耕耘，建立起殷實的家業。後來他又寫了十幾本書，隨之賺進大筆財富與名聲。

然而這位以動人文筆著名的作家，在現實生活中卻是個怪物。他熱衷參與公共事務和文學辯論，語氣總是咄咄逼人，惡毒、尖刻、傷人，且毫無節制地展現惡意。他對待妻子與子女猶如暴君，但對外人又太過慷慨大方；當然，暴君這麼做並不稀奇，只是本質上相當粗暴。他是典型的反動派，反對現代化、工業化、城市生活與民主制度。他把鄉土和農務想得很浪漫，甚至投入傳統農業，但矛盾的是，他同時也率先推動現代化農業技術。而在政治領域，他主張親德抗英，並在第一次世界大戰期間支持德國。

他認同納粹，支持德軍占領自己的國家，還鼓勵同胞和侵略者友好相處。他從未對此道歉，甚至在希特勒去世時寫了一篇讚文：「吾等追隨者俯首致敬。」

愛德華．孟克有著和史特林堡一樣的靈魂。他的畫作深入探索人類內心的黑暗情感——焦慮、恐懼、嫉妒、憐憫與憎恨。這兩人可說是創造出北歐生活憂鬱、陰沉、焦慮的刻板印象的始祖。二十世紀的電影導演英格瑪．柏格曼（Ingmar Bergman）又助長了這個印象，他非常擅長剖析人類的心理創傷，是當之無愧的史特林堡傳人。

無論主題還是風格，孟克都徹底脫離了浪漫主義的世界觀。前面說的達爾著迷於描繪自然，人只是其中的靜物點綴。而孟克很少描繪背景，更深入筆下人物的內在。生病的少女稀薄得像是沒有顏色。驚恐的男女牢牢盯著觀者，睜大的眼中充滿內心折磨。達爾在浩大的風景中精雕細琢每一片樹葉、每一根草；而孟克的筆觸極其簡練，只畫出必要的物件。這昭示著浪漫主義走向終結，以及寫實主義的興起。

孟克的青年時光大多在德國和法國度過，他花了二十年才在藝術圈獲得認可，而挪威人更是等到他在德國獲得成就才接受他。到了二十世紀初，孟克的藝術地位和財務狀況逐漸穩固。他曾經歷苦惱，也曾刻意用這些經歷打造神話。他的心理一度失常，至少照他的說法，他距離瘋狂曾經只差一步。他不擅長和女性相處，甚至心存恐懼，男女之間的戰爭是他作品中反覆出現的主題。他跟來自波希米亞的圖拉・拉森（Tulla Larsen）有過一段戀情，可惜這場戀情最後是一場悲劇（也可以說是鬧劇，端視觀者的角度）。拉森想要婚姻，而孟克或許一度點頭，但始終不敢正式承諾。兩人最後一次爭執甚至開了槍，導致孟克失去一截手指。他對這場「背叛」大肆渲染，創作出三幅血跡斑斑的猛烈畫作：一九〇三年的《手術臺上》（*On the Operating Table*）、一九〇六年的《殺手》（*The Killer*），以及一九〇七年取材自法國古典派畫家雅克—路易・大衛（Jacques-Louis David）的《馬拉之死》（*Death of Marat*），此外還有多幅拉森的肖像，以及受她影響的自畫像。

孟克把大部分的作品都留在身邊，後來將收藏的五千幅油畫與素描，以及兩萬幅版畫捐贈給奧斯陸市政府。為此，當時治理奧斯陸的社會民主派政府選擇在城東藍領區一處景色優美的公園裡，設立了孟克美術館（Munch-museet）。美術館的規模不大，展品定期輪換，因此經常造訪的遊客總能夠有新的發現。二〇二一年，奧斯陸趁著新的建築風潮，啟用了新的孟克美術館。新館是座壯偉的高樓，在上方的三分之二處向前彎折，相比雅緻的舊館，顯得更加氣勢恢宏。某方面來說，奧斯陸是藉孟克的名譽來誇耀自己的風采。

供學生觀賞的孟克畫作

羅夫．史特納森（Rolf Stenersen）是投資家、運動員和作家，也是孟克的好友，他收藏了大量孟克的作品，並捐贈給奧斯陸市，不過在他一九七八年去世以前，一直保有這些作品的管理權。一九五二年，奧斯陸為了舉辦冬季奧運，興建了一座綜合宿舍，賽後成為大學宿舍和暑期旅館。史特納森擔任該建築的委員會主席，並將自己收藏的大量孟克油畫、素描與版畫借出，懸掛在宿舍和交誼廳。結果，這些畫作幾乎每年都會有一幅失蹤。一九七二年，有間奧斯陸的報社策劃了一場「假竊案」，偷走一幅估計價值十萬挪威克朗的作品，結果發現那幅畫竟然沒有投保。隔年，一件真正的孟克作品失竊，此後，奧斯陸大學決定將所有藏品撤下，送入美術館妥善保管。在過去二十年裡，奧斯陸大學的學生每天都與牆上的孟克原作為伴，而那個純真的年代，終究劃下了句點。

在黃金時代的藝術與文學中，階級並非重要的主題，因為創作者主要是中產階級，但性別在當時就已經是顯學了。在《玩偶之家》中，易卜生揭穿了婚姻的壓抑和女性在其中所受的折磨，以及男性對於自己參與的暴虐制度有多愚鈍無知。史特林堡則將大量精力耗在反駁女性應有平等尊嚴的主張。兩人所回應的對象，都是勇敢發聲、要求尊重的女性。當時這樣的女性不在少數，也實際影響了社會。對有才華的女性來說，寫作是很適合的一條路，但這條路絕非毫無阻礙，很多人選擇匿名出版，或是使用男性筆名。這些女作家的立場不見得激進，但是讓世人聽見自己的聲音，就是女性主義的立場。某方面來說，是這些女作家讓斯堪地那維亞跨出浪漫主義侷限的世界，換上寫實主義的普世視野。

女性的訴求各式各樣，包括經濟平等、繼承權、投票權，但最重要的還是對婚姻制度的抵抗。這自然遇到了強烈的反彈。瑞典作家維多利亞・貝內迪松（Victoria Benedictsson）公開拒斥婚姻，和丹麥情人同居。後者是斯堪地那維亞最重要的文學評論家果格・布朗德斯（Georg Brandes），他是一個激進的自由主義鬥士，曾將約翰・彌爾（John Stuart Mill）《女性的從屬地位》（*The Subjection of Women*）譯成丹麥語。貝內迪松以男性筆名發表作品，將自己不幸的中產階級婚姻，改編成寫實主義的開鋒之作《來自斯堪尼》（*Från Skåne*）。一八八五年，她發表第二部作品《金錢》（*Pengar*），女主角像《玩偶之家》的娜拉一樣選擇脫離婚姻，獨立生活。但在她一八八七年的小說《瑪莉安妮夫人》（*Fru Marianne*），女主角又拒絕了自由戀愛，選擇婚姻。身為評論家的伴侶，她的作品一直受到布蘭德斯貶低，這讓她無法承受，最後用一把剃刀自殺，布蘭德斯因此遭到指責，逃離丹麥。

卡蜜拉・科蕾特（Camilla Collett）是前面提到的詩人韋格朗的妹妹，不過她不像浪漫派的哥哥，而是一位寫實主義者。她寫日記、散文，並且匿名出版了唯一的小說《郡長的女兒》（*Amtmandens Døtre*）。女主角有個姊姊為了愛結婚，婚後卻不幸福。而她自己因為恐懼，選擇了「深思熟慮」的婚姻，卻也不快樂。無論如何，女性都無法真正掌控自己的命運，婚姻不會開啟任何事物，而是人生的終點。卡蜜拉最終獲得挪威大議會頒發的終身榮譽「作家俸」，但金額只有男性的一半。

阿瑪莉・史克藍（Amalie Skram）出生於卑爾根的工人家庭。十八歲那年，她被迫嫁給社會地位更高的丈夫，但婚姻中的性義務嚇壞了她。她出版了大約三十部小說、戲劇與文集，以前所未有的寫實筆法處理與性相關的主題，極具批判意識與悲觀色彩。

阿瑪莉曾提出離婚，但對方因害怕醜聞而拒絕了她，還將她送進精神病院。後來她搬到哥本哈根，與丹麥作家埃里克．史克藍（Erik Skram）再婚，但這段婚姻也不順利，後來再次進入精神病院。她的首部小說《康斯坦絲．鈴格》（*Constance Ring*）因「過於寫實」而遭哥本哈根出版界拒絕，最終是找上奧斯陸的出版社，於一八八五年自費出版。她有兩部小說是以自己的精神病，以及所受的治療為題材，揭露了醫生對病人的濫權。這在當時引發軒然大波，更導致哥本哈根醫院的精神科醫療主任辭職，此人當時是當地醫學界的權威。

腓德麗卡．布雷默（Fredrika Bremer）出身斯德哥爾摩的上層社會。她從年輕就很抗拒社會對女性的狹隘期待，拒絕婚姻，選擇以寫作為生。她出版了大約二十部小說、散文和遊記，很快就開始用自己的本名發表作品。她的作品著重日常和家庭生活，特別是女性的經驗，雖不激進卻敏銳細膩。她的作品廣受好評，在她生前就已被翻譯成多種語言，暢銷整個斯堪地那維亞。她利用自己的聲譽和在上流社會的影響力，為女性的經濟自主、教育權與投票權發聲，也關注孤兒扶育、監獄改革等社會議題。

索菲．馮．克諾林（Sophie von Knorring）和艾米莉．飛嘉雷—卡連（Emilie Flygare-Carlén）都是跟布雷默同一時代的瑞典寫實文學代表。她們的作品豐富，風格創新，讀者眾多，並且被大量翻譯成外語。克諾林生活困苦，卻能保持優雅，她的小說多描寫無法實現的愛情，以及女性在愛與責任之間的兩難，而愛情最後往往淪為犧牲品。飛嘉雷—卡連則出身中產階級家庭，早年喪偶後以寫作維持生計，後來再婚並進入斯德哥爾摩文學圈。她以本名發表作品，成為當時瑞典最暢銷、譯本最多的作家。她的小說多描寫中產階級戲劇化的家庭生活，細膩剖析女性所受的限制，雖然很受讀者喜愛，卻也常受到「不道德」的嚴厲批評。三位女作家之間也存在競爭，克諾林甚至曾被布雷默和飛嘉雷—卡連評為「德行輕浮」。

托瑪辛・紀倫堡（Thomasine Gyllembourg）創作了許多描寫丹麥家庭與日常生活的小說與戲劇。她在十六歲時嫁給自己的家庭教師，然而對方沉迷文學事業，忽視了她和家庭。最終，紀倫堡爭取到離婚，但代價是放棄兒子的監護權。她在二十八歲時再婚，四十二歲成為寡婦，五十三歲為了支持兒子創辦的雜誌開始寫作。紀倫堡是丹麥文學脫離浪漫主義的關鍵，也是文學開始描寫家庭生活的起點，是她讓女性的生活進入人們眼中。她是當時最受歡迎的丹麥作家之一，然而她的作品皆以匿名出版，直到她去世後，出版社將她的作品集結為十二卷全集，世人才知道她是這些作品的作者。

瑪蒂德・菲比格（Mathilde Fibiger）二十歲就發表了第一部小說，成為丹麥首位公開宣揚女性主義的作家，並直言以「女性解放」為目標。她接下來的兩部小說直言批判父權制度，探討婚外戀、亂倫與自殺等議題，挑戰當時的性別關係與性道德。最後由於作品遭到猛烈的抨擊，她在巨大的壓力下放棄寫作，轉而從事翻譯與電報工作，是丹麥國家電報局唯一的女性員工。直到三十八歲，她才再度發表一篇短篇小說，細膩地描寫一名單身女子的日常生活。她於三年後英年早逝。

在菲比格之後，新世代的女性作家承襲了她的女性主義觀點。瑞典的艾倫・凱伊（Ellen Key）撰寫了關於女性主義、性與兒童教育的非虛構作品。安・夏洛特・雷夫勒（Anne Charlotte Leffler）創作了一系列女性主義戲劇，在瑞典、德國與英國廣受讚譽。奧芙希德・亞格列（Alfhild Agrell）同樣以女性主義戲劇聞名，她的作品一度頗受歡迎，卻在晚年遭到忽視，最終孤貧離世。

塞爾瑪・拉格洛夫（Selma Lagerlöf）和西格麗・溫塞特（Sigrid Undset）將黃金時代和這波女性文學潮流推向高潮，兩人分別在一九〇九和一九二八年獲得諾貝爾文學獎。拉格洛夫出身瑞典鄉間，幼時體弱多病，性格內向，沉浸於書堆之中。她終身未婚，僅和少數女性維持深厚的友誼。她父親曾經頗為富裕，但最終遇到財務困境，不得不賣掉家產，因此拉格洛夫獲得諾貝爾獎後，便以獎金將土地買回，在那裡度過餘生。她受過師範教育，當了幾年老師，直到大約三十五歲，才終於能靠寫作維生。她的作品很多，蜚聲國際，備受各種榮譽，然而她的生活非常低調平靜，最後在八十二歲安詳離世。

她一八九一年的首部小說《尤斯塔．貝林薩迦》（*The Saga of Gösta Berling*）是一部描寫瑞典鄉村望族生活的狂野幻想，講述牧師、詩人、浪蕩子與狂歡客的冒險故事，充滿魔幻寫實風格。此書一出版便大獲成功，至今仍是瑞典文學的經典之作。

在一九〇一年的《耶路撒冷》（*Jerusalem*）中，她以真實事件為基礎，描寫一群信仰狂熱的偏遠教區民眾賣掉家產，遠赴一個美國人在耶路撒冷成立的烏托邦社區，等待耶穌再臨與最後審判，結果卻為他們自己與故鄉社區帶來災難性的後果。（現實中的耶路撒冷社區，後來輾轉變成現今的美國殖民地飯店〔American Colony Hotel〕。）

一九〇六、一九〇七年的《騎鵝歷險記》（*The Wondrous Adventures of Nils Holgersson*）則是應全國教師協會特別撰寫的教材，講述一個男孩被縮到拇指大小，騎在鵝背上遊歷瑞典各地，探索地理與歷史，可說是有史以來最奇幻的教科書。

西格麗．溫塞特幼年喪父，十七歲起從事秘書工作謀生。三十歲時，她嫁給已經有三名子女的畫家安德斯．史瓦斯塔（Anders Svarstad），兩人婚後生了三個孩子，其中一個女兒身體重度殘障。這段婚姻並不幸福，兩人七年後分居，最終離婚。溫塞特買下利樂漢瑪的別克拜（Bjerkebæk），在此定居，獨自撫養孩子。一九二四年，她改信天主教，三年後加入道明會，但沒有實際進入修道院。一九四〇年納粹德國入侵挪威時，她逃離祖國，輾轉經蘇聯與太平洋抵達美國，在戰爭期間為挪威民族事業奔走發聲，與挪威文壇另一位巨擘肯努特．漢姆生分屬敵對陣營，互為死敵。戰後她回到別克拜，於一九四九年辭世。*

溫塞特主要的靈感來源是古北歐薩迦和挪威的中世紀歷史，但她的出道作《燕妮》（*Jenny*）是一部帶有自傳性質的小說，描寫一段不幸的愛情故事。她的代表作是一九二〇到一九二二年間出版的《克麗絲汀的一生》（*Kristin Lavransdatter*）三部曲，故事設定於十四世紀初，描述古德布蘭茲谷一位地主之女克麗絲汀，從童年到守寡及去世的歷程。她原本被許配給合適的男子，卻愛上了瀟灑不羈的艾倫德（Erlend），最終說服父母讓他們成婚。然而這段婚姻並不順遂，婚後的艾倫德游手好閒，讓克麗絲汀獨自承擔照看農場與子女的責任，讓她陷入非理性的女性內疚。後來她進入修道院，藉由幫助地方居民對抗黑死病來尋求寬恕，卻在五十歲時死於瘟疫。

民族主義與浪漫主義的結合，就像烈酒一樣醉人、令人上癮。這股思潮讓許多人夢想「北歐」是種高尚純淨的存在，認為相較其他隨著時代演變、血統漸趨稀薄的民族，北歐人才是歐洲族群譜系裡更為正統的血脈，直接承襲更多過去的文化。儘管寫實主義最後取代了浪漫主義，但北歐沙文主義並未因此

---

* 一九七四年，蘇聯作家亞歷山大．索忍尼辛（Aleksandr Solzhenitsyn）被驅逐出境，挪威政府曾歡迎他在別克拜落腳工作，但索忍尼辛認為此處不符合他的需要。如今的別克拜是西格麗．溫塞特博物館與文化中心。

消失。仍有人相信中世紀前的哥德人來自北歐、維京是古北歐精神的象徵、瑞典曾是一個超級強權，高大、金髮的斯堪地那維亞人，更是成為廣為流傳的刻板印象。

崇拜古代北歐文化的不只有北歐人，這種崇拜還不斷向外擴張。從二十世紀初到二次世界大戰前，北歐人也把德國看作是文化的中樞。兩邊共同繼承「日耳曼—諾斯」血脈的觀念，在德國也具有強大的吸引力。比如在理查．華格納的歌劇世界裡，北歐神話就與德國民族主義交融，迸發出駭人的力量。而這麼多傑出的華格納演唱者裡，最值得一提的是挪威的基絲滕．弗拉格斯塔（Kirsten Flagstad），以及瑞典的碧姬．尼爾松（Birgit Nilsson），這兩位北歐女高音所呈現的神話世界，既教人敬畏其藝術造詣，又令人對其中的日耳曼厲威不寒而慄。納粹法西斯主義以扭曲的形式延續了北歐浪漫主義，將之轉變為「純正雅利安—北歐人種」的概念，這也可以解釋為何納粹能吸引這麼多斯堪地那維亞人。一九三九年，多個瑞典組織在希特勒五十歲生日時，贈送他一座卡爾十二世的半身像，因為希特勒相當崇拜這位瑞典國王，視他為對抗野蠻俄羅斯，捍衛歐洲文明的英主。

變動之一：什列斯威—霍爾斯坦問題

中世紀以來，丹麥國王一直主張擁有從丹德邊境一路往南，直到今日漢堡的地區。相較於被劃作丹麥王國下屬省分的挪威，什列斯威與霍爾斯坦公國在憲法上是受丹麥王室統治的自治地區。什列斯威是丹麥的公國，霍爾斯坦則是德意志的公國。因此在什列斯威，丹麥國王以什列斯威公爵的身分效忠自己；但在霍爾斯坦，他卻是臣服於神聖羅馬皇帝、受德意志法律約束的德意志公爵。

在王權專制時代，丹麥、什列斯威與霍爾斯坦的混亂聯盟或許尚可維持，但到了民族主義興起的時代，就不太可能持續了。丹麥人不但希望繼續控制兩個公國，更希望當地徹底丹麥化。

一八〇六年，神聖羅馬帝國瓦解，包括拿破崙在內的一些勢力打算正式將兩公國歸入丹麥王國。丹麥政府公布了一項語焉不詳的決議，企圖合併兩地，卻反而助長了境內的什列斯威—霍爾斯坦沙文情緒，以及兩公國內的反丹麥情緒。一八一五年德意志邦聯成立，霍爾斯坦地位再次確認，它仍是德意志的一部分，同時又掌握在丹麥國王手中。

當時德意志正朝著統一邁進。一八四八年，邦聯議會（*Reichstag*）在法蘭克福首度嘗試提出統一，但普魯士認為憲法草案不利自己成為絕對霸主，所以投票反對，但大勢已然浮現。什列斯威與霍爾斯坦的德意志人發動叛亂，抵抗丹麥的壓迫。於是，丹麥政府派遣陸海軍進入什列斯威，普魯士也動員軍隊支援德意志同胞，並派兵占領日德蘭半島。這是丹麥與普魯士間的第一次戰爭。

不久，普軍撤出丹麥本土，退回什列斯威。瑞典和挪威派兵支援丹麥，英國也出面調停，丹麥與普魯士遂達成休戰協議。然而兩公國內的戰事並未停止，占領當地的普魯士軍隊也不願退出。一八四八年九月，兩公國內的德意志派採納了一部民主憲法，宣布「什列斯威—霍爾斯坦」獨立建國。隔年四月，戰爭再度爆發，德軍又一次攻入日德蘭，英國再次出面調停，雙方也再次同意休戰。

在國際壓力下，丹普兩國在一八五〇年七月簽訂和約，但兩公國的未來依舊懸而未決。不久，戰爭再度爆發，但這次普魯士沒有參戰。失去普魯士的支持，什列斯威—霍爾斯坦無法獨自對抗強大的丹麥軍隊，什列斯威—霍爾斯坦獨立的想像最後也成為幻夢。

英國再度出面。*一八五二年，在歐洲列強的保證下，《倫敦議定書》（London Protocol）讓局勢恢復穩定，兩公國重新確認獨立地位，但仍與丹麥王國結為邦聯，效忠丹麥王室。嚴格來說，條約內容還包含了將勞恩堡公國（Lauenburg）納為霍爾斯坦的附屬公國，但此處暫且表過不提，因為兩個公國就已經夠複雜了。總之，丹麥與什列斯威、霍爾斯坦重組聯邦後，首先要解決的就是繼承問題。一八四八年繼位的丹麥國王腓德里克七世膝下無子，且眾所皆知他無法生育。按照當時的繼承規則，丹麥王室對霍爾斯坦的繼承權，將會在他駕崩後斷絕。因此丹麥必須確保他的繼承人可以合法繼承丹麥王位，以及公國統治權。幸好《倫敦議定書》中規定，如果其他潛在繼承人放棄權利，問題就可以解決，至少是暫時解決——後來德意志再度推出其他競爭繼承者，什列斯威和霍爾斯坦問題再次浮上檯面。

畢竟，議定書的方案只是拖延，無法真正擺平爭端。丹麥不久便通過一部自由民主的新憲法，但這部憲法不適用於兩個公國；換句話說，丹麥國王在丹麥本土施行民主統治，而在什列斯威與霍爾斯坦則是維持專制，這種矛盾的體制注定無法長久維持。

為了化不可能為可能，丹麥設立了一個聯合國務會議（也叫作 Rigsråd，但與樞密院並無關聯），和丹麥議會並行運作，專門處理兩公國事務。然而，丹麥在這兩個地區的統治，原本就已經困難重重，待此方案一出，登時便成為一場絕望的猴戲，人們只能看著民族認同與民主主義相互交錯，亂成一團。霍爾斯坦人趁勢將丹麥的意圖解釋為侵害，在德意志境內提出一連串控訴，讓德國有藉口對丹麥發出各種威脅和挑釁。

時間快轉，來到一八六三年，丹麥準備重修憲法，這次修訂除了將什列斯威正式併入丹麥王國，還強制規定「整個丹麥王室治下」採用統一繼承法，霍爾斯坦也包括在內。至少在普魯士看來，此舉不但違反了《倫敦議定書》，推翻了現有的政治體制，理論上也可以解釋成女性有權繼承霍爾斯坦公國，而後者在德意志於法不容。

在哥本哈根這邊，徹底脫離現實的國王與政府竟決定對普魯士開戰。自一八五〇年以來，包括國王、軍隊首領，甚至安徒生等民族主義者在內的丹麥人，都被傳說故事迷了心竅，相信丹麥人只要英勇戰鬥，就能再次擊敗德意志。他們說服自己，在新的一場戰爭中，瑞典和挪威必會出手相助，甚至提供軍事支援，而英國也會站在他們這邊。這種想法正如一千年前的古德弗雷德自以為能抗衡查理曼，如今的腓德里克國王也妄想能與俾斯麥匹敵。

至此，局勢完全失控，丹麥明知此舉如同向普魯士宣戰，仍決定強行合併什列斯威，似乎沒有意識到這是俾斯麥期待已久的挑釁之舉。一八六三年十一月十五日，腓德里克駕崩，年僅五十五歲，高層一片混亂。新王克里斯蒂安九世本欲懸崖勒馬，形勢卻已不容選擇。很快地，丹麥就發現自己孤立無援。哥本哈根政府迅速垮臺，一切失去掌控，卻還是沒有人能看清現實。

腓德里克是親民的君主，曾經出巡民間，親自與平民百姓相談，並且誠心歡喜。正因如此，民眾也對他真心愛戴。即使他顯然神智錯亂，人民對他的愛也沒有稍減。

此君有不少缺陷，無論在情感還是性方面都有問題。他無法生育，歷史學家認為這是王室數代近親通婚的結果。他和堂姊的婚姻不順，最後離婚。後來被迫和一名德意志大公爵嫡女成婚，但同樣也以失

---

* 起初負責此事的是英國外交大臣、後來擔任首相的巴麥尊子爵（Viscount Palmerston）。維多利亞女王曾問他什列斯威—霍爾斯坦問題的情況，而他的回應非常有名：「這件事全世界只有三個人真的瞭解，一個死了，一個瘋了，還有一個是我，而我已經忘了。」

敗告終。他的情婦露易絲・拉斯穆森（Louise Rasmussen）是一名哥本哈根的社交名媛，兩人結識時，露易絲很可能已經和腓德里克的好友、出版商卡爾・貝林（Carl Berling）相好。但腓德里克登基後還是堅持迎娶露易絲，封她為達納男爵夫人（Baroness Danner），並讓她與貝林一同搬入王宮，三人共同生活，組成一個「三角家庭」。露易絲和貝林迅速成為國王近臣，整個宮廷也淪為一場勾心鬥角的鬧劇。

腓德里克的認知能力也有缺陷，他無法集中注意力，思考沒有一貫的邏輯，無能分析，不時會陷入自己的幻想，決策也一塌糊塗。他經常編造自己的英雄事蹟，包含在戰場立下赫赫戰功，而他自己可能真的相信這些故事。比如他就喜歡吹噓自己在第一次普丹戰爭（First Prussian-Danish War）中親臨戰場，憑自己的力量擊退普魯士軍隊。於是在第一次普丹戰爭後的幾年間，以及邁向一八六四年第二次普丹戰爭悲劇的日子裡，哥本哈根的決策就像痴人說夢一樣荒謬，整個國家在恍惚中一步步走向大屠殺的結局。縱然國民和軍方高層都應該為這場災難負責，但國王的責任尤為重大，因為他選擇忽視自己不想面對的現實，幻想國家在自己宛若天佑的庇護下，可以與任何強敵抗衡。

俾斯麥宣布丹麥違反了議定書的現行條款，向丹麥發出最後通牒，要求撤回對什列斯威的決定。然而，這只不過是個藉口，俾斯麥根本不在乎任何條約或是現狀，他的真正目標是統一德意志。於是，第二次普丹戰爭（Second Prussian-Danish War）爆發了。這也是他確立德國邊界的三場戰爭之一。借助奧地利之力，從丹麥手中奪下霍爾斯坦與什列斯威兩塊領土後，他在一八六六年發動普奧戰爭（Austro-Prussian War），隨後又在一八七〇年末發動普法戰爭（Franco-Prussian War）。

丹麥對戰爭毫無準備。既沒有動員計畫，也沒有備戰布署。哥本哈根內部一片混亂、充滿分歧，政治領袖與軍隊將領意見不合。軍隊裝備不足，指揮無能，而國內依然沉浸在幻想之中，以為古老的丹麥壘可以阻擋普魯士進攻，希冀其他國家會支援丹麥。而普魯士方面早已積極籌備多月，更有名將赫慕特．馮．毛奇（Helmuth von Moltke）元帥指揮。普軍向北揮師，長驅直入無險可守的丹麥，占領日德蘭大部分地區。丹麥軍只能固守什列斯威中部一處堡壘，但最終仍在四月十八日被普軍攻破，迎來一場血流成河的大屠殺。（順帶一提，後來的普法戰爭，也是由毛奇率領普軍擊敗法軍，他早年曾在丹麥就讀軍校，彼時局勢尚稱安穩，他父親也在丹麥服役。）

和談在倫敦召開，然而丹麥再度錯失機會。他們原本其實博得不少同情，有機會靠著英國等列強的支持，保住北什列斯威。然而他們堅持要求整個什列斯威，和談也跟著破裂。普魯士再度北上，占領什列斯威。丹麥被迫簽下《維也納條約》（Treaty of Vienna），正式失去霍爾斯坦和整個什列斯威。

曾經，丹麥王室治下不只有丹麥本土，還有斯堪尼與瑞典西部、若干德意志公國、諸多海外領地，以及挪威、法羅群島、冰島和格陵蘭。三十年戰爭讓他們失去了德意志領地；一六五九年，他們失去了斯堪尼；挪威也在一八一四年加入瑞典。如今則輪到什列斯威與霍爾斯坦公國。最後丹麥所剩的，只有小小的本土，加上幾個島嶼。到了第一次世界大戰結束後，丹德邊界才根據《凡爾賽條約》規定，於一九二〇年公投後往南推進，將北什列斯威歸給丹麥，成為今日的國界，這也是丹麥如果在一八六四年退讓，就有機會保住的國境。

除了失去什列斯威與霍爾斯坦，第二次普丹戰爭也讓丹麥放棄了浪漫化的「斯堪地那維亞主義」。此前，交通逐漸改善，先是輪船開始定期通航，後來鐵路一開，北方三國人民之間的接觸與互動也愈來愈密切。這些互動帶來更多合作，比如科學家開始共同研究，學生也會在定期的斯堪地那維亞學生大會中，交流彼此的看法。各國各自提倡民族意識的同時，也一齊喚醒了對古北歐文化與共同歷史的認同。他們同樣面臨外敵，丹麥受德國威逼，瑞典要抵抗俄國。這種類似的處境讓人產生了「我們應該團結一致」的情感。他們回顧過去，憶及瑪格麗特女王建立的卡爾馬聯盟。而瑞典與丹麥的自由主義者，也從挪威憲法中尋求靈感。整個學術界和文學界，都曾有過斯堪地那維亞大一統的激情，瑞典國王歐斯卡一世（Oscar I）甚至曾幻想建立一個由他掌控的「大斯堪地那維亞」（Greater Scandinavia）。

當普魯士在一八六四年攻打丹麥，時任瑞典國王卡爾十五世一度承諾向丹麥提供軍事支援，然而這項承諾卻是瞞著瑞典與挪威政府所做，後來也遭到政府抵制，丹麥只能獨自迎戰。但這或許也是無可避免的發展——引發戰爭的是哥本哈根的瘋狂決策，而丹麥面對普魯士，原本就毫無勝算。斯堪地那維亞主義面臨考驗，最後不堪一擊。表面的激情破裂後，人們才發現北方三國其實並沒有真正的兄弟情誼，也沒有真正的熱血，一切都是空談，沒有人願意行動，沒有人願意犧牲。這只不過是一場學生們的痴迷狂想，極少數人真心在乎，也沒有實際的影響力。

變動之二：人口遷徙

根據歷史學家的考證，十九世紀初的瑞典約有兩百四十萬人，丹麥九十二・六萬，挪威八十八・四萬。瑞典算是三國之中的「老大」。在接下來的一百年裡，各國人口都穩定成長，瑞典達到五百一十萬之譜，丹麥和挪威也分別有兩百五十萬和兩百二十萬。在此之前的數百年間，人口往往停滯不前，就算有成長也相當緩慢，現在卻以驚人的速度暴漲。背後的原因並非出生率提升，而是死亡率下降。兒童更容易活下來，成人也不再那麼早死。

然而多出來的人總要有地方、有辦法生活下去。他們主要來自鄉村，多數人也仍待在鄉村。因為農業產量雖然有起有落，但整體仍有改善。自耕農愈來愈多，生產效率也隨之提升。

不過貧困的壓力依然存在，很多人沒有選擇，只能租一小塊農地，或是從事零工過活。「即使經濟有所成長，斯堪地那維亞鄉村的階級分化也未曾緩和，依舊殘酷威脅著人們的生存。」人口成長滿足了工業發展所需的勞力，卻也壓低了工資。城鎮工人的待遇和新興產業的環境依然惡劣、艱苦，充滿剝削。幸好，整個社會都有意識到貧困的問題，也頗為關心，只是不夠瞭解。政府成立了研究委員會，可惜觀察雖然詳實，解讀卻不夠深入。一八五〇年，挪威一份貧窮研究報告指出，儘管國家整體更為富裕，「貧富差距卻也益發擴大，導致窮人的處境更為惡化」，然而他們對此還是無計可施。將來的北歐會是資源再分配的典範，但那是一百年以後的事。當時人們對財產權的觀念尚未鬆動，國家經費也相當拮据，因此既沒有意願，也沒有能力做到這些事。

於是對許多人來說，想遠離悲慘的生活就只能離開家鄉。有些人搬到國內其他地方，前往更適合農耕的地區、到城鎮尋找工作機會，或是跟著大型基礎建設遷移，隨鐵路和運河的工地一同移動。後者甚至偶爾會穿越國境，來回遷移。在瑞典與挪威，也有些人選擇前往北方，那裡人煙稀少，土地尚未開發。

這些是移民中最窮困的一群。稍有餘裕者，則將目光投向國外，那裡有著更多希望，而首選自然是北美洲。這些人多半是年輕的農家男子，籌得起旅費，另外就是存得起錢移民海外的城鎮工人。

早期移民潮多有宗教驅力。一八二五年，一艘叫作「復興號」（*Restaurationen*）的小帆船從挪威的斯塔凡格（Stavanger）出發，載著五十二人，經歷三個月的航行後抵達美國，航程中還有一名嬰兒出生。他們多為貴格會（Quakers）信徒，目的是追求宗教自由。抵達後，他們賣掉船隻，試圖在紐約州北部的安大略湖畔定居，但社區最後瓦解，多數人轉而西進，影響了日後斯堪地那維亞人主要的聚落分布。

一八四六年，一位名叫埃里克．揚松（Erik Jansson）的瑞典先知率領超過一千五百名信徒（包括許多兒童）橫越大西洋，在美國伊利諾州建立一個宗教公社，取名主教山（Bishop Hill）。公社裡實施共產制度，資產共有，男女分居，並共同撫養孩童。靠著紀律與勤勞，這個公社一度相當繁盛，但最後還是分崩離析。在他們的旅途中有兩艘船遇難沉沒，造成至少一百人喪生，另外還有一百人死於疾病。揚松後來成了暴君，在公社成立的第二年因為試圖阻止一名年輕女性離開那裡而被射殺身亡。他的繼任者投資失利，掏空了公社金庫。隨後社員失和，各自離去。十五年後，主教山也成為歷史。

一八四八年，摩門教傳教士從鹽湖城來到丹麥，吸引了許多貧困階層的信眾，數千人為了追尋自由，啟程前往新世界的錫安。然而他們抵達以後，卻發現錫安並沒有期盼中那麼自由。多數人的船票都是向教會借錢買的，要為教會工作好幾年才能清償。一八六四年普丹戰爭戰敗後，丹麥還發生了另一波特別的移民潮：為了逃離德意志化的壓力，多達三分之一的什列斯威丹麥人遠走美國。

移民潮的成因其實很簡單：因為家鄉貧困而嚮往遠方的應許之地。美國當局在歐洲四處宣傳移民政策，航運公司和企業家也為了推廣移民，安排貸款和船票。

在一八五〇到一九二〇年之間，約有一百二十萬瑞典人和五十多萬挪威人移民北美，幾乎是兩國總人口的四分之一。丹麥的移民較少，大約只有總人口的十分之一。

到了美國，移民便散入各行各業。有些從事工業，或是鋪設鐵路的工程，有些成為碼頭工人或在美國船隻上當水手，紐約布魯克林就曾有過規模不小的斯堪地那維亞社區。也有人選擇經商，成績斐然；更有人成為傳教士、社會主義者或工會組織者，做出大大小小的成就。但也有很多人的結局是失敗、貧困、早逝，其他人則中途放棄，黯然返鄉。少年時的漢姆生就是其中一個失敗者。回到挪威後，他出版了一本小冊子，尖刻批評美國人墮落的德行。他從來沒有原諒過美國人，而當他的作品在美國遠不如在德國、俄國暢銷時，他也認為這完全是美國人的問題。

喬希爾（Joe Hill）

喬希爾本名喬爾．伊曼紐．黑格倫（Joel Emmanuel Hägglund）出生於一八七九年，來自瑞典北部的耶夫勒（Gävle）。他從小就在當童工，沒有受過太多正式教育。一九〇二年，他前往美國，成為生活艱苦的工人。一九〇五年，世界產業工人聯盟（Industrial Workers of the World）成立，這是一個激進的工會組織，喬爾加入後成為了運動的現場指揮和組織者。他在瑞典的成長環境讓他非常熟悉音樂和歌曲，並且成為一名工會運動中的創作歌手。他寫的歌流傳很廣，他本人也因此在工會中變得相當出名。喬爾最有名的一首歌叫作〈傳教士與奴隸〉（The Preacher and the Slave），英語中「死後上天堂吃派」（You'll get pie in the sky when you die）的典故就是這首歌。

一九一四年，喬爾在猶他州鹽湖城被控謀殺，不過他當晚正因槍傷接受治療，所以可能是栽贓。他被判有罪，處以死刑，並於一九一五年十一月十九日由行刑隊槍決。

這場審判吸引了全美國、甚至國際的大量關注，讓喬希爾聞名全球。他的故事很快流傳開來，使他成為勞工運動知名的烈士。人們知道他在全美國各地組織工會。他和警察對抗，屢次遭到毆打、關進監獄，還在逃亡途中改了名字。他曾在墨西哥參加革命，並在美國招募義軍加入起義。在鹽湖城的審判中，他沒有提出不在場證明，而是選擇保護一位女士的名譽；這名女士似乎曾與他發生爭執，而他的槍傷很可能是那時留下的。當時的死刑判決後，當事人有權選擇如何執行，而喬說：「我選擇槍決。我以前曾挨過子彈，這次也可以。」行刑前一天，他發了一封電報給世界產業工人聯盟的領袖：「別了，比爾。莫花時間悲傷，去組織吧。」

後來有人寫了一首歌紀念喬希爾，如今成為激進工會主義（radical unionism）的主題曲。《喬希爾之歌》（The Ballad of Joe Hill）是在他去世的十年後，由奧福雷・海耶斯（Alfred Hayes）作詞，厄爾・羅賓斯（Earl Robins）作曲，包括保羅・羅伯遜（Paul Robeson）、瓊・拜亞（Joan Baez）和布魯斯・史普林斯汀（Bruce Springsteen）等人在內，至今已有無數藝人錄製過這首歌：

我夢見昨晚見到喬希爾
像你我一樣活著
我說，喬，你都死了十年
他說，我從來沒死
他說，我從來沒死

大部分瑞典移民都到了中西部，也許是明尼蘇達、威斯康辛或達科他州，也有人去了加拿大，因為這些地方有土地和農田。早期移民寫信回家時，雖然有少數會警告親朋好友不要跟來，但大部分的信裡都是讚美這裡的機會和自由。他們形成了社區，過了好幾代人依然保留著斯堪地那維亞的風俗。我們家在一九五〇年代曾搬到美國，拜訪過在蒙大拿和達科他州務農的親戚。他們爺爺那輩是來自挪威的第一批移民，而到了第三代，他們還是會講挪威語，只是變得很美國化。比如挪威語的河流是「elven」，他們讀成「river'n」，而橋是「broen」，他們讀成「bridge'n」。但他們每個禮拜還是去路德派的教堂，教會依然是講挪威語。

大規模移民對啟程處與目的地的人都是創傷。很多人還沒到達應許之地，就失去了性命。許多家庭破碎。離開的人和留下的人幾乎不會再次見面。原本應該跟著上路的女友、未婚妻或妻子被拋下，孩子成了無父的孤兒。就算到了應許之地，得到土地是一回事，耕種土地又是另一回事。拓荒一開始必定非常艱難，很多人的第一個冬天，都是住在木板和泥土圍成的小屋裡。他們來自山脈與森林的土地，他們的雙眼和心靈從未見過如此平坦、荒涼的草原。

深陷浪漫民族主義的國家與文化蒙受損失，生存的壓力迫使大量國民，特別是最優秀、最能幹的年輕人離開家園。儘管上層非常警惕移民潮，並組織了反制運動，但依然收效甚微。只要經濟壓力依然存在，這股潮流就不會停止。

文學作品開始探討移民經驗，這也是斯堪地那維亞文學中最有力的一類著作。奧萊・羅爾瓦格（Ole Rølvåg）在二十歲時離開挪威，跟著早先移民的叔叔來到南達科他。靠著在農場做工的收入，他半工半讀，十年後從明尼蘇達的「挪威」聖歐拉夫學院（St Olaf College），成為一名優秀的教師。他用挪威語寫作，描寫移民初來乍到時的奮鬥。他最受推崇的作品是一九二三到一九二七年間完成的《大地巨人》三部曲（*Giants in the Earth*），書中探討了艱苦、孤獨、分離，以及在充滿敵意的環境中努力開創有意義的生活等主題。他的兒子，卡爾．羅爾瓦格（Karl Rolvaag），在一九六〇年代成為明尼蘇達州州長，後來擔任美國駐冰島大使。

一個世代以後，瑞典作家、記者暨激進公共知識分子威罕．莫堡（Vilhelm Moberg）在一九四九到一九五九年間，發表了長達四卷的小說《移民》（*The Emigrants*），本書被奉為斯堪地那維亞移民文學的巔峰之作，也是瑞典文學的里程碑。小說描寫一個家庭因為貧困和宗教壓迫，決定離開瑞典農村，遠赴美國，最後定居明尼蘇達州。主角叫作卡爾—歐斯卡（Karl-Oskar）和克里斯蒂娜（Kristina），在其中一個孩子因社會困境而死後，他們決定帶著剩下三個孩子啟程。故事一路刻劃他們渡海抵達紐約，然後在明尼蘇達掙扎求生。本作記述移民眼中美國所經歷的劇烈變化，從加州淘金熱、南北戰爭與印第安戰爭，寫到卡爾—歐斯卡和克里斯蒂娜的晚年，最終卷名為《最後的家書》（*The Last Letter Home*）。瑞典導演揚．特洛爾（Jan Troell）後來將這些故事濃縮成兩部史詩電影：《大移民》（*The Emigrants*）和《新世界》（*The New Land*），由麥斯．馮．西度（Max von Sydow）和麗芙．烏曼（Liv Ullmann）主演。

創新之三：群眾運動

十九世紀初開始，宗教覺醒運動席捲斯堪地那維亞。許多平信徒也開始傳教，他們自行舉辦家庭禮拜、四處巡遊，鼓勵所到之處的人組成「團體」和「結社」。前面也說到，這些信徒希望可以自行實踐保守、直接的信仰模式。他們不願接受國家教會的現代神學，也不贊同國家教會的現代教育和詩歌本。有些人甚至允許讓未受教育的男性教學、女性傳教。而貴格會和天主教則不承認國家教會的權威。

一開始，這並不是什麼正式的組織形式，也不是政治運動，只是備感壓力的底層人民想要從官方的控制中逃逸。過往的小人物只需要低首服從，但如今他們開始聚集起來，發出自己的聲音。見此，政府也有所反應，想要遏止這股潮流。比如丹麥就再次拿出一七四一年頒布的集會禁令，強行解散聚會、關押傳教士。

然而，宗教覺醒運動依然蓬勃發展。平民已經睜開雙眼，不再沉睡，開始認為自己能夠參與公共事務，成為其中的一分子。隨著這種心態普及，各種「事業」應運而生，吸引人們投注自己的精力。這些事業在吸引人們參與的同時，也引發了許多爭議，爭議又引發衝突與激戰，激發了許多有關當時重大議題的討論與創新。

最初的事業是關於**信仰**，以及探索如何真確詮釋信仰。但覺醒運動很快就引起更深、更廣的文化衝撞，社會頂端和底層無論在宗教信仰，還是在世俗議題都針鋒相對，這種對抗貫串了整個十九世紀，並且不斷延續。此時的教育正在普及，知識由上層傳入下層，進入偏鄉地區，讓人們可以閱讀，並且產生更多層次的連結。教育普及也形成了教師這個新的官僚階層。教師並不是什麼大人物，受過的教育也不多，甚至不一定瞭解如何教學。但他們依然承載、傳遞著學識，而且由於地位不高，他們和百姓建立了緊密的連繫，在許多社群裡扮演著領袖般的角色。

然而長期而言，法律仍是朝著寬容演變。挪威在一八四五年通過宗教聚會自由法，瑞典則在一八七三年跟進。一八五一年，挪威又廢止憲法中禁止猶太人入境的條文。天主教、衛理公會和浸信會的傳教士開始在地宣道，摩門教也不例外。除了天主教以外，這些宗教運動大多都吸引到貧民與工人階級的信徒，自然也夾帶著一些早期社運和政治組織的色彩。

在信仰與堅定意念所激發的事業中，最直接的自然是**傳教**。因為當人們自認掌握了真正的信仰，就會想要傳播出去。為了拯救他人遠離靈魂的荒原，脫離永劫不復的墮落，信徒們迅速在各地無數的宣教會。雖然宗教覺醒往往是在地的分散運動，但隨之而來的傳教行動，卻迅速建立起完整的組織。

有些人放眼全世界，認為應該派遣使者，將福音傳給異教徒。地方集會往往成為募款的主力，也讓許多人初次接觸、甚至學習到紀律分明的組織活動。女性也找到了走出家庭、參與公共事務的舞臺，並成為地方宣教會的中流砥柱。她們編織與縫紉、販賣自家產品、舉辦募款活動，將點點滴滴匯聚成涓涓細流。

第一位從挪威出發的傳教士叫作漢斯．許勒德（Hans Schreuder），他在一八四三年前往南非祖魯地區（Zululand）。然而過了十四年，他才回報有第一名歸信者。而第一位派遣海外的女傳教士叫做瑪麗．佛列德（Marie Føreid），她於一八七〇年前往馬達加斯加，主要從事照護痲瘋病患，直到一九二五年才退休。

其他人則將目光轉向國內。他們的事業是在家鄉守護正統路德宗信仰，並挽救國人脫離靈性的貧困，以及革命激情等其他危機。相較於對外傳教運動的草根組織，捍衛正統信仰的運動則是由上而下，由官方教會的保守派牧者主導，其中許多人的講道內容，不是烈火焚燒的地獄酷刑，就是警告信仰動搖、怠惰者將面臨天罰。他們全力投入文化戰爭，進攻信仰、教會、學校、家庭、道德、飲酒、賣淫、文學等領域，但也不忘實踐社會關懷。他們致力維持教育的宗教本質，並堅守路德宗立場，毫不妥協。他們築起一道堅固堤防，抵禦自由思想與世俗主義的浪潮。一九〇七年，奧斯陸大學決定聘請一名自由派神學家，導致挪威教會裡的傳統派決定創立「挪威教區神學院」（*Menighetsfakultet*），意圖藉由這所私立的高等神學研究機構與奧斯陸大學分庭抗禮。時至今日，這所學院雖然仍未納入大學體制，但還是挪威最重要的神職教育機構。

第三個和宗教覺醒息息相關的事業，是**禁酒運動**。當時的飲酒風氣絕非今人可以想像，烈酒隨處可得，沒有人不喝。無論早晨還是入夜，勞工都視飲酒為例行公事，甚至連孩童也會一同舉杯。當時自行釀酒不受管制，至少自家飲用完全合法，有時也會用酒支付僕人和零工的薪資。飲酒是日常生活，而醉酒則是苦難與貧窮之間難得的解脫，教友醉眼朦朧地在禮拜日半夢半醒。在十九世紀初，人們的平均酒精攝取量是今天的五倍。

因此，禁酒運動快速吸收了大量追隨者，組織與政治影響力也隨之成形。十九世紀中葉，家庭釀酒不再合法，駭人的酒精濫用問題也有所克制。禁酒運動和宣教運動之間的緊密關聯可以說是一目瞭然，而兩者之間的交集，也成為日後群眾運動的沃土，對新興的工人階級來說尤其如此。早期的勞工組織往往帶有教育性質，並且經常有宗教色彩，致力於提升工人的文化素養。而消除「惡魔般的烈酒」，就成為改善勞工生活，以及政治覺醒運動最明顯的目標。

其他類型的組織也隨之發展，彼此相互推波助瀾。「無論是宗教聚會、聯誼社團、讀書會，還是政治社團，領頭的往往是同一群人。」一城市裡開始出現儲蓄銀行這種商業創舉，不久後鄉村地區也出現新倡議，儲蓄合作社與保險互助會在逐漸富裕的農民之間蔚為風行，而替這些金融組織處理文書帳務的，時常是當地的教師。喜歡唱歌的人也成立合唱會，舉辦全國與跨國的音樂節。學生以斯堪地那維亞人的兄弟之誼為名，舉辦盛大的國內或國際聚會。射擊協會舉辦比賽，有時甚至發展為堪稱民兵的組織。各種體育活動發展成運動聯盟，並且深入鄉村和山區，成為了「旅遊業」協會。愛書人組織讀書會，發展出早期的圖書借閱制度，這些組織有時還限定女性參與。女性也開始組織協會，爭取能見度與權利，特別是投票權，過程中獲得不少男性支持，但也遇到不少女性反對。合作社運動也在此期間萌芽並逐漸壯大。在挪威，提倡「人民語言」的人創立了「語言協會」（*mållag*），在地方和全國都有活動，時至今日依然生氣蓬勃。進入二十世紀後，斯堪地那維亞社會不只擁有憲政上的民主，更積極在社會層面上落實民主。人們在其中體驗到歸屬感、共同體，以及公共參與的喜悅。他們攜手合作，推動理念，捍衛利益，熟悉議程、募款、開會、紀錄、協作、群眾示威的一切細節。

最後，這股力量影響了政治。十八世紀以來的農業進步，加上十九世紀的工業革命，先是孕育出一個擁有財產的農民階級，接著是貧困無產的勞工階級。政治逐漸民主化，「人民」獲得以階級利益為基礎、團結發聲的空間。有產農民在地方議會和全國議會中贏得席次，並逐步組織起來，最終形成一股政治勢力，與傳統的權力結構分庭抗禮。接著，農村貧民和產業勞工也開始組織，要求在代議制度占有一席之地。但這兩種運動的發展大相逕庭：農民階級進入了體制，可以透過議會保護自己的利益；勞工階級卻被排除在外，只能走上街頭抗爭。局勢也因此開始瀰漫著火藥味。

當現代意義的勞工階級還未成形，工人動員的浪潮早已展開。奇妙的是，激進勞工組織最早抬頭的地方，竟然是工業化程度最低的挪威。一八四八年，法國發生了二月革命，餘波橫掃整個歐陸，將歐洲捲入革命的風潮之中。一名年輕的地方報紙編輯馬庫斯・特朗納（Marcus Thrane）以動員受壓迫的群體投入政治行動為目標，建立起自己的政治舞臺。到了一八五〇年，他所領導的工會網路已經遍布全國，擁有三萬名會員。工人與軍警的衝突愈發頻繁，驚恐的既得利益者嗅到空氣中瀰漫著革命的氣息。一八五〇年五月，工會在奧斯陸召開一場與挪威大議會分庭抗禮的國民大會，向當局請願爭取勞工權益，並威脅要採取武裝行動，作為籌碼。當局的反應和六十年前鎮壓洛夫特胡斯運動時如出一轍。特朗納和其他工會領袖遭到逮捕判刑，他被判八年徒刑（出獄後特朗納移民美國，於一八九〇年去世）。

一八八〇年代中起，罷工接二連三地發生，這些運動大多是自發性的，缺乏周詳規畫。一八八九年，奧斯陸印刷工人發起了一場組織良好的罷工，要求提高工資，但最後因為資方從外地招募替代人力而失敗。同年稍晚，奧斯陸的火柴女工也發動罷工，要求提高工資、縮短工時，並提供她們安全防護，以免受到每天接觸的磷化物毒害。儘管她們獲得普遍的同情，但實際改善微乎其微。這兩起事件帶來的教訓也很明確：工人運動需要更嚴謹的組織架構。

特朗納領導的工會運動，在上層社會埋下了長久的恐懼，讓後者意識到底層階級人數眾多，不乏反抗的潛力。為了理解這些現象，大議會成立了一個勞工委員會，並且邀請了備受敬重的社會學家艾列・沁茲（Eilert Sundt）來調查庶民的生活狀況。他為了這項使命，在接下來的二十五年裡展開一連串的研究，展現出非凡的社會學創造力，這種科學方法上的創意無論在斯堪地那維亞，還是在世界上其他地方，至今都無人能及。

沁茲原本唸的是神學，沒有受過任何科學化的正式學術訓練，更遑論社會研究。他沒有正式的學術職位，也沒有可以合作的科學社群。但他卻是社會學、人口統計學、文化人類學等領域的先驅，早在這些學科得到正式承認以前，就已經涉足其中。他也是方法論的大師，在社會科學方法論建立之前，他就已經開始使用「代表性抽樣」（representative sampling）這類技術。

他的研究題目包含吉普賽遊民、都市貧民、礦工和漁民社群、人口趨勢、死亡率模式、性道德與婚姻、酒精使用與酗酒現象、從家戶生產到清潔衛生等家居生活的各個層面、乃至鄉村建築，無所不包。他辛勤地走訪全國，與人攀談，瞭解他們的生活經驗，結合縝密的統計手法，分析蒐集到的資料。

隨著研究的深入，他的野心也愈來愈大。他認為就算是貧困的生活，依然蘊含著理性，這和當時知識階層認為「窮人是因為愚昧無智才會貧窮」的想法截然不同。沁茲發現，每個人都會盡力在有限的環境中求生存，因此貧窮的根源並非個人責任，而是社會體制不公。其中一個例子就是人口成長帶來的社會負擔。當時常有人指責窮人生得太多，根本養不起。但沁茲有不一樣的看法。他指出，雖然當時的確有出生人口暴增的現象，卻並非因為窮人變得更會生，而是因為上一代出生人數眾多，因此這一代進入生育年齡後，即使每個家庭的生育率都跟先前差不多，總出生人數仍會上升。

隨著沁茲的研究水準不斷提升，他也引起愈來愈多爭議。他認為人們的生活是依循「習俗」（*skikker*）而行，這些規則和習慣經歷了時間與經驗的考驗留存至今。這個觀點最後在「煮粥論戰」（great porridge controversy）中遭遇激烈挑戰。知名民間故事蒐集者亞比約恩生（P. C. Asbjørnsen）曾出版一本食譜，書中批評農村婦女在煮好粥以後灑一把生麵粉的做法，是浪費又無知的行為。但沁茲在一篇犀利的評論中駁斥這種說法，指出婦女們這樣煮粥自有道理，否則這種做法不可能延續至今。然而，沁茲無法具體解釋這究竟有什麼道理，因此在論戰中敗北，這也成為他研究生涯的轉捩點。他不得不接受一份在埃茲佛的教區牧師職務，儘管待遇不錯，卻並非他的志趣。他本想將研究匯聚成一套完整的理論體系，但未能成功。（後來證明他其實是對的：加一把生麵粉能延緩粥的消化，讓人不容易餓，進而延長工作時間。但真相來得太遲，無法替這位英雄扳回一城。）*

丹麥最有影響力的社運領袖，是有法國血統的路易斯．皮歐（Louis Pio），他在一八七一年創立了斯堪地那維亞第一個社會主義政黨。隔年該黨在哥本哈根發動罷工，要求限制工時。但這次罷工的組織鬆散，無法為罷工工人提供基本的支援。他們於是召開了一場群眾集會，想要募款支援罷工，但當局卻受不了這種挑釁，宣布集會違法，出動軍隊鎮壓，街頭爆發戰鬥。為了徹底瓦解這個剛萌芽的運動，鎮壓執行得非常徹底，皮歐被捕入獄，判刑六年，雖然三年後就獲釋，但健康狀況已經惡化。他就此放棄勞工運動，離開丹麥前往美國——但也有傳聞他是收了哥本哈根產業界的賄賂才會離開。罷工並沒有因此斷絕，大多轉為組織鬆散的地方性行動，持續挑戰著丹麥社會的既有秩序。為了反制勞方，資方也建

* 一九七二年，我被任命為「挪威生活水準調查」（Norwegian Level of Living Study）的計畫主持人，這是一項由挪威大議會發起的大型計畫，目標是全面調查挪威人的生活條件，與當年沁茲的任務可謂異曲同工。不同的地方在於，沁茲獨力完成了長達二十五年的研究，而我們的研究團隊多達二十人，並且能在計畫的四年之間，使用最先進的研究工具。身為社會學家，我自認是沁茲的門生，並且跟其他同行一樣，認為他是歐洲史上最偉大的社會學家之一，甚至可能可以把「之一」拿掉。儘管如今已有不少譯本，但他的研究成果遠遠沒有獲得應有的關注，部分原因是他身處歐洲邊陲，所用的語言又很小眾，另一部分則是因為他未能將畢生心血整合成一套理論體系。儘管如此，沁茲留下的著作包含了普通社會學理論的所有要素，這些特質後來被公認歐洲最傑出的社會學家、法國人埃米爾．涂爾幹（Émile Durkheim）詳加闡述

立了協作組織，在一八九九年發動全國大停工，讓整整四萬名勞工長達三個月無法工作。*

緊接著，挪威和瑞典也分別在一八八七、一八八九年成立社會主義政黨。一八七〇年，瑞典的產業勞工只有八萬，到了一九〇〇年已經多達三十萬。他們和丹麥、挪威的同行一樣，掀起了抗爭的浪潮。早期的訴求包括：縮短與規範工時、工業安全、終結童工，以及選舉權。十九世紀末的數十年裡，罷工一波接著一波，其中多為地方性運動，而且不少是由女性發起的，因為女性面對的勞動條件遠比男性更惡劣。資方則以停工、黑名單以及軍警的制裁來應對。一八七九年瑞典北部鋸木業的一場罷工，就是以軍事鎮壓收場。儘管如此，工會仍不斷增加，罷工也未曾稍歇，最後在一九〇九年爆發了一場歷時三個月的全國性罷工，而資方也以聯合停工反擊。

到了十九世紀末，北歐三國均已建立起一套聯合工會與勞工政黨並行的組織模式，這套模式也將左右整個二十世紀的斯堪地那維亞政治。前者是指各地工會化零為整，形成強勢的中心化組織，而勞工政黨則讓運動的重心，由街頭逐步走入議會。至於罷工這個武器，雖然對勞工組織的發展很有幫助，但說到改善女性與男性工人的勞動條件，就沒這麼有效了。

創新之四：憲政

十九世紀政治主要的使命，就是建立民主制度。雖然這件事在斯堪地那維亞三國發展的起落不完全相同，但都有一套共通的邏輯。在一八一五年左右，老舊、狹隘、保守的統治階層依然掌握著權力，但此時的經濟和社會已經開始現代化，新出現的群體、或者說新的階級開始展現實力，要求參與政治。代表鄉下農民和城鎮市民的政治「左派」登場，他們和代表傳統菁英的「右派」針鋒相對，欲將權力轉移到「人民」手中。隨著工業現代化不斷推進，勞工成為新的階級，分裂了原本的左派。到了二十世紀初，憲法雖然尚不完美，但民主化已經是無法逆轉的趨勢。舞臺已經準備完成，社會主義左派將繼續對抗勢力廣大的右派。

被迫加入由瑞典主導的聯合王國後，挪威人終於得到了自治權，可以掌握自己的內政。他們擁有一部先進的憲法，但其他一切都必須從零開始。政府由六個部會組成，共有六十名常任官員。一八五〇年，政府增加到七個部會，每個部會的官員在三、四人到三十人不等。當時奧斯陸只是一個小城，人口大約一萬，城內唯一的宅邸叫作「帕雷特官邸」（Paléet），國王巡幸充作行宮，平時則作為總督官邸，而全城唯一的旅館叫作「北方飯店」（Hôtel du Nord）。大議會三年召開一次，而且須要借用座堂學校的禮堂。大學只有一百八十名學生，從四間提供大學入學資格的中學裡招生，並在十個租來的房間裡上課。現在的王宮是在一八四九年完工，大學校區在一八五一年啟用，大議會則要到一八六六年才有自己的大樓。一八二六年，國立醫院動工，全國大約只有一百五十名醫生。一八二七年，國家銀行成立。一八三七年，一間劇院開幕（十年前曾有人嘗試經營，但是倒閉），一八七四年，易卜生最愛的貴盛酒店開張。新的挪威政府繼承了原本丹麥政府的資產，包括孔斯堡銀礦（以及周圍的鋼鐵廠、紡織廠、兵工廠）、五間玻璃廠、一間製鹽廠，以及一間生產鈷藍顏料的廠房。這些產業大部分都賠錢，只有銀礦

* 譯註：靠著社會民主黨（*Socialdemokratet*）、自由黨（*Venstre*）以及其他國家勞工組織的支援下，丹麥勞方撐過了這三個月，全國工會聯合會與全國雇主聯合會在九月一日簽訂《九月協議》（*Septemberforliget*），是如今勞資關係「丹麥模式」的基石。

現代的國王與女王

年代	丹麥	挪威	瑞典
1800	腓德里克六世，1808-1839年 克里斯蒂安八世，1839-1848年	克里斯蒂安·腓德里克，1814年 卡爾二世（即瑞典的卡爾十三世），1814-1818年 卡爾·約翰，1818-1844年 歐斯卡一世，1844-1859年	卡爾十三世，1809-1818年 卡爾·約翰，1818-1844年 歐斯卡一世，1844-1859年
1850	腓德里克七世，1848-1863年 克里斯蒂安九世，1863-1906年	卡爾四世（瑞典的卡爾十五世），1859-1872年 歐斯卡二世，1872-1905年	卡爾十五世，1859-1872年
1900	腓德里克八世，1906-1912年 克里斯蒂安十世，1912-1947年	哈康七世，1905-1957年	歐斯卡二世，1872-1907年 古斯塔夫五世，1907-1950年
1950	腓德里克九世，1947-1972年	歐拉夫五世，1957-1991年	古斯塔夫六世，1950-1973年
2000	瑪格麗特二世，1972年至今	哈拉德五世，1991年至今	卡爾十六世，1973年至今

賺錢。除了銀礦以外，其他工廠都在一八二〇年代出售。

挪威人對自己的憲法非常自豪，但有的瑞典人不這麼欣賞，比如卡爾．約翰後來就覺得自己在一八一四年太過大方。這部憲法給了大議會太多權力，使得挪威的自治權限太大。日後國王不斷向大議會遞出各種限制憲法的提案，但大議會秉持著熱忱的憲政保守主義精神，次次都予以駁回。

挪威憲法雖然是當時歐洲最民主的一部憲法，但實際運作起來卻差強人意。鄉下百姓對全國政治大多沒有興趣。就算是有投票權的人，也不太願意參與政治。投票的程序很複雜，想要投票，要先證明自己有資格，接著需要登記，最後還要宣示忠於憲法。當時選舉直接與間接投票並行，受過教育的菁英知道如何操縱這套制度，得以長期主導大議會，成為「官員黨」。但整套制度還是相當民主，「人民」可以選出夠多代表，形成足以抗衡的「農民黨」。這兩個群體的組成時常變動，也不是正式的組織，整個國家的政治便在它們之間像拔河一樣左右拉扯。「官員黨」想要推動現代化，「農民黨」則自詡愛鄉愛土。後者最怕的是政府增加開支，並隨之提高稅收。雖然力主現代化的官員黨通常占上風，但農民黨也有足夠的力量，可以牽制做得太過的政策。

憲法對地方自治沒有明文規定，但這正是農民黨人最關心的地方，因為他們的身分認同大多根植於地方。大多數重要的公共事務，比如教育、濟貧、道路維護，都是由地方負責。因此農民黨一直在推動正式的民主化地方政府。到了一八三七年，大議會通過相關法律，設立地方自治的民選議會，管理地方事務，比如原本負責教育的，是由教區牧師主導的學校委員會，在這之後就改由地方議會主管。如此一來，憲法中的民主精神也得以在地方落實。農民慢慢學會了使用選票的力量，並且效果顯著：到了一八六〇年代，地方政府支出已經占全國公共支出的四成。雖然從現在的眼光來看，這套憲政體系不乏缺陷，但還是讓「人民」有了一些方法可以影響中央和地方政府，讓菁英和基層的權力可以彼此制衡。

當然，挪威的民主化還有許多任務尚待完成，不過因為憲法夠進步，各種改革都可以在既有體制內進行。當時最大的關卡，是確立民選的立法機關地位高於行政機關，以及擴大選舉權。這過程進行得頗為順利。大議會自一八七一年起每年召開。左派認為政府部長應該出席大議會，接受「人民」的質詢。相關法案在大議會通過後，遭到國王否決，如此重複三回後，大議會宣稱此法案依憲法生效。但國王和內閣依然堅稱法案無效。一八八二年大選，左派大勝，政府依然拒不出席，大議會只好啟動彈劾程序。首相被送上一個由十七名議員與九名大法官組成的法庭，最後判定撤職，連訴訟費都要自己出。首相同意遵從判決，國王也放棄反抗。大議會推出多數派領袖約翰·瑞卓普（Johan Sverdrup）接任首相，實質消滅了行政權與立法權的分立。這一年是一八八四年。按法律來講，大議會這麼做是違憲的，因為憲法白紙黑字宣明了權力分立的原則，未曾修改。但現實就是從此以後，政府都要經大議會同意才能成立。

擴大選舉權的改革比較慢。一八八四年秘密投票首度實施。一八九八年，年滿二十五歲的男性皆有大議會選舉權（受濟貧者例外，此規定直到一九一九年才取消）。一九〇一年起，滿足財產和納稅門檻的女性可以參加地方投票，一九〇九年進一步獲得大議會投票權。到了一九一三年，男女的投票權終於完全相同。

在丹麥和瑞典，民主是激烈憲政鬥爭的成果。丹麥當時連國會都沒有，瑞典的國會則是過時的四級議會。當丹麥設立國會、瑞典拋棄四級議會改行代議制時，都採用了兩院制，也就是保留一個由少數舊時代菁英把持的上議院。但挪威不知是因為智慧還是運氣，在一八一四年選擇了一院制，躲過許多丹麥和瑞典日後遭遇的政治困境。

丹麥的反動勢力牢牢抓著權力。腓德里克六世的在位時間是一八〇八到一八三九年，但其實他從一七八四年就開始攝政。然而正式登基後，他的聲望並無提升。丹麥歷史學家克勞斯・比約恩（Claus Bjørn）說，腓德里克六世這人相當平庸：「身材矮短，體質虛弱，眉毛像白子一樣無色，眼睛凸出而溼潤，下唇塌垂。他常用軍人下令的口氣講話，想要掩蓋自己不善控制情緒。很少人看過他笑。他的教育程度很差，寫的丹麥語錯誤百出，心靈世界狹隘，對藝術與生活美學也沒興趣。」他是一個誠懇、認真的君王，但克勞斯也說，他「沒有領導政治和指揮軍事的才能，極其缺乏有用的想像力和同理心」。他的個人生活樸素，住在王宮內一個既是書房也是臥室的小房間（不然就是待在情婦家裡）。不過，他對王權的象徵非常保護，也堅持眾人要尊重王室。比起國王，他更像一個迂腐的行政官，容易著迷枝微末節，固執不受諫，下了決心就不願意修改。

一八三五年，五百七十二名教授、牧師和官員等社會賢達連署請願，他們並不是要求言論自由，而是希望建立制度化的言論審查。可是面對這份「忠實臣民」呈遞的「意外之喜」，腓德里克六世卻回答：「我才有資格判斷，什麼對人民和國家有益。」他在位後期的影響，主要體現在「對現代化的抵抗」。

一八三五、一八三六年，丹麥著手實驗政治改革，設立諮議性質的四級會議。丹麥本土設了兩個，什列斯威和霍爾斯坦公國各有一個。議員由全國人口二到三%的人投票選出，除了諮詢並無其他功能，國王和政府也都不曾理會他們的意見。彼時歐洲正陷入革命潮，從一八三〇年的巴黎開始，一個又一個君王被人推翻，一部又一部憲法被人撕毀。因此丹麥國王需要象徵性地容許少數人發聲。

腓德里克六世於一八三九年駕崩，由曾在挪威率領革命的克里斯蒂安・腓德里克繼位，是為克里斯蒂安八世。但這位曾經的革命君主，已經變成一個缺少精力和遠見的男人，遑論為國家帶來清新的氣息。不過新世代菁英逐漸上臺，進入官僚與商界高層，引入了幾分自由主義的氣息。一八四〇年代，各種不同訴求逐漸融合成一股反專制的力量。城鎮市民要求貿易與工業自由化，鄉下人要求財產權平等、廢除地主在稅收和兵役上的特權，民族主義者則欲進一步同化什列斯威與霍爾斯坦。這些運動的共通點，就是對更理想的憲政秩序的願景。

漸漸地，丹麥經濟脫離蕭條，農業生產進步，帶動出口成長，航運再度復興。儲蓄銀行轉型成投資銀行，建立了信用市場。貿易自由化。早期工業化展開。民眾開始想像發展與進步。

到了一八四八年，克里斯蒂安八世駕崩時，君主專制已經走到了盡頭。巴黎的二月革命已經點燃整個歐洲，國家需要自由的新憲法。

於是，丹麥政府召開修憲會議，新憲法從一八四八年十月開始修訂，在一八四九年六月五日通過。自此，丹麥轉型成一個君主立憲國家，設有民選國會「王國議會」（*Rigsdag*），以路德宗為國教，司法系統獨立，並保障宗教、言論與結社自由。王國議會分成兩院，下議院稱作「大眾院」（*Folketing*），由全國所有三十歲以上、經濟自立的男性選出一百名議員；上議院則叫「土地院」（*Landsting*），採取間接投票，由年滿四十歲、資格更嚴的「土地院選民」選出五十一名議員。

然而，這一步實在跨得太遠。當時的丹麥正處於第一次普丹戰爭，歐洲各國已經壓制革命，保守勢力再起。丹麥的當權派將權力重新收歸於王權和行政部門。新興有產農民階級始終無法擺脫自卑情結，貴族地主則鐵了心走回頭路，照搬普魯士的容克（Junker）*體制。他們坐鎮土地院推動修憲，設計了民主倒退的投票方式，訂立複雜到幾乎無法運作的決策程序，並靠「緊急命令」進行專制統治。一八六四年後，丹麥全國因為敗給普魯士而士氣低落，導致這套反動、僵化的體制更為鞏固。隨後三十年，左派只能非常緩慢、一點一滴地奪回權力和政治自由。這段期間的國會一團混亂，充滿尖銳的言語、激烈的衝突，選舉舞弊頻傳，甚至有人擔憂爆發內戰。三十年間，國政幾無建樹，唯一的大型支出，是在哥本哈根周圍蓋了一堆早已過時的軍事設施。國王也不顧民意，一意孤行任命保守貴族擔任政府官員。

一九〇一年初，左派終於贏得大選，一八四九年憲法被重新啟用，按照原本的立法精神運作。國王儘管百般不情願，但還是依王國議會多數的要求任命政府（雖然他一直拖到四個月後，從德國泡完溫泉渡假回來才勉強點頭）。從憲法上來看，此舉的意義在於默認了國會至上原則，並確認大眾院的地位高於土地院，這些原則從此成為既定慣例。隨後，選舉權持續擴大；到了一九一五年，無論男女只要年滿二十五歲，都有權投票（但積欠濟貧貸款還是會被取消投票權）。一九五三年，土地院廢除，丹麥國會改採一院制，正式改名為「國民議會」（*Folketinget*）。

至於瑞典，如果說它的現代經濟史是工業化的歷史，那麼它的現代政治史就是軍國主義的歷史。瑞典長期以來都是一個軍國主義國家，王權、貴族、產業都深受軍事影響。在現代化的一百年裡，當權派

---

* 譯註：普魯士和德意志東北部的次級領主階級，掌握當地大部分的耕地，是中世紀和近世官員、軍人的主要來源。他們在十九世紀投入工業、銀行業，壟斷了軍政要職。

的所有計畫，都是圍繞著國防問題（*försvarsfrågan*）展開。右派一直主張加強軍事投資和擴編常備軍。最關鍵的議題是步兵訓練，雖然有所改善，但非常緩慢，直到一九〇一年的改革，將役期從九十天延長到兩百四十天。然而這還不夠。一九一一年，右派選舉失利，自由派上臺後立刻凍結多項軍備支出，嚇壞了右派。國王古斯塔夫五世於是採取違憲舉措，親自公開要求擴軍，自由派政府隨之倒臺。保守派政府接手後，兵役改為一年。隨著世界大戰一觸即發，左右派也暫時放下爭執。一九一四年戰爭爆發，瑞典國內達成共識，維持中立（只有極右派主張支持德國），並同意建立可信的軍事威懾力以維持中立。國防問題終於因戰爭而塵埃落定，瑞典軍國主義也延續了下來。

瑞典的工業化和軍國主義向來密不可分。因為瑞典的早期工業就是以鐵和銅為主，兩者正好都適合製造武器。一六二七年，荷蘭移民路易·德·蓋爾（Louis de Geer）來到瑞典，注意到這個商機，成了國內第一個工業鉅子。三十年戰爭期間，兵器需求大增，儘管瑞典也是參戰國，卻允許蓋爾將貨賣給各方勢力。從這時起，軍工業就在瑞典經濟中占了極大比重。十九世紀時，國防成為開鑿運河、鋪設鐵道的理由，以及拉高國內工業生產量能的動力。軍事設施通常蓋在運河邊，鐵道路線也是按軍事需求安排。南部幹線故意繞開海岸，取道內陸，以便防守。同時，北部也開始發展礦業，許多礦山直到今日仍是瑞典鐵礦的主要產地。這些礦產需要軍隊保護，因此一九〇三年瑞典又往北鋪設了一條通往挪威那維克港（Narvik）的鐵道。

直到今日，瑞典都存在著軍國主義。它依然是一個軍事強國，在武器生產和出口市場占有一席之地。第二次世界大戰期間，納粹德國占領了丹麥與挪威，卻沒攻打瑞典，其中一個理由就是瑞典有能力抵抗。

一八〇九年的瑞典新憲法還保留著四級會議這種過時制度，由貴族、教士、市民和農民派出代表商議國政。過了半個世紀，才在一八六六年憲政改革中，廢除了這種等級代表制，設立現代化的兩院制王國議會：上議院由間接選舉產生，確保由上層階級掌控；下議院則由大約占全國二十％、有一定資產和收入的男性組成，以確保中產階級能主導政策。從今天的眼光看來，這當然只是朝民主跨出一小步，但對於那時候的社會，其意義不亞於革命。在舊的四級議會裡，貴族的權力極其穩固，但在新的制度裡，他們什麼特權都沒有。為此，人民興奮地走上街頭高歌揮旗慶賀，甚至有個改革派跳上知名餐廳「歌劇院酒館」（Operakällaren）的餐桌演講，感恩地說：「斯德哥爾摩的街頭，不必染上貴族的血了！」

新的王國議會賦予農民階級投票權後，他們便成為政治上的左派，到十九世紀結束前都是反當權派的主力。趁著右派忙著軍事改革，左派開出許多條件，爭取想要的革新，特別是降低農業稅賦。除此之外，這個「比較民主」的國會，對於社會議題還是很保守，毫無能力應對日益壯大的工業勞動人力。

瑞典一直到一九一七年才確立國會至上原則。那年左派贏得下議院大選，自由派與社會民主主義者組成聯合政府，公然違抗國王的意志。就跟挪威、丹麥一樣，這個原則雖然沒有寫進法律，卻從此變成慣例。接著，由於擔心人們受到俄國革命鼓動，政府在一九一八、一九一九年推動普選權改革，規定不分男女，只要年滿二十三歲，就能投票選舉地方和國會議員，但仍排除了大約四％選民，比如長期接受濟貧者，就要到一九四五年才有投票權。至於改為一院制，則要等到一九七〇年。

簡單總結一下：三國設立民選國會的時間是挪威一八一四年，丹麥一八四九年，瑞典一八六六年；確立國會至上原則是挪威一八八四年，丹麥一九〇一年，瑞典一九一七年；全民大致擁有選舉權是挪威一九一三年，丹麥一九一五年，瑞典一九一九年；採用一院制則是挪威一八一四年，丹麥一九五三年，瑞典一九七〇年。始終是挪威第一，瑞典最後。

瑞典與挪威的聯合，原本就非長久之計，而是一八一四年在列強安排下的結果。多數挪威人根本不願意，瑞典人也無心經營。在民族情感和民主意識風起雲湧的年代，這種制度早已過時。於是，在瑞典維持階級分明的貴族社會時，挪威已經走向了民主和平等。

除了外交關係，挪威的所有政務一律自理，這不只是是為了自尊，也非常務實。十九世紀，挪威航運業蓬勃發展，船隊規模相當可觀。因此，挪威人希望設立自己的領事體系，以便在海外維護自身利益，但是遭到瑞典拒絕。一九〇五年，衝突終於無法避免，挪威大議會強推領事法案，國王拒絕簽署，挪威政府隨即總辭，國王則表示自己無法再任命新政府。大議會將此發言解釋成國王拋棄自己對挪威的責任，並在六月七日正式決議兩國聯合失效。為了國家顏面，瑞典堅持挪威必須舉行全民公投，結果六月七日決議獲得壓倒性支持：三十六萬八千兩百零八票贊成，一百八十四票反對。當時女性雖然沒有投票權，但在非正式的女性公投中，女性展現出了與男性不相上下的愛國熱情。雙方隨後展開談判，瑞典王國議會在十月正式接受結果。雖然兩國之間一度緊張，甚至動員兵力、加強邊境要塞，但每個人都很清楚，兩國的聯合關係已經走到盡頭，唯一的問題只有要以何種方式解散。

根據憲法，挪威是一個君主制國家。因此他們邀請了丹麥的卡爾王子擔任國王。卡爾堅持要舉辦公民投票確認，最後在一九〇五年十一月二十五日，抱著年僅兩歲的兒子（後來的歐拉夫五世）踏上奧斯陸的土地，成為歐洲唯一由人民選出的國王。他是丹麥國王與瑞典公主的兒子，並娶了英國國王之女為妻。加冕時，他改名「哈康七世」，成為成為五百二十五年以來，第一位只屬於挪威的國王。

第十一章 戰爭與進步

時間進入二十世紀，它的開端沒有繁榮，只有普遍的貧困，許多國家都因人口外移大量失去人口。這個時候也不存在平等，階級分野依然殘酷。城市沒有吸引力，而是貧民積聚的污濁之地。福利國家還未出現，平民終身不得安穩，無人關心。丹麥、瑞典、挪威三國之間幾乎沒有合作，一八六四年丹普戰爭的挫敗，以及一九〇五年的挪威獨立，都讓北方國家內部瀰漫著怨恨。此時社會民主才剛萌芽。「斯堪地那維亞」這個概念，更是二十世紀的發明。

先下地獄，再返人間

第一次世界大戰爆發時，斯堪地那維亞各國宣布中立，以便與交戰雙方維持貿易。三國都生意興隆。丹麥以高價出口農產品，瑞典出口鐵礦與軍火，挪威則是漁產出口大幅成長。航運費率高漲，也讓許多船東和投機客一夜暴富。大多數的挪威商船隊加入協約國陣營，其中共有八百二十九艘遭到擊沉，兩千名水手葬身海底。這大約占了挪威全國的一半，遠超過任何一個交戰國的商船隊。

然而，生意興盛無法保障物資供應。斯堪地那維亞三國都無法自給自足，糧食、肥料、飼料、煤炭、石油、原料和機械都仰賴進口。因此物價從開戰之初就開始上漲，後來德國對北海與大西洋發動的無限制潛艇戰，更是摧毀了補給線，導致物價一飛沖天。走私與黑市橫行。飢餓蔓延，民眾在寒冬中凍死家中，到處都是搶劫和動亂。斯德哥爾摩市中心發生暴動，政府出動騎警鎮壓。哥本哈根的群眾甚至湧進了證券交易所。

面對戰爭經濟，各國政府首次大規模干預市場，調控生產和物價，實施基本生活物資配給。為了落實規範，政府當局召集相關事業組織，成立了聯合委員會，開啟了由政府主導市場經濟，以及組織間合作管理公共政策的新局面。正如挪威歷史學家安妮莉塞・賽普（Anne-Lise Seip）所言，戰爭強化了國家機器的力量，創造了新的思維模式，「打破人們內心對公共干預的抗拒」。到了戰後，經濟又如雲霄飛車一樣，時而興盛，時而蕭條，緊急介入也不再是特殊情況，而是常態措施；到了一九二九年金融崩盤後的危機處置，以及一九三〇年代中的備戰時期，政府介入更是理所當然。自由主義經濟也在這個時代劃上句點。

戰時干預中最奇特的一個措施，是管制酒精銷售。一九一五年，挪威全面禁售啤酒以外的酒類。此舉的先聲是一八九四年的一項法案，該法允許地方公投決定是否禁酒，而到了一九一五年，全國六百個地方行政區，就有四百八十五個決定禁酒。一九一九年舉行的全國公投，又決定永久施行這項戰時禁令。

當然，禁酒令並沒有成功。反對聲浪四起，家庭私釀與走私盛行，酗酒問題依舊。為了維持漁獲出口，挪威被迫從法國、西班牙、葡萄牙進口滯銷的白蘭地與葡萄酒。一九二二年起，禁令逐步放寬，但買酒還是要到國營的專賣商店。直到一九二六年的公投，才終於結束了禁酒政策，不過國家專賣制度依然持續。瑞典則避免了禁酒。公投以九十二萬五千票對八十八萬九千票，否決了禁酒的提議。其中女性有六成贊成禁酒，而男性大多反對。瑞典也和挪威一樣，由國家專賣機構壟斷酒品銷售。家庭可以申請配額，領取配給簿；上層家庭可以享有較多配額，單身男性、婦女、失業者和接受社會救助者通常沒有配額。各地設有「禁酒委員會」，有權拒發配額給行為不檢的人。買酒需要到特許商家，而且每一筆交易都會登記在簿子上和中央資料庫裡。直到一九五五年，這個惹人嫌惡的配給制度才終於結束。

對於這類文化議題，丹麥的態度一如往常不同於另外兩國。雖然各地也可以舉行公投禁酒，但多數地方並沒有這麼做，購買酒品幾乎不受限制。直到今天，挪威人和瑞典人要買啤酒以外的酒類，仍然只能到國營商店，而丹麥人只要上超市就可以輕鬆買到。

二十世紀伊始，社會上還瀰漫著進步與樂觀的氛圍。畢竟，勞資衝突雖然依舊激烈，政治局勢雖然依舊紛亂，但整體而言，一切都在變好。歐洲正享受和平，而且相信和平將會長存。共產主義僅是一時的潮流，法西斯尚未問世。人口持續成長，經濟穩定發展，生活水準日漸提升。工業化、機械化與都市化一步一步推進。一九〇六年，丹麥人雅各．克里斯蒂安．艾爾哈默（Jacob Christian Ellehammer）首次駕駛飛機，嘗試飛行了四十二公尺。一九一一年，羅阿爾．阿蒙森（Roald Amundsen）搶先英國人羅伯．史考特（Robert Scott）抵達南極點，在那片未曾有人類親眼見識的土地插上挪威國旗。一九一四年，挪威在歐洲浩劫的前夕，舉辦了一場現代化工業博覽會，展現一百年來值得驕傲的進步。

大探險時代

弗里喬夫．南森（Fridtjof Nansen）是一位挪威科學家與探險家，他因為在一八八八年滑雪橫越格陵蘭而聲名大噪，隨後又在一八九〇年代中期，搭乘探險船「前進號」（*Fram*）接近北極點。他在北大西洋的海洋研究上有很高的地位。一九〇五年瑞典挪威聯合王國解散前，他就是國內聲望最高的科學家之一，不分陣營都對他推崇備至，堪稱一代人傑。第一次世界大戰結束後，面對動盪的局勢，右翼勢力曾提出修憲，主張建立一個「超越政黨政治的強勢政府」，並提名南森擔任他們的領袖，不過南森本人並未積極參與，也沒有明確表態。他後來投身紅十字會，並擔任國際聯盟的難民事務高級專員，期間致力於協助俄羅斯，以及中歐、東歐地區流離失所的人，成就卓然，並因此獲頒一九二二年諾貝爾和平獎。

斯文．赫定（Sven Hedin）是瑞典探險家與地理學家，因探索喜馬拉雅山脈與中亞地區而聞名全歐。他發現許多無名的湖泊，上溯許多大河的源頭，挖掘失落的古城與墓葬，繪製了萬里長城的地圖，並將這些歷險撰寫成精彩生動的男子漢歷險記，在世面上廣受喜愛。他利用自己的聲望在政治上發揮影響力，投入反俄親德的宣傳活動。此外，他也是堅定的保王黨、軍國主義者，並且反對民主制度。

一九一一年，瑞典的國防議題之爭白熱化，國王古斯塔夫五世發表了煽動性的演說，導致自由派政府垮臺。會有這場演說，正是因為赫定，以及其他幾位激進民族主義者的慫恿，就連講稿都是由他們撰寫的。到了第二次世界大戰期間，赫定仍然對德親善，聲稱希特勒統治的德國遭受其他國家，特別是美國的侵略。

羅阿爾．阿蒙森（Roald Amundsen）是挪威探險家，也是首位率隊抵達南極點的人。在此之前，他曾於一九〇三至一九〇六年間，率領船隊首次沿西北航道（North-West Passage）繞行加拿大。一九一〇年，他搭上南森的「前進號」，宣布要前往北極點展開新探險。然而船卻是向南航行，直到停靠北非外海的馬德拉島（Madeira），他才向船員坦承目標是南極。抵達南極大陸後，他們建立了大本營「前進地」（*Framheim*），並經歷過一回譁變，才終於有五個人在第二次探索時成功，於一九一一年十二月十四日抵達南極點。他們在十月十九日從基地出發，帶著五十二隻狗，隔年一月二十五日回到前進地時，只剩下十一隻活著。

不是每一場探險都這麼成功。一八九七年，瑞典工程師薩洛蒙．安德烈（Salomon Andrée）展開了一場草率的業餘冒險，試圖搭熱氣球飛往北極，結果氣球墜毀冰原，包括安德烈在內，氣球上的三個人都在三個月後凍死，屍體多年後才被發現。阿蒙森征服南極之後，又在北半球發起多項探險計畫，包括一九一八年出發的三年探索，就是想穿越東北航道，或是沿冰帽穿越北極，但是都沒有成功。一九二三年、一九二五年，他兩度嘗試開飛機橫越北極，同樣未果，最後在一九二六年成功搭乘飛船穿越北極，在阿拉斯加著陸。一九二八年，「義大利號」（*Italia*）飛船從北極點返航，不幸墜毀冰原上。雖然設計師翁貝托．諾比萊（Umberto Nobile）等人生還，但仍有十七名乘員與搜救人員喪生，其中包括阿蒙森與另外五人。當時他們搭乘飛機北上參與救援行動，結果飛機失蹤，至今仍未尋獲。

大戰消滅了信心與安逸。生活條件惡化，社會不平等加劇。企業和投機客大發利市，在黑市與炫耀消費中無度揮霍，而工薪階級卻被通膨和失業擠壓得喘不過氣。

然而戰爭卻沒有帶來解脫。一九一七年俄國革命，成為歐洲革命風潮的強心針，並且連帶影響了斯堪地那維亞。在一九一八年、一九一九年之交，德國、奧地利、匈牙利與義大利的許多城市和軍營，都落入工人與士兵成立的革命議會之手。芬蘭的「紅軍」與「白軍」也爆發血腥的內戰。同年的冬天還有西班牙流感肆虐，殺死的人比大戰期間還多，連中立國也無法倖免。戰時的經濟榮景瞬間崩潰，企業倒閉，小農負債累累，許多人被迫離開家園，土地落入貪婪的放貸者之手。銀行破產，儲款戶的積蓄化為烏有。失業率節節上升，一九二〇年代初甚至每四人就有一人失業。瑞典和丹麥出現新的左派社會主義政黨，挪威工黨也被激進分子掌控。右翼勢力則是仿效法西斯組織，建立反傳統政治的組織和私有武裝部隊。

接下來的幾年先是動蕩之極，然後是經濟疲軟，接著是經濟衰退，再來是經濟危機，最終在一九二九年，華爾街股市崩盤，帶來一九三〇年代空前絕後的大蕭條。產業勞工失業率高達三分之一。政府貧弱無能，一個接著一個，多數撐不到一年。左派言論日益激進，右派則效法墨索里尼的法西斯黨。年輕的社會主義者高舉紅旗遊行，呼籲以暴力終結資本主義。隨著希特勒在德國崛起，右翼狂熱分子則穿上制服、佩戴納粹臂章，見面時以納粹禮互相招呼。*

儘管動蕩如此確實而且劇烈，但整個社會其實正在暗暗形成中庸的傾向。相較過去，這個時代的階級區隔愈來愈明朗。原本由鄉下農民、中產階級和城鄉勞工三股勢力互相牽制的微妙平衡，在進入新世紀後逐漸改變：農民階級衰弱，中產階級圍繞著羽翼漸豐的資本家崛起，勞工階級也因為組織穩固、選舉普及而壯大。權力三角解體，主要的社會衝突，也變成資產階級和無產階級的衝突。雖然這導致衝突變得更激烈，卻也讓界線更清晰明確，有了協調的可能。

儘管屢受挫折，但經濟其實一直在成長。大多數人也過得比以往好。政府雖然權力還不夠大，但已經可以實施一些基本的保障，應付失業的衝擊。民主制度昂然屹立，左右派雖然敵對，卻依然沒有放棄協調合作。工會和資方雖然爭鬥不休，但也在尋求妥協與和平。衝突雖多，卻也有交易協商，而交易協商的影響往往比衝突更綿長。

只不過，中庸並非一種外顯的原則，而是靜靜等待時機化解對立。一八八四年，當挪威左派壓倒王權，建立議會至上原則時，「人民政府」的新首相約翰．瑞卓普（Johan Sverdrup）沒有任命激進分子，而是選擇溫和派成立政府。一八八九年保守派接掌政權時，新任首相埃米爾．斯唐（Emil Stang）同樣任用溫和派，而非反革命分子。這兩人的行為都暗示著，縱使政治的離不開競爭，但這種競爭應該在協調合作的文化裡共存。這種中庸已經成為斯堪地那維亞政治的本能。隨著二十世紀結束，二十一世紀開始，極端右翼也捲土重來，想在政壇爭奪聲量。挪威有「進步黨」（Progress Party），丹麥有「丹麥人民黨」（Danish People's Party），瑞典有「瑞典民主黨」（Sweden Democrats），這些政黨都贏得不少

* 瑞典的法西斯政黨一開始受義大利啟發，成立於一九二六年，後於一九三〇年改名「瑞典國家社會主義黨」（Swedish National Socialist Party）。該黨規模不大，一九三二年大選落敗後還因此分裂。新的國家社會主義工人黨（National Socialist Worker's Party）於一九三六年再度參選，僅獲得約〇．五%的選票。丹麥的國家社會主義工人黨成立於一九三〇年，雖然在一九三九年大選中得票率不到二%，但在什列斯威地區卻奪得三席，進入王國議會大眾院。挪威納粹政黨由維德孔．奎斯林（Vidkun Quisling）領導，於一九三三年首次參選，得票率約三%，一九三六年再次參選，得票約二%，皆未能取得國會席次。

選票，成功向主流社會施壓，推動文化右傾，但為了立足，他們仍必須放棄最極端的主張，接受主流溫和派的制衡。

一八九九年，丹麥爆發規模空前的勞資衝突，勞方發動大罷工，資方也以大停工還擊，全國半數以上加入工會的勞工都涉入其中。最後，雙方簽下了開創性的「九月協議」：雇主接受勞工有權組織工會，並由工會代表談判；工會則承認「指揮與分配」工作是雇主的權利，也就是交出實質僱用權。雙方同意協議的約束力，由上而下皆願意遵守。雙方承諾在協議期間維持和平，若要暫停協議，必須等待緩衝並接受調解。這項協議是一套和平解決勞資衝突的架構，其理想是讓雙方沒有必要再動用罷工或是停工。這份期望當然過於樂觀，協議並沒有杜絕往後的衝突。即使如此，它還是一份勞資和平共處的理想願景，也是「往後六十年勞動力市場的憲法」。

瑞典的罷工和停工潮則在一九〇二年爆發，最後勞工與雇主參照丹麥經驗，達成首份全國性協議。一九〇六年起，政府開始任命調解人協助和平解決衝突，「日後這項制度也確實對瑞典的社會秩序意義重大」。一九〇七年，挪威也在相似的情境下，達成了第一份全國性協議，承認勞工有權組織工會，並由工會代表談判。一九三一年，挪威又發生歷時五個月的大罷工與大停工，而這次對抗的結果，是工會和雇主協會決定將一九〇七年的協議放大為總協議（General Agreement），建立彼此能接受的全面性和平協商規則。正如歷史學家肯努特．橋斯塔德利（Knut Kjeldstadli）所說，這場對抗是「最後的鬥爭，也是合作風氣的起點」。一九三八年，瑞典也在兩年半的談判後，達成類似的總協議，並在斯德哥爾摩群島的度假勝地鹽浴海灘（Saltsjöbaden）簽訂，故稱為鹽浴海灘協議（Saltsjöbaden Agreement）。該協議表面上是工會與雇主協會的協議，但社會上普遍認為這是資本與勞動之間的和平盟約，社會學家瓦特・科爾皮（Walter Korpi）更稱之為「歷史性的妥協」。

正如勞資關係的例子，在敵意中達成協議便是政治精神的體現。一九〇六年丹麥大選前，社會民主黨的政綱雖然主張無產階級鬥爭，卻退而向自由黨傳達和解之意。而自由黨陣營雖然呼籲團結對抗社會主義者，但自由派卻接受了社民黨的邀請。結果雙方形成了「長久且有效的聯盟，只有少數幾次分裂，兩黨主導了國會的發展整整六十年」。

一九一七年，瑞典社會民主黨也和宿敵自由黨組成聯合政府，共同執政三年，以推動議會至上原則和普選制度。這種協調合作的精神，一直維持到後來社會民主黨主導國會。而激進派之所以能夠勝出，正是因為他們願意和右派進行務實的協商。

一九三三年，丹麥和瑞典分別締結了決定性的政治協議。丹麥社會民主黨與自由黨的協商，以首相索爾瓦・斯陶寧（Thorvald Stauning）的住處為名，稱為「坎斯勒街協議」（Kanslergade deal），會談中斯陶寧先生大方提供的酒水，顯然是協商成功的一大助力。而瑞典社會民主黨則是與農民聯盟（Bondeförbundet）達成協議，該協議被戲稱為「大牛交易」（big cow trade）——畢竟是跟農民的協議。這兩個協議都是在國會取得多數，推行積極的政策對抗危機。一九三六年，挪威社會民主黨也效法另外兩國，和農民黨（Bondepartiet）達成類似協議，組成聯合政府。

一九二〇年代雖然充滿紛擾，但對斯堪地那維亞來說只是一個過渡期。勞工組織遊行時高舉紅旗，發動罷工也強悍無比，但沒過多久，勞工運動就改為針對工資、勞動條件和談判規則進行協商。資方與產業領袖雖然警告社會主義的危險，甚至不惜動用停工與暴力對付工會成員，但他們也和這些「敵人」一起打造合作的制度。這麼做確實有用。右翼的反制動員規模有限，反罷工武力並沒有演變成真正的武裝民兵。共產黨雖然成立，但未見成功；法西斯組織零星成立，卻吸引不了什麼支持者。歷史學家曾問道：為什麼斯堪地那維亞沒有發生革命？當然，這個問題本身就暗示著答案，無論左翼還是右翼，革命從來都不是會在這塊土地上演的劇本。

一九四〇年四月七日星期日。挪威外交部首位女性官員古德倫．馬提烏斯（Gudrun Martius）正在值班，時值傍晚，駐柏林大使館突然撥來急電，是由大使親自打電話以密碼口述。她一邊解碼，一邊感到「驚惶不安」。

大使館報告，有二十艘德國運輸艦已經從斯德丁（Stettin）港啟航，正向西駛出波羅的海。古德倫想找人商議，但當天沒有其他人值班，部門首長正在休假，聯繫不上。於是她決定直接打給外交大臣，那位難以親近的哈夫丹．科特（Halvdan Koht）。

這位科特，正是我們在第四章提到，那個曾經評論哈康六世「為人和行徑都有一種怪異的蒼白」的教授。他原是一名歷史學家，曾經從接近馬克思主義的角度，將挪威史解釋為農民和勞工由下而上推動的進步過程。他早年積極投身社會民主運動，從一九三五年開始擔任外交大臣，直到一九四〇年十一月，因為流亡政府的內鬥被迫下臺，交接給後來擔任聯合國首任秘書長的特里格韋．李（Trygve Lie）。戰後，許多人批評科特沒有為一九四〇年的入侵預做準備。他和整個外交部都不斷收到來自柏林、倫敦、斯德哥爾摩的警告，警告德國有意侵略挪威，但他沒有充分認知到這件事，也沒有好好通報內閣。因此，雖然科特生前曾經住在奧斯陸附近的拜魯姆（Bærum），但保守派市政府決定用他的名字為一條街命名時，卻選擇將這條路取名為「科特教授之路」（Professor Kohts vei），強調是紀念他的學術成就，而非政治生涯。

他問古德倫運輸船會開往哪裡。古德倫回答：「挪威。」科特的回應很冷漠：「那我們也沒什麼好做的了。如果是情報錯誤，我們就沒事；如果是真的，我們也擋不住德國艦隊。」對話就這麼結束了。

丹麥也收到了同樣的警告。瑞典的駐柏林外交官接獲反納粹德國官員的情報後，就立刻警告丹麥外交官，再轉告給哥本哈根高層，但後者選擇不相信這些警告。

於是在一九四〇年四月九日，清晨四點十五分，德軍跨越丹麥毫無防禦的邊境，入侵日德蘭半島。四點二十分，八百名德軍走下「漢薩但澤號」（Hansestadt Danzig），登陸哥本哈根港，迅速占領市區。同時，丹麥全國的重點據點也被德軍掌控。德國轟炸機盤旋在哥本哈根上空，明確警告著：投降，否則你們的城市將化為廢墟。大約清晨五點半，丹麥政府晉見國王，決定投降。這場投降後來被批為「懦弱」，但其實丹麥沒有多少選項：不是立刻投降，就是流血以後再投降。

丹麥過去曾極力安撫納粹德國。他們收容了許多難民，其中包含大約四千五百個猶太人，只是非常低調。庇護的條件是不得從事政治活動（儘管許多人並未遵守），而且只有極少數獲得工作許可。*

* 跟其他民主國家一樣，斯堪地那維亞各國都接納了許多德國難民。其中一個是年輕的左翼社會主義者威利・布蘭茨（Willy Brandt），他於一九三三年逃往挪威，一九四〇年轉投瑞典，戰後就在一九四五年回到挪威。一九四六年，威利回到德國，於一九四八年恢復德國公民身分，後來成為德國國會議員、柏林市長以及西德總理。他曾在挪威服役，拍下一張穿著軍服的照片，後來還被對手拿來用在選戰裡攻擊他。另一位有名的難民是劇作家貝托爾特・布萊希特（Bertolt Brecht），他於一九三三到一九三九年住在丹麥鄉間，《勇氣媽媽》（*Mother Courage and Her Children*）、《伽利略傳》（*The Life of Galileo*）與《四川好人》（*The Good Person of Szechuan*）都是在這段時間完成的。納粹占領前夕，他轉而逃往瑞典，之後前往美國。

新聞媒體長期受到壓力，不得冒犯德國敏感易怒的神經。一九三五年，在政府壓力下，皇家劇院取消了劇作家卡爾・埃里克・索亞（Carl Erik Soya）引起爭議的舞臺劇《翁巴本巴修憲記》（*Umbabumba Revises Its Constitution*）的演出。丹麥政府也拒絕瑞典成立共同防禦聯盟的提議，以免激怒德國，還試圖說服其他北歐國家簽署由德國起草的和平協議，也不敢執行任何的擴軍計畫。一九三九年四月，丹麥政府更派遣海陸軍首長，到柏林向希特勒道賀五十歲壽誕。希特勒當時還保證，德國絕無意圖侵犯丹麥的中立。

入侵挪威的計畫與進攻丹麥同步啟動。一九四〇年四月九日，德國海軍與空降部隊在清晨進擊奧斯陸，以及沿海各大城鎮，最北直達那維克港。

占領丹麥的計畫毫無破綻，但在挪威，德軍卻沒能在首日上午奪取首都。一支德國艦隊駛入奧斯陸峽灣，企圖直取首都，但他們必須先闖過扼守峽灣最窄處，距離港口約半小時航程的歐斯卡要塞（Oscarsborg Fort）。當地守將是比耶爾・埃里克松上校（Colonel Birger Eriksen），他當時孤立無援，與指揮部失去聯繫。來襲的船隻沒有懸掛識別旗號，在埃里克松看來，那也許是英國人——當時人們確實猜測，英國或許會對挪威發動先制攻擊，並且已在挪威沿岸布設水雷，或者至少威脅要這麼做，也侵犯了挪威的西南部領海。

依照交戰規則，歐斯卡要塞應該先對來襲船隻發出警告射擊，讓對方有機會停船，但這在當時不可能實行。該堡壘配備過時的德國克虜伯火炮，如果對方不理會警告射擊，就無法及時裝填進行第二次攻擊。於是在凌晨四點二十一分，埃里克松上校下令直接開火，擊沉來艦。兩發迫擊炮彈精準命中打頭陣的「布呂歇爾號」（*Blücher*）巡洋艦，使其停滯不前。其餘艦隊隨即掉頭撤退。「布呂歇爾號」傾斜沉沒，燃油滿布海面，船上兩千名士兵中，約有八百人葬身火海。該艦的殘骸至今仍躺在峽灣深處。

占領奧斯陸的行動因此延遲到當天下午，由空降部隊從西側機場發起進攻。這段延遲讓大議會、政府和王室有機會逃脫，使得挪威免於重演丹麥「注定投降」的命運。

三國都對戰爭準備不足。他們的確有實行一些維持中立必須的備戰措施。一九三九年二戰爆發時，他們就借鏡一戰經驗，將經濟轉為戰時體制，開始控管物價、工資、租金、並配給基本物資。然而他們沒有準備好作戰。瑞典尚有一些軍力；丹麥和挪威幾乎毫無抵抗能力，軍隊與海軍都非常簡陋，甚至完全沒有空軍。一戰過後，他們相信列強不可能再發動另一場大戰，於是削減了原本就不足的國防。這也是因為在一戰期間，他們成功維持了中立，並選擇相信自己的願望：如果爭端再起，他們的中立會受到尊重。加上財政壓力沉重，反軍國主義勢力也力主全面裁軍。不久，希特勒在德國崛起，歐洲局勢徹底改變，但斯堪地那維亞國家還是拖到一九三〇年代末，才普遍接受德國準備再次發動戰爭。他們開始加強軍備，但一切為時已晚。丹麥人已經接受，如果德國進犯，他們將無力抵抗。挪威人則選擇反抗入侵，得到後世人們的歌頌。這場抵抗確實英勇，卻也付出了丹麥沒有遭遇的血腥代價。無數青年男女死於抵抗德軍，他們裝備簡陋、訓練不足、組織鬆散、指揮無能、後勤匱乏，雖然戰得英勇，卻毫無取勝可能。

丹麥在德軍監督下維持自治。整個二戰期間，國內制度照常運作：大眾院、內閣更替、君主制度、行政體系、司法機關一切如常。一九四三年大選也依原訂時程舉行，只有共產黨禁止參選。選後的內閣是一個大聯合政府，其中沒有納粹和共產黨成員，後來發展成技術官僚主導的行政委員會。前述的丹麥國家社會主義工人黨試圖討好占領軍，但德軍根本不理他們。反倒是共產黨成為了抵抗組織的先鋒。

聽起來還算理想，但這種「合作占領」很快就變了調。德軍高層不斷提出要求，迫使丹麥當局就範。大臣和國會議員若被認為立場不友善，就會遭到撤職。司法體系被逼著判處丹麥法律中沒有的嚴刑。一九四一年六月，丹麥警方逮捕了三百名共產黨員後，大眾院通過一項針對「疑似」共產黨活動的法案，並溯及既往將該行動合法化，批准更多後續的逮捕行動，有部分疑犯更被送往德國集中營。丹麥的國防裝備遭到沒收，多數警察即使願意屈從合作，還是遭到解職，甚至押送德國囚禁，使得全國治安大亂。眾多丹麥企業也被迫為德軍服務。

官方政策剛開始很積極合作。畢竟德國一度看似即將贏得戰爭，丹麥的外交體系，也積極在未來「德國主導的歐洲」中謀求一席之地。戰爭爆發時，大部分丹麥商船隊停泊於盟軍港口，並加入盟軍陣營，但此舉並沒有得政府的正式批准。同時期美國在格陵蘭的軍事基地，也並非經由丹麥政府批准，只是得到丹麥駐美大使私下允諾後設立的——而且此時大使已經遭到撤職，沒有這種權限。直到戰後，丹麥政府才追認這份條約。德軍占領期間，丹麥國內的抵抗運動愈演愈烈，但同樣不是由政府主持，直到戰爭末期才獲得政府支持。一九四二年，積極合作政策的主要推手埃里克·斯卡維紐斯（Eric Scavenius）在德國壓力下，由外交大臣升任首相。不知是真心還是投機，他曾言之鑿鑿，主張歐洲將從戰爭的灰燼裡生出新秩序，並痛斥國內抵抗行動「沒有意義、不理性、對祖國有害」。

時至一九四三年中，隨著盟軍在歐洲漸占上風，德國轉入守勢，丹德之間井然有序的「合作關係」也徹底瓦解。國內抵抗運動開始出現統一的指揮，展開持續不斷的破壞行動。這些行動主要針對丹麥與德國的生產和運輸設施，大大小小累計多達數千起。德國占領當局則以恐怖手段回擊。第一次處決是在一九四三年八月二十八日，共產黨反抗鬥士保羅．瑟倫森（Paul Sørensen）遭到槍決。一九四四年六月，丹麥「白石團」（Hvidsten Group）炸毀「聯合步槍」（Riffelsyndikatet）的武器工廠，是抵抗運動的最高成就。為了報復，德軍在隔天處決八名白石團成員，並強迫丹麥報紙刊登處決公告，以警告抵抗分子。對此，哥本哈根市民發動了持續一週的「人民罷工」。公共交通全面停擺，許多工廠生產停滯，罷工潮蔓延全國各地。德軍宣布進入緊急狀態，實施宵禁，反抗志士在街頭和德軍士兵發生衝突，造成多人死亡。

一九四三年九月，柏林下令拘捕丹麥境內的猶太人。然而，德國在丹麥的行政組織早已士氣低落，這項計畫也終遭洩漏。*這也帶來整個斯堪地那維亞地區中最光輝的抵抗行動。猶太人提前收到警告，許多人成功潛入地下。丹麥和瑞典密切合作，秘密籌劃了一連串以小船橫越松德海峽的越境計畫。最終有七千多名猶太人逃往瑞典，有一些是來自德國或東歐的難民，還有約七百人是他們的非猶太家人。於是當蓋世太保正式展開獵捕，只有大概四百人難逃魔爪，其中五十二人在德國集中營裡喪生。最後，死於大屠殺的丹麥猶太人約為一百二十人。

對多數丹麥人來說，直到局勢開始倒向盟軍，德軍占領的日子大都還算「愜意」。生活如常，工作照舊，甚至有許多人為德國工作。報紙依然可以發行，審查相當輕微；廣播亦未中斷，民眾仍可收聽來

* 此計畫由德國駐哥本哈根使館的海軍武官G．F．杜克維茲（G. F. Duckwitz）洩漏。他當時已不再相信納粹。在駐哥本哈根期間，他和丹麥社會民主黨要員保持聯繫，並向他們通報即將發生的行動。一九五五年，他成為西德首任駐丹麥大使。

自倫敦的大英廣播。戲院、影廳正常開演，餐館與俱樂部照常營業，甚至在戰爭與占領的壓力下，社交生活反而更為熱絡。著名的爵士小提琴家斯文・阿斯穆森（Svend Asmussen）就帶著他的五重奏樂團，在哥本哈根的夜總會裡演奏，直到二〇一七年，才在百歲以前結束精彩的一生。除了娛樂，丹麥人的生活物資也相對充足。二戰結束之際，丹麥人甚至有餘裕發起募捐活動，照顧在占領下受苦更深的挪威人和荷蘭人。一九四四年，流亡英國的丹麥保守派領袖克里斯瑪斯・穆勒（Christmas Møller）獲得盟軍司令部正式聲明，確認丹麥是盟軍陣營的一員。

尼爾斯・波耳（Niels Bohr，一八八五—一九六二）

波耳可以說是丹麥自第谷・布拉厄之後，最傑出的一位科學家。一九二〇年起，波耳擔任哥本哈根大學理論物理研究所的所長。一九二二年，他因為在核子物理領域的革命性研究，獲頒諾貝爾獎殊榮，之後又利用自己的聲望，將該研究所打造為全球核物理學者交流的中心。一九三〇年代間，波耳又庇護了來自納粹德國的科學家，協助他們繼續在自由世界各地研究與生活。

一九四一年，他在哥本哈根接待德國物理學家維爾納・海森堡（Werner Heisenberg）——當時德國核武研究的負責人。他們私下談了什麼，至今仍無人知曉且眾說紛紜，這段神秘的會面，也成了英國劇作家麥可・弗瑞恩（Michael Frayn）創作戲劇《哥本哈根》（*Copenhagen*）的靈感。有人推測，海森堡可能是想透過波耳，警示外界德國對原子彈的研究有所進展，然而波耳後來卻表示，如果真是如此，他當時並沒有理解對方的意圖。

> 一九四三年，波耳接獲警告，得知自己被列入逮捕名單。於是他逃往瑞典，協助規劃丹麥猶太人大撤退；之後又前往英國，參與核武研發。不久，他便前往美國，加入「曼哈頓計畫」團隊研發原子彈。但他跟許多物理學家一樣，對核武的潛在危險深感憂慮，並呼籲和包括蘇聯在內的全世界共享核能技術，這也導致他被部分英國的戰時高層視為可疑人物。大戰結束後，波耳回到哥本哈根，繼續在斯堪地那維亞地區推動科學事業，並積極參與國際間的理論物理和核物理共同研究計畫。

挪威政府看見德軍從西海岸入侵，則是立刻向北逃亡。但無論政府官員還是國會議員，都不知道自己要去哪裡、該怎麼辦。唯一保持冷靜的，是保守派領袖兼大議會議長，卡爾・尤瓦欣・漢布羅（Carl Joachim Hambro）。他設法動員了一列火車，集結多數議員，以便稍晚在北邊的艾弗倫（Elverum）召開緊急會議，通過決議將所有國會職權授予政府，隨即解散。隔日，德國大使向國王遞交最後通牒：若不投降並任命奎斯林政府（Quisling government），就等著接受慘烈報復。國王將此交由政府決定，但明言如果政府決定接受德國要求，他將被迫退位。這番話讓士氣低落的政府無法做出像丹麥一樣的妥協。

德軍很快掌控挪威沿海地區，進軍內陸。政府、國王與王儲持續向北撤退，逃離德軍，最後在五月一日抵達特隆瑟（Tromsø）。此時哈康七世已經喪偶。太子妃瑪塔（Princess Märtha）帶著三名子女，包含當今國王哈拉爾五世，先前往瑞典避難，後撤至美國。她成為美國總統小羅斯福的密友，常在白宮與他共度時光，也經常陪同他出席各種場合。為了提振挪威流亡當局的形象，她沒有一刻不在倫敦或華盛頓，營造挪威是盟軍戰友的印象。瑪塔深受小羅斯福信任，堪稱挪威官方派駐總統身邊的非正式「密使」。一九四二年九月十六日，小羅斯福總統在一次演說中公開表示：「想瞭解這場戰爭的本質，還有對抗壓迫的精神，就看看挪威。」這段話大大提升了挪威在國際上的聲量，而背後的重要推手，正是瑪塔太子妃。

當時有人期望挪威北部可以繼續維持自由，但這不可能實現。六月七日，英國巡洋艦「德文郡號」（*Devonshire*）將挪威國王、王太子和政府官員接至英國避難，此後挪威的合法政府就一直在倫敦運作，直到戰爭結束。在此其間，英、法和波蘭軍隊曾經在挪威沿岸嘗試反攻，但戰況一團混亂。盟軍支援部隊的裝備落後，又缺乏冬季作戰訓練，甚至根本不通作戰。反觀德軍則是掌握制空權，轟炸、焚燒了沿岸多座城市，上千挪威軍民喪生，很多人失去了家園和生計。隨著德軍朝西歐進軍，英法聯軍也不得不撤回。兩個月後，挪威戰線徹底潰敗，全境遭德軍占領。

搶救黃金

一九四〇年四月九日清晨，挪威財政大臣歐斯卡．托普（Oscar Torp）早早就進到辦公室，處理一件緊急任務：在德軍占領前，將國家的黃金儲備移出奧斯陸。他一直堅守崗位，直到有人通知：德軍巡邏隊已從正門進入政府大樓。他才匆匆走後門離開，跳上接應車輛，加入政府撤退的行列。

這些黃金存放於奧斯陸市中心的國家銀行，一共四十九公噸，分裝在一千五百零三個木箱，以及三十九個桶子裡。政府向運輸公司徵用了二十六輛卡車，最後一輛卡車在當天下午一點三十分離開銀行，德軍此時也正在進入城市。當晚，所有黃金都抵達北方兩百公里處的利樂漢瑪，存入當地的分行金庫——當地現在是城裡最時髦的餐廳。

四月十九日，隨著德軍向北推進，黃金又被裝上六節車廂，在清晨從利樂漢瑪啟程，二十四小時後抵達西海岸的翁達斯內斯（Åndalsnes），當時該城正遭到德軍轟炸。四月二十四日，其中兩百箱黃金乘上英國巡洋艦「加拉提亞號」（*Galatea*），前往蘇格蘭的羅塞斯（Rosyth）避難。

剩下的黃金則送往鄰近的莫爾德（Molde），但那裡也正遭到德軍轟炸。其時英法援軍正逐步撤離挪威，這一帶即將落入德軍手中。四月二十九日晚間，英國巡洋艦「格拉斯哥號」（*Glasgow*）在炮火中闖入已經陷入火海的莫爾德港，任務是撤離挪威國王、王儲，以及大約二十名政府官員，將他們所乘坐的運輸艇吊上軍艦，以及隨行的七百五十六箱又三十九桶黃金。另外十公噸左右的黃金來不及送上格拉斯哥號，其中一半隨著沒辦法登上格拉斯哥號的官員乘上徵用的民船「德里瓦號」（*Driva*），在清晨北上。另有兩百八十七箱黃金則由卡車運往北方一處小港口，送上當地市長徵用的五艘漁船。受損的德里瓦號也勉強抵達港口，將黃金轉移到漁船上。五月一日黎明，五艘漁船滿載黃金和官員出海撤離。

格拉斯哥號將國王、王儲與政府官員送達特隆瑟後，在五月四日載著所有黃金抵達蘇格蘭的格林諾克（Greenock）。五艘漁船則穿越交戰區海域，迂迴北上，於五月九日抵達特隆瑟。五月二十二日，剩下的所有黃金登上英國巡洋艦「奮進號」（*Enterprise*），一週後安全抵達英國普利茅斯（Plymouth）。除了在「格拉斯哥號」上遭竊的兩百九十六枚金幣，所有在四月九日從奧斯陸轉運出來的黃金，都成功抵達英國。

轉運黃金的副指揮官是共產黨詩人諾達爾．格里格（Nordahl Grieg）。五月十七日，挪威國慶日，他在特隆瑟寫了一首詩，用廣播向挪威尚未淪陷的地區播送，至今仍被奉為重要的愛國詩篇：

在這國土上，我們人數稀少；
每個倒下的，都是兄弟朋友。

格里格於一九四三年十二月二日陣亡，當時他在是英軍轟炸機上擔任戰地記者，於德國上空被擊落。

從開戰的第一天起，挪威就是盟軍的一分子，他們起初在本土作戰，隨後又投入歐陸和其他戰場。挪威軍隊約有一萬五千人，由英國與加拿大訓練，並多在英軍指揮下參戰。挪威本土和英國特別行動執行處（Special Operations Executive）合作，北部則與蘇聯機關合作。單單一九四一年，就有超過兩百次穿越北海，遞送人員、裝備和情報的任務，其中大多以昔德蘭群島為中繼站。

戰爭爆發時，挪威商船隊共有一千零二十四艘船，三萬五千名船員，分布於全球各地。戰爭期間，船隊被國家徵收，由流亡倫敦的政府成立統一管理公司「挪威航運」（Nortraship），加入盟軍體系。整個船隊在大戰期間損失泰半，約有四千名船員喪生。該船隊高度現代化，船員薪資優渥，但英國擔心帶動本國船員薪資通膨，便施壓挪威航運凍漲工資，條件是將部分利潤存入基金，在戰後補償船員與家屬。丹麥也有類似的補償基金，並在戰後立即發放。而挪威的補償基金卻陷入爭議與官僚泥淖，補償長期延宕，直到一九九〇年代仍未完全發放，許多船員等不到補償便已辭世。

挪威國內的占領情況，也和丹麥大不相同。作家英格爾．斯雷滕．科隆（Ingar Sletten Kolloen）正在撰寫一部民間戰爭史，他覺得自己在調查中最深刻的體悟，就是戰爭中沒有任何人、任何家庭、任何團體、任何企業可以置身事外。戰爭顛覆了每一個人的生活。

當然，被占領的國家還是有些必然的相似之處。比如在經濟上，占領軍會投資建造要塞、基地、道路、鐵道、港口和機場，企業和勞工也會與之合作。行政體系雖然會委曲求全，也會悄悄抵抗，不過兩國的形式有所差異。在挪威，與占領者合作會得到容忍；而在丹麥，則會得到鼓勵。挪威公務員是被動合作，而丹麥公務員則是主動合作。在挪威，最高法院的法官選擇了集體辭職，而抵抗運動，也從一開始就獲得官方支持。對挪威人來說，這一切並不容易。大戰期間約有四萬人遭到監禁，其中一萬人被關進德國集中營。第一場處決發生於一九四一年九月十日，維戈．漢斯坦（Viggo Hansteen）與羅爾夫．威斯特隆（Rolf Wickstrøm）兩名工會領袖，被悄悄帶到奧斯陸郊區的射擊場槍決。他們的屍體就地掩埋，行刑全程毫無紀錄，連訃聞也沒有。

人們的生活也沒有正常維持。部分報紙雖然還在運作，卻都受到嚴格審查，電影院也不例外。收音機被全面沒收，除了納粹黨員以外持有皆為非法；一九四二年起，收聽ＢＢＣ等未經授權的廣播，皆為死罪。人們生活在宵禁和恐懼之中，社交成為一種風險。餐廳只對德軍和協力者開放，其他人則互不往來。各類物資無不短缺，到了占領後期，飢餓更成為許多人的日常。當然有些人靠戰爭發了財，但多數人的身體、心靈和財產都飽受其害。

挪威和丹麥最明顯的一個差異，是在地納粹政黨扮演的角色。挪威納粹在戰前幾乎無人問津，但是到了一九四三年，已經有了四萬三千名黨員。其黨魁維德孔・奎斯林（Vidkun Quisling）原本是軍人，早年被評價為人才。他曾在一九二〇年代與諾貝爾和平獎得主弗里喬夫・南森（Fridtjof Nansen）合作，在俄羅斯、烏克蘭、巴爾幹、亞美尼亞等地從事人道任務。一九三一至一九三三年間，奎斯林出任中間偏右政府的國防大臣，並在任內便開始謀劃建立獨裁政權。他本想發動政變，但支持者寥寥無幾，於是抱著荒謬的幻想自行成立「全國團結黨」（*Nasjonal Samling*），希望國人歡呼推舉他成為領袖。一九三九年，他獲邀前往德國拜見希特勒，承諾會在德國入侵時全力配合發動政變或協助占領。一九四〇年四月九日，德軍占領挪威，奎斯林登上全國廣播，自封「協力政府總理」，下令全國投降。但其實他根本沒有得到德國認可，他口中所說的政府也不了了之。一九四〇年底，德國占領當局成立傀儡政府。但是到了一九四二年，奎斯林才受命成為「部長大統領」（Ministerpresident），並任職到戰爭結束。世上很少有這麼可悲的叛國賊，背負了恐怖政權的惡名，卻沒有任何實權。他將辦公室設於王宮，自己則住進奧斯陸西區宏偉的格蘭德別墅（Villa Grande），該宅邸原為航運大亨威廉・威廉森（Wilhelm Wilhelmsen）在一九二六年捐贈給國家的房產。奎斯林接管後將其裝修得金碧輝煌，並取名為「金列廳」（*Gimle*），取自北歐神話中，諸神黃昏後倖存神祇居住的樂園。如今，這座別墅成為了挪威猶太大屠殺與少數族裔研究中心（Norwegian Centre for Holocaust and Minority Studies）的所在地。戰後，奎斯林遭到逮捕，判處死刑，於古老的阿克斯胡斯城堡（Akershus festning）牆下槍決，他的名字如今成為英語中「賣國賊」的同義詞。

對德國人來說，和奎斯林合作可以說是一大錯誤。如果他們像在丹麥一樣，與在地納粹分子保持距離，反而可能爭取到一部分挪威政客的合作，畢竟那些人原本就不完全排斥「共存式占領」。德軍的駐挪威指揮官，帝國總督（*Reichskommissar*）約瑟夫．特博文（Josef Terboven），其實認為奎斯林很惱人，不打算接受他的協助，然而柏林高層中卻有人欣賞奎斯林的意識形態狂熱，力主和他結盟。

納粹的合作勢力不只存在首都，更滲透到整個國家。警方某種程度上已經納粹化，可以配合逮捕和驅逐挪威境內為數不多的猶太社群（一九四〇年大約只有兩千一百人）。這些人裡約有一千兩百人在抓補前成功逃亡，七百五十四人喪生，二十六人從集中營生還。除了警察，幫派也是恐怖統治的爪牙，其中最臭名昭著的，莫過於特倫德拉格地區的「林南幫」（*Rinnanbanden*）。這是一群大約由五十人組成的納粹流氓與病態殺人狂。他們的戰術是滲透抵抗組織，取得情報，然後大量俘虜成員，以酷刑殺害他們，死在他們手上的人超過一百個。

那麼，挪威本土的抵抗運動有什麼影響？當時的抵抗方式非

圖十五：維德孔．奎斯林（Vidkun Quisling）——「他的名字如今成為英語中『賣國賊』的同義詞」。

常多，從公民抗命到武裝破壞都有。運動員拒絕參賽，牧師與教師集體抗議，父母反對兒童接受納粹的洗腦教育，志工組織和工會則轉入地下運作。有行動者印製和發行非法的地下報刊，有人蒐集德軍動態，也有人成立武裝小隊。祕密武裝的「家園軍」逐漸壯大，到了戰爭末期已有大約四萬人，並有一定的組織。當然，德軍的報復也隨之而來，有些人被關押在挪威，有些人被送到德國集中營，更有人遭到酷刑折磨、殘忍謀殺，或是公開與祕密處決。

一九四三年二月，挪威抵抗組織展開一場驚心動魄的行動。一支由十一人組成的小隊潛入韋莫克（Vemork）水力發電廠，因為電廠有「重水」這項副產品，是納粹德國研發核武的必要原料。他們在設施裡安裝炸藥，成功炸毀大量重水儲備，並讓生產中斷，過了兩個月才恢復。更難得的是這場行動全員生還。一九四四年二月，游擊隊又將炸藥安置在附近廷湖（Lake Tinn）上一艘載運重水的客運渡輪，將其成功擊沉。這場破壞行動造成十四名挪威船員與乘客，以及四名德國士兵喪生。

然而德軍的報復也殘酷至極。西海岸有一個漁村叫作特拉沃格（Telavåg），是抵抗軍聯絡昔德蘭群島的轉運中心，許多人員和裝備都由此進出。一九四二年四月二十六日晚上，蓋世太保滲透當地，發動突襲，發現兩名抵抗軍正藏身閣樓，等待命令，於是槍戰爆發，兩名德軍軍官和一名抵抗戰士死亡。報復隨即展開，村裡七十二名成年男性全數被捕，大多數送往德國薩克森豪森（*Sachenhausen*）集中營，三十一人死在營裡。女人和小孩則被送到挪威其他地方拘禁。整個村莊被夷為平地，房屋、漁船、牲口無一倖免。還有些不是從特拉沃格來的挪威囚犯，也在這場報復中被處決。

那麼，抵抗到底值不值得？公民抗命雖然無法阻止協力者配合德軍，卻有助於維持和凝聚士氣。破壞行動確實干擾了占領，也可能在某種程度上迫使德軍在挪威投入更多兵力。不管是公民抗命，還是武裝抵抗，都在戰後被納入挺身對抗不義的敘事。丹麥的抵抗從一九四三年開始組織化，並成功被盟軍承認為戰友，但過程同樣付出了慘烈的代價。

瑞典則做到了丹麥和挪威當初的期望：保持中立。這要歸功於瑞典有一定的國防實力可以仰仗，且德國也可以從中立的瑞典獲得所需資源，無需出兵占領。而且德國在占領丹麥和挪威後，也已經沒有能力繼續吞併瑞典。

但是為了維持中立，瑞典必須承受許多威脅和壓力，因為德軍從來沒有放棄入侵。戰爭初期，瑞典的進出口貿易相當仰賴德國，比如鐵礦是德國亟需的資源，而滾珠軸承等物資也對戰爭十分重要。為了這些好處，瑞典選擇限制新聞自由，壓制可能刺激德國的內容。當時最受歡迎的喜劇演員，只是因為拿希特勒開玩笑，就被禁止登臺演出。

當時德國控制了瑞典鐵礦出口所必經的挪威那維克，但德國也需要透過瑞典運輸其他物資。從一九四〇年七月挪威戰事結束，一直到一九四三年夏天，瑞典都同意德軍借道運送部隊和武器等軍事物資往返挪威。在英國和倫敦的挪威流亡政府看來，這已經違反了中立主張，但對瑞典政府來說，這卻是無法避免的現實。那麼，瑞典的政策是否親德？與其說是親德，不如說是「務實」，就像丹麥淪陷後，也自稱採取「務實」政策一樣。對斯德哥爾摩和哥本哈根而言，當時的局勢怎麼看，都像是德國即將要贏得這場戰爭。

創作《長襪皮皮》（*Pippi Longstocking*）的瑞典著名作家阿思緹・林格倫（Astrid Lindgren）從一九三九年戰爭爆發起就開始寫日記，詳盡記錄時局變化，並留下銳利觀察與評論。她當時擔任信件審查員，「偷讀了很多別人的信」，後來還自嘲著迷於士兵寫給妻子的情書中，那些荒唐的情色描寫。雖然保持中立，但瑞典人也是從戰爭一開始，就遇到了配給、囤積、燈火管制等各種限制。人們時刻恐懼，既害怕德國攻打，也擔心俄國人入侵（林格倫本人更害怕後者）。她認為瑞典能遠離這場吞噬全球的大戰，簡直就是「奇蹟」，對於中立帶來的好處更是一點也不愧疚。身為中產階級，她和家人在生日、聖誕節等日子依然可以慶祝，不虞匱乏。而且從戰爭初期，她就已經知道猶太人在納粹統治下的命運，還有集中營的存在。

一九四三年起，隨著德國在歐洲戰場展露頹勢，瑞典也逐步強化自身防禦，並同丹麥一般日益親近盟軍陣營。先是停止讓德軍經由瑞典向挪威運送物資，接著又與英國、美國簽署貿易協定。大約同一時期，丹麥和挪威抵抗運動也愈發激烈，這背後少不了瑞典的支持。兩國有數以千計的抵抗軍被迫逃亡，其中有許多人都在瑞典尋得庇護，不過也有一些人遭到拒絕，比如在一九四一年，申請庇護的挪威人中約有四分之一遭拒，而逃到瑞典的人，也被禁止前往其他地區從軍。救援丹麥猶太人的行動能夠成功，瑞典的協助不可或缺。除了丹麥，許多挪威猶太人也設法跨境逃往瑞典。瑞典向挪威提供人道援助，其中最受挪威學童喜愛的，便是簡單卻營養的「瑞典湯」。同時，流亡的挪威人和丹麥人也在瑞典建立準軍事力量，不是為了參加大戰，而是準備在德國漸露敗相之時解放祖國。靠著中立國地位的庇蔭，一名叫作勞烏爾・瓦倫堡（Raoul Wallenberg）的年輕外交官在布達佩斯展開行動，為猶太人簽發瑞典庇護證件，成功營救數千條性命。然而，他本人卻在一九四五年遭蘇聯紅軍綁架，從此消失在古拉格裡頭，再無音訊。一九四五年春天，另一名外交官弗科・貝納多特伯爵（Count Folke Bernadotte）代表瑞典紅十字會與德方談判，成功釋放約一萬五千名集中營囚徒，其中約半數為丹麥人與挪威人。獲釋眾人搭著

「白色巴士」（實為簡陋的貨車）離開，本次營救行動也因此得名。德軍投降後，白色巴士行動繼續，又成功撤離了一萬人。戰後，貝納多特轉任聯合國中東和平談判代表，但在一九四八年於耶路撒冷遭到猶太復國主義的地下武裝團體暗殺身亡。

戰爭結束了，但收場並不容易。一九四四年底，挪威北部德軍在紅軍逼近之際撤退，放棄一片面積相當於丹麥的領土，強迫大約七萬居民一起撤離，並採取焦土戰術，摧毀所有城鎮、農場、房屋、學校、教堂、港口、電報線路和道路。當時正是嚴冬，至少有兩萬人只能躲藏於洞穴、地道與簡陋棚屋。

一九四五年五月，德軍投降，但挪威境內仍有約三十五萬名德軍官兵。他們雖然已經投降，但還是要繳械、拘禁並遣返回德國。然而，當時德國國內正陷於混亂，沒有足夠的交通工具和接收計畫，於是遣返作業花了將近兩年才完成。德軍也曾在挪威囚禁多達十萬名戰俘當作苦力，其中多為俄羅斯人。戰後，大約有八萬五千人被遣返蘇聯，其中約有半數消失在古拉格裡。此外，還有大概四萬名不是德國、也不是俄國的「流離失所者」被分配到歐洲各地，僅有少數人留在挪威。一九四七年起，挪威派了一個四千人的旅，參加英國在德國北部的占領任務。*

德軍在丹麥的占領部隊約有二十五萬人，他們投降後的遣返相對順利，不久就回到德國南部。然而波羅的海博恩霍姆島（Bornholm）上的駐軍就沒有這麼幸運。當地德軍原本打算向西方盟軍投降，卻遭到拒絕。於是，這座島和挪威北部一樣，遭到蘇聯紅軍占領，直到一九四六年四月紅軍才主動撤退。戰

* 後來，挪威人發現士兵的補給中有保險套，輿論譁然，不久就向大議會遞交了一份有四十四萬人連署的抗議請願。

爭末期，約有二十五萬名德國難民逃入丹麥，多數是為了躲避紅軍侵襲。德軍投降後，難民成為丹麥的責任。他們在戰後的幾年間逐步遣返回德國，最後一批遣返在一九四九年完成，整個過程中有數千人病死或是餓死。

另外，瑞典也有大約兩千七百名來自東線戰場的德國士兵。到了一九四六年，大多數人都被強制遣返德國，但有少數例外。因為其中一百六十七人雖然穿著德軍制服，卻來自波羅的海。蘇聯要求瑞典交出這些人，在瑞典社會引發強烈爭議。戰爭期間，瑞典曾經接納大約三萬名波羅的海難民，其中大多是愛沙尼亞的瑞典裔，這個族群已經存在當地約有六百五十年，且仍使用瑞典語方言。瑞典輿論普遍認為，這一百六十七人應該得到跟其他人相同的待遇，特別是其中許多人可能是被迫穿上德軍軍服的。然而，瑞典政府最終仍擋不住蘇聯壓力，於一九四六年一月，將其中一百四十六人引渡到未知的命運之中（其餘二十一人則罹患重病或是已經去世）。

來自挪威和丹麥的流亡者都從瑞典返回故鄉，其中也包括前面提到的準軍事部隊，他們回國後轉任警察，協助兩國維持戰後秩序與權力過渡。至於最艱難的問題，當屬如何處置占領期間的協力者。所謂「協力」在法律與道德上都不是黑白分明，特別在丹麥，許多商業與勞動合作，一開始還有得到合法政府的鼓勵。最後，兩國都違背憲政原則，訂立溯及既往的法律，並對立法前的重罪處以極刑。儘管如此，這些清算大致還都平靜有序，後世評價也普遍認為。當時的做法雖難完全苟同，卻也還稱得上合理，法律上也有一定的正當性。當然，通敵者還是免不了遭受非法報復，但是並不普遍。這類行為有不少是針對女性，她們被冠上「德國人的妓女」（German whores）這種羞辱標籤，反映出占領創傷中的性別歧視。

在丹麥，約有三萬四千人在五月中旬遭到逮捕拘留，其中過半在數天內獲釋。最後定罪者有一萬三千人，其中六成刑期不到兩年。七十八人被處死刑，但只有四十六案執行，全為男性，且全都經過最高法院的最終裁定。國會也另設了專責委員會，調查戰時政府的合作行為，歷時八年，最終沒有建議彈劾任何官員，只有一名社會民主黨籍的大臣被黨內「審判」，被迫辭去國會職務。

在挪威，共有四萬六千人因為和敵人合作而被定罪，其中三千三百人為「經濟叛國罪」，最後入監服刑者有兩萬人，其餘則遭處罰金或財產充公。一九四〇年四月九日後加入全國團結黨者，雖然當時並不違法，戰後仍要追溯懲罰。他們被判褫奪公權，不得選舉或擔任公職。三十名挪威人和十五名德國戰犯被判死刑，其中三十七案確實執行。

戰爭兒

在二戰期間和戰後，丹麥與挪威估計共有一萬到一萬兩千名孩童，是由本國母親和德國士兵所生。這些孩子終其一生承受歧視、指責和心理創傷，是戰爭對人類影響最長遠的後遺症。戰後初期，許多「正派」丹麥人和挪威人都排斥戰爭兒或占領協力者的子女，甚至要求自己的孩子不要與他們來往。這些孩童往往在羞辱中長大，因此傾向選擇隱瞞出身。

丹麥公家大約登錄了五千五百個相關個案，不過一直禁止閱覽，連當事人也無法申調。直到一九九九年，有意尋找生父資訊的戰爭兒，才能申請閱覽相關登記資訊。

在挪威，納粹的種族優生組織「生命之泉」（*Lebensborn*）則在戰爭期間登錄了大約八千個由德國父親所生的孩子。該組織在挪威設有九間生產及產後護理設施，約有一千個嬰兒在這些地方出生。少數戰爭兒在戰爭期間或戰後被帶到德國，或是由德國人收養，但大多仍在挪威成長。他們有的和母親同住，有的有繼父，其他則是得到收養或寄養，也有些在孤兒院長大。至於和德國人結婚的女性，則在戰後初期被迫取得德國國籍，並面臨遣返命運。

挪威戰後的官方政策，一開始是將戰爭兒送往中立或遙遠的國家讓人收養。許多孩子甚至被強迫帶離母親身邊。然而，這項「對外送養政策」終告失敗，許多孩子流落孤兒院，或在國內得到收養。一九八六年，挪威成立「戰爭兒協會」（Norwegian Association of War Children），丹麥也在十年後成立類似組織。二〇〇二年，挪威大議會正式為戰爭兒所受的苦難向他們道歉。

和平與聯盟的可能

戰後，新的世界正在成形，但斯堪地那維亞並沒有走向統一。為了在歐洲，以及整個世界上站穩腳步，三國各自走上了不同的道路。

瑞典提出以共同中立政策為基礎建立防衛聯盟，這原本有機會成為斯堪地那維亞大同盟的第一塊基石。丹麥也表達支持，但因為德國威脅已經不復存在，所以態度並不熱情——可惜挪威並不贊同。戰後的挪威決定加入大西洋聯盟以解決國家安全問題。加上不久之後冷戰拉開序幕，挪威和丹麥就被美國納入保護傘下，並在一九四九年加入北大西洋公約組織。

反觀瑞典，則是在二戰期間軍力大增，到了一九五〇年已經擁有全球第四大的空軍，也是歐洲最強的軍事力量之一。到了一九六〇年代，瑞典有超過一半的國家研究經費用在軍事目的，還一度計劃發展核武強化國防，直到一九六八年才正式放棄。瑞典對預想中的斯堪地那維亞中立同盟很有信心，但挪威人並不買單。他們不信任的是瑞典的能力，還是瑞典的意志？也許兩者皆有。無論合作還是抵抗，三國在二戰期間都曾跟德國打過交道，只是做法不同。儘管如此，丹麥和挪威內部仍有一些人覺得瑞典在戰爭中辜負了他們。

不過在經濟和文化方面，三國確實合作得更緊密，讓「北歐」（Nordics）一詞漸漸成為有實質意義的概念。除了在蘇聯壓力下自肅的芬蘭，所有北歐國家都在一九四八年參加了馬歇爾計畫（Marshall Plan）。一九五二年，北歐國家之間批准免護照旅行；一九五四年，三國成為人口自由流動的共同勞動市場，並從一九六六年起納入冰島和法羅群島。一九五二年，北歐理事會（Nordic Council）成立，初期以促進文化合作為主。史達林逝世後，芬蘭也在一九五五年加入。

一九六八年，丹麥提議建立完整的北歐共同市場（Nordek），並談妥了條約，但從來未曾實施。芬蘭礙於和蘇聯的關係無法批准，而其他國家其實也並不熱衷，因為斯堪地那維亞各國當時已經準備加入更大的歐洲整合計畫。

這件事對挪威、瑞典、丹麥三國內部，以及彼此間的關係增添了許多緊張氣氛。一九六一年，丹麥和英國一起申請加入歐洲經濟共同體（European Economic Community），瑞典雖然跟進，卻有點保留，擔心加入是否會違反中立政策。結果，英國的申請遭到戴高樂否決，與其關係密切的丹麥也受到影響。而挪威民意則對歐洲整合有許多質疑，由此產生的嫌隙至今仍未平復。

北歐共同市場失敗後，丹麥和挪威再度於一九七〇年隨英國申請加入歐洲共同體。條約簽訂後，兩國各自舉行公投。公投前，支持和反對陣營激烈交鋒，挪威更是嚴重撕裂，許多友誼、家庭與鄰里都在這場爭議中毀於一旦。一九七二年九月五日，挪威首先舉行公投，政界、商界和工會高層，以及多數媒體都支持加入，但「人民」並不支持，總共有五十三．五％選民反對。接著在同年十月二日，丹麥有六十三．三％選民投票贊成。斯堪地那維亞又一次分裂。

公投過後，負責談判的挪威工黨政府辭職負責，由中間派和右派的聯合政府接任，並前往布魯塞爾爭取自由貿易協定。但歐洲市場整合的議題並未就此結束。在歐洲共同體發展成歐盟後，又有更多國家申請加入，於是到了一九九三年，挪威再一次申請加入，這次一同申請的還有瑞典、芬蘭與奧地利。四國再次將條約交付公投，並特意將挪威安排在最後，期待前三國的同意，可以影響挪威頑固的民意。但這個策略沒有奏效。過了二十二年，挪威人民再度以五十二．二％的反對票，否決了這個提案。斯堪地那維亞依舊沒有成功整合，挪威仍然迎著寒風屹立在峽灣上。

不過隔年歐洲經濟區（European Economic Area）的成立，某種程度上又緩解了這個情況。靠著這份協定，挪威、冰島和列支敦斯登這三個歐洲自由貿易聯盟（European Free Trade Association）國家終於進入了歐盟市場（不過另一個成員國瑞士則選擇和歐盟另簽自由貿易協定）。這個方案一方面保留了北歐共同勞動市場，一方面也讓挪威成為實際上的「準會員國」。換句話說，除了在部分農漁業領域外，挪威承受了各種和歐盟單一市場相關的權利及義務，並接受大多數歐盟法規和指令，也加入了申根區（Schengen Area）等大多數的歐盟計畫，且按照會員國的標準繳納會費。唯一的差別，是挪威沒有正式的決策權。但這種特殊安排，對挪威來說倒也恰到好處。

無論是斯堪地那維亞還是歐洲，挪威會抗拒統合其實並不讓人意外。這個國家直到一九〇五年才完全獨立。而且斯堪地那維亞內部發展的轉變，或許也是挪威無意給出承諾的一個原因。二十世紀下半葉，挪威突然變得非常富有——因為北海發現了石油。我們在第一部提到，丹麥是最早稱霸斯堪地那維亞的強權。從十六世紀開始，瑞典的財富和國力超越丹麥，直到二十世紀末都是北方第一強國。在這漫長的一千年間裡，挪威都是斯堪地那維亞大家族中最邊陲、貧窮、落後、無足輕重的一員。但一夕之間，它就成了有錢的鄰居。

一九六三年五月，挪威政府發布一道行政命令，主張對其沿海海域擁有經濟主權。當時美國的菲利普斯石油（Phillips Petroleum）正準備探勘當地海床，迫使挪威必須立即將該海域劃入主權範圍。經過一連串國際和雙邊談判，國際海洋法確立了「國家擁有其沿海水域的經濟主權，範圍延伸至開發技術所及」這個原則，唯一限制是「中線原則」，也就是當兩國聲索區域重疊時，以兩國海岸線間的中線劃界。現在回顧起來不免讓人難以置信，周邊國家和國際社會竟然能接受這些原則，畢竟這等於讓挪威這樣全是海岸線的國家，能控制遠大於國土的海上疆域。挪威的海岸線包含遠達北緯八十一度的斯瓦爾巴群島，這等於是擁有了大部分的北極海；遠在北大西洋深處的楊馬延島（Jan Mayen），更讓挪威的海域一路延伸，直到接壤格陵蘭。這場法律上的大勝，很大程度要歸功於當時挪威外交部法律司的主管延斯．埃文森（Jens Evensen）。當時研究海洋法的專家還很少，而埃文森早年曾赴美國留學，是當時國際間少數相關領域的權威——趁著所有人都還未留心，他已經靠著遠見與本領主導了相關談判。

間諜

阿爾內・特雷霍（Arne Treholt）是挪威的記者、政治人物、外交官，也是蘇聯的間諜。雖然蘇聯在蘇堪地那維亞的間諜很多，比如瑞典空軍軍官斯泰格・溫納斯特隆（Stig Wennerström）就曾在二戰時替納粹德國從事情報工作，戰後又投入蘇聯麾下，但從來沒有人的故事像特雷霍這麼驚人。

一九六七年，斯堪地那維亞三國政府聯手在歐洲人權法院起訴希臘軍政府，控告其犯下反人類罪，並在一九七〇年成功定罪。本案的檢察官就是前文談到的延斯・埃文森擔任檢察官。他找了特雷霍加入這次任務，兩人從此建立起親如父子的合作情誼。據信，特雷霍初次接觸KGB，就是由希臘共產黨牽的線。

一九七三年到一九七八年間，埃文森進入內閣就任大臣，並拉拔特雷霍擔任副手。之後特雷霍轉任非政治職位，進入外交部，一九八〇年代初曾任挪威常駐聯合國代表團的副代表（我在擔任聯合國顧問期間，曾與他共事）。回國後，他在一九八四年一月二十日於奧斯陸機場被捕。當時他正準備將一批機密文件帶往維也納，與他的KGB聯絡人會面。他早就引起了懷疑，在紐約任職期間也受到美國聯邦調查局監視——審判時，有一對控方證人就是特雷霍的朋友，他們表面上是同一條走廊上的鄰居，實際上卻是聯邦調查局探員。最後，特雷霍因為替蘇聯與伊拉克從事間諜行為，叛國罪定讞，處以二十年有期徒刑，實際入監服刑八年。他聲稱自己的作為是在平衡東西方的情報落差，以促進世界和平。

特雷霍曾是挪威社會民主的明日之星。他的父親是工黨國會議員，曾任農業大臣。而他本人也是典型的現代化進步左翼青年，英俊、聰明、有理想、熱愛運動、善於交際。他的變節對身邊的朋友打擊很大，許多人至今仍拒絕相信司法判決，持續為他的清白辯護。二〇二三年二月十二日，特雷霍在莫斯科去世。

一九六五年起，挪威政府開始授予鑽油特許權，並在條文中確保國家能分享到可觀的利潤。一九六九年起，石油和天然氣開始源源不絕地湧出北海，挪威國庫也隨之豐盈起來。石油產業，以及附屬的後勤、物流、基礎設施等產業迅速成為全國經濟的主軸，挪威也成了歐洲關鍵的天然氣供應國。

然而，石油帶來的收入規模，很快就遠超這個小國的消化能力。雖然挪威政府對內對外都相當慷慨，既照顧本國人民，也積極參與國際事務，但儘管如此，錢仍然多得花不掉，必須另尋管理之法。挪威政府最後想到的解方是設立主權基金，將盈餘投資到全球股市，也就是如今所謂的「政府養老基金」（Government Pension Fund Global）。在我寫到這裡時，該基金的市值約為十五兆四千億挪威克朗，意味著挪威政府大約掌握全球上市公司股份的二%——光是倫敦攝政街精華區的房地產，就有二十五%在挪威手上。

雖然出身挪威的我這樣講，可能有點自賣自誇，但整個「石油童話」（*oljeeventyret*）能夠成立，除了技術和本領，也是因為挪威人崇尚中庸之道。面對這筆突如其來的財富，挪威人當然有盡情享用，但也發揮了智慧與能力來管理，從未過度揮霍。這些年來，每一屆政府和國會都維持著大致的政治共識，用心進行這樣的治理。無論是偏右還是偏左的政府，都積極參與各種目標良善的國際事務，卻也不會仗勢凌人。對待其他斯堪地那維亞國家也是如此。挪威雖然以高薪職務吸引鄰近國家、特別是瑞典的勞工，但依然堪稱一個好鄰居。就算有了錢，這個國家整體來說，也沒有對以前虧待自己的鄰邦，擺出倨傲的姿態。

社會民主

在社會民主體制下，斯堪地那維亞培育了好幾代的傑出領袖。丹麥有英姿颯爽的斯陶寧。他原本是菸草工人，發跡於工會運動，風流倜儻，嗜酒如命，在政壇上以精於妥協，以及留著北歐最長的薑黃色鬍鬚聞名。在一九一六到一九二〇年之間，他還成為自由黨政府中唯一的社民黨員。一九二四年，斯陶寧出任首相，以「票投斯陶寧，告別不安寧」的口號帶領社民黨，贏得史上最佳的選舉成績，帶著丹麥度過整個一九三〇年代，直到二次世界大戰。（雖然到了這時他已經身心俱疲，而且多半難以抵抗高層中親德派的壓力。）

瑞典則有亞爾馬．布蘭廷（Hjalmar Branting），他曾在一八九六年當選王國議會議員，是該國第一位社民黨人。直到一九〇二年，他才有了其他同志，而當年大選社民黨贏得了四個國會席位。一九一七年，他率領社民黨，和自由黨組成聯合政府，又在一九二〇、一九二一和一九二三年領導過三屆少數政府，最後在六十五歲之年過勞去世。接任的帕爾．阿爾賓．漢松（Per Albin Hansson）以穩健靈活的手腕，帶著瑞典挺過大蕭條，又在二戰期間組成聯合政府，帶領國家撐過戰爭。一九四六年起，塔格．埃蘭德（Tage Erlander）出任首相，在混沌的政局中屹立二十三年，得到「國翁」（*landsfader*）的尊稱。

他的門生帕梅兩度擔任首相，在一九八六年二月二十八日和妻子看完電影後，於返家途中遭人槍殺。帕梅帶領社民黨回歸本心，讓瑞典在國際上獨立發聲。

瑞典的埃爾納・蓋哈德森（Einar Gerhardsen）從一九四五年起擔任首相，中間短暫中斷兩次，直到一九六三年下臺，帶著國家從戰爭廢墟開始，重建成福利國家的典範。和埃蘭德一樣，瑞典人也尊稱他為「國翁」。格羅・哈萊姆・布倫特蘭（Gro Harlem Brundtland）是挪威第一位女首相，自一九八一年起三度掌政，是婦女平權與永續發展議題上的先驅。

丹麥社會民主黨首次進入國民議會是在一八八四年，當時僅有兩席，得票率為四・九%；一九三五年是其巔峰，得票率四十六・一%。挪威社民黨直到一九〇三年才以九・七%得票率進入大議會，並在一九五七年攀上四十八・三%的高峰。瑞典社民黨在一九〇二年曾經只拿到三・五%得票率，但發展到一九三八年，已經能奪下五十・四%的選票，並在後來多達五次支持率過半（最近一次是一九六八年的五十・一%），不過通常還是無法在王國議會中掌握絕對多數。*

這些政黨在二十世紀中主導了全國政治，卻從未完全壟斷政局。它們大多是和規模遠小於自己的盟黨組成少數政府或聯合政府。這段時期持續不到五十年，從一九三〇年代中開始，到一九七〇年代初結束。在最近一次選舉中，瑞典社民黨（二〇二二年）得票率為三十・三%，挪威（二〇二一年）二十六・三%，丹麥（二〇二二年）則為二十七・五%。從一九七〇年左右開始，三國都進入了聯合政

* 這些政黨的正式名稱分別為：社會民主黨（*Socialdemokratiet*，丹麥政黨），挪威工黨（*Det norske Arbeiderparti*），瑞典社會民主工黨（*Sveriges Socialdemokratiska Arbetarparti*）。

府時代，時而偏右，時而偏左。

社會民主主義者擁有一切有利條件。當時勞工階級剛贏得選舉權，於是以階級凝聚力為基礎的社會民主黨，不到十年就成為各國國會中最大的政黨。但早期的社民黨也遇到許多挑戰，特別是同屬左翼的工團主義（syndicalism）和激進社會主義（radical socialism）。這些挑戰者在共產黨崛起的戰後初期又捲土重來，因此社民黨不得不嚴肅對待，竭盡全力壓制對手，務求團結行動，若有必要也不惜拿出操弄手段，讓對方淪為邊緣勢力。有位挪威工黨領導人就曾直言：「工黨可不是什麼該死的主日學。」

他們和各地工會建立了鋼鐵般的聯盟，雙方密切合作，由政黨負責議會事務，工會則全力支持。斯堪地那維亞勞工運動最特別的成就，莫過於真正實現了列寧口中的「民主集中制」（democratic centralism）組織。直到今天，斯堪地那維亞的工會都不只是勞工運動的夥伴，更是制定整體社會政策時無法忽視的角色，無論由哪個陣營來執政都是如此。

這股組織力量超越了政黨和工會運動，延伸到文化層面，建立從搖籃到墳墓的「家庭式社群」，創辦教育、體育、合唱、戲劇、旅遊等組織，吸納婦女、退休者、租屋族和基督教社會主義者。他們會一起慶祝五一勞動節，以及其他節日慶典。他們一年到頭都有兒童和青少年活動，還會舉辦夏令營與假期營隊。他們參與合作社運動，從日常消費、保險、住宅到殯葬服務，都有相關的合作社。他們擁有自己的報紙、雜誌與出版社。作家、藝術家、建築師與學者也都紛紛投身其中。到了一九六五年，瑞典社民黨的黨員已經多達一百二十萬人，而當時全國總人口也不過八百萬左右。

非社會主義陣營根本無法與之匹敵。他們缺乏階級凝聚力，因為農民、都市知識分子和資本家並非同類。就算想要政治結盟，也無一成功。社會民主主義者非常擅長挑起對手陣營的內部矛盾，而企業和雇主協會的支持，也遠不如工會的支持有力。右派陣營的文化組織雖然也不乏影響力，但宗教團體、童軍團這些組織，往往不熱衷政治。右派既不是一場運動，也不是一個家庭。

社會主義的思想成形於十九世紀下半的歐洲。它的目標非常簡單明瞭：讓勞動者活得豐盛、自由、安全。其理論也不複雜：權力屬於資本的所有者，勞工階級若想獲得解放，就必須擁有生產工具。而社會民主的取徑，則是透過民主手段來達成這個目標，勞工階級先靠選票贏得政權，再利用政權削弱私人資本的力量。這個方針緊扣著實現社會主義的根本，也就是讓勞工能夠控制資本。

布蘭廷奠定了瑞典社會民主的基調，既要堅守社會主義，也要堅持改革進步。在他看來，社會主義與改革進步絕非擇一而行，而是兩者並進。丹麥和挪威的社會民主運動則沒有這麼順利，兩者對自身的意識形態無所適從。於是他們一度偏愛激進的政治修辭，但不久便又放棄典型的社會主義思想。相較之下，瑞典社民黨始終未曾退卻，一直和正統左派針鋒相對，直到二十世紀末。

反觀丹麥社會民主主義者在準備執政時，早已經轉向務實改革派。而挪威的社會民主主義則陷入長期的自我認同危機。一九一九年，工黨加入由蘇聯主導的共產國際（*Comintern*），黨內右翼隨即分裂出去。一九二三年，工黨退出共產國際，右翼歸隊，但一個左翼派系又退隊成立共產黨。此時的工黨依然執著於革命幻想，最後還是國王親自出手，才解決這場混亂。從一九〇五到一九二八年間，挪威共有十一屆政府，全都是保守或中間偏右的黨派。一九二八年，又一屆政府垮臺。此時工黨已成最大黨，在前一年大選贏得三十七％選票，保守黨則退步到二十四％。然而工黨依然假裝自己是革命政黨，黨綱仍主張正統社會主義，認為國會是次要目標，直接的產業行動才是主戰場。眼見右派遲遲無法談出內閣架構，國王哈康七世（Haakon VII）趁機召見工黨領袖，邀請組閣。國王這一著可謂晴天霹靂，當時的右派老政客從未想過，一個革命政黨竟然能受邀執政。不過既然多數聯盟沒能成形，國王邀請身為最大黨的工黨執政，在憲政上是完全正當的。更重要的是，國王非常清楚自己在做什麼——他想逼這群倒楣的社會主義者「長大成人」，用施政責任強迫他們接受自己是一個正常的國會政黨。一九二八年這屆工黨政府只撐了二十八天，但是到了一九三三年，工黨終於推出了改革派政綱，並於一九三五年欣然承擔執政責任。他們雖然腳步較慢，終究還是跟丹麥的同志一樣，不再以意識形態掛帥，踏上了更務實的道路。（哈康國王曾兩度運用王權在關鍵時刻幫助國家，第一次是他在一九二八年的斡旋，第二次就是在一九四〇年果斷拒絕成立納粹傀儡政府，這些舉動或許有著決定性的作用。）

瑞典的社會民主主義者內部的張力則持續到整個運動的根基開始動搖為止。資本是這裡頭最大的阻力。丹麥和挪威社民黨人早已認賠殺出，他們爭取企業監理，爭取策略性國有化、爭取國家投資銀行業、爭取工人參與企業決策……但如果要謹遵左派原則，全面接管私有資本？算了吧。然而瑞典人不一樣，他們仍堅持追求傳統意義上的、對生產工具的掌握。從這個角度而言，斯堪地那維亞的社會民主運動從來不一致，至少瑞典選擇堅守意識形態，走自己的路，而丹麥與挪威都偏重實務管理。

一九二〇年，瑞典社會民主主義者首次組成由自己主導的政府，雖是少數政府，但還是很有歷史意義。他們成立了一個委員會，研究將資本收歸於社會（socialisation of capital）的可能性，也就是找出逐步將生產資本轉為集體所有的方針。這個委員會研究了十五年，雖沒有拿出實質成果，但至少讓議題保持活力。瑞典社民黨認為傳統左派愛談的國有化效率太低，在一九三二年的黨代表大會中否決了這個策略，開始展開尋找其他「既有效率，又具社會主義精神」的經濟模式。

到了一九三五年，勞工運動在大蕭條的陰影下，逐步邁向跟資本妥協，以換取產業和平的方向，最後在一九三八年簽下《鹽浴海灘協議》。該協議有一層潛臺詞，是勞資雙方約定各自安好——雖然沒有白紙黑字寫下來，但有歷史學家相信存在一份秘密議定書。勞方可以推動累進稅率和社會政策來達成收入平等，但資本仍屬私有。這就是所謂的「歷史性妥協」。

這份妥協一直延續到戰後才中斷。一九四四年，瑞典社民黨通過一份政綱，包含三大主軸：充分就業、公平分配，以及產業民主，而產業民主的核心，就是將資本收歸於社會。一九三五年中斷的研究再度展開。一九四五年，暫時聯合政府下臺，由社民黨多數政府取而代之，開始將一九四四年政綱付諸實行。社會改革接連推出，但尚未對資本展開全面進攻。

十年後，他們在一項大型年金改革中看見機會。瑞典從上個世紀初，就開始逐步推行基本的年金制度。部分勞工享有和收入連動的退休金，但大多數藍領階級沒有這種福利，形成了少數勞工富足、多數勞工貧困的年金落差。各方普遍同意收入連動的退休金制度應該擴大施行，不過非社會主義陣營主張實施私有化、自主選擇的保險式年金，而社民黨則主張強制性的國營年金。他們這麼做有社會政策層面的理由，因為強制提撥才能確保全民受到政策涵蓋。但他們同時還有另一個主張，是關於資本管理：年金的資金來自保費，而保費累積起來才能成為資本。私有制代表著資本會掌握在私人機構手中，而國營制度則是由「集體」管理，能將資本從私人之手轉入公領域。社民黨利用機會，強勢推動國營方案，在經歷操弄公投、重新選舉等政治戲碼後，終於在一九五八年，國營方案以一百一十五張贊成票，在王國議會中勝出，只比反對方多了一票——多虧有一位非社民黨議員棄權。於是「全民年金」制度誕生了，這代表瑞典朝社會主義經濟邁進了小小的一步，迎來社會民主主義，以及瑞典福利國家最閃耀的一刻榮光。反對國營方案的自由黨在後來的選舉中大敗。資本確實逐步累積，並透過一系列投資配置各異的基金運作，其中也包括為瑞典企業提供高風險的國家資本。

然而全民年金並不是最後一場勝利。一九七五年，瑞典工會依循經濟學家魯道夫・邁德納（Rudolf Meidner）的設計，通過一個推動由集體掌握資本的計畫。邁德納等人相信，他們終於找到一個可以真正將資本收歸於社會的方針。也就是「受雇者基金」（wage earner fund）。社民黨內部雖然不買單，*卻還是得順從工會。一九八二年大選獲勝後，這項政策便成了政府的正式方針。

這個構想其實自有一套邏輯。在社會民主的觀念裡，特別是在比丹麥和挪威更擅長深入思考的瑞典社民黨看來，勞工家庭如果要有經濟保障，就需要有穩健的產業經濟；而產業能否穩健，又得看勞動市場是否健全。這就需要所謂的「積極勞動市場政策」（active labour market policy），也就是著名的「雷恩—邁德納模型」（Rehn–Meidner model），由邁德納和同樣出身工會的經濟學家約斯塔・雷恩（Gösta Rehn）共同提出，後者也是社民黨一九四四年政綱的作者之一。積極勞動市場政策的一大好處，是能壓制工資膨脹（wage inflation），避免削弱瑞典產業的國際競爭力——沒錯，就連工會都認為「抑制工資」（wage restraint）符合勞動階級的長遠利益！而這種政策之所以能夠推行，是因為有了積極就業政策，勞工全體就能得到另一種保障——全面就業與社會安全。這套邏輯順利運作了一段時間，但是到了一九七〇年代，戰後繁榮已經結束，失業率回升，勞資糾紛加劇，瑞典產業競爭力也開始下滑。新一輪的妥協勢在必行。這次社民黨想提供給勞工的集體利益，是讓他們逐步擁有更多經濟的所有權。要實現這點，需要成立基金從私部門手中買下資本的所有權，讓勞工掌握資本，最後交由民選的委員會直接掌控。這是一種全新的政治構想：不只改革經濟制度，還要打造與傳統議會並列的「經濟議會」，實現民

主治理的新模式。†

一九八二年大選勝利後，社民黨政府設立了五個地區基金，開始在私有經濟中收購股權。最初的資本來自少量指定用途的稅收，讓這些基金能夠獲利，並且自給自足。根據邁德納最初的規畫，這些受雇者基金（*Löntagarfonder*）在幾年內就能掌控瑞典大部分的股權。

如今看來，這項政策或許有點異想天開，但放回當時的脈絡其實也有道理。瑞典有著獨一無二的政經體制，一方面極度社會民主，也極度資本主義。資本高度集中於瓦倫堡等少數家族手中，而這些家族本身就形同私人股權資金。因此受雇者基金這樣的集體基金，也許可以視為一種制衡經濟壟斷的手段。

然而這場實驗最後徹底失敗。打從一開始，支持受雇者基金的就只有少數忠貞的意識形態信徒；而到了真正實施的時候，所有關於掌握資本的修辭早就已經一點不剩。勞工看不到自己能從中得到什麼好處，對於抽象的股權也毫無興趣。一九九一年，非社會主義政府上臺，輕而易舉廢除了受雇者基金，累積的股份緩慢、有序地賣回私有市場，沒有擾亂金融秩序。賣出股權後的收入則用於兩個方向：一是

---

* 當時即將成為首相的帕梅曾直言這構想是「該死的惡夢」。王國議會在討論成立受雇者基金時，財政大臣謝爾─歐洛夫．費爾特（Kjell-Olof Feldt）甚至被發現寫了一首詩，形容這項政策是「一坨該死的狗屎……裡頭只有酬庸肥缺，全是留給那些支持我們偉大奮鬥的肥貓老朋友」。

† 一九八〇年代初，我正好在社會民主正統派的大本營，斯德哥爾摩大學社會研究所（Institute for Social Research）任教，近距離觀察了這場好戲。他們的勞動關係榮譽教授，正是前面提到的雷恩，他退休後在研究所內依然設有辦公室，偶爾還會在那過夜。我當時是接替首任社會福利教授斯滕．約翰松（Sten Johansson），他後來後來接任瑞典中央統計局局長。曾在一九七四年出版過一本小冊子，標題是《時機何時成熟？》（*När är tiden mogen?*），旨在推動挑戰資本以完成社會民主的計畫。

補助小額私人股權投資，讓勞工階級多少能間接受惠；二是成立各種科學研究基金，支持瑞典的學術發展。至此，這場以民主手段將資本收歸社會的探索終於劃下句點。

雖然瑞典的社會民主主義者更重視意識形態，但他們在施政上的專業能力，卻不輸丹麥與挪威的同志。三國在社會民主主義主導的年代，都經歷了產業進步、經濟成長、充分就業、生活改善、國家積極介入，以及社會保障提升的黃金時期。社會主義最初的理想，可以說已經在北歐實現。唯一尚未完成的，就是將資本收歸社會。在這個方向上，沒有人找到真正可行的民主手段。然而這或許也沒有必要，因為即使資本仍歸私人所有，勞工家庭依然過著富足、自由、安全的生活。如果說社會民主主義主導的這數十年是場歷史實驗，那對正統派的社會主義者來說，這場實驗的結果實在令人驚愕，因為要實現社會主義的夢想，竟然根本不需要實行社會主義。

福利國家

一八五二年十一月八日，挪威北方的高托凱努（Kautokeino）爆發了一場薩米人暴動。當地警長和商店老闆被殺，牧師遭到鞭打，其他人也受到虐待與折磨。隨著挪威官方日漸強勢滲透當地，薩米人染上了狂熱的宗教信仰，以及嚴重的酒精濫用，最後抱著「拯救不信上帝之人」的動機發起這場暴動。此時的薩米人開始被視作問題。但在過去，他們只是一支有別於斯堪地那維亞人的有趣民族，雖然其服裝和生活方式常受到獵奇式的觀看，但並未遭受如此敵意。而當啟蒙式的種族觀和演化觀興起，他們卻被當成了低等、未開化的族群。

參與這場暴動的人中，有的甚至不滿十八歲，暴動平息後，許多人被判苦役，並有兩人遭到處決。挪威與瑞典官方隨即展開行動，著手讓薩米人脫離落後的處境，方式是把他們變成挪威人和瑞典人。薩米文化遭到壓抑，兒童被送進寄宿學校，強迫以完全陌生的挪威語或瑞典語學習。這場強制同化持續了將近一百年，留下大量的苦痛與創傷。

一九六六年，瑞典境內一群薩米部落控告瑞典政府，要求承認他們對傳統領域土地的集體權。此案在一九八一年於最高法院最終敗訴。一九七〇年代，北挪威的薩米社群也展開動員，反對政府侵入他們視為祖地的河川上規劃水力發電工程。抗爭在一九八一年一月達到高潮，當時薩米人與環保人士聯手，發動一場震撼的公民不服從行動，企圖中斷工程進行。雖然這場動員未能達成直接目標，但就像在瑞典一樣，薩米人已經現身，組織起來，成為一股社會必須正視的力量。

挪威與瑞典政府皆在一九八〇年代設立薩米法律委員會，並持續至今。他們被正式承認為具有少數民族權利的原住民。他們的文化受到承認，薩米語也進入教育和公共行政領域。後來各國又大膽創設了「薩米議會」（Sami parliament），由薩米選民選出議員，在文化和特定經濟事務上享有立法和行政權。（只要自我認同為薩米人，就能取得投票權。）二〇〇六年，挪威芬馬克郡（Finnmark）的國有地被移交給自治的財產管理機構，郡內九十六%的土地都轉為地方集體共有。

這場巨大的轉變，不只改變了薩米人的地位，也翻轉了整個治理思維。社會管理的觀念從原本的控制，走向真正的融合。

濟貧制度隨著基督教教會傳入斯堪地那維亞。宗教改革之後，這項責任由國家接手，但國家又將其外包給地方政府，要求地方設法處理窮人。而所謂的「處理」，就是壓制乞討，將貧民驅離到看不見的地方。家庭必須自行照顧家中成員，體弱多病者在各個農場之間輾轉流連，或是由出價最低者承攬，有時被關到濟貧院，孩童則送進條件惡劣的孤兒院，被拋棄的嬰兒往往匿名棄置於教堂，或交給所謂的「天使製造者」，也就是為了補助收養嬰兒的女性，並對於孩子多半活不久的真相心照不宣。

十九世紀最大的挑戰，就是瞭解「社會問題」。每個人都看得出舊有的做法有所不足，但接下來該怎麼做？答案遲遲沒有浮現：在很長一段時間裡，扛住這些問題的都是私人慈善活動，國家很慢才逐步積極介入。我們可以把二十世紀劃分為兩個階段：前半段是學習、培養新思維的過程；後半段則是將這些新思維付諸實踐、打造出一個全新的福利國家。兩個階段的分野大致落在一九三〇年代，而真正的實施則要等到二戰過後。

福利國家的實現，戰後復甦功不可沒，因為這段時期的經濟不只是復甦，更是出乎意料的成長。二十世紀初雖然有一些進步，但整個時代背景卻是充滿戰爭與衰退。因此當二戰結束於一九四五年，人們預期經濟將再度崩潰，沒想到反而贏來了一場史無前例、長達二十年的繁榮景氣。另一個同樣令人意外的現象是戰後嬰兒潮，徹底沖散了原本對人口萎縮的恐懼。戰前人們剛開始享受到的富裕，居然在戰後源源不絕持續下去。從一九五〇到一九七〇年，個人消費成長了三倍，公共支出也達到國民生產總值的四十%以上。原本焦慮的氛圍頓時轉為樂觀。

從這時候，斯堪地那維亞人開始要學習面對「富裕」。在世紀之初，他們還是歐洲最貧窮的地方，挪威人更是過得一窮二白。到了一九三〇年代，他們的私人生活和公共服務，才開始有多餘的資金可以支配。雖然和今日相比微不足道，但對當時的人而言，這已經遠遠超出了過去的經驗。對於打造福利國家來說，沒有任何因素比經濟成長更為關鍵。福利國家之所以能夠實現，是因為它終於變成可以負擔的選項。

他們開始學習如何運用「國家」這台機器。在世紀初的自由主義觀點中，國家只是緊急時刻才動用的工具。但這種觀念並未延續到二十世紀中葉，第一次世界大戰的經濟動員深深動搖了這種觀念。正如我們前面提到的，國家在一戰時期開始介入經濟事務，將之納入行政管理，並且動員企業與民間組織，形成一種前所未見的合作式的公共治理。過去那種「當收入減少，國家就得撙節」的自由主義觀點，逐漸被更積極的觀念取代。新觀念認為國家應該主動介入，推動公共工程等措施以抑制失業，並提供社會補助以紓緩貧困。不過一開始，這些政策還極為謹慎，想方設法壓低支出，而且還需要臨時課徵額外的稅款。舉例來說，公共工程的工資，往往僅夠勉強餬口。然而經濟學家已開始思索，除了減緩衰退的衝擊，更根本的問題應該是如何防止景氣循環中的極端起伏。他們主張這需要全新的積極行動方針，比如公共工程不再只是支付最低工資，而是要支付正常工資、進一步刺激經濟。支應這些支出的將不是稅收，而是舉債，而償還則是指望後續的經濟成長。這就是我們如今熟知的「凱因斯主義」（Keynesianism），取名自英國經濟學家約翰·梅納·凱因斯（John Maynard Keynes），還有他一九三六年出版的《就業、利息與貨幣的一般理論》（*General Theory of Employment, Interest and Money*）。其實在凱因斯之前，斯堪地那維亞的經濟學家，特別是一九二〇到一九三〇年代初的「斯德哥爾摩學派」（Stockholm School），就已在發展這套觀念。而會有這些先鋒研究，得要歸功於肯努特·維克塞（Knut Wicksell）對利率、價值和貨幣的理論探討。他也是凱因斯的靈感來源之一。維克塞在當時是個全方位的激進派，反對教會與狹隘的道德，還跟女性主義運動者安娜·布格（Anna Bugge）未婚同居，震驚當時社會。

斯德哥爾摩學派的經濟思想，最終被斯堪地那維亞的社會民主主義者所吸收，成為後者一九三〇年代反衰退政策的核心。由此，視國家為社會管理工具的新共識逐漸成形。斯堪地那維亞各國都積極將這股新興的國家力量，投注於對抗經濟蕭條的政策，展現出極高的才幹與能量。

稅收的概念也有所翻轉。傳統上，稅收來自經濟活動，包括土地稅、營業稅與通行費，有時也以勞役形式徵用。然而到了二十世紀初，稅制漸漸改為向家戶徵收。固定的個人所得稅制，大約在世紀之交建立（挪威一八九五年、丹麥一九〇二年、瑞典一九一〇年），早期所得稅並不高，僅以溫和的累進稅率徵收百分之幾，有錢的人繳多一點，沒錢的人繳少一點，更窮的人甚至免繳。下一步是對家戶財產課稅，包括住宅和銀行存款等現有資產，還有買賣、繼承等不動產轉移，一開始同樣也很溫和。第三步則是從營業稅開始課徵消費稅。從這些家戶稅收開始，收稅對象不斷擴大，稅目也愈來愈多，有國家稅收、地方稅收，有不動產稅、遺產稅與年金提撥，稅率也不斷提高，但大致維持累進制，以提高接受度，並實現收入再分配的功能。二戰後，營業稅正式化，初期仍然很低，但從一九六〇年代起，斯堪地那維亞就改為對貨物流通的每一個流程課徵「加值型營業稅」（value added tax），並逐步調漲。目前三國的加值型營業稅率皆為銷售額的二十五％，是國家稅收最主要的來源。福利國家的設計相當巧妙。由家戶繳納稅金，讓政府可以提供各項公共服務，同時進行再分配。收入較低者繳的稅少、享受的福利多，而長期來看，這代表每家每戶會在經濟能力好的時候納稅，在收入縮減的時候使用補助。雖然這個體系花費高昂，卻能自給自足。

權利的意義日漸擴展。貧民在過去根本談不上有什麼權利。儘管地方政府有責任，但是否伸出援手，還是端看上層人士意願。濟貧措施極度混亂，方案東拼西湊，規則晦澀難解，毫無體系可言，主要是為了社會控制，而非提供協助。丹麥社民黨有位政治家叫作卡爾・克里斯蒂安・斯坦克（Karl Kristian Steincke），他早年的政治歷練，就是從地方濟貧事務中累積而來。一九二〇年，他提出一項全面修訂社會政策法案的計畫，該計畫可以說是現代思維的一大突破。他主張社會福利應當以人道、權利為本，而非懲罰需要協助的人。此外社會支持應該組織成一個有系統的協作體系。這些權利、系統化和協作的理念，在此後數十年的福利國家改革中，一直是最核心的原則。一九二九年，斯坦克如願成為社會事務大臣，並於一九三三年推動一系列涵蓋事故、失業、疾病、傷殘與貧困的社會保險立法，成為斯堪地那維亞各國日後改革的典範。儘管當時的社會給付不算慷慨，但新的原則已經確立，特別是有關權利的原則——在過去，領取救助可能會喪失投票權等其他權利，但如今這類限制都取消了。

「家庭與兒童」的意義也不再一樣。以往的兒童備受忽視，只接受最低限度的教育，年紀輕輕就被迫工作，無論家庭還是學校都盛行體罰。當時的家庭是徹底的私領域，和公共視野完全隔絕。到了一九〇〇年，瑞典作家愛倫・凱伊（Ellen Key）呼籲讓新世紀成為「兒童的世紀」。人們逐漸認知到，家庭是培養下一代勞工與公民的機構。接著，「人口問題」也浮上檯面，人們開始關心國民是否有能力繁衍下去。一九三四年，斯德哥爾摩學派的核心人物昆納爾・米爾達（Gunnar Myrdal）與其夫人艾爾娃（Alva Myrdal），合著出版《人口問題的危機》（*Kris i befolkningsfrågan*），警告人口繁衍的數量和品質都面臨危機。這兩位支持社會民主的瑞典貴族極力呼籲政府提供各種金錢和服務，協助父母育兒。斯堪地那維亞的福利國家從早期開始，就是以家庭為中心的福利國家，對家庭和兒童的支援，至今仍是其根本。

優生學

二十世紀初期，許多進步思想家都對「人口品質」感到憂慮。所謂的「人口問題」不僅關乎人口數量，更牽涉到哪些人應該繁衍。在丹麥，斯坦克就主張應該對精神障礙者與反社會分子施以絕育，提升集體的遺傳品質。米爾達夫婦則提倡「消極優生學」（passive eugenics），主張鼓勵「良好」的生育、抑制「不良」的生育，並期待科學進步後可以推行「積極優生學」（active eugenics）。整個歐洲都擔憂「勞工階級或其他低等族群的生育速度遠高於中產和上層階級」，擔憂這將導致人類遺傳品質全面下滑。另外，優生思想（尤其在米爾達夫婦的著作中）也主張應改善母嬰健康和社會福利，提升人口品質。

從一九二九年起，丹麥法律便允許對特定對象進行選擇性絕育，主要是針對精神障礙者，還有身體障礙者、酗酒者與罪犯。一九三八年又通過一項法案，禁止特定殘障人士結婚，或規定必須接受絕育方可結婚。瑞典與挪威也在一九三四年通過相關法案，允許對精神障礙者施行絕育手術。瑞典的法條甚至允許在某些情況下，對性犯罪者與「流浪者」（vagabonds）進行手術。這些定義很快就愈來愈模糊，諸如患有「可能具遺傳性重病」者、「明顯」不適合或無法撫養子女者，或有著「反社會生活方式」的人都成為絕育對象——通常是指酗酒的男性，還有性行為放蕩的女性。雖然法律上區分了「強制」與「自願」絕育，然而在實際執行時，兩者的界線往往模糊不清，瑞典吉普賽人（今稱羅姆人〔*Roma*〕）就大量「被自願」絕育。

由於判定標準模糊、統計方法不一，當時有多少人受到絕育仍難以確定。從一九三〇年左右到一九七〇年前後，各國每年進行的絕育手術平均可能有五百例。戰前稍少，戰後逐年增加。真正的強制絕育或許較少，但許多登記為「自願」絕育的案例，背後都存在或多或少的威脅逼迫。

預防的觀念也在此時普及。傳統的濟貧制度是在問題發生後，才設法修補或掩蓋；如今的思維則是要事先防止問題發生。凱因斯主義本身就是一種防止景氣過度起伏的經濟政策，而家庭政策，則是投資於孩童，以減少其未來生活陷入困境的可能。

普遍性原則是另一個新觀念。舊時代的社會救助是採取選擇性原則，先仔細劃定需要協助的群體、仔細劃定哪些需求值得協助，因此只有「值得援助的窮人」能得到資源。然而，選擇性政策其實成本極高，成效卻不佳，因為要準確判定哪些人有資格、將資源精準分配給需要的人相當困難。而且判定規則本身就常有問題，不少被排除的人其實同樣困苦。此外，在選擇性原則下接受援助，也會負上羞辱和污名等代價。因此「平等廣納」就成了斯坦克社會政策改革中的核心原則。

在這些新觀念下，整體政策思維的方向，和薩米政策的發展其實是一樣的，也就是從最初的社會控制，轉向以積極的國家治理，實現社會整合。原本只是針對某些邊緣群體的施捨或救助，如今變成將社會締結為一的鴻圖。

艱困的一九三〇年代，讓斯堪地那維亞人形成一種嶄新的政治文化。社會根據協商、妥協與協作的精神運作，國家積極介入社會，進行經濟管理與社會改革。人民受到新觀念與前所未有的動能感召，相信進步不但是可能的，更相信進步是可以人為實現的。他們體認到強大的國家可以成為仁德的力量，實現良善的治理，並建立起對國家治理能力的信心，這為統治者與被統治者之間難以達致的信任奠定了基礎，而這種信任在斯堪地那維亞國家與社會的關係中，一直是項顯著的特質。

二十世紀是個前所未有的進步時代，不僅經濟大幅成長，人類的思想也大幅飛越，真心相信民主、人權與平等。社會民主的思想也經歷了深刻的轉變。世紀之初的社會民主主義者仍懷抱「勞工天堂」的美夢，而到了世紀中葉，他們的政治修辭已經改為實現「人民的家園」（*folkhem*）。他們不再強調階級鬥爭的勝利，而是描繪一種階級和諧的新願景，對社會整合和共同命運有了全新的理解。他們從「勞動者先鋒」轉型成了「全民的管家」。

人們的生活方式也經歷革命性的轉變，甚至是一再的革命，從貧困邁向豐裕。到了一九六〇、一九七〇年代，家庭生活已大幅改善，遠遠優於父母和祖父母的世代，而人們也滿足地意識到這些進步。從今日回望當年，我們會看見一個單調乏味的世界，灰暗、保守、單調、狹隘。真正充滿活力的現代生活，是二戰過後許多年才出現的，流行音樂、鮮艷的用色、美國電影和音樂劇、電視上無數的頻道、寬敞的房子、私人汽車、上餐廳用餐、一年四季吃得到熱帶水果、出國旅行、多元文化，還有資訊科技革命，這些我們已經習以為常的生活，一度都是全新的事物。公共政策在其中的角色當然很重要，但也很複雜，雖然說國家創造了社會轉型，但社會轉型也塑造了一個新的國家。

工業化成熟了，而瑞典仍是三國之中的領頭羊。人口持續由鄉村流入城市，北歐各國之間也有大量人口流動。瑞典工業需要的勞動力遠超過本國勞動人口，而最早的移民潮來自芬蘭，部分是因為經濟因素，部分則是為了遠離冷戰時的政治不安。後續的移工來自南歐，特別是南斯拉夫。最後，斯堪地那維亞國家開始成為全球移民潮的目的地。三國原本都是信奉新教的白人國家，如今的族裔與信仰都趨於多元。而他們的反應可以說是既慷慨又小氣：在國際合作上，他們大方協助管理移民潮，也熱衷協助獲准入境者融入社會，但是說到接納移民進入本國，態度就嚴苛得多，丹麥跟挪威尤其如此。儘管投入大量精力，移民仍沒有完全整合。族群間的緊張關係，甚至是暴力事件，已經成為公共生活的一部分，移民議題也變成政治生活中最撕裂社會的戰場。

福利國家沒有「生日」，沒有一個可以紀念的大日子。它是從經年累月的嘗試與錯誤中生長出來的，是干預之上的干預，改革以後的改革，然後是不曾止息、至今仍在進行的改革。因此「福利國家」究竟是什麼，並沒有精準的定義，它真正的意涵，只能透過觀察特定時間點上的「改革進度」來判斷。斯堪地那維亞人的民主、生活水準和社會保障都大有改善，他們當然希望這些改善能繼續存在，但現有的一切並不是終點。到了明天，福利國家又會經歷更多改革，再度改變風貌。

早在一八九一年，丹麥就設立了「部分年金制度」，照顧少數值得救助的貧民，又在一八九二年和一九〇七年，分別設立自願參加的健康保險和失業保險。挪威的第一項社會保險，則是一八九四年針對某些高風險產業勞工所提供的工傷保險。瑞典在一九一三年推出早期的年金保險，理論上涵蓋全體國民，可以在老年或失能時領取大約相當於產業平均工資一成的年金。丹麥於一九二一年擴大了年金制度。挪威在一九二三年通過有資產調查的年金制度，但由於財政問題，該制度到了一九三六年才實施，不過從一九二〇年起，有四成國民已經從地方政府獲得一些年金保障。挪威也在一九〇九年率先設立強制性的醫療健康保險。

從這些起點出發，三國的國家機器逐步對社會施加其意志，有時是利用整體社會進步，有時則是回應勞工抗爭的壓力。產業監理和勞動檢查、工時規範（每日八小時，每週四十八小時工時）、有薪假、清除貧民窟、推動教育改革、教育平等普及、增加女性受教率、承認私生子的社會地位、保障家庭傭人的權利（丹麥在一九二一年規定一年至少有六天有薪假，但未設定工時上限）、提供補助的醫療和牙醫服務、刑事改革、廢除死刑、持續的稅制改革、擴大社會保險涵蓋範圍，都是這時期的成果。

一九三〇年代末起，治理模式已經徹底轉變。過去的國家是守夜人，如今的國家則是「國家股份有限公司」的董事會。一戰過後的世界天翻地覆，二戰過後的國家則有了空前的經濟量能和全新的意識形態。由於經濟成長與有效的稅捐制度，政府不僅收入穩定，還有資本可以運用，投資在年金基金、農業銀行、區域發展銀行、創新基金等各式各樣的名目上。

然而，真正推動福利國家發展的，並不是創造全新的措施，而是普及既有的雛形，然後納入社會民主主義者最鍾愛的「體系」之中。年金、就業保障、病假、免費醫療、有薪假等，都是原本就已存在的東西，但只有公務員、白領階級、富裕市鎮的居民等少數群體擁有。而改革的目標，就是逐步擴大這些措施的適用範圍，最後涵蓋全體國民，並盡可能平等實施。一九三六至一九五一年的瑞典社會事務大臣，古斯塔夫．默勒（Gustav Möller）留下了許多值得驕傲的政績，他在一九四五年規劃戰後福利國家時，第一件事就是列舉一九三〇年代重要的三十二項社會改革措施。

戰後和平來臨，改革之門大開。改革的第一步就是扶助家庭。挪威在一九四六年實施育兒津貼，瑞典於次年跟進，受益者是所有家長，不論所得多寡。這項政策是徹底的革命，因為它首開普遍性原則，以權利為本，而且為了收入再分配而設計，對於多子女家庭特別有利。後續的進步接連不斷，服務也持續改善，其中醫療和教育領域的變化最大，免學費政策直接擴展到了大學層級。中等教育的就學率在十年間翻倍。一九四〇年，瑞典大學生人數僅有一萬，到了一九六〇年已經多達四萬。各級學校都得到大量投資，後來甚至包括學齡前的幼兒教育。醫院、養老院、身心障礙照護機構也紛紛成立。工時縮短、有薪假增加、週休二日上路、育嬰假和陪產假一一推行。儘管稅賦提高，每家每戶卻有了更多可支配所得，以及更多的休閒時間。

三個國家都實施了徹底的年金改革。瑞典與挪威分別在一九五八年和一九六五年將各種年金整合為「全民年金」制度。前面說過，全民年金在瑞典引起過激烈的政治鬥爭，但挪威的過程就輕鬆得多。有鑑於瑞典同志的慘敗，挪威自由黨人一點都不想步其後塵。這場改革的重點主要是整合並改善既有保障，將整個社會保險重組為一個「體系」。過程中唯一一個、卻深具意義的創新，是將與收入連動的退休金納入國家體系，而這正是瑞典改革過程中的核心爭議。

丹麥的改革則走了另一條路線，這也許是因為社會民主在當地的基礎相對薄弱。家庭補助最初是透過稅制實施，依子女數量給予減稅優惠，直到一九八四年，才改成實際發放育兒津貼。老人年金在一八九一年就已設立，並逐步擴大涵蓋率，到了一九五六年已經大致實現全民基本年金。然而跟瑞典、挪威不同，丹麥的收入連動退休金並未納入國家體系。丹麥的制度是由各產業各自另行設立退休金計畫，讓有簽署工資集體協議的勞工登記。這其實和瑞典當年在改革中落敗一方所主張的方案頗為相似。

對勞工和退休人士而言，這種差異實際影響不大。三國的高齡人口皆能獲得豐厚的基本年金，其中丹麥尤為優渥。瑞典與挪威的所有受薪階級，以及丹麥大約八成的勞工，都參加了集體退休金計畫，得以在退休後維持原有生活水準。

那麼，丹麥這種較為「私有化」的制度，是否會比瑞典和挪威由國家主導的制度更不公平？多數觀點認為，如果把基本年金和收入連動退休金合併來看，三國的給付結果其實相當接近。反而瑞典在二十世紀末，對制度進行過若干調整後，出現了更多不平等現象。前面說過，要實現社會主義的夢想，並不一定要採取社會主義體制。如果將三國的年金制度，看成不同的社會政策實驗，那麼這個結論就再一次得到印證。甚至對社會政策來說，瑞典和挪威那種「迷你社會主義」（mini-socialism）也並非不可或缺。

「瑞典大約花了十五年的時間，成為一個成熟的福利國家。」歷史學家伊芳內・興德曼（Yvonne Hindman）、烏爾班・倫德堡（Urban Lundberg）和燕妮・比約克曼（Jenny Björkman）如是說。這是一段精彩炫目、令人屏息，也值得歡欣鼓舞的歷程。國家的強勢行動改善了生活、提升了安全、整合了社會，各階級也和諧共存。沒有什麼是不可能的。

一九六五年，瑞典政府承諾在十年內興建一百萬戶公共住宅。這些住宅是積極勞動市場政策的一部分，因為背後的思維，是勞工應該移居到工作機會的所在地。這百萬戶住宅確實建成了，而且設計很現代、結構很堅固，只是從今天的眼光來看，不免略顯狹小，且過於單調。這項政策導致勞動人口大量離開鄉村，移往工業重鎮。儘管挪威也實施了公共住宅政策，但結果卻和瑞典大相逕庭。因為公共住宅在瑞典是勞動市場政策，而在挪威是地區發展政策。挪威公宅的理念是維持人口分布的多元性，盡可能讓鄉間地區持續有人居住。儘管成效有限，但這樣的政策確實讓兩國出現差異。挪威人口較少且分散，瑞典人口較多且集中。

一九六七年九月三日，瑞典將道路通行方向從靠左改為靠右。這項政策很不受歡迎，在一九五五年的公投中遭到多數人反對。不過到了一九六三年，王國議會還是決議實施。當天清晨五點五十分，全國交通靜止。十分鐘後，在全國直播倒數之下，車輛開始改靠右走。整項改革按照瑞典式的周密規畫推進，包括前期密集的宣導活動。一位流行歌手「搖滾包里」（Rock-Boris）還做了一首洗腦歌〈往右開，斯文松〉（*Håll dig till höger, Svensson*），很快就風行全國。整個過程幾乎毫無阻礙，道路事故也沒有明顯上升。一切都在國家掌控之中。

然而，國家的掌控是否正讓人窒息？類似的警訊不斷浮現。當社會民主體制不斷前進時，被冠上「價值保守」的右派開始大聲疾呼，擔心個人主義、效率、企業精神、乃至自由本身會遭受侵蝕。雖然飽受新興的主流政界嘲弄，但他們的不滿確實隱含了一些真相。

這些警告在某些層面，已經證明是錯誤的。一直以來，社會上都有人擔心，由國家主導的社會正義政策，就算是出於善意，也會妨礙經濟生產力。然而，斯堪地那維亞人將這個悲觀命題付諸實驗，結果卻截然相反。這些國家對社會保障的投資不僅高於任何其他經濟體，成果也更為顯著，但它們依舊是全球生產力最強、經濟成長最亮眼的資本主義民主國家。斯堪地那維亞的社會正義從來不是一廂情願的幻想，而是靠經濟理性精心設計並實踐的制度。他們也確實找到了方法，能讓務實與慷慨並行不悖的方法。信奉抽象邏輯、忽視實務經驗的經濟學者總說，追求社會正義的代價太高，不值一試。然而斯堪地那維亞的經驗，正好可以有效駁斥這種論調。只要治國有方，富裕和正義完全可以並存。

不過從另外一個層面來看，這些批判的聲音也有道理。社會水準雖然提升，但在某些方面，社會卻沒有跟上。戰後第一代的女性，是全職主婦比例最高的世代，而女性在公領域中的能見度也長期偏低。早期社會政策有很多慷慨的安排，其實都建立在一種不成文的契約上，也就是男人賺錢，女人持家。爭取同工同酬的壓力，要到一九五〇年代以後才逐漸出現。

在這短短二十年裡，人們的稅賦幾乎多了一倍。童書作家林格倫就寫過一則諷刺寓言，描述在某個跟瑞典相似的國度，有人（明顯影射她自己）竟然要繳交高達一〇二%的稅金。彼時以風度稱著的財政大臣昆納爾．斯特朗（Gunnar Sträng）聽了，卻高高在上地說：這位作家再有才華，也不可能理解稅法的複雜。林格倫立刻反擊：她的數字沒有算錯，反而大臣才是編造童話的人，兩人不如交換工作吧？斯特朗只得收回評論。就連向來支持社會民主的導演英格瑪．柏格曼（Ingmar Bergman），也因為手上稍有資產，就被瑞典稅務機關的天羅地網盯上，不堪其擾，決定去海外避難個七年。

教育雖有進步，學校裡卻還是相當拘謹、僵化——這點我很清楚，因為我那時候還是學生。社會福利的設計過度依賴規畫、理性管理和正式制度。理想中的醫院規模龐大，像工廠一樣追求效率。公共住宅也規模極大，多為占據整個街區的公寓，環境雖然整齊，卻沒有真正的社區生活。社會與醫療照護高度機構化，連基層醫療也受醫院管理。文化過於重視整齊一致，壓抑了實驗精神與創造力。

於是，反作用力出現了。體系開始自我修正，看似失控的改革機器逐漸察覺、修補過去造成的附帶損害。制度理性的箝制開始鬆動。醫療和社會照護領域開始去機構化，家庭與社區照護興起，開始將服務送到有需要的人身邊，而不是把有需要的人送進機構。仿效英國的家庭醫師制度重新登場。懲罰高收入者的稅制也有所調整。公共住宅不再只是蓋個屋頂，而是著眼於建立完整的社區。現在的學校跟我那個年代相比，簡直天差地遠。以前我們要整隊齊步走，接受服從訓練，如今的孩子則在色彩豐富、設備充足、思想開放的校園中，以參與的方式學習。

女性展開行動。她們再次組織，在下一個世代重新投入教育、勞動市場與公共生活。很快地，斯堪地那維亞各國就成為歐洲女性解放的先鋒。性別平權成為政治與政府的常態，並逐漸延伸至商業領域。

二〇〇三年，挪威頒布開創性法規，規定上市公司董事會女性成員不得少於四成，此目標也相當順利地實現了。

文化工作者也有所行動。「北歐犯罪」（Scandi noir）這類文學與電影，就是對於社會民主因循自滿的反擊。這股風潮的先驅，是瑞典作家瑪伊・舍瓦爾（Maj Sjöwall）與佩爾・瓦赫勒（Per Wahlöö）。兩人在一九六〇、一九七〇年代一起創作了以斯德哥爾摩警探馬丁・貝克（Martin Beck）為主角的十部小說，描繪一名正直的公務員在卡夫卡式的官僚壓迫中奮戰，將體制性冷漠和隱然的國家暴力展露無遺。

然而，以往過度的壓抑尚未完全消散。郊區公寓街區雖然沒有廢棄，但無法完全符合人性。這些建築維護良好、設施現代，住起來卻還是很艱難，甚至有時還會讓族群之間的關係更緊繃。整齊一致的壓力也沒有完全鬆動。瑞典作家蕾娜・安德森（Lena Anderson）在一部探討「人民的家園」的小說中寫道：這個國家為你做了這麼多的同時，也在對你施加一種「感恩服從」的無形壓力。「北歐犯罪」流派的作家和導演，也不斷描繪這樣的文化氛圍：外表光鮮亮麗，內裡潛藏著暴力、毒品和性變態等暗流，而這些作品總被評為寫實入裡。瑞典一直是社會民主現代化的旗手。但我在一九八〇年代初來到斯德哥爾摩時，就深刻體會到這股體制力量的沉重。身為一名社會學家、歐洲一流研究機構的職員、歐洲最活躍城市裡的中產階級，我本該過著理想的生活，但我最後選擇離開，多年後更遠離斯堪地那維亞，移民英國。如今的我站在外頭，也發現了一些距離產生的美。我常常回去拜訪，留在當地好一段時間。我看到值得欣賞的民主制度、值得推崇的行政體系、值得學習的福利國家。人民生活無虞，一切有序，運作井然。但我也不得不承認，這樣的社會不見得讓人舒服。我們斯堪地那維亞人，非常包容、非常開放、非常認真、非常進步、非常有見識、非常國際化、非常團結。這一切都是真的，但我們也是「必須」這樣。因為我們是社會主流裡的一滴水。

那麼，斯堪地那維亞福利國家是不是「好過頭」了？毫無疑問，經過整個二十世紀，斯堪地那維亞的生活品質已經非常地高，在整個世界舞臺上也獨具吸引力。更難能可貴的是，他們確實能意識到體制的過當與缺陷，並設法修正。人民得以普遍享有繁榮、自由與安全，並且可以延續，而福利國家剛誕生時的單調乏味，也已經被成熟的體制克服。斯堪地那維亞民族並不算好相處，而且總是帶著一點焦慮，這些焦慮或許不是沿襲自福利國家的粗暴，而是來自高度講究機能的路德宗文化。這種文化有助於秩序與良好治理，對於生活其中的人確實有益，但它也帶來一種近乎壓抑的整齊一致。如今的北方確實過得不錯，但這份滿足裡，也許始終帶著一絲罪惡感。若真如此，這種性格會不會也是一種優勢？

終章　今日的斯堪地那維亞

二〇一一年七月二十二日下午三點十五分，一輛廂型車駛入奧斯陸市中心的中央政府辦公樓群，停在總部大樓的入口前。總部大樓是一座重視功能的現代主義高樓，頂層有首相辦公室和一座露臺，常用來招待來訪的國家元首，可以眺望整座首都。停妥之後，一名身穿警察制服的男子走下車，隨即離去。

十分鐘後，車裡的炸彈引爆，雖然是自製品，威力依然驚人。爆炸震碎了政府及周邊建築的門窗，引發火災，政府總部大樓的結構也受損。八人當場喪生，數百人受傷。*

那名男子下車後，步行到附近一個廣場，開走停在那裡的汽車，往西離開奧斯陸。一個半小時後，他抵達蒂里湖（Tyrifjorden），湖中有座名叫烏托亞（Utøya）的島，島上正熱鬧舉行著挪威工黨青年團的年度夏令營。男子帶著武器，自稱是奧斯陸警察，因為先前的爆炸來此維持安全——他召集了年輕人，要他們排成一列，然後開槍掃射。當天島上共有五百六十四人，六十七人被他殺死，其中大多死於槍下，還有兩人在逃跑時喪命，超過一百人受傷。到了六點三十分，他才被警方逮捕。

犯人名叫安德斯．貝林．布雷維克（Anders Behring Breivik），時年三十二歲，曾涉足極右派政治圈，但作案時並不隸屬任何組織。當天稍早，他向一千個電子信箱寄出一篇長文，題為《歐洲獨立宣

---

* 政府辦公區目前正在重建，包括修復完成的主樓的第一階段工程，預計於二〇二五至二〇二六年間完工。

言》（*A European Declaration of Independence*），文中憤怒痛斥歐洲整合、伊斯蘭教、多元文化、馬克思主義、女性主義、政治正確，還有他厭惡的其他事物。法院認定他精神正常，能為自己的行為負責，最終判處終身監禁。*

一個人為了摧毀國家的中樞、消滅未來的領導者，竟能如此痛下殺手，可以說是對斯堪地那維亞這個「品牌」充滿極度的仇恨。然而挪威人依然團結一致，堅守容忍與包容的價值觀，北歐的社會連帶精神在此發揮至關重要的作用，而時任首相延斯·史托騰堡（Jens Stoltenberg，後任北約秘書長）所展現的領袖風範，同樣功不可沒。司法系統對加害者的處置，也成為正當法律程序的經典範例。

北歐從來不曾發生過這種對國家和人民的大型攻擊，迄今也無人仿效。然而對於國內恐怖攻擊，北歐人倒也不是完全陌生：一九八六年，瑞典首相帕梅遇刺身亡；二〇〇三年，瑞典外交大臣安娜·林德（Anna Lindh）在斯德哥爾摩一家百貨公司遭人刺殺。光頭黨、極右翼幫派、新納粹分子、足球流氓、槍枝暴力與大大小小的組織犯罪，從不曾缺席於斯堪地那維亞社會。二〇二一年，一位名叫埃納爾（Einár）的瑞典饒舌歌手在斯德哥爾摩郊區遭到黑幫處決，他的音樂含有大量暴力元素，不僅廣受歡迎，也屢屢獲獎，這起事件因此引起許多不安。

美國政治學家法蘭西斯·福山（Francis Fukuyama）在他的《政治秩序的起源》（*The Origins of Political Order*）曾經提出「向丹麥看齊」（Getting to Denmark），描述他心中自由民主資本主義所應追求的理想。他曾在丹麥待過一陣子，就住在我本書開篇提到的奧胡斯。他所見的景色，應該跟我看到的差不多。如今，丹麥和整個斯堪地那維亞，已是人們看齊的目標，但我一直好奇，這究竟是怎麼發生的？於是我穿越了一千兩百年的歷史，拾掇起到處散落的歷史緣由，想著也許能拼湊出，這片經歷腥風血雨的土地，是如何長出如此溫和仁善的果實。

這一切的解釋從歐洲的影響開始，也終於歐洲的影響。自冰河時期結束、人類向北遷徙開始，直到我們今日依然身處的二十世紀戰火陰影，以及隨之而來的歐洲整合工程，壓力、影響、科技與威脅一波一波湧入北地，而斯堪地那維亞人也不斷吸收、回應、抵抗。人來自南方，農業知識亦然，大約從一二〇〇年開始讓農業蓬勃發展的技術也是。學會風帆這種外來工具，讓諾斯人落海為寇，化身維京海盜。靠著從歐洲大陸掠奪、貿易而來的資本，維京人建立了一個時代。早期北歐神話中有許多元素，都是從日耳曼地區輸入的，就連現在的斯堪地那維亞語言，也是以日耳曼語為基礎。同樣來自歐陸的還有基督教，它帶來新的信仰觀、教會體系、書寫系統，以及隨之誕生的印刷術和出版體系。路德宗的宗教改革源自德意志，是更廣泛的文藝復興思潮的一部分。接著，斯堪地那維亞追隨歐洲的腳步，走進王權專制的時代，由好戰的君王統領國家追逐偉大榮光。榮光之後是啟蒙之光，受啟蒙運動影響的社會逐步邁向工業經濟和民主政治。就連現代斯堪地那維亞最引以為傲的社會福利制度，也非土生土長，而是效法德國一八八〇年代的社會保險改革，以及戰後英國推動的福利國家。

歐洲的影響伴隨著關乎生存的敵意，特別是東方的俄羅斯，以及南方的德意志。自從維京東方貿易

* 譯註：實際上挪威並沒有無期徒刑，因此布雷維克是被判處預防性拘禁最高的二十一年刑期，刑滿後可延長刑期，每五年延期一次，形同終身監禁。出處：https://zh.wikipedia.org/zh-tw/% E5% AE% 89% E5% BE% B7% E6% 96% AF% C2% B7% E8% B4% 9D% E6% 9E% 97% C2% B7% E5% B8% 83% E9% 9B% B7% E7% BB% B4% E5% 85% 8B#cite_note-27。

的航道被俄羅斯阻斷，這個東方鄰國便成為斯堪地那維亞長久以來的威脅，至今仍未平息。俄羅斯的威脅，甚至讓原本抗拒的瑞典和芬蘭選擇投靠北約，尋求庇護。丹麥則自古與德意志周旋，從古德弗雷德欲與查理曼爭雄開始，直到十九、二十世紀的戰爭，丹麥無不使出渾身解數追求國家安全，有時甚至只求續命。

斯堪地那維亞與歐洲的互動，一直是條單向道：歐洲給予，北方拿取。這片土地位在邊陲的末端。當維京人南下征伐奪利，歐洲人從未覺得值得費心報復，直到漢薩同盟短暫稱霸北海與波羅的海，才開始在北方建立城市與商站。無論思想還是科技，北地都比歐洲晚了一步：人口與農業發展來得晚，基督教信仰來得晚，文字書寫來得晚，貿易技術的發展也來得晚。直到十八世紀的啟蒙時代，斯堪地那維亞人才逐漸迎頭趕上，憑著瑞典工業化，以及各國在文學、音樂和民主政治上的成就，漸漸擺脫邊陲的荒涼，足以與歐洲比肩。

在這之前的好幾個世紀，斯堪地那維亞人對鄉土認同和國際能見度的追求，說穿了不過是一連串的死胡同。若說今日的斯堪地那維亞是個獨特的存在，原因絕不是來自它的悠久歷史有何特別之處。維京時代固然令無數歷史學者和愛好者悠然神往，但並未留下長久的成就，結局也沒什麼佳績。十三世紀雖然一度振興，卻馬上遇到黑死病，陷入三百年的困頓。卡爾馬聯盟首次實現了「斯堪地那維亞大一統」的理念，但最終走上與其初衷完全相反的戰爭歪路，從此再也沒有實質成果，只是口號。宗教改革不但催生出君主專制，也導致挪威不再是獨立王國。丹麥與瑞典國王對權力的貪求，使北地諸國陷入仇恨與內戰。瑞典的「偉大時代」（Age of Grandeur）不過是空耗時間、生命與資源的徒勞之舉。而丹麥引發第二次普丹戰爭自取滅亡，對於二十世紀，也只是三十五年前的事。

如果真要說這段過去有什麼好處，就是這些不幸終於讓斯堪地那維亞人覺醒。丹麥和瑞典終於接受自己只是中型王國，挪威也重奪自主。我們終於找到了那個老問題的答案：如何成為歐洲人？毋須煩憂，先認識自己，安頓好自己的家園。這樣的新現實，讓統治者放下高高在上的姿態，轉而為人民而治、與人民共治。在內部，他們不再追求統一，而是追求整合；在歐洲，他們不再只是汲取，而是開始貢獻。

多年前，當我站在奧胡斯的街頭，自問「它是怎麼變成如今的樣貌」的時候，我看到的究竟是什麼？我肯定看到了許多事物，但最重要的是，我看見了不再有小人物的一座城市、一個社區、一個國家、一個區域。薩迦的記述忽略了小人物。接下來的數世紀裡，那些掙扎求生、辛勤工作、征戰捐軀的人們，多數依然無足輕重。一直到二十世紀初，大部分的人仍舊相當卑微貧困，但他們的孩子，以及孩子的孩子，都已經不再過著那樣的生活。儘管在當代，還是有些人比別人擁有更多，但已經沒有人低賤到無人在意。

這場變革並非長時間靜悄緩慢地進行，而是在短短幾十年裡如爆炸般突然到來。如今相當「特別」的斯堪地那維亞，從歷史的脈絡來看，其實是嶄新的產物。要解釋這個現象，便得回望二十世紀的進程：我們有良善的治理，有隨之而來的信任文化；我們的社會有民主的組織；我們有稱職、有時甚至十分卓越的政治領袖；我們在鄰里合作中展現了務實精神；在政治和經濟上養成節制的本能，這樣的本能於如今看來相當短暫的激烈階級衝突時期依然存在，並在日後成功抵禦了其他文化深受其害的極端對立。這一切的基礎，就是我們的繁榮與民主。

如果我們設身處地，想像一百多年前那些邁向新世紀的男女，他們的心境是怎麼樣的——那麼我們就會明白，他們絲毫無法理解接下來發生的事。當時的政治菁英，無論保守派、農本派還是自由派，都絕對無法想像，三十年後，他們將不再掌權，因為掌權的是那些曾對他們怒罵不休的勞工。就連社會主義者，也想像不到他們很快就會掌握大權，畢竟那時的他們，還只能靠著騷亂搏得存在感。他們也當然無法想像，自己拿到這份權力時，不會去打造無產階級的共和國，而是去建立「人民的家園」。

無論階級、貧富、立場，當時的人都無從預見，甚至無從想像那樣的進展，想像那樣的經濟和科技，會帶來怎麼樣的世界。正如歷史學家塞繆松在一九六〇年代中說的：「要是有人在一九四五年，預告二十年後的瑞典會變成什麼樣子，沒有人會相信，甚至會被當成是空想。」的確，他們正在進步，但進步會帶來怎樣的生活水準與社會樣貌，對當時的人來說，是完全無法想像的。

然而，北歐二十世紀的發展，是社會民主主義的功勞嗎？當然不是，北歐人依然在向歐洲學習。二十世紀的榮枯交替，是全歐洲的共同經歷，後來的經濟成長與繁榮也是如此，至少對於民主歐洲來說是如此。行政權至上是歐洲的特徵，卻也是每個福利國家的特徵。我們也該謹記，福利國家並非完美無瑕，薩米人長期遭受的歧視就提醒我們，即使制度向公平與保障邁進，歷史上對少數族群的排擠與忽視，依然沒有真正終結。

儘管如此，我們還是可以說，就算斯堪地那維亞不是真的獨一無二，也還是相當與眾不同。這片土地從比別人更貧窮一點，成功走向比別人更富足一點。政府的力量比許多國家更強一點，卻也有更完善一點的民主，而社會保障也能接住更多一點的人。斯堪地那維亞人或許可以說比許多地方的人更幸運一點，因為這些這些「一點」全都指著一個美善的方向。也許我們可以說，這些「好一點」的成果，有部分是因為斯堪地那維亞的社會民主，比其他地方「更社會民主一點」。

要說今天的斯堪地那維亞，為什麼和過往有這麼大差別，關鍵無疑是先前半個世紀的社會民主治理。認真要說，我們很難知道現在的斯堪地那維亞，和過去有多大差異，但差異確實存在。當然，說現代斯堪地那維亞是由社會民主「創造」的，未免過於誇張，但說它「影響了」這一切的誕生，卻是實至名歸。德國最偉大的政治領袖俾斯麥曾言：「政治家的職責不在於控制歷史的洪流，而是在神經過的時候，聽見祂的腳步聲，試圖抓住祂長袍的一角。」或許北方那些才幹出眾的社會民主黨人，正是有幸實踐了這個道理。誠然，瑞典的領導者一度試圖掌控歷史洪流，從政治上全面掌握經濟生產手段，但終究走得太遠，不得不回歸「可能性的藝術」。或許正因如此，瑞典、丹麥、挪威的社會民主領袖們才得以獲得「上帝的賞賜」，讓斯堪地那維亞，雖為歐洲之子，卻也成了歐洲家族中的一位「特別的孩子」。

如果說二十世紀是一個前所未有的變革時代，那麼當代的變化就更是劇烈。

我們正面對無數挑戰。世界的樣貌已經改變：穩定的經濟成長不復存在，興衰循環再度回歸。全球遷徙加速，富裕國家面臨移民的壓力。權力離開西方之手，東移而去，特別是集中到中國手上，削弱了人們對民主的信心，獨裁意識形態和政治實踐隨之壯大。二〇二〇年，致命的武漢肺炎病毒席捲全球，演變成一場全球大疫，也暴露出現代連結緊密的世界有多脆弱。同時，我們還身處氣候危機，世界上每個人的生計與家園都遭受威脅。

歐洲也出現了變局。二〇二二年，俄羅斯不滿鄰國烏克蘭的民主與自主，全面入侵，重現了歷史上盛行那種原始、野蠻、規模龐大的戰爭，一擊重塑歐洲的政治與安全格局，也撼動了文化景觀，對俄羅斯的恐懼也再次席捲中歐與斯堪地那維亞。如果說過去一千兩百年有什麼一貫的主題，肯定非「戰爭」莫屬。許多人曾抱有希望，認為第二次世界大戰後，歐洲將逐步學會遠離這種古老的災厄。柏林圍牆倒塌後，還曾經有人以為可以將俄羅斯拉攏為締造和平的盟友。但事實證明，我們太天真了。本書完成時，烏克蘭戰爭仍在持續。我們曾經抱持希望，想像過往一千二百年的戰爭史可以走向「正面的結局」，但在在二〇二二年二月二十四日那天，這份希望頓時化為了泡影。奧地利作家史蒂芬・茨威格（Stefan Zweig）曾在回憶錄中，將法西斯崛起前的歐洲稱為《昨日世界》（*The World of Yesterday*）。如今，俄羅斯對烏克蘭的侵略，不禁讓人再次感到歷史又跨過了分水嶺，我們原本逐漸熟悉、甚至引以為傲的歐洲，成了另一個昨日的世界。

斯堪地那維亞的民主也不一樣了，那些先祖為之奮鬥的價值，如今成為常識。階級的現實改變了，階級的意識也隨之淡去。沒有人再以「勞動階級」為榮，也沒有人再以任何階級當作自我認同。社會民主的力量已是明日黃花，龐大的組織體系瓦解，政黨人數減半。如今的政府可能是中間偏左，也可能是中間偏右的聯合內閣——但說實話，已經沒有多少區別。

北方的文化也有了很大不同。不久以前，斯堪地那維亞人還剛脫離貧困，憧憬著富裕的可能。他們想得很樸實，只想要過體面的日子，給子女更好的生活。他們曾有一個使命，就是建造「人民的家園」。然而當理想已經實現，使命已然完成，還有什麼值得追求？人們已經世故精明、養尊處優、見多識廣。他們或許都在問自己一個問題，卻苦無答案：「我們現在要什麼？」

挪威如今需要一個新的經濟體系。隨著全球暖化，依賴石油的舊體系，勢必要被淘汰。曾經投資石油生意利潤的國家主權基金，也已停止投資石油相關事業。過去挪威人曾發揮智慧投資石油事業，如今則是抽資的時候了。近幾十年來，沒有哪個國家比挪威更幸運，然而幸運會繼續眷顧嗎？瑞典和丹麥雖然沒有石油，繁榮程度卻也不遑多讓；或許，不用調整經濟體質的他們，才是更幸運的一方。

斯堪地那維亞仍然沒有一體化。松德海峽的兩端依然充滿差異，丹麥文化更接近歐陸，而挪威和瑞典受路德宗影響更大，三國之間的歷史恩怨也沒有真正平息。面對武漢肺炎大流行，丹麥與挪威政府理所當然地出手介入，唯有瑞典選擇完全放任。對於歐盟事務，丹麥與瑞典之間亦有分歧；而挪威由於擔憂自主性，也遲遲未加入歐盟。不過在安全政策上，這些落差正逐漸弭平，瑞典已經追隨丹麥與挪威加入北約。但在一年多以前，這還是難以想像的發展。如今甚至連挪威，也有可能考慮是否要更進一步與歐洲整合。

在這一切變動之中，斯堪地那維亞的福利國家仍沒有動搖。福利國家是斯堪地那維亞的典範，是其認同的核心，是維繫三國共同體意識的膠漆，更是三國在世界上營造的形象。在政治上，階級共識已經取代了階級對立，連過往的極端派，也已經加入體制。每個人都支持福利國家，在如今的政治活動中，維持福利國家確實已經成為政府存在的根本目的。所有政治爭議，都只是具體如何實施的細節之辯。

二〇一一年那個男人想要「殺死斯堪地那維亞」，但他不知道這是不可能的，他可以摧毀建築、奪走生命，但他無法消滅這種精神。外人以為福利國家只是大方提供社會福利，但斯堪地那維亞人知道遠遠不只如此，他們對國家和社會的理解，是以信任與合作為基礎。人們（大體上）信任彼此，也（大體上）信任政府機關，信任經濟和社會體制。北歐人確實幸運，政府能夠良好治理，經濟井然有序，人民能夠相信自己是重要的，也能相信為這一切掌舵的人。丹麥人、挪威人、瑞典人或許都相信，只要能守住這種福利國家的文化，我們就有能力面對世界加諸我們的一切。他們或許是對的。

後記與謝辭

這是一本很個人的書。我是斯堪地那維亞人，這不只是我的出身，也是我的認同。我的童年在奧斯陸和古德布蘭茲谷的鄉間度過，年少時去了神往的哥本哈根。對我們挪威人而言，那裡是個閃耀的文化都會，散發著歐陸自由與精緻的氣息。之後，我又在斯德哥爾摩度過青年期，後來我的職涯始終跟斯堪地那維亞，以及北歐整合有關。

同時，我也是一個歐洲人。從一九九〇年起，我就長居英國，也曾旅居巴黎、柏林、布拉格等城市。從學生時期，我就經常穿梭歐洲大陸。我的自我認同既是斯堪地那維亞人，也是歐洲人。二〇二〇年，在我撰寫本書的時候，挪威終於承認雙重國籍，我也成為英國公民。我無法清楚說明，是什麼驅使我動筆寫下這些歷史，但我猜大抵跟我從邊陲走向世界的人生有關，而我也想要釐清，在歐洲混亂而多變的土地與歷史上，「我」到底是誰，「我的同胞」又是什麼人。我和許多歐洲移民一樣，心中懷有共同的渴望：想要理解自己來自哪裡，來到了何方，這一路又經歷了些什麼。奧斯陸的國家歷史博物館（Museum of National History）裡，保存著以前座堂學校的禮堂，那是挪威大議會在一八一四年草創初期開會的場所。一九九八年，我受邀前去演講，主題是「德意志與挪威文化」。直到今天，我還記得在昔日大議會講壇上感受到的莊嚴。那場演講是為了配合展覽開幕，該展覽的主題是德意志對斯堪地那維亞文化的影響。在準備和發表演講的過程中，我對連結文化的歷史力量有了全新的體會，也改變了我的歐洲觀，從著眼法國，到深入更本源的德意志淵源。回頭看，本書的構想，或許正是悄悄從那次經驗中萌芽的。

我第一個提起本書寫作計畫的對象，是我的妻子瑪麗．張伯倫（Mary Chamberlain）。她既是歷史學家，也是小說家。她一開始有點困惑，但她始終是我在歷史研究和人生百事上的良師與夥伴。我們住在一起，在各自書房中工作，彷彿是一個家中的寫作研討會。

我也早早就向奧斯陸大學的 Anne-Lise Seip 與 Øystein Sørensen，以及倫敦大學學院的 Haki Antonsson 與 Mart Kuldkepp 坦白我的構想，我們的討論奠定了後來寫作的許多方向。倫敦大學學院所藏的斯堪地那維亞文獻相當豐富，對我的寫作過程有莫大幫助，我也要特別感謝該領域的圖書館員 Giulia Garoli。此外，我也深深感謝大英圖書館（British Library）的資源和協助。倫敦大學學院可敬的「北歐維京研究學會」（Viking Society for Nordic Research）舉辦了各種講座、研討與出版品，都為我提供了寶貴的資源。Birkbeck 學院的 Alison Finlay 也協助我處理了早期斯堪地那維亞文化和語言的問題。

本書撰寫期間，我聯絡了大量歷史學家與作家，請教他們的建議、知識與指引。他們慷慨分享，甚至有人願意幫我讀草稿，並給予改進的意見。除了前面提到的各位，我還想特別感謝以下的人：Else Roesdahl、Ole Jørgen Benedictow、Nis Hardt、John Hines、Kevin Crossley-Holland、Lars Kjær（感謝他在北歐維京研究學會上發表了一場精彩演講，討論丹麥律法區在一〇六六年後殘餘的影響）、Geir Atle Ersland、Svein Ivar Angell、Gad Heuman、Avi Shlaim、David Abulafia、Jane Kershaw、Sif Rikhardsdottir、Janet Nelson、Rose Tremain、Robert Evans、Margaret MacMillan、Nick Draper、Cath

Hall、Erik Gøbel、Bill Schwarz、Aksel Hatland、Axel West Pedersen、Cecilia Ekbäck、Åsa Mähring（她在斯德哥爾摩市立博物館幫助我瞭解老城區的政治）、Karen Elizabeth Lerheim、Arne Eggum、Simon Mayall（提供關於十字軍東征的研究）與 Inge Eidsvåg。

還有許多朋友提供我其他方面的協助。Pat Pearson（Connor）曾於一九八一、一九八二年在哥本哈根、奧胡斯與約克舉辦過「英格蘭的維京」展覽，因此她願意出借當時的檔案與資料，幫了我很多忙。感謝 Patrick Wright、Judy 與 Michael Cass、Geoff Haslam 等人和我討論，並慷慨地閱讀了許多草稿。這麼做的還有我在學生時代的老友 Anders Kjølberg，他比大多數人都還瞭解古北歐和歐洲的歷史。

我也在書中引用了自己的家族史。一部分寫在正文裡，但有更多是讀者看不到的背景。我和許多親戚聊了很多，其中有親有疏，但每個人對我寫這本書的影響，都遠超他們的想像。

我在挪威的利樂漢瑪有一個固定的男性朋友聚會，我們自稱是一個「沙龍」。成員包括 Gunnar Hagen、Ingar Sletten Kolloen、Gudmund Moren、Asbjørn Ringen、Jostein Skurdal、Harald Thoresen 還有我，大部分的人都是作家。我們會一起吃喝，熱情討論這個世界還有彼此的創作。我非常感激這些朋友。

我的經紀人 Peter Bernstein 從一開始就以智慧和友情支持並引導這個計畫。Alan Samson 為 Weidenfeld & Nicolson 出版社簽下本書，我與編輯 Ed Lake（以及短暫合作過的 Maddy Price）相處愉快，還有企劃團隊中的 Jo Roberts-Miller、製作部的 Hannah Cox、審稿 Linden Lawson、插圖負責人 Natalie Dawkins、地圖設計 Helen Ewing 與 John Gilkes、索引編者 Hilary Bird、校對 Kim Bishop、行銷 Elizabeth Allen 與眾多 W & N 團隊同仁的寶貴支持，在此一併致謝。

我參考的文獻詳列於〈參考資料〉一節。若無法運用斯堪地那維亞語的文獻，本書幾乎不可能完成。在這方面，我受到以下幾套權威叢書很多幫助：Knut Mykland 教授主編的《卡佩倫版挪威歷史》（*Cappelens norgeshistorie*，共十五冊，一九七六至一九八〇年出版）、Olaf Olsen 教授主編的《居倫代爾與政治家版丹麥歷史》（*Gyldendal og Politikens Danmarkshistorie*，共十六冊，一九八八至一九九一年）、Knut Helle 教授主編的《灰山版挪威歷史》（*Aschehougs norgeshistorie*，共十二冊，一九九三至一九九八年），以及 Dick Harrison 教授主編的《諾斯特版瑞典歷史》（*Norstedts Sveriges Historia*，共八冊，二〇〇九至二〇一三年）。此外，Knut Helle、E. I. Kouri 與 Torkel Jansson 三位教授共同主編的《劍橋斯堪地那維亞史》（*Cambridge History of Scandinavia*）也是一部內容豐富且極具價值的參考著作。本書計劃出版三冊，目前已出版兩冊，最後一冊仍在編纂中。我採用的《寰宇之圓》（*Kringla Heimsins*），是居倫代爾出版社在一九七九年出版的挪威語譯本，書中英譯皆出自我的筆下。一九八三年我移居斯德哥爾摩，為了理解這個即將居住一段時間的國度，我讀了 Alf Åberg 教授所著的《我們的瑞典歷史》（*Vår Svenska Historia*），當時深感啟發，至今重讀，依然獲益良多。此外，我亦廣泛涉獵歐洲史相關著作，其中諾曼．戴維斯教授的《歐洲：一段歷史》（*Europe: A History*）特別值得一提。這是一部規模宏大的綜述之作，在我反覆思索整個歐洲的歷史背景時幫了很多忙。當然，不可不提的還有網際網路，它是當代學術的萬能鑰匙：任何名字、地名、事件，只要敲敲鍵盤，就能從維基百科和各種資料庫，找到無數的內容。以奧胡斯大學為中心的丹麥歷史學家，經營著一部線上丹麥歷史百科 *danmarkshistorien.dk*；奧斯陸大學的挪威歷史學家也有一部 *norgeshistorie.no*，兩者都是資料豐富、交互參照完整的寶庫。

附圖目次

056　圖一：十三世紀畫作《宣信王愛德華傳》（*Life of King Edward the Confessor*）中的富津之戰。
063　圖二：丹麥耶靈的盧恩石。Ajepbah / Wikimedia Commons / CC BY-SA 3.0。
114　圖三：尼達洛斯座堂，西立面。Erik A. Drabløs / Wikimedia Commons / CC BY-SA 3.0。
169　圖四：維斯比城的中世紀樣貌。Wolfgang Sauber / Wikimedia Commons / CC BY-SA 3.0。
183　圖五：《瓦爾德馬王法典》，又稱《日德蘭法典》。
197　圖六：黑死病的景象。
214　圖七：斯德哥爾摩慘案，一五二〇年。
224　圖八：一五二四年丹麥語《新約》譯本。
260　圖九：古斯塔夫・瓦薩。
273　圖十：克里斯蒂安四世。
305　圖十一：十七世紀戰爭的恐怖。
316　圖十二：卡爾十二世，一七一八年遇刺，在白雪中躺在擔架上歸國。
350　圖十三：路維・郝爾拜。
374　圖十四：阿佛烈・諾貝爾。
461　圖十五：維德孔・奎斯林。

Tremain, Rose, *Music & Silence* (London: Chatto & Windus 1999).
Trevor-Roper, Hugh, *The Plunder of the Arts in the Seventeenth Century* (London: Thames and Hudson 1970).
Try, Hans, *To kulturer – en stat: 1850–1884* (Cappelens norgeshistorie, Vol. 11. Oslo: Cappelen 1979).
Villstrand, Nils Erik, *Sveriges historia: 1600–1721* (Stockholm: Norstedts 2011).
Walvin, James, *Freedom: The Overthrow of the Slave Empires* (London: Robinson 2019).
Wedgwood, C. V., *The Thirty Years War* (London: Pimlico 1992).
Welinder, Stig, *Sveriges historia 13000 f.Kr.-600 e.Kr.* (Stockholm: Norsteds 2009).
Westad, Odd Arne, *The Cold War* (London: Penguin 2017).
Wilson, David M., *The Vikings and Their Origins* (London: Thames and Hudson 1970).
Wilson, Peter H., *Europe's Tragedy: A New History of the Thirty Years War* (London: Penguin 2010).
Winder, Simon, *Germania: A Personal History of Germans Ancient and Modern* (London: Picador 2010).
Winder, Simon, *Lotharingia: A Personal History of Europe's Lost Country* (New York: Farrar, Straus and Giroux 2019).
Winroth, Anders, *The Conversion of Scandinavia* (New Haven: Yale University Press 2012).
Winroth, Anders, *The Age of the Vikings* (Princeton: Princeton University Press 2014).
Wittendorff, Alex, *På Guds og Herskabs nåde: 1500–1600* (Gyldendals og Politikens Danmarkshistorie, Vol 7. Copenhagen: Gyldendal-Politikken 1989).
Zweig, Stefan, *The World of Yesterday* (London: Pushkin Press 2009, published as *Die Welt von Gestern* in Stockholm in 1942).
Åberg, Alf: *Vår Svenska Historia* (Stockholm: Natur och Kultur 1978).

Seip, Anne-Lise, *Sosialhjelpstaten blir til: 1740–1920* (Oslo: Gyldendal 1984).
Seip, Anne-Lise, *Veiene til velferdsstaten: 1920–1975* (Oslo: Gyldendal 1994).
Sejersted, Francis, *Den vanskelige frihet: 1814–1850* (Cappelens norgeshistorie, Vol. 10. Oslo: Cappelen 1978).
Serra, Daniel and Hanna Tunberg, *An Early Meal: A Viking Age Cookbook & Culinary Odyssey* (Stockholm: ChronoCopia 2017).
Silver, Morris, *Economic Structures of Antiquity* (Westport, CT: Greenwood Press 1995).
Simpson, Jacqueline, *The Viking World* (London: Batsford 1980).
Smith, C. T., *An Historical Geography of Western Europe Before 1800* (London: Longmans 1967).
Sogner, Sølvi, *Krig og fred: 1660–1780* (Oslo: Aschehougs norgeshistorie Vol. 4. Oslo: Aschehoug 1996).
Sophocles, *The Theban Plays*, trans. E. F. Watling (London: Penguin Classics 1947).
Spohr, Arne, 'This Charming Invention Created by the King: Christian IV and his invisible music' (*Danish Yearbook of Musicology*, 2012, Vol. 39, pp. 13–33).
Stang, Ragna, *Edvard Munch: Mennesket og kunstneren* (Oslo: Aschehoug 1978).
Steinmetz, Greg, *The Richest Man Who Ever Lived: The Life and Times of Jacob Fugger* (New York: Simon & Schuster 2015).
Stenton, Frank, *Anglo-Saxon England* (Oxford: Oxford University Press 1947).
Stougaard-Nielsen, Jakob, *Scandinavian Crime Fiction* (London: Bloomsbury 2017).
Stråth, Bo, *Sveriges historia 1830–1920* (Stockholm: Norstedts 2012).
Sørensen, Øystein, *Historien om det som ikke skjedde* (Oslo: Aschehoug 2017).
Sørensen, Øystein and Bo Stråth, eds., *The Cultural Construction of Norden* (Oslo: Scandinavian University Press 1997).
Taylor, Barbara, *Mary Wollstonecraft and the Feminist Imagination* (Cambridge: Cambridge University Press 2003).
The Vikings In England – And In Their Danish Homeland (Exhibition catalogue, London: The Anglo-Danish Viking Project 1981).

Rady, Martyn, *The Habsburgs: The Rise and Fall of a World Power* (London: Allen Lane 2020).
Rian, Øystein, *Den nye begynnelsen: 1520–1660* (Oslo: Aschehougs norgeshistorie Vol. 5. Oslo: Aschehoug 1995).
Rian, Øystein, Finn Erhard Johannessen, Øystein Sørensen and Finn Fuglestad, eds., *Revolusjon og resonnement: Festskrift til Kåre Tønnessen* (Oslo: Universitetsforlaget 1996).
Rikhardsdottir, Sif, *Emotion in Norse Literature* (Cambridge: Brewer 2017).
Rio, Alice, *Slavery After Rome* (Oxford: Oxford University Press 2017).
Roberts, Andrew, *Churchill: Walking With Destiny* (London: Allen Lane 2018).
Robertson, Ritchie, *The Enlightenment: The Pursuit of Happiness 1680–1790* (London: Allen Lane 2020).
Rodney, Walter, *How Europe Underdeveloped Africa* (London: Bogle-L'Ouverture Publications 1972).
Roesdahl, Else, *Viking Age Denmark* (London: British Museum Publications 1982).
Roesdahl, Else, ed., *Dagligliv i Danmarks middelalder* (Copenhagen: Gyldendal 1999).
Roesdahl, Else, *The Vikings* (3rd edn., London: Penguin 2016).
Rystad, Göran, ed., *Kampen om Skåne* (Lund: Historiske Media 2005).
Samuelsson, Kurt, *Från stormakt till välfärdsstat* (Stockholm: Sveriges Riksbank 1968).
Sawyer, Peter, *Da Danmark ble Danmark: 700–1050* (Gyldendals og Politikens Danmarkshistorie, Vol 3. Copenhagen: Gyldendal-Politikken 1988).
Sawyer, Birgit and Peter, *Medieval Scandinavia* (Minneapolis: University of Minnesota Press 1993).
Scoczza, Benito, *Ved afgrundens rand: 1600–1700* (Gyldendals og Politikens Danmarkshistorie, Vol 8. Copenhagen: Gyldendal-Politikken 1989).
Seip, Anne-Lise, *Eilert Sundt: Fire studier* (Oslo: Universitetsforlaget 1983).
Seip, Anne-Lise, *Nasjonen bygges: 1830–1870* (Oslo: Aschehougs norgeshistorie Vol. 8. Oslo: Aschehoug 1997).

Mansén, Elisabeth, *Sveriges historia 1721–1830* (Stockholm: Norstedts 2011).
McGuckin, John Anthony, *The Eastern Orthodox Church: A New History* (New Haven: Yale University Press 2020).
Montefiore, Simon Sebag, *The Romanovs: 1613–1918* (London: Weidenfeld & Nicolson 2016)
Moren, Gudmund, *Okkupanter: Historien om Trudel og Georg Bauer* (Oslo: Forlaget Press 2019).
Mykland, Knut, *Gjennom nødsår og krig: 1648–1720* (Cappelens norgeshistorie, Vol 7. Oslo: Cappelen 1977).
Nelson, Janet L., *King and Emperor: A New Life of Charlemagne* (London: Allen Lane 2019).
Nissen, Henrik S., *Landet ble by: 1950–1970* (Gyldendals og Politikens Danmarkshistorie, Vol 14. Copenhagen: Gyldendal-Politiken 1991).
Odelberg, Wilhelm, ed., *Guldet i flaskan* (Stockholm: Vin & Spritcentralen 1967).
Olden-Jørgensen, Sebastian, *Svenskekrigene* (Århus: Aarhus universitetsforlag 2018).
Östberg, Kjell, Jenny Andersson and Dick Harrison, *Sveriges historia: 1965–2012* (Stockholm: Norstedts 2013).
Page, R. I., *Chronicles of the Vikings* (London: British Museum Press 1995).
Parker, Geoffrey, *The Thirty Years' War* (London: Routledge & Kegan Paul 1987).
Parker, Geoffrey, *Emperor: A New Life of Charles V* (New Haven: Yale University Press 2019).
Patterson, Orlando, *Slavery and Social Death* (Cambridge, MA: Harvard University Press 2018).
Pedersen, Ole Karup, *Danmark og verden: 1970–1990* (Gyldendals og Politikens Danmarkshistorie, Vol 15. Copenhagen: Gyldendal-Politiken 1991).
Pettegree, Andrew and Arthur der Weduwen, *The Bookshop of the World: Making and Trading Books in the Dutch Golden Age* (New Haven: Yale University Press 2019).
Price, Neil, *The Children of Ash and Elm: A History of the Vikings* (London: Allen Lane 2020).
Pye, Michael, *The Edge of the World: How the North Sea Made Us Who We Are* (London: Penguin 2015).

Korpi, Walter, *The Democratic Class Struggle* (London: Routledge & Kegan Paul 1983).
Kouri, E. I. and Jens E. Olsen, eds., *The Cambridge History of Scandinavia, Vol. 2* (Cambridge: Cambridge University Press 2016).
Krag, Claus, *Vikingtid og riksssamling: 800–1130* (Aschehougs norgeshistorie, Vol. 2. Oslo: Aschehoug 2005).
Lagercrantz, Olof, *August Strindberg* (Stockholm: Wahlström & Widstrand 1979).
Lange, Even, *Samling om felles mål: 1935–1970* (Oslo: Aschehougs norgeshistorie Vol. 11. Oslo: Aschehoug 1998).
Lászlò, Gyula, *The Art of the Migration Period* (London: Allen Lane 1974).
Lepore, Jill, *These Truths: A History of the United States* (New York: Norton 2018).
Lie, Haakon, *Slik jeg ser det* (Oslo: Tiden 1975).
Lillehammer, Arnvid, *Fra jeger til bonde: – 800 AD* (Aschehougs norgeshistorie, Vol. 1. Oslo: Aschehoug 2005).
Lindgren, Astrid: *Krigsdagböcker 1939–1945* (Stockholm: Salikon 2015).
Lindkvist, Thomas, 'The Making of a European Society: The Example of Sweden' (*Medieval Encounters*, Vol. 10:1, pp. 167–83).
Lockhart, Paul Douglas, *Denmark 1513–1660: The Rise and Decline of a Renaissance Monarchy* (Oxford: Oxford University Press 2007).
Lund, Niels, ed., *Viking og Hvidekrist* (Copenhagen: Reitzels 2000).
Lunden, Kåre, *Norge under Sverreætten: 1177–1319* (Cappelens norgeshistorie, Vol. 3. Oslo: Cappelen 1976).
MacGregor, Neil, *Germany: Memories of a Nation* (London: Allen Lane 2014).
Mackay, Jamie, *The Invention of Sicily: A Mediterranean History* (London: Verso 2021).
Mackintosh-Smith, Tim, *Arabs; A 3000 Year History of Peoples, Tribes and Empires* (New Haven: Yale University Press 2019).
MacMillan, Margaret, *War: How Conflict Shaped Us* (London: Profile 2020).
Magnus, Bente and Bjørn Myhre, *Forhistorien* (Cappelens norgeshistorie, Vol. 1. Oslo: Cappelen 1976).

Jones, Gwyn, *A History of the Vikings* (Oxford: Oxford University Press 1973).
Kaarsted, Tage, *Krise og krig: 1925–1950* (Gyldendals og Politikens Danmarkshistorie, Vol. 13. Copenhagen: Gyldendal-Politiken 1991).
Karlson, Gunnar, 'Plague without Rats: The Case of Fifteenth-century Iceland' (*Journal of Medieval History*, 1996, Vol. 22:3, pp. 263–84).
Karlsson, Svenolof, ed., *Frihetens källa: Nordens betydelse för Europa* (Stockhold: Nordic Council 1992).
Keane, John, *The Life and Death of Democracy* (New York: Simon & Schuster 2009).
Keen, Maurice, *The Pelican Book of Medieval Europe* (London: Penguin 1969).
Kershaw, Ian, *To Hell and Back: Europe 1914–1949* (London: Penguin 2015).
Kershaw, Ian, *Roller-Coaster: Europe 1950–2017* (London: Penguin 2018, published in the USA as *The Global Age*).
Kershaw, Jane, Gareth Williams, Søren Sindbæk and James Graham-Campbell, eds., *Silver, Butter, Cloth: Monetary and Social Economies in the Viking Age* (Oxford: Oxford University Press 2019).
Keynes, John Maynard, *The General Theory of Employment, Interest and Money* (London: Macmillan 1936).
King, Ross, *Brunelleschi's Dome: The Story of the Great Cathedral of Florence* (London: Chatto & Windus 2000).
Kjeldstadli, Knut, *Et splittet samfunn: 1905–35* (Oslo: Aschehougs norgeshistorie Vol. 10. Oslo: Aschehoug 1994).
Kleberg, Tönnes, *Codex Argenteus: The Silver Bible in Uppsala* (Uppsala University Library 1984).
Klinge, Matti, *The Baltic World* (Helsinki: Otava 1994).
Kolloen, Ingar Sletten, *Berre kjærleik og død: Ein bigrafi om Tor Jonsson* (Oslo: Samlaget 1999).
Kolloen, Ingar Sletten, *Knut Hamsun: Dreamer and Dissenter* (New Haven: Yale University Press 2009).
Kolloen, Ingar Sletten, *Under krigen: Vi må ikke falle* (Oslo: Gyldendal 2019).
Kolloen, Ingar Sletten, *Under krigen: Nå må vi tåle alt* (Oslo: Gyldendal 2021).

Helle, Knut, *Under kirke og kongemakt: 1130–1350* (Aschehougs norgeshistorie, Vol. 3. Oslo: Aschehoug 1996).
Helle, Knut, ed., *The Cambridge History of Scandinavia, Vol. 1: Prehistory to 1520* (Cambridge: Cambridge University Press 2003).
Herje, Torunn, Gaute Jacobsen, Endre Rustet and Hans-Jørgen Wallin Weihe, eds., *Bjørnstjerne Bjørnson: Ingen sak for liten, ingen sak for stor* (Stavanger: Hertervig 2010).
Herman, Arthur, *The Viking Heart: How Scandinavians Conquered the World* (New York: Houghton Mifflin Harcourt 2021)
Herodotus, *The Histories* (*c.*420 BC).
Hindman, Yvonne, Urban Lundberg and Jenny Björkman, *Sveriges historia: 1920–1965* (Stockholm: Norstedts 2012).
Hines, John and Nelleke IJssennagger, eds., *Frisians and their North Sea Neighbours: From the Fifth Century to the Viking Age* (Woodbridge: The Boydell Press 2018).
Hvidt, Kristian, *Det folkelige gennembrud og dets mænd: 1850–1900* (Gyldendals og Politikens Danmarkshistorie, Vol V. Copenhagen: Gyldendal-Politiken 1990).
Hørby, Kai, *Velstands krise og tusind baghold: 1250–1400* (Gyldendals og Politikens Danmarkshistorie, Vol XI. Copenhagen: Gyldendal-Politiken 1989).
Imsen, Steinar and Jørn Sandnes, *Avfolking og union: 1319–1448* (Cappelens norgeshistorie, Vol 4. Oslo: Cappelen 1977).
Isaacson, Walter, *Leonardo da Vinci: The Biography* (New York: Simon & Schuster 2017).
Iversen, Tore, *Trelldommen: norsk slaveri i middelalderen* (University of Bergen, Department of History 1997).
Jaklin, Asbjørn, *Flukten med Norges gull* (Oslo: Gyldendal 2021).
Jarman, Cat, *River Kings: A New History of the Vikings from Scandinavia to the Silk Roads* (London: William Collins 2021).
Jenkins, Simon, *A Short History of London* (London: Penguin 2019).
Jensen, Jørgen, *I begyndelsen: Fra de ældste tider til ca. år 200 f.Kr.* (Gyldendals og Politikens Danmarkshistorie, Vol 1. Copenhagen: Gyldendal-Politiken 1989).
Jesch, Judith, *The Viking Diaspora* (London: Routledge 2018).
Johnson, Steven, *The Ghost Map: The Story of London's Most Terrifying Epidemic – And How It Changed Science, Cities, and the Modern World* (London: Riverhead 2007).

Haakonsen, Daniel, *Henrik Ibsen: Mennesket og kunstneren* (Oslo: Aschehoug 1981).
Hadenius, Stig, Björn Molin and Hans Wieslander: *Sverige efter 1900: En modern politisk historia* (Stockholm: Bonniers 1988).
Hadley, Dawn M. and Julian D. Richards, *The Viking Great Army and the Making of England* (London: Thames & Hudson 2021).
Hagemann, Gro, *Det moderne gjennombrudd: 1870–1905* (Oslo: Aschehougs norgeshistorie Vol. 9. Oslo: Aschehoug 1997).
Halperin, Charles J., *Ivan the Terrible: Free to Reward and Free to Punish* (Pittsburgh: Pittsburgh University Press 2019).
Hansen, Torkild, *Arabia Felix: The Danish Expedition of 1761–1767* (New York: New York Review of Books 2017).
Hansen, Torkild, *Coasts of Slaves* (Accra: Sub-Saharan Publishers 2002).
Hansen, Torkild, *Islands of Slaves* (Accra: Sub-Saharan Publishers 2005).
Hansen, Torkild, *Ships of Slaves* (Accra: Sub-Saharan Publishers 2007).
Hansen, Torkild, *The Way to Hudson Bay: The Life and Times of Jens Munk* (New York: Harcourt Brace 1965).
Harrison, Dick, *Slaveri*, Vol. I–III (Stockholm: Historiska Media 2006–8)
Harrison, Dick, *Sveriges historia: 600–1350* (Stockholm: Norstedts 2009).
Harrison, Dick and Bo Eriksson, *Sveriges historia: 1350–1600* (Stockholm: Norstedts 2010).
Hawes, James, *The Shortest History of Germany* (London: Old Street 2017).
Hawes, James, *The Shortest History of England* (London: Old Street 2020).
Heaney, Seamus, *Beowulf* (London: Faber & Faber 2000).
Heckscher, Eli, *An Economic History of Sweden* (Cambridge, MA: Harvard University Press 1954).
Hedeager, Lotte, *Danernes land: 200BC–700AD* (Gyldendals og Politikens Danmarkshistorie, Vol 2. Copenhagen: Gyldendal-Politiken 1988).
Heer, Friedrich, *Charlemagne and His World* (London: Weidenfeld & Nicolson 1975).

Danmarkshistorie, Vol 9. Copenhagen: Gyldendal-Politikken 1990).
Feldbæk, Ole, 'The Danish Asia trade 1620–1807' (*Scandinavian Economic History Review*, 1991, 39:1, pp. 3–27).
Fenger, Ole, *Kirker rejeses alle vegne: 1050–1250* (Gyldendals og Politikens Danmarkshistorie, Vol 4. Copenhagen: Gyldendal-Politiken 1989).
Ferguson, Robert, *Scandinavians: In Search of the Soul of the North* (London: Head of Zeus 2016).
Figes, Orlando, *The Europeans: Three Lives and the Making of a Cosmopolitan Culture* (London: Penguin 2019).
Finlay, Alison and Þórdís Edda Jóhannesdóttir, *The Saga of the Jómsvikings* (translation and Introduction, de Gruyter 2018).
Fladby, Rolf, *Gjenreisning: 1436–1648* (Cappelens norgeshistorie, Vol. 6. Oslo: Cappelen 1977).
Foote, Peter G. and David M. Wilson, *The Viking Achievement* (London: Sidgwick & Jackson 1970).
Frankopan, Peter, *The Silk Roads: A New History of the World* (London: Bloomsbury 2015).
Friðriksdóttir, Jóhanna Katrín, *Valkyrie: The Women of the Viking World* (London: Bloomsbury 2020).
Fuglum, Per, *Norge i støpeskjeen: 1884–1920* (Cappelens norgeshistorie, Vol. 12. Oslo: Cappelen 1978).
Fukyama, Francis, *The Origins of Political Order: From Prehuman Times to the French Revolution* (London: Profile 2011).
Fure, Eli, *Eidsvoll 1814: Hvordan grunnloven ble til* (Oslo: Dreyers 2013).
Gaiman, Neil, *Norse Mythology* (London: Bloomsbury 2017).
Gimbutas, Marija, *The Living Goddesses* (Berkeley: University of California Press 2001).
Gøbel, Erik, *The Danish Slave Trade and Its Abolition* (Leiden: Brill 2016).
Gotaas, Thor and Roar Vingelsgaard, *Norske utedoer* (Oslo: Gyldendal 2019).
Graham-Campbell, James and Dafydd Kidd, *The Vikings* (London: British Museum 1980).
Gunnes, Erik, *Riksasamling og kristning: 800–1177* (Cappelens norgeshistorie, Vol. 2. Oslo: Cappelen 1976).

(Gyldendals og Politikens Danmarkshistorie, Vol 10. Copenhagen: Gyldendal-Politiken 1990).

Clark, Christopher, *The Sleepwalkers: How Europe Went to War in 1914* (London: Penguin 2012).

Colley, Linda: *The Gun, the Ship and the Pen: Warfare, Constitutions and the Making of the Modern World* (London: Profile 2021).

Crossley-Holland, Kevin, *The Penguin Book of Norse Myths* (London: Penguin 2011).

Cunliffe, Barry, *Europe Between the Oceans: 9000 BC–AD 1000* (New Haven: Yale University Press 2008).

Cunliffe, Barry, *By Steppe, Desert and Ocean: The Birth of Eurasia* (Oxford: Oxford University Press 2015).

Cunliffe, Barry, *On the Ocean: The Mediterranean and the Atlantic from Prehistory to AD 1500* (Oxford: Oxford University Press 2017).

Dahl, Robert A., *On Democracy* (New Haven: Yale University Press 1998).

Dahlerup, Troels, *De fire stender: 1400–1500* (Gyldendals og Politikens Danmarkshistorie, Vol 6. Copenhagen: Gyldendal-Politiken 1989).

Davies, Norman, *Europe: A History* (London: Pimlico 1997).

Davies, Norman, *The Isles: A History* (London: Macmillan 1999).

Derry, T. K., *A History of Scandinavia* (Minneapolis: University of Minnesota Press 1979).

Draper, Nicholas, 'Capital, Indemnity and Slavery' (manuscript).

Draper, Nicholas, *The Price of Emancipation: Slave-ownership, Compensation and British Society at the End of Slavery* (Cambridge: Cambridge University Press 2010).

Dyrvik, Ståle and Ole Feldbæk, *Mellom Brødre: 1780–1830* (Oslo: Aschehougs norgeshistorie Vol. 7. Oslo: Aschehoug 1996).

Erikson, Robert, Erik Jørgen Hansen, Stein Ringen and Hannu Uusiotalo, eds., *The Scandinavian Model: Welfare States and Welfare Research* (New York: M. E. Sharpe 1987).

Ersland, Geir Atle, *Das Kaufmannshaus: Det hansiatiske kontorets rettslokale og administransjonshus i Bergen* (Bergen: Det Hanseatiske Museum 2011).

Feldbæk, Ole, *Den lange fred: 1700–1800* (Gyldendals og Politikens

the High Middle Ages in the Nordic Countries' (*Scandinavian Journal of History*, 1996, 21:3, pp. 151–82).
Benedictow, Ole Jørgen, *The Black Death, 1346–1353. A Complete History*, 2nd edn. (Woodbridge: Boydell & Brewer 2020).
Benestad, Finn and Dag Schjelderup-Ebbe, *Edvard Grieg: Mennesket og kunstneren* (Oslo: Aschehoug 1980).
Benum, Edgeir, *Overflod og fremtidsfrykt: 1970–* (Oslo: Aschehougs norgeshistorie Vol. 12. Oslo: Aschehoug 1998).
Bishop, Morris, *The Penguin Book of the Middle Ages* (London: Penguin 1971).
Bjørkvik, Halvard, *Folketap og sammenbrudd: 1350–1520* (Oslo: Aschehougs norgeshistorie Vol. 4. Oslo: Aschehoug 2005).
Bjørn, Claus, *Fra reaktion til grundlov: 1800–1850* (Gyldendals og Politikens Danmarkshistorie, Vol 10. Copenhagen: Gyldendal-Politiken 1990).
Black, C. F. et al., *Atlas of the Renaissance* (Amsterdam: Time-Life Books 1993).
Boggis-Rolfe, Caroline, *The Baltic Story* (London: Amberly 2019).
Braudel, Fernand, *The Mediterranean in the Ancient World* (London: Penguin 2001).
Breay, Claire and Joanna Story, eds., *Anglo-Saxon Kingdoms* (London: British Library 2018).
Brink, Stefan and Neil Price, eds., *The Viking World* (London: Routledge 2008).
Bruheim, Magnhild, *Trolldomskraft* (Oslo: Samlaget 2005).
Bull, Edvard, *Klassekamp og fellesskap: 1920–1945* (Cappelens norgeshistorie, Vol. 13. Oslo: Cappelen 1979).
Bull, Edvard, *Norge i den rike verden: Tiden etter 1945* (Cappelens norgeshistorie, Vol. 14. Oslo: Cappelen 1979).
Burns, C. Delisle, *The First Europe: A Study of the Establishment of Medieval Christendom* (London: George Allen & Unwin 1947).
Butler, Ewan, *Scandinavia: A History* (Rockville: New World City 2016).
Carlisle, Clare, *Philosopher of the Heart: The Restless Life of Søren Kierkegaard* (London: Allen Lane 2019).
Christensen, Lars, *Svenskekrigene 1657–60: Danmark på kanten af udslettelse* (Copenhagen: Kristeligt Dagblads Forlag 2018).
Christiansen, Niels Finn, *Klassesamfundet organiseres: 1900–1925*

參考資料

請注意以下參考資料是以斯堪地那維亞字母的順序排列，æ、ø與å（aa）排在最後。

Abulafia, David, *The Boundless Sea; A Human History of the Oceans* (London: Allen Lane 2019).

Aidukaite, Jolanta, Sven E. O. Hort and Stein Kuhnle, eds., *Challenges to the Welfare State: Family and Pension Policies in the Baltic and Nordic Countries* (Cheltenham: Edward Elgar 2021).

Almgren, Bertil, ed., *The Viking* (Stockholm: Wahlström & Widstrand 1967).

Andenæs, Johs., *Det vanskelige oppgjøret: Rettsoppgjøret etter okkupasjonen* (Oslo: Tanum-Norli 1979).

Andersen, Kasper H., '*Da danerne blev danske: Dansk etnicitet og identitet til ca. år 1000*' (University of Aarhus, PhD dissertation 2017).

Andersson, Ingvar, *Sveriges historia* (Stockholm: Natur och Kultur 1960).

Andersson, Lena, *Son of Svea: A Tale of the People's Home* (New York: Other Press 2022).

Arendt, Hannah, *The Origins of Totalitarianism* (New York: Schocken 1951).

Aarebrot, Frank and Kjetil Evjen, *Reformasjonen* (Bergen: Vigmostad & Bjørke 2017).

Bagge, Sverre, 'The Transformation of Europe: The Role of Scandinavia' (*Medieval Encounters*, Vol. 10:1, pp. 131–65).

Bark, William Carroll, *Origins of the Medieval World* (Stanford: Stanford University Press 1958).

Benedictow, Ole Jørgen, *Fra rike til provins: 1448–1536* (Cappelens norgeshistorie, Vol. 5. Oslo: Cappelen 1977).

Benedictow, Ole Jørgen, *Plague in the late Medieval Nordic Countries* (Oslo: Middelalderforlaget 1992).

Benedictow, Ole Jørgen, 'The Demography of the Viking Age and

355 「孩子蒼白」: Samuelsson, *Från stormakt til välfärdsstat*, p. 148.

356 「安於無侵略性」: Davies, *Europe*, p. 640.

361 「一直到拿破崙」: *The Cambridge History of Scandinavia*, Vol. 2, p. 677.

365 「這些塑造公共輿論」: Dyrvik og Feldbæk, *Mellom brødre*, p. 87.

365 「掌握著治理的權力」: Seip, *Nasjonen bygges*, p. 12.

第十章　黃金時代與其陰影

375 「王權專制的」: Hvidt, *Det folkelige gennembrud og dets mænd*, p. 150.

383 「他熱愛上帝」: Seip, *Nasjonen bygges*, p. 144.

394 「偉大的、可憐的易卜生」: Benestad, *Edvard Grieg*, p. 174.

415 「即使經濟有所成長」: Hvidt, *Det folkelige gennembrud og dets mænd*, p. 22.

424 「無論是宗教聚會」: ibid., p. 95.

433 「身材矮短」等句: Bjørn, *Fra reaktion til grundlov*, pp.130-33, 211-12, 241.

437 「斯德哥爾摩的街頭」: Åberg, *Vår svenska historia*, p. 418.

第十一章　戰爭與進步

440 「打破人們內心」: Seip, *Veiene til velferdsstaten*, p. 19.

446 「往後六十年」: Christiansen, *Klassesamfundet organiseres*, p. 143.

446 「日後這項制度」: Andersson, *Sveriges historia*, p. 419.

446 「最後的鬥爭」: Kjeldstadli, *Et splittet samfunn*, p. 184.

447 「歷史性的妥協」: Korpi, *The Democratic Class Struggle*, p. 47 .

447 「長久且有效的聯盟」: Christiansen, *Klassesamfundet organiseres*, p. 58, 268.

448 「驚惶不安」: Kolloen, *Under krigen*, p. 13.

476 「工黨可不是」：說這句話的是哈康・李（Haakon Lie），他於一九四六至一九六九年間擔任挪威工黨的秘書長，這是他對後來有關政府過度且違法秘密監控共產黨人的批評所做出的回應。

494 「瑞典大約花了十五年」: Hindman, *Sveriges historia*, p. 604.

497 「探討『人民的家園』」: Andersson, *Son of Svea*.

終章　今日的斯堪地那維亞

504 「要是有人在一九四五年」: Samuelsson, *Från stormakt til välfärdsstat*, p. 249.

505 「政治家的職責」: Davies, *Europe*, p. 760. Montefiore, *The Romanovs*, p. xxiii.

292 「無法與現實和解」: Åberg, *Vår svenska historia*, p. 357.

295 「根據估計，……征夫寡婦之土」: Villstrand, *Sveriges historia: 1600-1721*, p. 165.

295 「一六五〇年代」: *The Cambridge History of Scandinavia*, Vol. 2, pp. 164-5.

301 「三十年戰爭造成」: Wedgwood, *The Thirty Years War*, p. 7.

302 「重才幹而輕宗派」: Wilson, *Europe's Tragedy*, p. 830.

303 「補給欠乏的軍隊」: Davies, *Europe*, p. 564.

304 「一六三六年」: Wilson, *Europe's Tragedy*, p. 784.

305 「最駭人的暴行」: Rady, *The Habsburgs*, p. 141.

305 「瑞典軍隊在歐洲」: Trevor-Roper, *The Plunder of the Arts in the Seventeenth Century*, p. 40.

306 「神聖羅馬帝國中僅次於」: ibid., p. 38.

306 「美因茲的修道院藏書」: Wilson, *Europe's Tragedy*, p. 814.

306 「瑞典將領科尼斯馬克」: ibid., p. 745.

307 「因此，問題不在於」: Olden-Jørgensen, *Svenskekrigene*, p. 25.

307 「損失二十五到三十%」: Christensen, *Svenskekrigene*, p. 10.

312 「士兵戰馬屍堆如山」: ibid., p. 513.

313 「神奇的是才過了十五年」: ibid., p. 567.

316 「這帶來了徹底的崩潰」: Mykland, *Gjennom nødsår og krig*, pp. 431-2.

第八章　殖民地的滋味

319 「源自前任新尼德蘭」: *The Pennsylvania Magazine of History and Biography*, Vol. 6, No. 4 (1882), pp. 458-60.

321 「商船富來號」: Walvin, *Freedom*, p. 13.

323 「在十九世紀開始前」: Abulafia, *The Boundless Sea*, p. 726.

325 「有個叫托默倫的人」: Mykland, *Gjennom nødsår og krig*, p. 307.

第九章　社會的誕生

331 「一種新社會」: Feldbæk, *Den lange fred*, p. 205.

344 「農民解放」: Samuelsson, *Från stormakt til välfärdsstat*, p. 58.

344 「布胡斯的魚油」: Åberg, *Vår svenska historia*, p. 352.

344 「愈來愈多人一無所有」: Samuelsson, *Från stormakt til välfärdsstat*, p. 85.

350 「德意志化」: Hørby, *Velstands krise og tusind baghold*, p. 300.

只有四個地方發展成足以稱為城市的樣態：卑爾根、奧斯陸、特隆赫姆與滕斯貝格（Tønsberg）。另一項估計（Hans Andersson in *The Cambridge History of Scandinavia*, vol, 1）則指出，在中世紀盛期的丹麥與瑞典南部有無數城鎮，但挪威僅有十座。還有一種統計方式認為，到一三五〇年為止，丹麥約有六十座城市與城鎮，瑞典約三十座，而挪威只有約十來座（Göran Dahlbäck in *The Cambridge History of Scandinavia*, Vol. 1）。

第六章　兩個新王國

241「此時資本主義正在」: Wittendorff, *På Guds og Herskabs nåde*, p. 19.
243「我們認為」: Mykland, *Gjennom nødsår og krig*, p. 365.
246「壓抑大膽」: Davies, *Europe*, p. 433.
255「銀礦的歷史」: Åberg, *Vår svenska historia*, p. 168.
257「所謂丹麥文化」: Dahlerup, *De fire stender*, p. 336.
257「文化荒原」: Villstrand, *Sveriges historia*, p. 114.
257「這在整個中世紀」: *The Cambridge History of Scandinavia*, Vol. 1, p. 513.
259「從教會精美的」: *The Cambridge History of Scandinavia*, Vol. 2, p. 64.
259「徹底滅絕」: Åberg, *Vår svenska historia*, p. 166.
262「每當宮廷生活」: Fladby, *Gjenreisning*, p. 104.
262「此戰見證了」: Åberg, *Vår svenska historia*, p. 180.
263「此後一百五十年」: ibid.

第七章　帝國時代

265「超出了社會」: *The Cambridge History of Scandinavia*, Vol. 2, p. 368.
266「對大多數人而言」: Scocozza, *Ved afgrundens rand*, pp. 269, 349.
272「不見來處的音樂」, recounted in Tremain, *Music & Silence*. 後來在音樂學領域得到確認，見 Spohr, 'This Charming Invention Created by the King' 的總結。
279「既無意志亦無能力」: Feldbæk, *Den lange fred*, p. 216.
283「最兇猛的皇家文化」等詞句 : Trevor-Roper, *The Plunder of the Arts in the Seventeenth Century*, pp. 10, 12, 42, 45.
286「她一生的摯愛」: Villstrand, *Sveriges historia: 1600-1721*, p. 31.
287「重操舊業」: Trevor-Roper, *The Plunder of the Arts in the Seventeenth Century*, p. 49.

186 「最後的維京王」: Krag, *Vikingtid og riksssamling*, p. 239.

188 「這個國度正慢慢」: Helle, *Under kirke og kongemakt*, p. 100.

191 「挪威不再是一個」: Benedictow, *Fra rike til provins*, pp. 76ff., 336ff.

192 「不能以暴力取得」: Åberg, *Vår Svenska Historia*, p. 96.

193 「瑞典歷史的一個分水嶺」: Harrison, *Sveriges historia*, p. 254.

194 「有史以來最不受尊敬」: Harrison and Eriksson, *Sveriges historia*, p. 59.

第四章　死神來去，復甦難行

198 「在黑死病前，挪威」: Benedictow, *Fra rike til provins*, pp. 120-21. Harrison and Eriksson, *Sveriges historia*, pp. 33, 224. Helle, *Under kirke og kongemakt*, p. 117. Bjørkvik, *Folketap og sammenbrudd*, pp. 19-21, 25, 214. Jouko Vahtola in *The Cambridge History of Scandinavia*, Vol. 1. Wittendorff, *På Guds og Herskabs nåde*, p. 24.

199 「國家機器在」: Benedictow, *Fra rike til provins*, p. 454.

199 「直到十五世紀後半」: *The Cambridge History of Scandinavia*, Vol. 1, p. 563.

202 「十九世紀的貴族」: Harrison and Eriksson, *Sveriges historia*, p. 410.

202 「完全消失」: Benedictow, *Fra rike til provins*, p. 455.

205 「簡直是不可思議」: Dahlerup, *De fire stender*, p. 42.

205 「他的為人與行徑」: Imsen and Sandnes, *Avfolking og union*, pp. 261-2.

207 「從統治者的角度」: ibid., p. 328.

第五章　宗教改革

220 「人們知道基督教世界」: Davies, *Europe*, p. 383.

220 「如果要用一個詞」: Dahlerup, *De fire stender*, p. 151.

221 「對當今敦厚」: Davies, *Europe*, p. 484. Holland, *Dominion*, p. 298.

225 「在一個沒有大學」: Rian, *Den nye begynnelsen*, p. 61.

226 「假教師」: *The Cambridge History of Scandinavia*, Vol. 2, p. 74.

228 「瑞典人和丹麥」: Aarebrot and Evjen, *Reformasjonen*, p. 88.

附章　城市

231 「根據估算」: Helle, *Under kirke og kongemakt*, p. 113. 這種估算方式包含許多的小型聚落。在另一種計算方式（Lunden, *Norge under Sverreætten*）中，挪威

101 「顯著縮減」等詞句 : ibid., pp. 38, 46, 44, 45, 49, 52.

101 「看著你愛的人」: ibid., pp. 104, 109.

105 「排斥書籍和其帶來的」: Price, *The Children of Ash and Elm*, p. 194.

105 「要從所有發明中」: Fenger, *Kirker rejeses alle vegne*, p. 369.

第二章 第一波現代化

107 「在所有男人」: Burns, *The First Europe*, p. 40.

108 「在丹麥和瑞典」: Almgren, *The Viking*, p. 143.

109 「非常在乎信仰」: Winroth, *The Conversion of Scandinavia*, p. 138.

109 「將道德權威」: Burns, *The First Europe*, p. 39.

117 「大肆吹噓自己會」: Heer, *Charlemagne and his World*, p. 226.

118 「十二名要人」: Nelson: *King and Emperor*, pp. 459, 462.

122 「如果他曾經擁有」: Krag, *Vikingtid og rikssamling*, p. 191.

123 「一大票來歷不明」: Jones, *History of the Vikings*, p. 383.

130 「完全是斯堪地那維亞」: Winroth, *The Conversion of Scandinavia*, p. 56.

131 「文化會找到」: Crossley-Holland, *Norse Myths*, p. xxv.

133 「他們沒有忠於」: Foot and Wilson in *The Viking Achievement*, p. 6.

134 「比走三、四十英里」: Price, *The Children of Ash and Elm*, p. 197.

135 「飢餓的窮人」: Nelson, *King and Emperor*, p. 177.

136 「征服了世界」: Herman, *The Viking Heart*.

附章 斯堪地那維亞的東西方鄰居

141 「我想買格陵蘭」: *New York Times*, 21 August 2019.

144 「裂成了兩半」: Harrison, *Sveriges historia*, p. 96.

第三章 脫胎換骨的大蛻變

150 「中世紀最重要的」: Hørby, *Velstands krise og tusind baghold*, p. 58.

162 「娼婦的茅屋」Lunden, *Norge under Sverreætten*, p. 80.

163 「長期的政治動盪」: *The Cambridge History of Scandinavia*, Vol. 1, p. 600.

164 「自古以來，修道院的農民」: Dahlerup, *De fire stender*, p. 97.

171 「都將其世界觀內化」: Holland, *Dominion*, p. xxiii.

184 「克里斯多福二世的統治」: Hørby, *Velstands krise og tusind baghold*, p. 194.

74 「三艘出海的船裡」: Winroth, *The Age of the Vikings*, p. 3.
75 「相對來說」: Roesdahl, *The Vikings*, p. 4.
75 「他們的面貌千變萬化」: ibid., p. 197.
75 「匪類」: Crossley-Holland: *Norse Myths*, p. xvi.
76 「強橫專制、帝王野心」: Pye, *The Edge of the World*, p. 26.
78 「你怎麼贏得這些」: Crossley-Holland: *Norse Myths*, pp. 117-18.
78 「激起恐懼的天賦」: Holland, *Dominion*, p. 62.
78 「順之者昌」: Frankopan, *The Silk Roads*, p. 160.
79 「殘暴者」: Abulafia, *The Boundless Sea*, p. 370.
79 「維京人生來」: Crossley-Holland, *Norse Myths*, p. xiv.
80 「諸王之母」：此處其他引言來自 Snorri, *Kringla Heimsins*.
84 「有性生活」: Friðriksdóttir, *Valkyrie*, p. 120.
84 「男人的友伴」: ibid., p. 6.
85 「對人類的強制剝削」: Price, *The Children of Ash and Elm*, p. 142.
85 「戰爭、海盜和貿易」: Jones, *A History of the Vikings*, p. 148.
85 「沒有一個地方」: Frankopan, *The Silk Roads*, pp. 117-18.
85 「英文的『奴隸』」: Macintosh-Smith, *Arabs*, p. 354.
85 「無論身為商人還是劫匪」: Foot and Wilson, *The Viking Achievement*, p. 66.
85 「奴隸海」: Harrison, *Sveriges historia*, p. 226.
86 「用汗水換取」: Hedeager, *Danernes land*, p. 265.
87 「渠輩自英格蘭各處」: Rio, *Slavery After Rome*, pp. 30-33.
87 「基督教會的反感」: Foot and Wilson, *The Viking Achievement*, p. 77.
93 「妓院裡充滿」: Holland, *Dominion*, p. 125.
94 「充實了歷史學家」: Sophocles, *The Theban Plays*, p. 8.
96 「日耳曼的」: Gimbutas, *The Living Goddesses*.
97 「無論『罪惡』」: Fenger, *Kirker rejeses alle vegne*, p. 32.
97 「中世紀斯堪地那維亞」: *The Cambridge History of Scandinavia*, Vol. 1, p. 520.
97 「你可以在裡面找到幾乎一切」: *New York Times*, 15 August 2019.
98 「極為簡單」: Lunden, *Norge under Sverreætten*, p. 13.
99 「祂的眼睛燃燒得像是橙色的」: Crossley-Holland, *Norse Myths*, p. 82.
100 「就像身體在極力克制」: Rikhardsdottir, *Emotion in Norse Literature*, p. 77.
100 「散體文本極力避免」: ibid., pp. 90, 92.

註釋

38　「長船不僅代表」: Pye, *The Edge of the World*, p. 70.

第一章　維京時代

42　「可能是因為他們」: Frankopan, *The Silk Roads*, p. 114.

43　「大量銀子」: Winroth, *The Conversion of Scandinavia*, p. 98.

43　「價值數十億美元」: Frankopan, *The Silk Roads*, p. 116.

44　「兼職商人的海盜」: Abulafia, *The Boundless Sea*, p. xxi.

46　「在八五六至八五九年間」: Heer, *Charlemagne and his World*, p. 244.

47　「不算損失」: Bishop, *The Penguin Book of the Middle Ages*, p. 60.

52　「人們逐漸意識到」: *The Vikings in England*, p. 16.

53　「斯堪地那維亞人仍然」: Cunliffe, *By Steppe, Desert and Ocean*, p. 405.

54　「九九一年，歐拉夫・特里格夫森」: *The Vikings in England*, p. 17.

55　「文明的基督教國王聯盟」: Stenton, *Anglo-Saxon England*.

56　「愚蠢」: Fenger, *Kirker rejeses alle vegne*, p. 46.

58　「毀壞了愛爾蘭過去幾百年來」: Burns, *The First Europe*, p. 293.

61　「我也許強大」: Crossley-Holland, *Norse Myths*, p. 30.

62　「北歐版《詩學》」: ibid., p. xxxiv.

66　「最中意的一位」: Nelson, *King and Emperor*, p. 10.

68　「在中世紀」: Winroth, *The Age of the Vikings,* p. 105.

68　「光榮輝煌」: Roesdahl, *The Vikings*, p. 71.

71　「維京飲食的復原研究」: Serra and Tunberg, *An Early Meal*.

71　「在廚房裡很有創意」: Price, *The Children of Ash and Elm*, p. 119.

71　「丹麥和瑞典的人口規模」：挪威的人口數是根據後來的紀錄進行回溯估算的，這得益於高度穩定的農莊位置，以及同樣穩定的名稱，因此可以回溯推估有關土地交易、稅務清單、中世紀晚期與近世的教會與貴族土地清冊，還有後來的教區名冊等資料，而丹麥與瑞典並不具備進行類似估算的條件。Benedictow, 'The Demography of the Viking Age', pp. 179-81.

Beyond
90
世界的啟迪
冰與血之歌
北歐千年史
The Story of Scandinavia: From the Vikings to Social Democracy

作者	史坦・林根（Stein Ringen）
譯者	盧靜
總編輯	洪仕翰
責任編輯	王晨宇
行銷企劃	張偉豪
封面設計	陳恩安
排版	宸遠彩藝
出版	衛城出版 / 左岸文化事業有限公司
發行	遠足文化事業股份有限公司（讀書共和國出版集團）
地址	231 新北市新店區民權路 108-3 號 8 樓
電話	02-22181417
傳真	02-22180727
客服專線	0800-221029
法律顧問	華洋法律事務所　蘇文生律師
印刷	呈靖彩藝有限公司
初版	2025 年 6 月
初版二刷	2025 年 7 月
定價	750 元
ISBN	9786267645321（紙本） 9786267645307（EPUB） 9786267645314（PDF）

The Story of Scandinavia: From the Vikings to Social Democracy
Originally published in English by Weidenfeld & Nicolson.

Published by arrangement with The Orion Publishing Group Ltd., through The Grayhawk Agency.

ACRO POLIS
衛城出版
Email　acropolisbeyond@gmail.com
Facebook　www.facebook.com/acrolispublish

國家圖書館出版品預行編目(CIP)資料

冰與血之歌 : 北歐千年史 / 史坦 . 林根(Stein Ringen)作 ; 盧靜譯 . -- 初版 . -- 新北市 : 衛城出版, 左岸文化事業有限公司出版 : 遠足文化事業股份有限公司發行, 2025.06
面 ;　公分 . -- (Beyond ; 90)(世界的啟迪)
譯自 : The story of Scandinavia : from the Vikings to social democracy
ISBN 978-626-7645-32-1(平裝)

1. 北歐史　2. 斯堪地那維亞

747.01　　114004594